21世纪经济管理新形态教材·公共管理系列
国家自然科学基金面上项目资助（项目编号：72174064）
华东师范大学精品教材建设专项基金资助

社会保障基金管理

路锦非 ◎ 编著

清华大学出版社
北京

内 容 简 介

本教材定位为一本结合理论与实践、连接政策与市场、贯通运行与投资的高质量教材。全书分为四篇：原理篇、政策篇、投资篇和监管篇，结构清晰，涵盖完整。本书融入经济学和金融投资学的基本原理和理论，为社会保障基金管理提供经典的原理解释，同时纳入投资作为重要的构成内容，深入到社会保障基金管理的内核。教材设计上由浅入深、由易渐难，能够满足不同的授课需要。

本教材具有完整的知识架构，每一章既自成一体，又内在衔接，构成教材的有机体系。不同层次、需求的读者可以根据自身情况选择对应篇章的内容学习。同时教材设计不同的难易梯度内容，分别适用于本科生和研究生的教学需求。本书结合每一章内容，精心选择经济社会的热点事件编写案例，引导学生将教材内容与社会现实紧密结合并深入思考。

本书适合作为高等院校公共管理类、社会学类及相关专业本科生、研究生的教材，也可作为公务员参加学习和培训，以及相关研究者的参考工具书。本书还可以作为家庭财富规划从业者，或者进行家庭财富规划的参考工具书。

本书封面贴有清华大学出版社防伪标签，无标签者不得销售。

版权所有，侵权必究。举报：010-62782989，beiqinquan@tup.tsinghua.edu.cn。

图书在版编目(CIP)数据

社会保障基金管理 / 路锦非编著. —北京：清华大学出版社，2023.1
21世纪经济管理新形态教材. 公共管理系列
ISBN 978-7-302-62116-4

Ⅰ.①社… Ⅱ.①路… Ⅲ.①社会保障基金－基金管理－中国－高等学校－教材 Ⅳ.① D632.1

中国版本图书馆 CIP 数据核字 (2022) 第 200213 号

责任编辑：胡 月
封面设计：汉风唐韵
版式设计：方加青
责任校对：王凤芝
责任印制：刘海龙

出版发行：清华大学出版社
网　　址：http://www.tup.com.cn，http://www.wqbook.com
地　　址：北京清华大学学研大厦 A 座　　邮　　编：100084
社 总 机：010-83470000　　邮　　购：010-62786544
投稿与读者服务：010-62776969，c-service@tup.tsinghua.edu.cn
质 量 反 馈：010-62772015，zhiliang@tup.tsinghua.edu.cn

印 装 者：艺通印刷（天津）有限公司
经　　销：全国新华书店
开　　本：185mm×260mm　　印　张：20　　字　数：480千字
版　　次：2023年1月第1版　　印　次：2023年1月第1次印刷
定　　价：68.00元

产品编号：093623-01

序

十年磨一剑，基于亲历养老金职场的体会和10年教学的积累倾心写作，是本书的主要特点和优势所在。社会保障不受学科限制，是一个开放性问题，一部分人强调政府责任，另一部分人强调市场功能。20世纪70年代以后，在总结市场失灵和有限政府的经验教训之后，人们开始探索第三条道路，从政府保基本、企业补充，到政府与企业合作的合格计划，再到互联网下的个人养老金计划，制度创新、内容丰富，需要跨学科的知识体系和授课方法。

本书具有跨学科优势，社会保障基金是金融问题，却又不是普通金融问题，需要融入经济学和福利经济学原理、公共选择理论和公共管理制度。以美国为例，2019年的养老金私人资产规模达到32万多亿美元，超出美国GDP、银行资产、公募基金的规模，占家庭资产的26%，这将美国经济和民生与世界经济紧紧联系在一起。

本书具有知识的系统性，从原理、政策、投资和监管细细道来、循序渐进，不忘关注前沿问题。本书具有教学的实用性，以第九到十四章为例，从投资基础知识逐渐到投资规划、投资组合理论、资本资产定价模型，并对社会保障基金投资管理必然遇到的债券、股票和基金投资进行分析，站在金融资本全球化的视角上，对全球资产配置、投资区域和投资策略选择提供了主流的分析判断思路。此外，辅之以专题案例，引导学生思考和分析；部分关键章节设计了计算题，以巩固所学知识。这些内容都是极为可贵的尝试，值得关注社会保障基金问题的师生乃至业界人士一读。

杨燕绥

2022年9月10日

于清华园

前　言

讲授"社会保障基金管理"这门课，已经满十年了。从一开始遍寻国内外相关教材，到博采众家之精华，再到自我发展与创新，凝聚了十年教学努力的这本教材，终于可以付梓了。

社会保障基金管理，是现代社会连接民生福祉的基础制度与金融资本市场投资前沿领域的重要一环：没有充足的基金储备，维持广大人民福祉就会面临无本之木的困境；而要使老百姓的"养命钱"得以在复杂的国际国内经济社会环境中安然保全，则必须进入金融资本投资的最前沿领域。因此，"社会保障基金管理"这门课程具有令人着迷的魅力：通过对经济脉搏最活跃的金融资本市场的积极努力探索，来服务于最广大民众的根本福祉。既体会到投资管理的无比活力，又心怀为民为国的公共情怀，应当说，本课程是公共管理学科领域中较为独特的一门课程。

本书致力于将社会保障的基本理论、政策等与基金投资管理的经济前沿紧密结合起来，为进行公共管理社会保障学科学习和研究的师生提供一本聚焦于社会保障目标的基金管理教材。

本书在结构上分为四个大的部分：原理篇、政策篇、投资篇和监管篇，涵盖社会保障伦理、经济学原理、社会保障政策、投资理论和实务，以及围绕社会保障公共性质的严格监管的全过程。全书共十七章，第一部分为原理篇，包含第一至三章，对社会保障基金管理的原理和重要理论基础进行介绍阐述。第二部分为政策篇，包含第四至八章，系统介绍我国各项社会保障基金的政策内容，按照基金筹集、基金支付、中间管理的流程环节分别讲解，便于理解。此外，以发展最为成熟的企业年金基金管理为实例，系统地分析和讲述企业年金完整的基金管理实务全过程。第三部分为投资篇，包含第九至十四章，以集中且循序渐进的方式逐层深入，讲解与社会保障基金管理密切相关的投资知识；从投资基础知识讲起，逐渐深入到投资规划、投资组合理论、资本资产定价模型，并对社会保障基金投资管理中必然遇到的债券、股票和基金投资分析的核心问题进行讲解。在金融资本全球化的视角上，为全球资产配置、投资区域和投资策略选择，提供了主流的分析判断思路。基于投资部分的内容，对我国社会保障基金投资管理的风险收益匹配、投资工具和投资实践进行系统的实证分析。本部分致力于有知识、有理论、有实践地分析和理解社会保障基金投资管理的关键内容，帮助读者深刻理解和掌握社会保障基金投资管理的内涵。第四部分为监管篇，包含第十五至十七章，对社会保障基金管理中涉及的多主体委托代理风险、监管模式选择和监管实务等内容进行讲解。每一章均安排本章专题案例，选择和编写最新鲜的现实案例，结合章节内容要点，有意引导学生应用所学知识进行思考和分析。每章后面设计思考题，部分关键章节设计计算题，以巩固应用所学知识。

本书适合于对社会保障基金管理有教学和研究兴趣的教师和学生。研究生和本科生均可以使用本教材展开不同深度的学习。研究生的学习可以在全面了解本书的基础上，将重点放在第一篇中基础理论的理解掌握，第三篇中投资组合理论、资本资产定价模型、债券股票等的定价、投资策略的制定等，以及第四篇中委托代理博弈论模型分析等的深入理解和应用。本科生的学习可以侧重于第二篇、第三篇投资基础知识部分和第四篇监管实务部分。不同的使用者可以根据需要选择或浅或深的章节内容，以达成对社会保障基金管理全貌的理解。第三篇相对独立，由浅入深地对社会保障基金投资管理的关键知识进行了体系化的梳理和讲述，即便是只对投资内容感兴趣的同学，也能够通过对本部分内容的学习，达成掌握社会保障基金投资管理基本知识和构建基本投资理念的目标。

本书最大的特色是融汇了社会保障的公共情怀理念与金融资本投资的前沿内容，特别突出了投资部分的深度和系统性，以及在真实投资管理时的可参考性和可操作性，是一本立足于公共管理目标，但是具有"非典型"公共管理特征的经济管理类教材。

感谢华东师范大学公共管理学院社会保障学专业过去十年的研究生，就是在给你们上课的过程中，本书得以不断丰富积累，不断凝练逐渐形成现在的体系。感谢华东师范大学精品教材项目的资助，让我多年来的教学积累得以变成让更多学生受益的教材成果。

路锦非
2021 年 8 月
华师园丽娃河畔

目　　录

Ⅰ　原　理　篇

第一章　社会保障与社会保障基金 …………………………………………… 2
第一节　社会保障的缘起与发展 …………………………………………… 2
第二节　社会保障基金和社会保障的关系与定位 ………………………… 3
第三节　社会保障基金的特征与功能 ……………………………………… 4
【本章知识要点】 …………………………………………………………… 7
【本章专题案例】 …………………………………………………………… 7
【本章思考题】 ……………………………………………………………… 8

第二章　社会保障基金管理的理论基础 …………………………………… 9
第一节　社会保障的伦理基础之演变 ……………………………………… 9
第二节　社会保障基金管理的经济学理论基础 …………………………… 10
第三节　理论发展脉络与社会保障基金管理的内在联系 ………………… 18
【本章知识要点】 …………………………………………………………… 19
【本章专题案例】 …………………………………………………………… 19
【本章思考题】 ……………………………………………………………… 20

第三章　社会保障基金运行的原理机制 …………………………………… 21
第一节　社会保障基金的财务筹资机制 …………………………………… 21
第二节　社会保障基金的财务管理机制 …………………………………… 24
第三节　社会保障基金筹资方式："费"或"税" ………………………… 26
【本章知识要点】 …………………………………………………………… 31
【本章专题案例】 …………………………………………………………… 31
【本章思考题】 ……………………………………………………………… 31

II 政　策　篇

第四章　中国社会保障基金管理体系 ··· 34
　　第一节　中国多层次社会保障制度体系 ··· 34
　　第二节　我国社会保障基金的分类及现状 ·· 39
　　【本章知识要点】 ··· 56
　　【本章专题案例】 ··· 56
　　【本章思考题】 ··· 57

第五章　社会保障基金的筹集管理 ··· 58
　　第一节　社会保障基金筹集管理概述 ·· 58
　　第二节　全国社会保障基金筹集 ·· 63
　　第三节　社会保险基金筹集 ··· 65
　　第四节　补充社会保险基金筹集 ·· 73
　　第五节　社会救助基金筹集 ··· 76
　　第六节　社会福利基金筹集 ··· 77
　　【本章知识要点】 ··· 78
　　【本章专题案例】 ··· 78
　　【本章思考题】 ··· 79

第六章　社会保障基金的支付管理 ··· 80
　　第一节　社会保障基金支付管理概述 ·· 80
　　第二节　社会保险基金支付 ··· 83
　　第三节　补充社会保险基金支付 ·· 92
　　第四节　社会救助基金、社会福利基金支付 ···································· 93
　　【本章知识要点】 ··· 95
　　【本章专题案例】 ··· 96
　　【本章思考题】 ··· 96

第七章　社会保障基金的中间管理 ··· 97
　　第一节　社会保障基金中间管理概述 ·· 97
　　第二节　社会保障基金的信托管理模式 ·· 100
　　第三节　社会保障基金的财务管理 ··· 103
　　第四节　社会保障基金的账户管理 ··· 106
　　第五节　社会保障基金的投资管理 ··· 107
　　【本章知识要点】 ··· 108
　　【本章专题案例】 ··· 109
　　【本章思考题】 ··· 109

第八章 企业年金基金管理 110
第一节 积累制养老金计划的基本原理 110
第二节 养老金计划种类 112
第三节 企业年金的建立背景与政策内容 114
第四节 企业年金的参与主体与法律关系 117
第五节 企业年金基金运行 120
第六节 企业年金的税收优惠政策 125
【本章知识要点】 127
【本章专题案例】 128
【本章思考题】 128

Ⅲ 投 资 篇

第九章 社会保障基金投资基础知识 130
第一节 投资基础知识 130
第二节 金融市场与金融机构 141
第三节 社会保障基金投资的金融投资工具 147
【本章知识要点】 150
【本章专题案例】 151
【本章思考练习题】 151

第十章 社会保障基金投资规划 153
第一节 投资规划基础 153
第二节 投资的收益与风险 156
第三节 与社会保障基金投资管理有关的投资理论 165
【本章知识要点】 179
【本章专题案例】 179
【本章思考练习题】 180

第十一章 社会保障基金投资工具：债券、股票、基金 182
第一节 债券市场与债券投资 182
第二节 股票市场与股票投资 194
第三节 基金投资 204
【本章知识要点】 206
【本章专题案例】 207
【本章思考题】 208

第十二章　社会保障基金的投资策略、投资工具与投资时机选择 209
  第一节　社会保障基金的投资策略 209
  第二节　投资市场、投资工具和投资时机的选择 211
  【本章知识要点】 222
  【本章专题案例】 222
  【本章思考题】 223

第十三章　我国社会保障基金的投资管理 224
  第一节　全国社保基金投资管理 224
  第二节　社会保险基金投资管理 230
  第三节　住房公积金基金投资管理 234
  第四节　企业年金基金投资管理 237
  【本章知识要点】 243
  【本章专题案例】 244
  【本章思考题】 244

第十四章　社会保障基金投资运营战略体系 245
  第一节　社会保障基金投资运营风险收益测量和匹配 245
  第二节　社会保障基金投资运营战略体系构建 256
  【本章知识要点】 257
  【本章专题案例】 257
  【本章思考题】 258

Ⅳ　监　管　篇

第十五章　社会保障基金投资管理市场主体关系 260
  第一节　企业年金运行中的双层委托代理关系 260
  第二节　企业年金基金投资管理的委托代理风险 262
  第三节　控制逆向选择风险 265
  第四节　控制道德风险 267
  第五节　控制基金运营主体的寻租行为 270
  第六节　企业年金基金投资管理市场主体的模式整合 273
  【本章知识要点】 274
  【本章专题案例】 274
  【本章思考题】 275

第十六章　社会保障基金投资运营市场监管的模式与选择 277
  第一节　社会保障基金投资管理监管的两种基本模式 277
  第二节　我国社会保障基金监管模式 278

第三节 严格准入监管模式的市场效应分析 ……………………………… 279
第四节 不同监管模式的养老金运营情况比较 …………………………… 282
第五节 严格限量为主、审慎监管为辅的混合监管模式 ………………… 285
【本章知识要点】 …………………………………………………………… 287
【本章专题案例】 …………………………………………………………… 287
【本章思考题】 ……………………………………………………………… 289

第十七章 社会保障基金监管政策与监管实务 ……………………………… 290
第一节 社会保障基金监管的重要意义 …………………………………… 290
第二节 社会保障基金的监管体系 ………………………………………… 291
第三节 社会保障基金的监管内容 ………………………………………… 294
第四节 社会保障基金的监管方式与流程 ………………………………… 296
【本章知识要点】 …………………………………………………………… 297
【本章思考题】 ……………………………………………………………… 298

参考文献 ……………………………………………………………………………… 299

后记 …………………………………………………………………………………… 301

图 目 录

图 3-1　现收现付财务筹资机制 ···21
图 3-2　完全积累财务筹资机制 ···22
图 3-3　开征社会保障税的经济学分析 ···29
图 4-1　我国社会保障体系架构 ···34
图 4-2　我国养老保险体系构成 ···36
图 4-3　我国基本养老保险历年收支结余趋势 ···42
图 4-4　我国基本医疗保险基金历年收支结余 ···45
图 4-5　我国失业保险基金历年收支结余趋势 ···47
图 4-6　我国工伤保险基金历年收支结余趋势 ···49
图 4-7　我国生育保险基金历年收支结余趋势 ···51
图 4-8　全国住房公积金历年缴存趋势 ···52
图 4-9　我国企业年金基金历年积累趋势 ···54
图 4-10　我国各项养老保障基金管理推进的时间 ···55
图 6-1　1950—2010 年我国人口预期寿命变化 ···84
图 6-2　我国 60 周岁人口预期余寿变化 ···84
图 8-1　退休规划平衡原理 ···111
图 8-2　我国企业年金市场运行 ···121
图 8-3　企业年金缴费环节运作流程 ···122
图 8-4　企业年金投资管理环节运作流程 ···123
图 8-5　企业年金支付环节运作流程 ···123
图 9-1　货币的时间轴与四个变量 ···132
图 9-2　单期终值 ···132
图 9-3　单期现值 ···133
图 9-4　多期复利终值 ···133
图 9-5　多期复利现值 ···133
图 9-6　期末、期初年金现金流 ···136
图 9-7　消费贷款的现金流 ···137

图 9-8	增长型年金现金流	138
图 9-9	两个项目的净现值变化	140
图 9-10	计算内部收益率	140
图 10-1	经济周期	156
图 10-2	资本市场风险类型	160
图 10-3	凹性效用函数	163
图 10-4	凸性效用函数	164
图 10-5	线性效用函数	165
图 10-6	马科维茨有效集	171
图 10-7	选择有效边界上的一个投资组合	172
图 10-8	资本市场线 CML	172
图 10-9	证券市场线 SML	176
图 10-10	信息集与有效市场	178
图 11-1	债券的价格与息票率、市场利率的关系	186
图 11-2	债券的价格与偿还期、市场利率的关系	187
图 11-3	债券的时间价格	187
图 11-4	零息债券的现金流	191
图 11-5	永续债券的现金流	192
图 11-6	普通债券的现金流	192
图 12-1	美林时钟：经济景气轮动	216
图 13-1	我国工伤保险基金历年支出额占上年度结余金额的比例变化	233
图 14-1	2014—2020年住房公积金缴存金额及增长速度	254
图 14-2	各项社会保障基金风险收益分布	256
图 15-1	我国企业年金的双层委托代理关系	260
图 15-2	受托人与托管人、投资管理人三方博弈的支付函数矩阵	271
图 16-1	严格准入模式下的企业年金市场供给情况	280

表目录

表号	标题	页码
表4-1	全国社保基金历年投资情况	40
表4-2	我国基本养老保险历年收支结余	41
表4-3	我国基本医疗保险基金历年收支结余	44
表4-4	我国失业保险基金历年收支结余	46
表4-5	我国工伤保险基金历年收支结余	48
表4-6	我国生育保险基金历年收支结余	50
表4-7	历年全国住房公积金缴存情况	52
表4-8	企业年金基金历年积累规模	53
表5-1	2001—2020年全国社会保障基金的筹资来源构成	64
表6-1	1953—2020年我国老年抚养比变化	84
表6-2	城乡居民基本养老保险各省（区、市）基础养老金标准	86
表9-1	10% 名义年利率在不同复利次数下的有效年利率	136
表9-2	用 NPV 方法判断投资项目	139
表10-1	某项投资品在4年中的收益率	158
表10-2	三种经济运行情况的概率	159
表10-3	项目A、B的收益率及标准差	161
表10-4	三种经济状态下的收益率	167
表10-5	投资组合的预期收益率、方差	169
表10-6	两家公司过去10年的总收益率	170
表11-1	债券信用等级	189
表11-2	股票价格指数信息	197
表11-3	股票A的盈利情况	200
表11-4	平均成本法投资实例	206
表12-1	国际货币基金组织2015年确定的 SDR 货币种类和权重	212
表12-2	CPPIB 投资的资产种类	223
表13-1	金融机构人民币存款基准利率	225
表13-2	上证综指历年变动	226

表 13-3	全国社保基金投资情况及收益	228
表 13-4	全国社保基金与股票投资的风险水平和收益比较	229
表 13-5	我国资本市场主要投资类型的风险和收益情况	229
表 13-6	住房公积金历年存贷款利率调整表	235
表 13-7	《企业年金基金管理办法》与原 23 号令《企业年金基金管理试行办法》的比较	238
表 13-8	历年全国企业年金基金投资管理情况表	240
表 13-9	企业年金基金的综合投资回报率	242
表 13-10	企业年金基金不同投资类型的风险分布	243
表 13-11	企业年金基金各投资组合的风险水平	243
表 14-1	OECD 国家养老金基金投资情况比较	246
表 14-2	企业年金基金与基本养老保险基金投资管理规定比较	248
表 14-3	企业年金基金按投资组合分类的预期风险和收益水平	249
表 14-4	我国失业保险基金运作情况	252
表 14-5	住房公积金基金去向分布	255
表 14-6	我国社会保障基金投资运营体系架构	256
表 16-1	1980—1995 年 OECD 国家养老金投资组合的收益评估	282
表 16-2	部分国家养老金的股票投资比例	282
表 16-3	2008—2018 年部分 OECD 国家养老金计划资产配置比例	283
表 16-4	我国香港强积金投资类型比例变化	285

原理篇

第一章 社会保障与社会保障基金

【本章学习目标】
- 熟悉回顾社会保障发展的历史
- 了解社会保障基金与社会保障的关系
- 了解社会保障基金的特征与功能

第一节 社会保障的缘起与发展

现代社会保障制度主要源流于三大制度体系：济贫救助、社会保险和社会福利，且这三大制度体系各自诞生于特定的历史时期和现实需要。

（一）济贫救助

1601年，为解决工业革命早期英国"圈地运动"中大量城市贫民造成的社会问题，英国颁布实施《伊丽莎白济贫法》，也称旧《济贫法》，被认为是现代社会保障制度的起源。1834年，英国颁布实施《济贫法（修正案）》，也称新《济贫法》。新旧济贫法构建了以济贫救助为主要目标的社会保障制度，并强化了国家政府在社会救济中的作用。英国《济贫法》诞生和发展的历史阶段，也是现代社会保障制度的萌芽阶段。

（二）社会保险

社会保险制度在工业化加速发展、经历剧烈工人运动的德国产生。为缓和劳资矛盾、应对工人运动，德国俾斯麦政府于1883年颁布了世界上第一部社会保险法律——《疾病社会保险法》，于1884年颁布《工伤事故保险法》，于1889年颁布《老年和残疾社会保险法》。德国一系列社会保险法律的颁布和实施，开创了世界社会保险制度的先河，对世界各国社会保障制度的建立和发展产生了深远的影响。德国的系列社会保险法案是单项法律，而美国1935年《社会保障法案》则是综合性社会保障法律，也是"社会保障"（social security）这一专有名词首次出现和使用的法律。美国《社会保障法案》是在20世纪30年代严重的经济"大萧条"背景下诞生的，基于凯恩斯主义国家干预经济理论，通过建立和完善社会保障项目刺激社会总需求增加社会消费。美国《社会保障法案》集合了多种社会保障项目，将社会保障的目的从英国和德国的消除贫困、缓和阶级矛盾拓展到提高居民家庭消费能力、刺激经济发展，社会保障的经济功能得到体现和发展。社会保险制度全面建立的历史阶段也被称为社会保障制度的发展阶段。

（三）社会福利

以英国1942年的《社会保险及其有关服务》（又称《贝弗里奇报告》）为标志，西方资本主义社会将社会保障的目的与功能进一步拓展，以为国民提供全面社会福利保障为目标，提出所有社会成员都能享受社会福利的"福利国家"思想，并设计了一整套"从摇篮到坟墓"的社会保障计划。英国"福利国家"的社会保障思想在战后受到了西方各国人民的热烈欢迎，影响深远，西方各国纷纷效仿，制定推出全面的社会保障计划。这一阶段的社会保障目标从扶贫济困、缓和阶级矛盾、刺激经济发展，进一步发展到为全体国民提供周全的社会保障福利，社会福利的全面性和广泛性得到极大扩展。保障内容涵盖老年、遗属、残疾、养老、失业、工伤、家庭津贴、医疗保健、教育等各类保障和福利项目。由于"福利国家"思想的深远影响，西方特别是欧洲发达资本主义国家纷纷采纳，建设福利国家。因此这一历史阶段被称为社会保障制度发展的黄金阶段。

随着世界经济经历波动，经济萧条和石油危机发生，资本主义社会面临发展困境，经济出现滞涨。世界各国开始反思过度社会保障带来的危害。首先，过高的福利保障待遇支付给国家财政、公司和公民个人造成沉重的经济负担；同时难以形成储蓄积累用于国家经济建设，导致投资下降，消费减少，对经济发展造成了阻碍。其次，过于完备的社会保障福利项目降低了劳动参与的积极性，西方国家的劳动参与率下降，出现了大量依赖于社会保障而生存的懒人，进一步加重了社会保障的财务负担，降低了人力资本活跃程度。基于此，西方各国开始调整和改革社会保障制度，强调社会保障水平的适度性，引入更多的雇主和个人分担机制，强调个人责任，并开始降低社会福利水平，解决过大的财政压力问题。这一阶段从20世纪70年代末一直持续至今，是社会保障适度性的理性回归阶段。

伴随社会保障的发展历程，完善的社会保障思想和制度体系逐渐建立完善，为国民提供合理的国家主导型的社会保障制度安排已经成为现代国家的基本共识。1952年国际劳工组织第35届大会通过了《社会保障最低标准公约》，涵盖医疗、疾病、失业、老年、工伤、家庭、生育、残障、遗属九种社会保障领域，要求成员国至少为国民提供三种社会保障项目安排。而在社会保障的内容类型上，已经形成社会救助、社会保险、社会福利的三大框架体系，按照不同的筹资模式与运作规则完成制度运行。

综上分析，社会保障是国家和政府为遭遇社会风险的成员提供对应经济和物质补偿与帮助，以保证其基本生活需要的一种社会经济福利制度，是国家抵御社会风险的制度安排。因此社会保障制度的运行实施，最终落脚于保障权益或福利的兑现，即以经济货币或者其他物质补偿来体现，必须有社会保障基金的强有力支持，才能保障制度的顺利运行和制度目标的达成。

第二节　社会保障基金和社会保障的关系与定位

社会保障基金是根据国家立法，在运行社会保障制度的过程中形成和积累的基金，是专门为支付各项社会保障待遇、实现社会保障目标而筹集和管理的资金。社会保障基金根据社会保障内容分为社会救济基金、社会保险基金、社会福利基金、公积金基金，以及养老、医疗等单项社会保障基金。

（一）社会保障是社会保障基金形成和运作的制度基础

社会保障基金的建立和运行，是以社会保障制度为依据的。根据社会保障制度安排，针对性地建立应对社会风险的基金储备，形成社会保障基金。国际社会形成的《社会保障最低标准公约》约定成员国应为公民提供不少于三种社会风险抵御的制度安排，各国根据自身经济、社会、文化和民众需求建立社会保障制度，选择恰当的基金筹集和管理方式，形成社会保障基金。社会保障基金的筹资、管理、支付等一系列运行规则，是以某一具体社会保障项目的制度安排为依据的。根据社会保障项目的性质和特征，社会保障基金采取税收方式、缴费方式或者财政转移支付的不同筹资方式，也根据不同社会风险应对和补偿的特征不同，采取不同的待遇支付和发放形式。因此社会保障制度是社会保障基金建立和运行的依据与基础。

（二）社会保障基金是社会保障制度顺利运行的物质保障

社会保障制度目标最终体现为帮助社会成员应对社会风险，对遭受社会风险的社会成员给予物质帮助和风险补偿。无论是年老、疾病、伤残、遗属或者家庭困难，社会保障制度给予的帮助最终体现为基金的给付。因此社会保障基金是社会保障制度得以顺利运行，并最终实现制度目标的物质基础。依托于充足的社会保障基金，各项社会保障政策目标才能够达成；而若基金储备不够充足或者出现收不抵支的情况，则会危及社会保障制度的运行，甚至导致制度不可持续与崩溃。当然，不同社会保障制度项目由于其应对的目标社会风险特征的差异，基金的筹集、管理和发放模式可能各有不同，如社会保险基金以参保人缴费作为基金筹集和储备的主要方式，而社会救助基金因为救助社会风险发生以及救助对象的不确定性，无法由制度受益者缴费形成基金，因而需要通过国家财政独立划拨或者转移支付的方式形成基金来应对救助保障的需要。但是无论何种社会保障项目，必须依托社会保障基金的物质基础才能够顺利运行，达成制度目标。

（三）社会保障基金是社会保障制度体系的组成部分

社会保障制度体系，是国家政府建立的为本国国民提供社会风险保障的一系列政策安排。既包括应对风险类型、制度对象、制度运行的基本规则、标准等内容，也包括社会保障基金的筹集、管理、待遇确定、发放等内容，社会保障基金是社会保障制度体系不可或缺的组成部分。社会保障基金是否良性运行，决定了社会保障制度能否顺利实施。虽然社会保障基金管理具有不同于社会保障政策制定的独特管理方式，但社会保障基金管理本身属于社会保障制度体系的组成部分。

第三节　社会保障基金的特征与功能

一、社会保障基金的特征

（一）法律强制性

随着社会保障制度被作为国家政府主导的重要社会经济政策，为了保证制度顺利运行，社会保障基金的筹集规则和标准，由国家通过法律法规强制执行。社会保障基金的缴费项目、缴费标准、缴费周期、待遇标准、支付条件等，关乎全体社会保障对象的福祉利益，受到广泛关注。这一重要的公共政策，必须由国家法律给予强制保障实施和管理运营，以维护其权威性、严肃性，才能在全社会范围实现社会保障基金的功能。

（二）社会互济性

社会保障制度建立的初衷是扶弱助贫。随着社会保障制度化和体系化，在全社会范围均衡社会风险、实现互助共济，是社会保障基金的基本原则与特征。特别是对于社会保险制度来说，社会成员个体风险的发生概率未知，但社会风险发生的整体概率可以由历史统计数据提炼得到规律，因此基于"大数法则"，对全体参保成员不考虑个体风险差异而统一实施社会保险费的征缴积累。当某些社会成员遭遇社会风险时提供经济物质帮助，体现社会保障基金的社会互济特征。而社会救济基金、社会福利基金等，虽然筹资方式不同于社会保险，但整体上仍然是由国家政府主导的社会资源的再分配，本质上也是社会互济的体现。

（三）积累性

社会保障基金服务于社会保障制度目标，即社会风险的防范和补偿，当风险发生时需要及时给付兑现。由于是国家层面全社会的风险防范机制，在全体社会成员的广覆盖大基数范围下，年老、疾病、工伤等各类社会风险均呈现普遍发生态势，需要社会保障制度体系具有相当的基金储备以应对遭遇社会风险成员的补偿给付需要。此外，就社会成员个人来说，风险的发生具有不确定性，在社会保障机制下，缴费与待遇领取或支付补偿之间有一个时间差，会形成基金积累，如基本医疗保险费缴纳和发生疾病之间。有的社会保障项目时间差很长，如养老保险，从缴费到退休领取养老金可能中间相隔几十年，积累金额可能很大。因此，社会保障基金必然呈现出积累特性，形成一定体量规模的积累基金，以应对社会保障目标风险的发生。不同的社会保障项目，其基金积累的特征存在差异。有的积累越多越好，如养老保险基金，而有的社会保障项目如医疗、工伤等，应当首先着眼于当前已发生风险的足额完善补偿，过多的积累基金结余而同时风险补偿不足可能意味着社会保障项目的运行效率有待提高。

（四）用途与目的的明确性

各项社会保障基金，具有专款专用的特征，即基金用途与目的的明确性。由于各项社会保障基金的风险保障目的不同，因而可能筹资机制、运行规则、待遇给付等存在较大差异。不同的社会保障项目基金，理应用于该特定社会风险的防范。社会保险基金是参保人缴费形成基金用以应对年老、疾病、工伤、失业等社会风险的机制，各项社会保险基金分别筹集、管理和运行，专款专用。社会救助基金、社会福利基金等，可能由国家财政转移支付或者其他社会筹资机制实现基金筹集和积累，以应对其他公共社会风险或者提高社会成员福利，也具有鲜明的用途与目的。因此社会保障基金用途与目的的明确性，决定了社会保障基金管理中应当考虑不同基金的社会风险特征进行分别管理。

二、社会保障基金的功能

（一）帮助社会成员抵御社会风险

抵御社会风险是社会保障制度建立的初衷和根本目标。在以社会化大生产和分工协作为特征的现代社会中，社会风险呈现集聚和放大的特点。比如，年老和疾病是每个人都会面临的风险，现代社会以小型核心家庭模式取代了传统大家庭的家族支撑模式，使得原来依靠大家庭和家族化解的老年和疾病风险无法再依靠家庭来解决，相应的社会风险在全社会范围聚集，需要依靠全社会人口代际支撑来实现社会成员老年生活的供养。现代化生产方式下失业、工伤等新的社会风险开始出现，也必然需要社会化的全新风险防御机制，等等。总之，新的社会生产方式和已经发生变化的社会结构与运行模式，使得广泛存在和普遍发生的社会风险依靠传统个人或者单一家庭已经无法应对。社会保障制度体系正是在这样的经济社会的宏大历史背景下应运而生，成为现代国家的重要社会政策和经济政策。因此，为遭遇社会风险的社会成员提供风险补偿和基本生活保障是社会保障制度的根本目标。当社会成员遭遇社会风险，通过社会保障制度体系，提供合理的经济补偿或者物质支持，帮助社会成员及其家庭度过暂时性困难，尽快恢复正常的生产和生活，是社会保障基金实现政策目标的首要功能。

（二）减少社会摩擦、稳定社会的"减震器"

现代社会高度分工协作的生产组织模式，改变了人们的生产和生活方式，社会成员多数不再占有生产资料，而是通过提供智力和体力劳动来换取经济报酬购买生活物资。分工协作的生产方式使得社会风险的集聚和发生往往是系统性的和不可避免的。比如，由于产业结构与市场需求的匹配偏差，总可能出现不景气行业，失业等社会现象也相伴而生；年老和疾病是所有人都面临的风险，但由于小型化的微观家庭已经不具备完全独立应对风险的能力，使得这些不可避免的风险以社会性体系化的方式集聚。也就是说，现代社会中不可避免存在各种矛盾、摩擦导致的社会风险。当个人或者家庭遭遇社会风险，又缺乏防范机制和充足的补偿时，就会导致个人和家庭陷入困顿难以恢复，不仅危害家庭的安定和谐，更可能由于多个类似微观风险的发生与集聚形成一定范围的社会性风险，从而导致社会不稳定甚至可能发生动荡。现代社会保障制度的建立，如德国社会保险制度建立的一个重要历史背景就是为了缓和社会矛盾，弥合社会裂痕，减缓社会动荡。通过社会保障制度为暂时遭遇社会风险的个人和家庭提供相应的帮助与支持，能够避免微观风险不能化解而集聚成为更大社会范围的不稳定与动荡因素，具有稳定社会的"减震器"功能。

（三）调节收入差距、平滑社会财富分配

现代社会中市场主导的经济运行机制会放大社会成员间在禀赋、资源、能力、机遇等方面的差异。居于劣势的社会成员由于市场优胜劣汰机制的作用被置于不利的地位进而更加不利；相反，居于优势的个人及家庭被市场机制进一步强化，进而更为有利。因此，在市场经济作用机制下，社会中个人及家庭的社会财富分配、资源占有、机遇等差距进一步拉大，而社会经济地位的代际传递机制又将相应的优势劣势以某种形式固化传递，导致进一步的社会差距。这种社会财富分配的差距若缺乏合理的社会政策手段进行调节，会导致社会贫富分化、激化社会矛盾，不利于社会和谐稳定发展。社会保障基金如社会保险，从收入端着手调节，高收入者缴费基数高、缴费贡献多，待遇领取时从需求端着手调节，基于社会整体的均衡需求计发待遇，能够均衡收入差距，达成社会保障制度的互济互助原则，实现调节收入差距、平滑社会财富分配的功能。

（四）社会保障基金的经济和金融功能

在社会保障制度历史上，20世纪30年代，为应对前所未有的美国经济"大萧条"，罗斯福政府采用社会保障制度补贴低收入群体，挽救和激活社会消费，对刺激经济复苏起到了重要作用。社会保障制度的经济功能也因此被激发和重视。消费是社会经济发展的动力源泉，社会保障制度通过为暂时陷入困难的个人和家庭提供基本经济扶助，能够帮助家

庭维持基本的生活消费，提高和维持全社会消费水平，也帮助社会构建和维护对未来经济与生活改善的信心，从而对经济具有重要的稳定和促进功能。同时，巨额的社会保障积累基金还是经济发展中重要的资本来源，很多国家的社会保障基金用于经济建设，作为重要的经济资本投入社会再生产中，极大地促进了经济的发展。全社会积累的巨量资金，也是现代金融资本市场中极其重要的稳定力量。由于社会保障基金的目标和风险性质，追求合理、稳健、长期的回报是其内在动力，因而能够在金融资本市场中起到平稳市场、减缓波动、树立标杆、稳定信心的重要作用。社会保障基金的经济和金融功能已经被现代各国充分认识和重视。

综上分析，社会保障基金不仅具有完成社会互济共助、抵御社会风险的基本职能，更在世界社会保障发展的进程中发挥了重要的社会政策和经济政策的功能，与现代社会的经济和社会发展均紧密相关。

【本章知识要点】

（1）社会保障的缘起与发展体现了社会变迁的现实需要。从最初的济贫慈善，到权利与义务对等的社会保险时期，再到强调全面的福利国家时期，经过世界经济社会的波动曲折后开始调整，主张国家、雇主、个人的多主体责任机制，社会保障制度的发展逐渐回归符合国家社会发展实际的理性道路。国际社会已经达成基本社会保障制度体系的共识，指导世界各国建立适合本国国情的社会保障制度。

（2）社会保障基金具有法律强制性、社会互济性、积累性、用途与目的的明确性等特性。社会保障基金以社会保障制度为基础，作为社会保障制度的组成部分，是社会保障制度得以顺利运行的物质保障，承担着帮助社会成员抵御社会风险、稳定社会减少动荡、调节社会成员收入差距，以及部分经济和金融等功能，是现代国家完整社会经济制度的重要内容。

【本章专题案例】

2019年3月，国务院办公厅印发《关于全面推进生育保险和职工基本医疗保险合并实施的意见》（以下简称《意见》），生育保险基金并入职工基本医疗保险基金，统一征缴，统筹层次一致。这也意味着从2016年启动的生育保险和基本医疗保险合并实施政策经试点后正式落地。

《国务院办公厅关于全面推进生育保险和职工基本医疗保险合并实施的意见》

中华人民共和国国家医疗保障局明确，两险合并后，生育保险相关待遇丝毫不会改变，而且不会增加小微企业参保难度，相反简化了参保流程、消除了政策障碍。中华人民共和国人力资源和社会保障部相关负责人介绍，合并有利于提升社会保险基金共济能力，更好地增强生育保险保障功能，有利于提高行政和经办服务管理效能。

按照《意见》，生育保险和基本医疗保险两项保险合并实施，实现参保同步登记、基金合并运行、征缴管理一致、监督管理统一、经办服务一体化。所谓统一参保登记，即参加职工基本医疗保险的在职职工同步参加生育保险。《意见》提出，生育保险基金并入职工基本医疗保险基金，统一征缴，统筹层次一致。按照用人单位参加生育保险和职工基本医疗保险的缴费比例之和确定新的用人单位职工基本医疗保险费率，个人不缴纳生育保险费。同时，根据职工基本医疗保险基金支出情况和生育待遇的需求，按照收支平衡的原则，建立费率确定和调整机制。

《意见》明确，职工基本医疗保险基金严格执行社会保险基金财务制度，不再单列生育保险基金收入，在职工基本医疗保险统筹基金待遇支出中设置生育待遇支出项目。探索建立健全基金风险预警机制，坚持基金运行情况公开，加强内部控制，强化基金行政监督和社会监督。

医疗保险经办机构与定点医疗机构签订相关医疗服务协议时，要将生育医疗服务有关要求和指标增加到协议内容中，并充分利用协议管理，强化对生育医疗服务的监控。

《意见》提出，促进生育医疗服务行为规范。将生育医疗费用纳入医保支付方式改革范围，推动住院分娩等医疗费用按病种、产前检查按人头等方式付费。生育医疗费用原则上实行医疗保险经办机构与定点医疗机构直接结算。充分利用医保智能监控系统，强化监控和审核，控制生育医疗费用不合理增长。

思考与讨论：

1. 对于职工基本医疗保险和生育保险合并的改革，部分群众解读为"生育保险取消了"。你认为呢？
2. 职工基本医疗保险与生育保险合并的必要性与可行性分别是什么？

【本章思考题】

1. 简述社会保障制度发展从萌芽、发展、黄金时期到回归理性的发展历程。
2. 解释社会保障基金与社会保障的关系。
3. 解释社会保障基金的"减震器"功能。

第二章　社会保障基金管理的理论基础

【本章学习目标】
- 了解社会保障伦理基础按照"父爱主义—权利义务对等—公民权利—社会正义"的演变脉络
- 了解掌握与社会保障基金管理有关的经典经济学理论及主张
- 掌握社会保障伦理基础和经济学理论历史演变与社会保障基金管理之间的内在联系

第一节　社会保障的伦理基础之演变

近代社会保障制度起源于济贫。英国1601年颁布的《济贫法》，对贫民、失怙无依的儿童及老弱病残提供救济救助，开创了国家主导建立社会保障制度的先河。"保护弱者"的"父爱主义"传统是这一历史时期社会保障的伦理基础，并在相当长的时间中主导着近代社会保障制度的理论源流。

与英国社会保障制度建立于贵族王权政治的社会基础不同，德意志帝国的社会保障制度是诞生于剧烈的政权变动和社会变革中。在日益兴起的工人运动的压力下，俾斯麦政府通过社会保障制度整合矛盾重重的各社会利益集团，安抚工人阶级、调和劳资矛盾。新兴的德意志帝国政府接纳"保护弱者"是国家义务的"父爱主义"基本思想，但根据本国社会现实，在界定社会保障责任时明确了"权利与义务对等"的主导思想，确立社会成员（包括雇主和工人）与国家分担社会保障责任的基本原则，建立了现代社会保险制度，对世界社会保障制度体系的发展起到突破性的重大推动作用。

20世纪以来西方民主政治发展的洪流推动社会保障的伦理基础逐渐转向"公民权利"，社会保障被作为公民应当享有的权利提上政治议程，并在民主政治的发展中被强化。社会保障不再被作为国家对公民的施舍或怜悯，而被作为公民的正当权利与国家的当然责任。基于"公民权利"的伦理基础，西方社会形成了以英国为代表的影响广泛的"福利国家"实践。

然而过度追求公民福利使得各福利国家背负沉重的财政负担，甚至落入了由福利刚性导致的高福利支出与低劳动参与率、低经济增长率的"福利陷阱"。西方各国纷纷反思并逐渐修正过度福利政策，开始削减社会保障福利支出。约翰·罗尔斯的《正义论》从全新的角度审视社会，确立"正义是社会体制的第一美德"，采用"无知之幕"和"原始状态"的研究设置，提出两大正义原则。根据罗尔斯的社会第一正义原则，全体公民应当享有一致的基本、全面、平等的权利；而社会第二正义原则承认社会不平等的存在，认为应当通过制度安排对社会最少受惠成员提供补偿利益。社会保障制度基于社会第二正义原则，通过调整社会成员间的利益机制来补偿社会中现实存在的弱势社会成员，从而实现社会正义。社会保障作为维持正义的调节机制，成为社会正义的重要内容。这一原则将社会保障从单方面的"公民权利"上升为涵盖社会整体机制的"社会正义"，使社会保障的伦理基础得到进一步扩展和升华。

社会保障的伦理基础从早期英国的"父爱主义"传统到德国"权利与义务对等"的社会保险思想,再到"公民权利"强有力主导下"福利国家"的实践与反思,现代社会保障的伦理基础发展到"社会正义"的阶段。社会保障的伦理基础演变伴随并指导各国社会保障的政策实践,并对我国社会保障改革的深入推进提供学理层面的基础和借鉴。

第二节 社会保障基金管理的经济学理论基础

社会保障基金管理涉及社会财富的再分配与跨期转移,是经济学研究的重要对象和内容,经济学理论的发展对世界社会保障基金管理提供理论指导。

一、福利经济学理论

福利经济学是20世纪20年代起创立的研究社会经济福利的经济理论体系,其发展经过了旧福利经济学和新福利经济学两个阶段。

(一)旧福利经济学

旧福利经济学以英国经济学家庇古为代表。庇古于1920年出版了《福利经济学》一书,标志着福利经济学的诞生,1927年出版了《产业波动论》,1928年出版了《公共财政研究》,这三本著作构成了庇古的"福利经济体系三部曲",形成了较为完整的福利经济学说,庇古也被称为"福利经济学"之父。庇古福利经济学以边沁的功利主义哲学作为其哲学基础,并应用边际效用价值论作为分析工具,形成了福利经济学基本理论体系。

庇古将福利定义为人们从物质和精神中获得的全部满足,将福利分为广义的福利和狭义的福利。广义的福利即社会福利,包含因自由、幸福、友谊、正义等因素而产生的难以计量和研究的满足感;狭义的福利是指能够用货币衡量的部分,即经济福利,对于社会福利具有决定性的影响。福利经济学以经济福利为主要研究对象,将经济福利由效用来表示。庇古主张基数效用论,采用效用来表示人的满足程度,用个人愿意支付的货币进行计量,所以通过对效用的计量可以计算出经济福利的大小。庇古应用边际效用价值论分析货币的边际效用,认为一个单位货币的边际效用对穷人比对富人更大,因此将货币从富人转移给穷人将增加总效用,总社会福利获得增加。庇古基于边际效用价值论和基数效用论,提出社会经济福利取决于国民收入的总数量和国民收入的分配情况,即两大基本福利命题:第一,国民收入总量越大,社会经济福利就越大。要增加国民收入,就必须增加社会产量,而要增加社会产量,就必须实现社会生产资源的最优配置;第二,国民收入分配越是均等化,社会经济福利就越大。庇古认为高收入者的货币边际效用小于低收入者的货币边际效用,将富人的收入转移给穷人实现收入均等化才能使社会经济福利最大化。因此,庇古主张国家通过征收累进税等方法把富人的一部分收入转移,用于兴办社会福利救助事业等,让低收入者享有社会福利,以缩小贫富差距;当所有人的收入实现均等化,货币的边际效用相等时,社会福利达到最大。

为了优化国民收入分配,使社会经济福利最大化,庇古提出高收入阶层的一部分货币可以通过自愿转移或强制转移给低收入阶层。自愿转移支付,即资本家自愿拿出一部分剩余价值举办娱乐、教育、保健等福利事业；强制转移支付，即国家通过征收累进所得税和遗产税，把集中的一部分国民收入再补贴给穷人。转移支付方法可以分为两类：一类是直接转移，例如，利用高收入阶层的部分收入举办一些社会保险或用于建设基础设施；另一类是间接转移，例如，将一部分转移收入用于对部分企业进行补贴以降低产品价格或是用于低收入工人培训，使其掌握新技术便于增加个人劳动收入。庇古强调，收入转移支付方式的选择应该考虑以下原则：第一，福利措施应当以不损害资本增值和资本积累为宗旨，否则就会减少国民收入和社会福利。从富人那里转移收入时，"自愿转移"要比"强制转移"好；第二，不论实行直接转移收入还是间接转移收入的措施，都要防止懒惰和浪费；第三，反对实行无条件的补贴，如果按这种方式补贴，那会使某些有工作能力的人不工作，完全依靠补贴，这样会减少国民财富的生产。

庇古把国民收入总量的增加和国民收入的均等化分配看作福利经济学研究的主题，提出了两大福利命题。首次将社会福利问题与国家干预收入分配问题结合起来，在西方经济学说体系中开创了福利经济学的重要分支，并成为现代国家实行社会保障制度的理论基础，对指导各国实施累进税率制、建立社会救助等制度、缩小贫富差距、增加社会福利的政策的实施发挥了积极的作用。但是，庇古的旧福利经济学主张的基数效用论对效用的主观性解释力不足，且其提出的资源最优配置和收入再分配的主张，在实践过程中可能会造成人们失去经济活动的积极性和创造性。

（二）新福利经济学

新福利经济学的代表性人物是帕累托、罗宾斯、卡尔多、希克斯等。新福利经济学认为效用是主观的，效用在个人间无法比较，不能采用基数数值进行大小的计量，只能用序数来表示效用水平的高低，即反对庇古的基数效用论，主张序数效用论；同时，新福利经济学反对价值判断而主张将生产和交换的最优条件作为福利经济学研究的中心问题。新福利经济学根据帕累托最优原理和序数效用论提出了新的福利命题：第一，个人是他本人的福利的最好判断者；第二，社会福利取决于组成社会的所有个人的福利；第三，如果至少有一个人的福利变好而没有任何人的福利变坏，那么整个社会的福利就是增加了。新福利经济学认为经济效率而不是水平才是社会的最大福利所在，因此应当研究经济达到最优效率的条件。经济效率是指社会达到帕累托最优状态所需要的条件，包括交换的最优条件和生产的最优条件。基于卡尔多、希克斯等人提出的补偿原理，如果一些社会成员的经济状况的改善不会同时造成其他社会成员经济状况的恶化，或者一些人的福利增加而使另一些人的福利减少，只要增加的福利超过减少的福利，就可以认为这种改变增加了社会福利。新福利经济学在研究生产和交换的最优条件时使用的无差异曲线和社会等产量线是福利经济学的重要分析工具。新福利经济学主张的补偿原理对现代国家制定一揽子公共政策具有指导意义。国家实施的社会经济政策可能对某些人有利而对另一些人不利，通过社会保障制度帮助均衡社会财富分配，实现公平正义的福利补偿，符合现代社会保障制度的本质要求。

福利经济学的理论主张和分析工具，对社会保障发展走向"福利国家"道路带来很大影响，成为英国等国家推行"普遍福利"政策的理论依据之一，也对世界范围各国建立现代社会保障制度、管理社会保障基金提供理论指导。

二、凯恩斯主义经济理论

20世纪30年代,以美国为代表的资本主义国家遭遇前所未有的经济危机并引发经济大萧条。原来占主导地位的自由市场经济理论因无法解释和应对经济危机而遭到质疑,亟需全新的经济理论来指导恢复资本主义世界的经济秩序。在此背景下,凯恩斯出版《就业、利息与货币通论》,提出与自由主义经济学说完全不同的经济理论。新古典主义经济学的萨伊法则认为,自由市场中价格和利息率的自动调整会趋向于创造完全就业。但凯恩斯认为,在竞争性经济中由于边际消费倾向递减、资本边际效率递减和流动偏好三大规律作用,社会有效需求小于社会总供给,从而导致就业水平总是处于非充分就业的状态,宏观经济达不到均衡,发生经济危机和严重的失业,因此有效需求不足是导致经济危机发生的关键原因。凯恩斯主张放弃自由放任的传统政策,由国家采用积极的财政政策干预市场,刺激有效需求,促进社会的充分就业。具体而言,包括:主张国家通过扩大财政支出,进行基础设施和各种公共福利设施建设,促进就业;加强社会保障措施,对失业和贫困人员实施财政性转移支付,保证他们和家庭的基本生活需要,从而维持全社会的消费水平等。通过这一系列干预措施来提高全社会的有效需求。随着第二次世界大战的爆发,凯恩斯进一步拓展其国家干预理论,提出应当抑制总需求,防止通货膨胀。凯恩斯的宏观经济政策主张国家干预经济和市场,有两大特点:一是以稳定经济为目标;二是强调财政政策在稳定经济中的重要作用。具体而言,在经济萧条时期,国家采取积极的扩张性的财政政策以刺激有效需求,促进就业;而在经济过度膨胀时则采取紧缩性的宏观政策。

凯恩斯提出绝对收入假说,认为人们的消费支出取决于可支配收入的绝对水平并且与其同向变动,即绝对收入假说(absolute income hypothesis,AIH)。人们的可支配收入越高时消费支出越多;反之,可支配收入越低时消费支出也就越少。绝对收入假说下消费函数可以简化记作

$$C = f(Y) \quad (2\text{-}1)$$

$$C_t = \alpha + \beta Y_t \quad (2\text{-}2)$$

其中,C_t表示t期实际消费支出;Y_t表示t期绝对实际收入;α是自发性消费($\alpha > 0$),它表示全部消费支出中不随收入的变化而变化的那部分消费支出,即为生存而必需的消费,可以理解为收入为零时的那部分消费支出;β表示边际消费倾向($0 < \beta < 1$),是消费曲线的斜率。

边际消费倾向$MPC = \Delta C / \Delta Y$用来测量由于收入每变动一单位时所引起的消费变动量。

凯恩斯绝对收入假说表达的主要观点包括:

(1)实际消费支出是实际可支配收入的稳定函数。短期内消费支出的变化主要是由于收入变化所引起的。实际消费支出的大小取决于现期实际可支配收入的大小,并随着可支配收入水平的提高而提高。

(2)社会边际消费倾向是小于1的正值,即消费随收入的增加而增加,但小于增加的收入。

(3)边际消费倾向随收入的增加而递减,被称为凯恩斯的"边际消费倾向递减规律",即消费增量并不与可支配收入增量一直保持相同的比例,而是在逐渐减小。可以理解为,

当可支配收入增加时，人们虽然会增加其消费支出，但增加的幅度在下降。

（4）人们的边际消费倾向会小于平均消费倾向。由于存在边际消费倾向递减规律，平均消费倾向也是递减的。随着可支配收入的提高，消费支出在可支配收入中所占的比重会逐渐减小，储蓄在其中的比重会逐步提高。

（5）即使当家庭可支配收入为零时，消费支出却不为零，即自发性消费与可支配收入无关。凯恩斯首次将消费与收入联系起来，从宏观经济学的角度提出消费支出是收入水平的稳定函数，并用平均消费倾向和边际消费倾向概念来说明消费和收入之间的关系，将边际消费倾向递减看作家庭收入与消费的基本法则。

凯恩斯关于消费与收入关系的理论分析是后续经济学家研究社会保障对经济影响的理论基础，为后续社会保障如养老金管理理论的发展提供了重要的经济学理论根基。在凯恩斯经济理论中，社会保障占有重要地位，他主张通过累进税制实施转移支付，运用财政政策大幅度提高社会福利水平，调节国民收入的再分配，刺激有效需求。罗斯福政府采纳凯恩斯的经济主张，大力发展社会保障，于1935年颁布《社会保障法案》，提供涵盖范围广泛的社会保障项目，成为稳定美国经济的重要公共政策。社会保障的经济功能被凯恩斯经济理论充分挖掘发挥，成为现代国家经济政策的重要组成内容。

必须明确，凯恩斯主义经济理论将社会保障作为稳定经济、恢复经济秩序的手段，是以维持资本主义经济再生产为目标，并不是从源头上关心和帮助社会民众抵御各种社会风险，因此在凯恩斯主义主导的美国，其社会保障制度体现出鲜明的有限责任特征，强调个人的责任而弱化政府的责任。凯恩斯主义经济理论对战后各国采取积极扩张的货币和财政政策实施经济管理产生了重要影响，各国亦开始重视社会保障的经济功能，实现社会保障在社会管理中的更全面作用。

三、生命周期假说

在20世纪50年代，莫迪利安尼（Modigliani）和布伦贝格（Brumberg）等从费雪"消费取决于人们一生的收入而不是当时收入"的思想和模型出发，进一步考虑了人们在一生中不同时期存在着收入变化，共同提出了生命周期假说（life cycle hypothesis，LCH），又称消费与储蓄的生命周期假说。

与凯恩斯消费理论认为消费水平取决于当期收入的绝对收入假说相比，莫迪利安尼等人指出，理性消费者根据一生的收入来安排消费和储蓄，使一生中各个时期的消费稳定平滑化，从而实现一生效用的最大化。莫迪利安尼认为，在人们一生中各个时期会由于多种原因造成收入水平发生变化，有些使收入上升，而另一些则导致收入下降。理性消费者根据他自己一生的全部预期收入来安排消费支出，而不是取决于个人现期收入。各个家庭在每一时点上的消费与储蓄决策都可以反映出该家庭谋求在其生命周期内达到消费的理想分布，各个家庭的消费要取决于家庭所处的生命周期阶段。莫迪利安尼将人的一生分为青年时期、中年时期和老年时期三个阶段，各有其消费规律特征：前两个阶段为工作时期，后一阶段为退休时期。青年时期，收入较低，但因预期未来的收入会增加，人们往往把家庭收入中的很大一部分用于消费，有时甚至会举债消费，导致消费大于收入。这一阶段储蓄很小，甚至没有储蓄或负储蓄；中年时期，家庭收入增加，但是需要将一部分收入用于储蓄，以备老年时期退休后使用，因此消费在收入中的比例较小，收入大于消费，在退休之前累计财产达到最大值；老年阶段收入下降，消费超过收入，这一时期主要依赖于以往的财产积累，处于负储蓄状态。因此，从人的生命周期来看，在人生的各个阶段上，收入与消费的关系并非一成不变。

莫迪利安尼基于家庭消费行为的研究，提出了总消费函数

$$C_t = b_1 Y_t + b_2 \bar{Y} + b_3 A_t \tag{2-3}$$

其中，C_t、Y_t、$\bar{Y}$、A_t 分别表示现期消费、现期收入、未来收入与现期财产；b_1、b_2、b_3 分别表示现期收入、未来收入和现期财产的边际消费倾向。

通过实证得出，消费水平主要取决于预期总收入，虽然也受到现期收入和财产的影响，但影响较小，即 b_1 和 b_3 的值要比 b_2 的值小得多。可以将未来收入看作现期收入的一个倍数（β），即 $\bar{Y} = \beta Y_t$，这样上式可进一步改写为

$$C_t = (b_1 + b_2 \beta) Y_t + b_3 A_t \tag{2-4}$$

生命周期假说理论认为，由于组成社会的各个家庭处在不同的生命周期阶段，所以，在人口构成没有发生重大变化的情况下，长期来看边际消费倾向是稳定的，消费支出与可支配收入和实际国民生产总值之间存在一种稳定的关系。但是，如果一个社会的人口构成比例发生变化，则边际消费倾向也会变化，如果社会上年轻人和老年人的比例增大，则消费倾向会提高，如果中年人的比例增大，则消费倾向会降低。

生命周期假说将人的一生分为不同的阶段，将消费与一生的收入和财产联系起来，解释了"消费函数之谜"，说明了长期消费函数的稳定性及短期消费波动的原因，包含理论分析、实证检验与政策含义，具有重要的意义和地位。生命周期理论关于人生不同阶段消费储蓄特征的理论分析，为社会保障中养老金制度的制定和管理提供重要指导，是完全积累制养老金跨期管理的重要理论基础。

四、持久收入假说

持久收入假说（permanent income hypothesis，PIH）是由美国经济学家米尔顿·弗里德曼（Milton Friedman）在其1956年出版的《消费函数理论》中提出的。其基本思想是：消费者的消费支出不是由他的现期收入或短期收入决定的，而是由他的持久收入决定的，即理性的消费者为实现效用最大化，根据长期中能保持的收入水平即持久收入来作出消费决策。持久收入指的是消费者自己可以预计的长期收入。持久收入假说理论认为，收入的持久性对消费有重要影响，而暂时性收入变动的影响较小。持久收入假说的主要内容包括：第一，将收入分为持久性收入和暂时性收入。持久性收入是指连续的、较稳定的可预计的长期收入，它往往依赖于消费者的眼界和远见；暂时性收入指的是偶然性收入，如遗产、馈赠、偶然所得等。与此相对应的，消费也可以分为暂时性消费支出和持久性消费支出。前者是非计划的、非正常的消费；后者是正常的、计划中的消费。第二，人们的消费水平不取决于短期的实际收入，而取决于长期的、持久的收入。至于这个持久期究竟应该长到何种程度，弗里德曼认为最少应是3年。第三，短期收入变动只有在影响持久收入水平时，才会影响消费水平。

持久收入假说的基本内容用公式可以表述为

$$Y = Y_p + Y_t \quad (2\text{-}5)$$
$$C = C_p + C_t \quad (2\text{-}6)$$
$$C_p = k(i, w, u) \cdot Y_p \quad (2\text{-}7)$$

其中，Y 代表消费者在某一时期的实际收入；Y_p 代表持久性收入；Y_t 代表暂时性收入；C 表示消费者在某一时期的实际消费开支；C_p 代表与持久性收入相应的持久性消费开支；C_t 代表与暂时性收入相应的暂时性消费开支。

式（2-5）～式（2-7）说明持久消费是持久收入的函数，两者之间存在固定的比例关系。该比例关系 k 依赖于利率 i，财富占收入比例 w，以及其他影响消费者货币效用的非收入性变量 u，例如，消费者的年龄、家庭结构、偏好等。持久收入假说的表达式可以简单记为

$$C_t = c \cdot Y_\mu \quad (2\text{-}8)$$

其中，C_t 为现期消费支出；c 是边际消费倾向；Y_μ 是持久收入。

由此进一步估算持久性收入。持久性收入是指在较长时期中（3 年以上）可以维持的稳定的收入流量。在一般情况下，人们是根据以前的持久收入水平与现期收入水平来估算自己的持久收入的。因此，估算持久性收入的公式为

$$Y_\mu = Y_{t-1} + \theta(Y_t - Y_{t-1}) = \theta Y_t + (1-\theta)Y_{t-1} \quad (0 < \theta < 1) \quad (2\text{-}9)$$

其中，Y_μ 是现期持久性收入；Y_t 为现期收入；Y_{t-1} 为前期收入；θ 为加权数。

该公式说明，现期的持久收入等于前期收入和前期现期两个时期收入变动的一定比率，或者说等于现期收入和前期收入的加权平均数。加权数 θ 的大小取决于人们对未来收入的预期。这种预期要根据以往的经验进行修改，称为适应性预期。将持久性收入代入前面的消费函数公式，持久收入假说的消费函数可以改写为

$$C_t = c \cdot Y_\mu = c \cdot \theta Y_t + c \cdot (1-\theta)Y_{t-1} \quad (2\text{-}10)$$

持久收入假说和生命周期假说有许多相似的地方，例如，他们都用到了跨期消费选择的模型和思想来解释"消费函数之谜"，都认为人们的当前消费并不只取决于当前的收入。但持久性收入假说考虑到了人们的收入变动是存在不确定性的，就是要把人们收入变动中的这种不确定因素，从相对比较稳定的和可以预见的长期收入中分离出来。持久收入假说的主要贡献在于强调收入中持久性变动与暂时性变动之间的区分。因此，该理论既可以有效地解释短期消费函数的波动，又可以解释长期消费函数的稳定性，即持久性收入决定消费。在长期中，持久性收入是稳定的，故消费函数是稳定的；暂时性收入变动通过对持久性收入变动的影响而影响消费，故短期中暂时性收入变动会引起消费的波动。不足之处是持久收入假说要求消费者必须是理性的，能够在其一生中平滑其消费，这一假设与现实有较大的差距。

五、利率与人口增长的生物理论与艾伦条件

1958 年，萨缪尔森（Samuelson）提出了著名的利率与人口增长的生物理论（biological theory of interest and population growth）。该理论通过假设封闭社会中人的生命分为三个阶段及社会成员的消费效用函数，将消费和储蓄在不同生命期间以相同的利率进行折现，经

过分析和推导,得到储蓄率等于人口增长率的结论。萨缪尔森借助储蓄型叠代模型论证了现收现付制公共养老金体系的运行机制,指出在一个纯粹储蓄型(即不存在生产和投资)经济中,养老基金的增长主要取决于人口的增长。为简化分析,萨缪尔森模型假定每个人生活两个时期,即工作期和养老期;工作期以工资 W 为基数缴纳养老保险费,在养老期领取养老金,养老金来自工作期人口缴纳的养老保险费。用 L_t 表示在 t 期处于工作期的年轻一代的人数,L_{t-1} 表示在 t 期进入养老期的上一代工作人数,在人口增长率为 n 的情况下,有 $L_t = L_{t-1}(1+n)$。假定各期养老保险缴费率 τ 保持不变,则在现收现付制下,老一代人享受的养老金总额为 $P_t = \tau W_t L_t$。在一个纯储蓄的模型里,萨缪尔森假定劳动生产率不变,因而工资水平不变,即 $W_t = W_{t-1}$。此时,老一代人过去缴费的收益率可以由下式得出

$$\frac{P_t}{P_{t-1}} = \frac{\tau W_t L_t}{\tau W_{t-1} L_{t-1}} = \frac{L_{t-1}(1+n)}{L_{t-1}} = 1+n \tag{2-11}$$

或

$$P_t = P_{t-1}(1+n) \tag{2-12}$$

上式表示,在一个纯储蓄并通过现收现付代际转移来维持养老保险的社会里,养老保险费的收益率等于人口增长率。当人口按 n 的速度增长时,每一代人实际上是按 n 的利率向上一代人的储蓄支付利息,因此在一个纯储蓄并通过现收现付的代际转移维持养老保险的社会里,养老储蓄的利率等于人口增长率。萨缪尔森的分析表明,现收现付制养老保险虽然不能像基金制养老保险那样取得在资本市场上的投资收益,但它可以取得基于人口增长的"生物收益"。

艾伦(Aaron)(1966)在《社会保险悖论》中将生产和投资引入萨缪尔森的迭代模型中,通过劳动生产率的增长这一因素来修正模型。假定工资的增长等于劳动生产率的增长 g,则上式中 $W_t = W_{t-1}(1+g)$,模型进一步可改写为

$$\frac{P_t}{P_{t-1}} = \frac{\tau W_t L_t}{\tau W_{t-1} L_{t-1}} = \frac{W_{t-1}(1+g)L_{t-1}(1+n)}{W_{t-1}L_{t-1}} = (1+n)(1+g) \approx 1+n+g \tag{2-13}$$

公式表明,当养老保险费率是工资收入的一个固定比例时,现收现付制养老保险缴费的收益率等于人口增长率和工资增长率之和。艾伦指出:只有当人口增长率和工资增长率之和大于市场利率时,现收现付制养老保险筹资模式能够满足资源在代际间进行帕累托有效配置,才是可取的。他还指出基金制将会带来一个使各代的生命期效应都要减少的跨时配置。由于艾伦是把实际工资增长率和市场利率作为外生给定变量来对待的,因此他所讨论的经济被称为"小型开放经济",而现收现付制赖以达到帕累托有效的外生前提,即"人口增长率+实际工资增长率>市场利率"这个条件,也被称作"艾伦条件"(aaron condition)。从 20 世纪 80 年代起,许多国家由于老龄化趋势日益凸显,传统的现收现付制养老保险筹资模式出现了支付危机,为此理论界开始研究探讨养老保险筹资模式的选择以应对老龄化危机。从经济学角度研究养老保险模式的选择主要是围绕着"艾伦条件"展开的,判断公共养老金计划采用现收现付制与基金制哪一种更优,或现收现付制能否向基金制转轨,也多采用"艾伦条件"作为评价判断的标准。

萨缪尔森(1975)稍后又证明,在一个工资增长率和市场利率都是内生的封闭经济中,现收现付的养老金计划也可能存在着帕累托有效的配置。这使得现收现付在福利效

应上能够进行代际帕累托改进的可能性就从艾伦的小型开放经济进一步推广到了封闭经济当中。但是，即使在萨缪尔森扩展了的模型中也忽视了一个隐含的条件：既然人口增长率、实际工资率和市场利率都是外生的或事先给定的，一个现收现付的养老金计划要想实现帕累托有效，它的缴费率或税收融资率也必须不随时间而变化。如果融资率有可能随着时间而降低的话，那么"艾伦条件"就得不到满足。解决这个问题的是斯普里曼（K. Spreemann，1984）。他利用一个无限交叠世代模型得出的结论是，如果时间是无限的，在自由变化的缴费率下（设定一个上限），除非人口增长率和工资增长率之和永远小于利率，否则，现收现付制就总是能够在代际间进行帕累托有效配置。而对基金制来说，当将来存在某个时期，从这一时期以后的所有各期内，"艾伦条件"都得不到满足，它才会是帕累托有效的；否则，不管"艾伦条件"满足与否，基金制一般都不会实现帕累托有效的改进。

六、新剑桥经济增长模型

新剑桥经济增长模型是由新剑桥学派的经济学家提出的经济增长模型，主要人物和著作包括英国的琼·罗宾逊夫人的《资本积累论》、卡尔多的《可选择的分配理论》，意大利的帕西内蒂《增长与收入分配》等。新剑桥经济增长模型着重分析收入分配的变动如何影响储蓄率，并通过储蓄率的变动影响经济增长，其特点是把收入分配理论融合在经济增长理论中。

新剑桥经济增长模型的假定条件包括：第一，整个社会成员由利润收入者（资本家）和工资收入者（工人）两大阶级组成，收入分别对应 P、W。这两大阶级的收入之和为国民收入 Y，即 $P+W=Y$；第二，利润收入者与工资收入者两大阶级的储蓄占各自收入的一个固定比例，即储蓄倾向是固定不变的；第三，利润收入者的储蓄倾向大于工资收入者，工资收入者的储蓄率（S_w）小于利润收入者的储蓄率（S_p），即 $S_w < S_p$。因此，国民收入分配发生变化会导致全社会的储蓄率随之变动。当利润收入者的收入在国民收入中所占的比例增大时，社会储蓄率就增大，反之，社会储蓄率就减小。

新剑桥经济增长模型主要论述通过收入分配的改变来实现稳定的经济增长，以及在经济增长过程中收入分配又会产生哪些变化。新剑桥模型讨论经济稳定增长的条件从 $G=S/C$ 出发。其中，G 代表经济增长率，S 代表社会储蓄率，C 代表资本产出率。在资本产出率不变的情况下，经济增长率取决于储蓄率，储蓄率越高则经济增长率越高。以 S_p 代表利润收入者的储蓄率，以 S_w 代表工资收入者的储蓄率，以 P/Y 代表利润占国民收入的份额，W/Y 代表工资占国民收入的份额。那么社会的总储蓄率就是利润收入者在总储蓄率中所占份额与工资收入者在总储蓄率中所占份额之和，即

$$S = \frac{P}{Y} \cdot S_p + \frac{W}{Y} \cdot S_w \qquad (2\text{-}14)$$

以上公式表明，在利润收入者和工资收入者的储蓄率（S_p 和 S_w）不变时，只要改变利润和工资在国民收入中所占的份额，即 P/Y 和 W/Y，就可以调节社会储蓄率 S，从而使经济增长率达到均衡的理想增长率。

新剑桥经济增长模型认为，可以通过改变收入分配格局来促进经济的均衡增长。要使

社会经济长期稳定增长，就必须使利润和工资在国民收入中各占适当的份额，或者说，要使利润和工资达成一个适当的比例才能实现经济稳定增长。因此必须建立适当的收入分配制度。新剑桥经济增长模型旨在说明资本主义社会结构的症结在于国民收入分配的失衡，因而解决经济波动问题的途径不在于加速经济增长，而在于调节收入分配格局。政府干预国民收入分配、实现收入分配的均等化将有利于社会储蓄和经济增长的稳定。实现长期充分就业的经济增长，是政府干预经济生活的最有效的途径。

第三节　理论发展脉络与社会保障基金管理的内在联系

社会保障基金作为社会保障制度的核心内容和物质基础，从社会保障制度诞生起，就受到上述各理论思想的影响，伴随着各国社会经济的发展，不断变动、改良与改革。上述主要理论脉络的发展与演进，与社会保障基金的管理运营有深刻的内在联系。

庇古的福利经济学首次将社会福利与国家干预收入分配问题结合起来进行研究，发现并提出富人和穷人的货币边际效用差异，提出两大福利命题，主张社会经济资源的有效配置，认为国民收入分配均等化能够使社会福利最大化，在很多方面有开创性的贡献，是世界现代社会保障制度体系建立和发展的理论基础，也是随后西方各国建立"福利国家"的重要理论依据。新福利经济学的序数效用主张和研究重点从收入分配均等化向最优生产和交换的效率主题转移，基于补偿原理主张社会福利总量增加而不区分是否弱势群体获益的思想，一定程度上模糊了福利经济学帮助弱者的基本伦理取向。福利经济学对现代社会保障制度体系的建立和发展起到了非常重要的作用。

随后西方资本主义经济危机将凯恩斯主义经济主张推向前台，旗帜鲜明地主张政府应用财政政策干预市场、刺激有效需求、促进就业、恢复经济增长。社会保障被作为政府刺激经济发展的重要政策工具，实现政府财政转移支付以帮助失业贫困人口维持家庭基本消费，从而实现刺激社会有效需求的目的。尽管凯恩斯主义也主张通过社会保障实现收入再分配，但其基本初衷是为了维持资本主义经济的持续发展，而并不是为了通过社会保障实现对弱势群体的关注。经由凯恩斯主义，社会保障制度的经济功能被应用和重视。

生命周期理论开始将研究视野深入人的一生中，并区分为不同的周期，研究各生命周期的消费储蓄特征。基于年轻期、中年期和老年期的不同特征，在一生的周期内实现不同周期之间的相互借贷与支持，是现代基金制养老金管理制度的基本理论支撑。持久收入假说强调收入中持久性收入和暂时性收入的不同作用，细致分析了不同性质收入对家庭消费的影响，进一步强化了理性消费者在一生中合理安排消费、储蓄和养老等一系列生命事件的合理性与可行性。生命周期理论和持久收入假说共同构成现代养老金制度设计的重要理论依据。

萨缪尔森、布伦伯格和艾伦等构建的储蓄型迭代模型，论证了养老保险制度得以延续的本质是人口增长，以及引入生产和投资之后的劳动生产率的增长。在世界各国普遍遭遇人口老龄化趋势时，这一理论是各国养老金制度从现收现付制转向基金积累制的重要理论依据。不少国家基于这一理论指导，完成本国养老保障制度的基金制改革并取得了成功。我国也基于人口老龄化的基本国情，将养老保险改革为现收现付制与完全积累制相结合的部分积累制。后续经济学家关于现收现付制和基金积累制哪个能够实现长久的帕累托有效的不同的分析结论，以及各国在养老金基金制改革中遭遇的投资市场波动、基金巨额损失的困难等，都为后续各国反思和调整养老金改革方案提供了参考依据。部分国家开始反思基金制的效率问题，尝试转回现收现付制的制度模式。

新剑桥经济增长模型不回避经济中阶级的存在，将社会经济成员简化为两大阶级，并据此分析国民收入分配对经济储蓄率的影响，旗帜鲜明地指出资本主义经济波动的问题源自国民收入分配的失衡，国家应通过主动干预国民收入分配格局来实现社会经济的最优储蓄率，实现经济增长的稳定。

上述各经济学理论对经济社会的系统深入分析，对世界各国社会保障制度的建立、发展和改革，均产生了不同程度的指导和深远的影响，各国政府基于对不同理论的理解吸收，以及依据本国国情的社会保障制度改革，亦验证和诠释了社会保障伦理理论和经济学理论的变迁。

【本章知识要点】

（1）随着人类社会的发展，社会保障制度发展的伦理基础经历了最初"父爱主义"的扶贫济困，到强调权利义务对等的保险机制，再到"公民权利"和政府的当然责任，随后到社会正义的主张，其伦理基础的演变有清晰的轨迹脉络。基于伦理源流的演变，深刻理解社会保障制度诞生和发展的历史。

（2）福利经济学理论、凯恩斯主义经济理论、生命周期理论、持久收入假说、利率与人口增长的生物理论和艾伦条件、新剑桥经济增长模型等经典经济学理论中与社会保障相关的核心思想与主张。

【本章专题案例】

20世纪30年代美国遭遇严重经济危机，金融股票市场的大崩溃导致了严重的经济危机。存货堆积、工人失业、商店关门，景象凄凉，经济整体倒退。罗斯福总统上任后针对当时经济社会实际，大刀阔斧地实施了一系列旨在克服危机的政策措施，历史上被称为"新政"。新政的主要内容可以用"三R"来概括，即：复兴（Recovery）、救济（Relief）和改革（Reform）。

其中的一项重要改革内容是救济。1933年5月，国会通过《联邦紧急救济法》，成立联邦紧急救济署，将各种救济款物迅速拨往各州。第二年，又把单纯救济改为"以工代赈"，给失业者提供从事公共事业的机会，维护了失业者的自力更生精神和自尊心。罗斯福执政初期，全国1700多万名失业人员及其亲属维持生计全靠州政府、市政府及私人慈善事业的帮助和施舍。但这部分财源相对于如此庞大的失业大军，无异于杯水车薪。解决这一复杂的社会问题，只有联邦政府才能办到。为此罗斯福政府大力开办工程建设项目，提供大量工作岗位。到二战前夕，联邦政府支出的各种工程费用及数目较小的直接救济费用达180亿美元，美国政府借此修筑了近1 000座飞机场、12 000多个运动场、800多座校舍与医院，不仅为工匠、非熟练工人和建筑业创造了就业机会，还给成千上万的失业艺术家提供了形形色色的工作，这是迄今为止美国政府承担执行的最宏大、最成功的救济计划。对于依赖州、市养活的人们，罗斯福还敦促国会通过《联邦紧急救济法》，成立联邦救济机构，合理划分联邦政府和各州之间的资源使用比例，制定优惠政策，鼓励地方政府将资源直接用来救济贫民和失业者。

从1935年开始的第二期"新政"，在第一阶段的基础上，着重通过《社会保险法案》《全国劳工关系法案》《公用事业法案》等法规，以立法的形式巩固新政成果。为此国会制定了《社会保险法案》，法律规定：凡年满65岁退休的工资劳动者，根据不同的工资水平，每月可得10～85美元的养老金。关于失业保险，罗斯福解释说："它不仅有助于个人避免在今后被解雇时去依靠救济，而且通过维持购买力还将缓解一下经济困难的冲击。"保险金的来源，一半是由在职工人和雇主各交付相当工人工资1%的保险费，另一半则由联邦政府拨付。这个《社会保险法案》，反映了广大劳动人民的强烈愿望，受到美国绝大多数人的欢迎和赞许。

"罗斯福新政"效果：到1939年，罗斯福总统实施的"新政"取得了巨大的成功。"新政"几乎涉及美国社会经济生活的各个方面，其中多数措施是针对美国摆脱危机、最大限度减轻危机后果的具体考虑，还有一些则是从资本主义长远发展目标出发的远景规划。它的直接效果是使美国避免了经济大崩溃，有效帮助美国走出危机。从1935年开始，美国几乎所有的经济指标都稳步回升，国民生产总值从1933年的742亿美元又增至1939年的2 049亿美元，失业人数从1 700万名下降至800万名，恢复了国民对国家制度的信心，使危机中的美国避免出现激烈的社会动荡。

"罗斯福新政"留下了大量防止再次发生"大萧条"的措施和政策，为美国投入二战及战后的快速崛起奠定了坚实的基础，罗斯福也因此成为自亚伯拉罕·林肯以来最受美国和世界公众欢迎的总统。

思考与讨论：
1. 罗斯福新政的做法符合哪个经济学理论的主张？
2. 社会保障制度在维护国家经济和社会稳定方面可以有哪些功能和作用？

【本章思考题】
1. 社会保障制度的伦理基础演变的历史背景与过程是什么？
2. 庇古福利经济学的两大基本福利命题是什么？
3. 基于庇古的福利经济学，如何实现总社会福利最大化？
4. 新福利经济学与旧福利经济学的区别是什么？新福利经济学的核心主张是什么？你认为它符合罗尔斯的正义原则吗？
5. 凯恩斯主义经济理论的核心主张是什么？为什么说凯恩斯主义为社会保障制度的发展提供了理论基础？凯恩斯主义发展社会保障制度的局限性是什么？
6. 生命周期假说的核心思想是什么？
7. 持久收入假说在消费的决定因素方面的主要贡献是什么？
8. "艾伦条件"如何成为养老金制度采取现收现付制或者基金制模式的判断条件和理论依据？
9. 简述新剑桥经济增长模型的核心思想主张。

第三章　社会保障基金运行的原理机制

【本章学习目标】
- 掌握社会保障基金财务筹资机制的类型与特征
- 掌握社会保障基金财务管理机制的类型与特征
- 掌握社会保障基金筹资途径——征收社会保障税和征缴社会保障费的特征与差异；了解两种方式的适用条件；了解国内外税费之争的主要焦点
- 掌握理论上税收造成福利损失和税负转嫁的形成机制

第一节　社会保障基金的财务筹资机制

除由政府财政全额负担的社会保障项目外，面向社会公众筹集社会保障基金是规模巨大的社会保障基金筹集的主要方式。社会保障基金运行需要贯彻"收支平衡"的基本原则，其财务筹资机制主要有现收现付制、完全积累制和部分积累制模式。

一、现收现付制

现收现付制（pay-as-you-go system）是基于短期横向收支平衡原理，由当期工作的劳动人口缴费，用于支付当期社会保障基金支出所需的财务筹资机制。以养老保险为例，当期已经退休的老年人的养老金由正在工作的年轻人口缴费支付。如图3-1所示，G_1代表T时刻已经退休需要领取养老金的老人，G_2为正在工作年龄阶段参保缴费的年轻人，他们按照收入的一定比例缴纳养老保险费，经由政府统筹管理，发放给同一时点已经退休的老人。现收现付制财务筹资机制带有鲜明的代际转移支付特征，由年轻人供养同时期生存已退休的老年人，而当年轻人变老时，再由下一代完成代际供养。

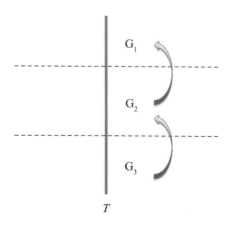

图 3-1　现收现付财务筹资机制

现收现付制财务筹资机制的优点包括：
（1）保障待遇给付的及时性，基金筹资征收和支付发放同时发生，给付便捷及时，政策效果立竿见影。

（2）制度的调整机制是有效的，根据物价、工资等情况对保障待遇水平进行调节，保障支付待遇的实际购买力。

（3）制度简便易行，操作方便，管理成本低。

（4）同一时点征收和支付，不受通货膨胀的影响，不涉及长期利率和收支精算，无须考虑采取复杂的投资手段抵御通货膨胀风险。

（5）体现社会互济与收入再分配功能。

现收现付制财务筹资机制的缺点有：

（1）需要较年轻的人口年龄结构支撑。萨缪尔森的迭代模型分析说明现收现付制度能够取得的生物回报率即人口增长率。然而世界各国从20世纪70年代开始普遍经历人口结构老化，少子老龄化趋势明显，因此现收现付制所要求的良好的代际年龄结构难以持续满足，制度根基发生改变，现收现付制的可持续性遭遇挑战。这也是很多国家进行养老金改革的重要原因。

（2）存在代际养老负担转嫁的矛盾。现收现付制是代际收入再分配的机制，将年轻人的收入再分配给老年人。当人口老龄化持续加深，年轻人承担的代际养老责任不断加重，会引发代际矛盾，年轻人弃缴保费会逐渐增多，比如日本就已经发生大量年轻人放弃参保的社会现象。

（3）强调互济但缺乏激励。全社会范围的现收现付筹资模式，由于受益对象的虚化不确定，缴费对年轻人缺乏激励，同时由于缴费直接表现为当期可支配收入的减少，也不利于微观家庭储蓄率的提高。

现收现付制社会保障筹资机制最早由德国在其一系列社会保险制度及改革中逐步实施，构建了现代社会保险的基本运行机制，对世界各国社会保险制度的建立起到了标杆和示范作用。后续建立社会保险制度的国家大多采用现收现付的财务筹资机制，这种财务筹资机制对世界社会保障制度体系的建立、完善和成熟，发挥了重要作用。

二、完全积累制

完全积累制也叫基金积累制（full-funded system），是基于远期纵向收支平衡原理，劳动者将自己的收入在一生的时间中进行跨期分配，年轻时缴费积累用于年老退休时生活所需。与现收现付制的代际赡养相对应，完全积累制其实质是同代自养，即通过自己一生不同生命周期间的收入分配，来平滑一生消费，实现时间纵向上一生的收支平衡。如图3-2所示，G_n代表某一代人，从T_1时刻进入劳动力市场赚取收入开始即进行缴费积累，在T_2退休直至T_3死亡的老年生命周期中依靠年轻时期的积累生活消费。相当于老年期的养老责任分摊至青年期，是个人生命周期内的收入再分配机制。

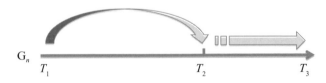

图3-2　完全积累财务筹资机制

完全积累制的优点有：

（1）应对人口老龄化。个人的终生自养模式不受人口老龄化的直接影响，这也是各国尝试实施完全积累制改革的主要原因。

（2）强调个人责任和自我保障，有较强的激励作用。个人缴费个人受益，提高个人缴费的积极性。

（3）运作机制和原理清晰，方便公众教育和社会宣传。

（4）长期缴费积累形成巨额社会保障基金有利于资本的形成，促进经济发展。

（5）较好地体现了社会保险的储备功能和自供原则。

完全积累制筹资机制的缺点包括：

（1）强调个人激励而弱化社会互济与再分配功能，社会保障的本质属性有所削弱。

（2）积累的巨额基金受到长期通货膨胀的巨大威胁面临贬值风险。

（3）如何在长周期保值增值、保证基金的长期购买力，是基金管理的核心问题，管理难度大、技术要求高，且受到经济和市场波动因素的影响。

从20世纪70年代开始，世界各国普遍遭遇人口老龄化趋势，传统的现收现付制筹资机制依赖的人口结构基础发生变化，难以实现长期可持续发展，在此背景下提出完全积累制/完全基金制模式并被很多国家采纳，进行养老金制度改革。代表性国家是智利和新加坡。智利在20世纪80年代果断放弃现收现付制，彻底转为完全积累制，改革取得成功，积累的养老金基金对国家的经济建设作出突出贡献，被世界银行作为养老金制度改革成功的典范。当然，近年来智利养老金制度受到完全积累制缺点的困扰，如管理成本高、受经济波动影响大等，以及自身养老金管理问题的存在，智利正在面临新一轮养老金制度改革。

三、部分积累制

部分积累制筹资机制是综合考虑"短期横向平衡"与"远期纵向平衡原理"，试图吸收现收现付制与完全积累制的优点、克服各自缺点而形成的混合性筹资机制。这种机制将基金筹集分成两个部分：一部分实行现收现付制，维持制度稳定，确保当期支付需求能够得到满足；另一部分采取完全积累制，用于储备基金以应对未来支付需要。

部分积累制的主要优点：

（1）理论上部分积累制可以兼顾现收现付制和完全积累制的优点，同时又能一定程度上克服两者的缺点。

（2）能够维持以人口结构为基础的现收现付制的基础和稳定运转，保证当期支付需要，维护制度的稳定性，保持社会保障的统筹互济功能。

（3）完全积累部分的账户基金形成积累，构成对个人和家庭的直接激励，提高缴费积极性，并形成基金积累用于支持经济建设。

（4）制度灵活性提高，一方面可以缓解现收现付完全依靠人口代际支撑的压力，以及缺乏储备的隐性风险；另一方面可以部分避免完全基金制的市场波动风险，与构建多层次社会保障体系兼容度较高。

部分积累制的主要缺点体现在：

（1）两种原理不同的财务筹资机制的混合，虽然理论上希望发挥优点克服缺点，但在实际执行中很可能难以做到。比如现收现付部分仍然面临严峻的人口结构压力，同时完全积累部分同样面临高管理成本和市场波动风险。

（2）引入完全基金部分的个人账户，积累储备资金有限，未来支付压力仍存。完全积累部分由缴费金额和投资收益构成，是开放不确定的，难以确定合理的积累率。

（3）完全积累部分的基金缴费分散了现收现付制的缴费空间和能力，现收现付部分缴费压力增大。特别是人口老龄化下，当现收现付制已然出现支付困难时，引入完全积累进一步分散了原制度体系的收支平衡能力，现收现付部分更难应对支付压力，最终可能不得不挪用积累部分的基金用于当期支付，从而使得部分积累制名存实亡，缺乏实际意义。

（4）制度由现收现付和完全积累两部分构成，两者之间的关系、保障责任比例设定以及衔接等问题难以达到最佳状态。

（5）由于完全积累部分未来提供的保障水平并不确定，因此制度整体的保障性不够稳定。

（6）由于在部分积累制度实施之初并未对原来老职工工龄对应的积累部分进行预先计提，导致个人账户空账，实为隐性债务的显性化，损害民众对制度的稳定预期。

中国是实行部分积累制的典型国家。为应对人口老龄化趋势，我国于20世纪90年代明确采取"社会统筹与个人账户相结合"的部分积累制机制，社会统筹部分采用现收现付制用于当期养老金支出，个人账户为完全积累制用于个人老年消费储备。制度建立实施以来，我国人口老龄化进程加速，现收现付部分支付压力巨大，很多地方出现挪用个人账户积累基金支付当期养老金的情况。尽管我国从2001年开始尝试个人账户做实，但试点推进并不顺利，已经于2014年暂停继续做实。制度两部分的缴费均由劳动年龄人口承担，即他们面临现收现付制赡养上一代老人和完全积累制自我养老储蓄的双重负担，社会保障缴费压力巨大，甚至挤出当期消费，负面影响经济发展。中国已经开始放松人口控制政策，人口结构有望改善，未来社会保障基金的财务筹资机制还需要根据国情实际慎重决策。

第二节 社会保障基金的财务管理机制

社会保障基金基于参保的微观个体层面，从计发给付角度，其财务管理机制分为待遇确定制和缴费确定制，主要适用于养老保险基金的财务管理。

一、待遇确定制

待遇确定制（defined benefit）简称DB计划，是指预先为劳动者确定未来的保障水平如退休后的养老金水平，将该水平作为保障目标，计算应当缴纳和积累的社会保障基金，并不断进行精算调整，以达到该保障目标水平的社会保障基金财务管理方式，即"以支定收"模式。制度管理者对受益人的给付取决于预先规定的受益权有无以及受益多少的标准，受益待遇往往是事先可以大体上计算或者确定的。待遇确定制往往与现收现付制相联系。

依据参保者的工作年限、工资基数等因素确定参保者的社会保障收益，受益与其缴费并不直接相关。只要参保者符合规定的条件，就能享受制度管理者承诺支付的、具有一定确定性的相应待遇。因此待遇确定制具有较强的再分配作用，制度平衡运行的财务风险往往由制度主办者承担。待遇确定制下社会保障待遇与其年龄、工龄、服务年限等因素密切相关，因此待遇确定制适合年龄较长，距离退休很近的参保者。

二、缴费确定制

缴费确定制（defined contribution）简称 DC 计划，是指参保者未来的保障待遇水平并不预先确定，而是根据预先确定的缴费标准来筹集基金，最终的待遇水平取决于缴费筹资情况及运营管理收益所得的积累额的社会保障基金财务管理方式，即"以收定支"模式。劳动者或参保者按照确定的缴费标准缴费积累基金，存储进劳动者的个人账户，积累基金可以进行市场化投资运作以取得投资回报。未来对社会保障受益人的给付根据其缴费积累金额及投资收益情况确定，因此待遇是不确定的。缴费确定制一般与完全积累的财务筹资机制相联系。

缴费确定制一般为参保者设立个人账户，记录参保者缴费多少、缴费周期等信息，积累基金允许有实际或者名义的投资回报率。缴费确定制社会保障待遇水平与缴费直接相关，若缴费低，或者投资收益低，均会直接影响参保者未来的社会保障待遇，因此，事实上是参保者承担了制度运行的风险。缴费确定制由缴费和投资管理决定待遇，有明确的激励性，鼓励工作缴费及个人承担管理风险，但却弱化了社会再分配功能。因为需要长期缴费积累，因此缴费确定制适合年龄较轻、距离退休较远的参保者。

三、混合制

混合制即综合待遇确定和缴费确定，可以将两种财务管理机制融合到同一个项目制度内或者养老金计划内，以兼顾不同参保者的不同需要。在待遇确定制的受益计算公式中能反映参保者缴费多少的参数，从而把缴费确定制的激励因素引入；也可以在缴费确定制中考虑参保者服务年限、贡献等因素设计对应的待遇计算类项，从而使两者优劣互补。

现收现付/完全积累、待遇确定/缴费确定，这两组都是社会保障基金财务运行的机制。其中，现收现付制和完全积累制，着眼于宏观层面上整个制度的财务筹资及远期收支平衡，是社会保障基金财务运行的根本机制。待遇确定制和缴费确定制，是从参保的微观个体视角，考虑参保者的社会保障待遇如何计算给付，如何实现微观计划的顺畅运行，是社会保障基金财务运行的管理手段。

实践中很多国家采用混合制模式，以应对日益复杂的社会保障需求，比如我国的养老保障体系。其中城镇职工基本养老保险采取现收现付与完全积累相结合的部分积累制模式，一方面由现收现付完成代际转移支付和财富再分配；另一方面也进行一定程度的积累，以应对人口老龄化。社会统筹部分的养老金即现收现付制度，对应待遇确定制管理模式；个人账户部分则设计为完全积累机制，对应缴费确定制管理模式。由于我国国情的特殊复杂性，将个人缴纳多少和缴纳时长的个人激励因素引入现收现付制模块，体现了一定的激励作用，而个人账户则实施名义账户制，对账户记录的积累基金提供名义投资收益率进行记账积累。我国现行的基本养老保险制度主体仍然是现收现付制的。待遇确定制（DB）和缴费确定制（DC）是微观层面的财务管理手段，主要针对私营养老金计划。西方国家的私营养老金计划早期是以 DB 类型为主，随着新经济崛起，更为灵活的 DC 类型渐渐发展成为主流。我国的补充养老保险制度如企业年金，设计之初为 DC，而随着制度的发展，现在更多的是 DB 与 DC 融合的混合制养老基金管理模式，满足年长职工和年轻职工差异化的需求。

第三节 社会保障基金筹资方式:"费"或"税"

根据社会保障项目及其应对社会风险特征的不同,社会保障基金一般通过税收和缴费两种方式来具体实施基金征缴。

社会保障费和社会保障税虽然都是社会保障资金的筹集方式,但"费"和"税"在理论上却有着不同的原理和机制。税收是国家(各级政府)依据行政权力,为满足实现其职能的需要,向纳税人收取的财政收入,具有强制性、无偿性和固定性三个特征。缴费是指国家行政、司法机关及事业单位为行使特定的社会管理职能而向被管理者收取的一定数量的货币或同值资产,具有灵活性、适度强制性和受益性的特征。"税"和"费"的主要区别是:税收的征收对象具有普遍性,而收费的征收对象是特定的受益者;税收由国家统筹使用,满足公共需要,而收费一般与特定的行为挂钩,基本上具有对等补偿性质;税收具有严格的强制性,而收费具有灵活性。

对于具有转移支付性质的社会救济、社会福利、社会优抚,如最低生活保障、灾害困难救助、儿童津贴等保障项目,社会保障基金主要依靠政府公共预算,从财政支出中直接安排划拨资金,宜采取税收方式由国家财政统一安排,社会成员公平受益。而对于社会成员共同分担社会风险、具有共同保险性质的项目,如各项社会保险,由于缴费与受益具有较强的关联性,权利与义务具有经济意义上或者法定意义上的对称性,宜采用向全体参与者(包括企业和雇员)征收缴费的方式筹集。社会保障基金的筹集采用征税还是缴费工具方式在理论界和实务界始终存在争议。

一、征收社会保障税

社会保障税是国家为确保社会保障所需资金而实施的一种目的税,征收对象主要是雇主和劳动者。国家将征收的税金作为社会保障基金来源,其特征是实施对象上具有广泛性和普遍性,一般是符合社会保障受益条件的全体成员,在支付标准上具有统一性。

采用社会保障税的方式征收基金,其优点包括:

(1)有利于增强筹资的强制性,强化社会保障基金的征收力度,为社会保障提供稳定的资金来源。

(2)采取税收的征管形式,可以在全国范围内使用统一征税率,为劳动力在全国范围内流动提供物质保障。

(3)有效实行基金收支两条线,有利于健全社会保障基金的监督机制,保证基金的安全性,降低征缴成本。

(4)无偿性,缴纳社会保障税是公民的应尽义务,与未来受益没有直接关系,由国家统一征缴调配,普遍征收,公平享有。

但社会保障税的方式也存在如下缺点:

(1)不利于激发社会成员的自我保障责任意识,容易出现依赖社会保障"养懒人"的问题。

(2)社会福利保障等项目由政府统包统管,强化了政府的刚性责任,增大财政压力,甚至会影响到整个政府财政的收支平衡。

社会保障税的筹资途径多适用于税制比较成熟的国家。

二、征缴社会保障费

社会保障费，比如社会保险费，由政府指定的专门机构负责收缴和管理。与社会保障税作为财政收入不同，社会保险费不纳入政府财政收入，而是在财政收支之外自我循环的保障基金，通常以自备性为制度运转可持续的要求，当发生不足时再由财政给予适当补贴。社会保险费作为面向公众征收积存的社会保障基金，具有社会公共性质，政府财政部门仅有审计、监督等职责。社会保险费的征收对象一般为雇主和被保险者，且多以工薪收入作为缴费基数，按比例予以征收，费率根据保险项目、给付水平等因素确定，并在一定时期内相对稳定。

采用缴费的筹资工具有如下优点：

（1）灵活性，适用于快速发展变化的社会经济体，缴费政策可以根据实际情况和需要进行调整，涉及面较小，容易达成政策目标。

（2）权利与义务对等性，待遇标准与缴费额具有较强的关联性，符合社会保险的功能定位，专款专用，目的明确，能够激励雇主和个人的缴费积极性。

（3）政府承担有限责任，直接负担和影响较小，避免将政府财政拖入福利刚性的陷阱。

采用征缴社会保障费的方式最大的缺点在于法律强制性较税收方式差，若法规不完善或者政策执行不力，会导致征缴困难，筹资不足。

三、"税""费"之争

社会保障基金采取哪种征收途径在国际理论和实务界始终存在争议。

主张采取缴费方式者认为，以缴费作为享受社会保险权益的前提条件，对参与各方都有明确的权责约束：

（1）各方缴费形成社会保障基金，来源清晰、用途明确，待遇水平与缴费挂钩，可以避免受益者不负责任地一味要求提高社会保障待遇水平，避免福利陷阱。

（2）由各方分担保障责任缴费积累起来的社会保障基金，有助于各参与方依照契约精神履行津贴福利支付的义务，特别对于养老等长期保障项目，是一种长期机制上的约束。

（3）社会保障缴费作为雇主的人工成本，能够有效提醒雇主对雇员的责任义务，有利于双方更紧密合作机制的达成，也在一定程度上鼓励雇主主动预防风险。

（4）缴费制明确的缴费责任和对应的未来待遇，有效强化参与者的主体意识，对于缴费以及未来的津贴领取均有较强的认同感，宣传教育和推进实施更容易进行。

然而，主张采取社会保障税方式者则认为，缴费制缺乏对低收入者的互济再分配，难以体现公平原则。具体而言，统一缴费标准的做法具有高度累退性，与工资挂钩且设定最高缴费限额的做法都具有累退特性，甚至在没有最高限额、设定按比例费率方式缴费的情况下也比累进所得税更不公平。缴费方式可能加剧低收入者的贫困，也有很大可能把确有社会保障需要却无能力缴费或者无条件缴费的真正需求群体排除在外，损害社会保障的普适性。因此，他们主张通过一般税收方式筹资并由政府统一调配管理，更有利于在各项社会福利服务项目方面实现社会保障的政策目标。

各国社会保障基金筹资究竟采取税还是费取决于各国的社会文化背景与现实国情，还与不同的社会保障项目密切相关。

四、我国实施社会保障税和社会保障费两种机制的争论

我国带有转移支付性质的社会保障项目如社会救济、赈灾济贫、社会福利项目等，由政府在通过税收筹集的财政收入资金中经由公共财政预算予以安排拨付。而对于覆盖全社会大多数人的社会保险基金，我国采用社会保障费的方式进行筹集。长期以来，我国理论界也存在激烈的"税""费"之争。主张社会保障费改税的代表人物主要有张胜民、胡鞍钢、贾康等，他们认为，税收方式体现社会保障普惠的本质属性；具有更好的强制性和统一性，能够提高基金征管效率，保证基金充足性；由政府统一实施基金的管理调配，专款专用，效率更高。而反对费改税、主张继续完善缴费制的代表人物主要有郑功成、郑秉文、厉以宁等。他们认为，若实施征收社会保障税的方式，第一个问题是课税对象难以界定。由于我国极其复杂的现实国情，税制尚不完善，居民收入结构灵活复杂，因此征税对象很难准确界定。同时，我国税收征管体制尚存在技术障碍，通过税收方式很难准确区分征税对象，也难以实现差异化缴费比例的实际操作，技术上难以实现。社会保障税与所得税具有相同的征税对象和征税基数，存在重复征税问题，如何进行合理扣减、避免重复征税也是我国实行社会保障税面临的难题。更重要的是，税收模式意味着淡化了缴费与待遇领取之间的权利义务对应关系，符合条件的公民理所应当得到对应的保障，政府将承担社会保障的全部责任，这对我国还处于发展中的经济社会现实来说过于沉重，很可能造成公共财政的巨大负担，危害经济的长期持续发展。西方很多国家在长期实施社会保障税的实践之后，感受到政府无限福利责任的巨大压力，也为过高的社会福利支出付出了劳动参与率下降、公共财政枯竭、经济发展减缓等巨大代价，不少国家正在尝试摆脱政府社会福利的无限刚性责任，引入清晰的雇主和个人缴费责任，国外的社会保障改革趋势是弃税改费。在我国复杂的社会经济现实下，贸然实施费改税可能对现有社会保障和财政体制产生较大冲击，同时大动干戈实施改税，预期效果并不明朗，因此我国主张继续完善现有社会保障缴费政策。

我国当前的社会现实及社会保障制度体系现状，是否适合采用社会保障税的方式筹集社会保障基金，值得进一步思考商榷。

（1）我国社会保障制度现实非常复杂，不符合税收原理，难以做到"费"改"税"。基于税收原理，适合"费"改"税"的收费项目必须具备下述特征：①收费项目没有明显的利益补偿性；②征收范围较广；③有一套较为规范的征收办法，便于征管和操作；④"费"改"税"项目具有长期稳定的收入来源且规模较大。我国养老保险实行社会统筹与个人账户相结合，是社会保险与基金储备两种模式融合的部分积累制社会保障制度，权利义务对等的特征突出，尤其是"个人账户"，在法律上界定为具有私人财产所有权性质，与税收特性相冲突，对社会保障进行"费"改"税"不具备以上所列的几个特征。

（2）我国社会保障制度决定了基金筹资模式不适合采用税收方式。客观来看，世界各国老年保障计划的筹资方式既有收费的，也有征税的，收费还是征税关键取决于社会保障的制度模式。一般而言，社会保险和储备基金计划是缴费关联型的保障模式，享受的权利与缴费的义务相对等，应采用有偿、对称的收费方式筹资，而不宜采取纳税方式。而普遍待遇型保障，则与税收的无偿性、固定性、公益性和非对称性特点相适应，可以采用税收方式筹资。即使如此，一些实行普遍待遇型制度的国家（如加拿大等）也仍然采用征收社会保险费的方式。此外，现收现付模式的社会保险制度，既可以采取征费方式也可以采

取征税方式筹集社会保险基金，而选择部分或完全积累模式的社会保险制度，则适宜采取征费方式。因此，如果我国要改变社会保险筹资机制，就应当先研究社会保险制度模式的选择，此后才是筹资方式的选择。我国基本养老保险采取社会统筹与个人账户的两部分结构，而这两部分本质属性不同：社会统筹账户体现互济，可以由社会保障税筹资，并在全国范围实施国民均等的养老待遇；个人账户是个人工资缴纳，具有明确的个人财产属性，鲜明的多缴多得的有偿性，与税收的无偿性存在本质差异。因此个人账户不应采取社会保障税的方式筹集。但若进行制度模式的改革，实施统账分离，由于我国长期统账混合运营，个人账户巨额空账，统账分离则意味着所有的隐性债务显性化，更是我国公共财政难以承受的巨大负担。

（3）我国现实的社会经济状况决定了社会保障制度安排的多样性，从而对征缴方式产生制约。社会保障税要求社会保障制度安排一体化，而缴费方式则可以根据不同的制度安排来征集社会保障资金，适应统筹多层次的要求。我国目前的社会保障制度安排呈现多层次特征，如养老保险制度会针对企业职工、机关事业单位职工、灵活就业者以及农民等设计不同的制度；转制中会针对"老人""中人"和"新人"设计不同的征缴和记账方式；在经济结构调整和外部环境波动背景下，不同的企业会面临不同的社会保险承担能力，难以统一税负。因此，在社会保险制度安排并非一元化的现实背景下，改变征缴方式并不适应我国的实际情况。

（4）社会保障税从经济学理论上讲会造成额外福利损失，并形成税负转嫁，会进一步加剧而不是改善税负不公。

如图 3-3 所示，开征社会保障税，会造成全社会福利的额外损失由雇主和雇员分担。但由于雇主雇员在经济地位上的不平等，使得税负转嫁必然发生。

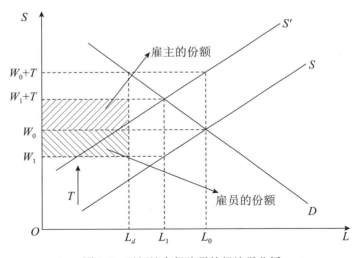

图 3-3　开征社会保障税的经济学分析

①社会保障税的归宿。假设政府制定的工薪税率为 T，由雇主支付，那么雇主对单位劳动力支付的工资增加了 T；如果原来雇主支付的工资为 W_0，则现在的工资支付水平变为 $W_0 + T$，但是雇员仍然只能得到 W_0 的工资。雇主在多支付工薪税的情况下将会减少对劳动力的需求，在图 3-3 中由 L_0 减少到 L_d。多余的雇员被解雇，在总工资为 $W_0 + T$ 的

水平上,出现了劳动力剩余(L_0-L_d),于是工资下降了。新的工资水平为W_1,这是雇员得到的工资,而雇主的实际支付则为W_1+T;相应地,雇员提供的劳动力供给为L_1。基于工薪的社会保障税虽然是由雇主缴纳的,但却是由雇员和雇主一起负担的。开始时企业支付W_0,而现在则要支付W_1+T;开始时工人得到的工资是W_0,而征税后得到的工资是W_1,纳税额为TL_1。如图3-3所示,雇员负担的份额为(W_0-W_1)·L_1;雇主的份额为(W_1+T-W_0)·L_1。

②劳动供给弹性的影响。雇主和雇员负担纳税额的比例大小部分地取决于劳动供给弹性。劳动供给弹性越大,即图中的供给曲线越平缓,雇主负担的份额越多;反之,劳动供给弹性越小,即供给曲线越陡峭,雇主负担的份额就越小。如果劳动供给弹性为零,那么所有的税收负担将全部由雇员负担。对于一个劳动力供给丰富的经济来说,采取工薪税的方式为社会保障计划融资,税负最终会转嫁给雇员劳动者。

我国劳动力供给充足,特别是在非正规就业市场上,普通劳动者几乎没有谈判的任何优势,雇主更容易转嫁税负给劳动者,这也是我国复杂的分割型劳动力市场的突出特点,对低收入劳动者更显税负不公。

(5)社会保障税意味着政府要承担社会福利的无限刚性责任,可能会使政府重新陷入沉重财政负担的困境。我国在进行社会保障制度改革之初,就充分考虑到即将到来的人口老龄化、城市化给我国社会、经济带来的冲击。实行以社会统筹和个人账户相结合的部分积累制的社会保障制度,划分政府、企业和个人三方社保责任,以减缓政府财政负担。若将缴费方式改为税收方式,就会使政府陷入对未来社保支出负无限责任的困境,这对还不富裕、尚处于长期发展阶段的我国现实国情来说显然风险过高。

我国筹资方式的选择发展经历了两个阶段。1999年国务院出台《社会保险费征缴暂行条例》,明确社会保险费的征缴工作由社会保险经办机构和税务部门负责,即"双重征缴"机制。多数省份地市由社会保障行政部门予以征收。在具体实施过程中出现大量偷逃缴费、低报缴费基数、少缴或不缴社会保障费的情况,社会保障基金足额征缴率很低,基金筹集效率较差,难以满足越来越大的社会保障基金支付需要。针对我国社会保障费征缴的现实问题,2018年2月,党中央印发《深化党和国家机构改革方案》,提出:"为提高社会保险资金征管效率,将基本养老保险费、基本医疗保险费、失业保险费等各项社会保险费交由税务部门统一征收。"这意味着我国将从社会保险费双重征缴的格局转变为税务部门统一负责的格局。需要说明,尽管此次改革明确税务部门作为统一征收单位,但社会保障费的性质并未改变,仍然以雇主和参保职工作为征缴主体对象,社会保障费征缴上来的基金仍然专项用于特定的社会保障项目,不得用于其他,仍然明确甚至强化了缴费与待遇的权利义务对等机制。无疑,虽然并未将缴费性质改为税收,但是转由税务部门统一征收会大大加强征缴力度,有效避免偷逃缴费、低报基数等行为,对强化社会保障基金征缴力度有重要作用。因为我国社会保障费率已经非常之高,很多企业感觉难以承受,由税务部门统一征收,加剧了企业对过高缴费难以负担的担忧。在经济下行压力下,国务院已经考虑到这一影响,发文明确各地方不得强制补缴欠费,并通过降低缴费费率等方式减轻企业负担。

社会保障基金财务机制和具体筹资方式的选择,取决于各国独特的国情现实和制度现状,应以符合各国实际发展需要与制度建设目标为依据。

【本章知识要点】

（1）社会保障基金的财务筹资机制主要有现收现付制、完全积累制和部分积累制模式三种。三种机制各有其优缺点，适用于不同的社会经济情况。

（2）征收社会保障税和征缴社会保障费是两种主要的社会保障基金筹资方式。两者依据的理论基础和现实条件各不相同。

（3）"税""费"之争各有依据和理由。需要根据两种筹资方式的特点和国家采取的社会保障制度模式的不同来理性选择，不能盲目跟风和随意改变。就我国而言，目前的税收体制、社会保障制度模式、运行现实等，均决定了全面实施社会保障税筹集社会保障基金的做法可能并不适合于我国。

【本章专题案例】

2018年8月，国家税务总局等五部门共同召开会议，确定自2019年1月1日起社会保险费由税务部门统一征收。尽管国家税务总局等多部门强调改革社会保险费征收体制，总体上不增加企业负担，但是消息一出还是引发了企业的强烈关注与担心。我国社保总体费率已经过高，企业难以承受。在长期的社会保障运行实践中，不少企业通过低报缴费基数或者按最低标准缴费等方式变相降低缴费负担。转由税收部门征收社会保险费将无法再通过上述非合规方法降低缴费负担，从而对企业特别是合规性较低的中小企业造成较大冲击。西南证券分析师杨业伟认为，社保征缴制度改变最多将导致企业利润下降1.2万亿元，居民收入下降4 519亿元。如果对企业利润冲击为1.2万亿元，按2016年收入法GDP中企业盈余19.2万亿元估算，这将导致企业税前利润下降6.3个百分点①。这引起了广大企业社保负担急剧加重的恐慌。部分地方甚至已经开始集中清缴企业历史欠费，对企业经营造成了较大影响。国务院紧急叫停某省份已经开展的集中清缴欠费行动。2018年年底经国家财税及人社部门协商，出于稳定企业预期、不增加企业负担等考虑，企业承担的城镇职工基本养老保险等部分将暂缓转交税务部门征收。

思考与讨论：
1. 为什么我国尝试社保缴费转税务部门收取的改革最终暂缓实施？
2. 广大企业为什么会有强烈的社保负担大幅增加的担心？
3. 若要社会保险费转为税收方式，需要具备哪些条件和提前进行哪些改革才更可行？

【本章思考题】

1. 比较现收现付制和完全积累制两种财务筹资机制的特征和优缺点。
2. 我国采取部分积累制模式有哪些缺点？
3. 比较社会保障税和社会保障费的优缺点及适用条件。
4. 为什么经济学理论上开征社会保障税会造成额外福利损失并形成税负向普通劳动者转嫁？

---

① 华尔街见闻. 社保征收划归税务后，对个人和公司影响究竟有多大？[N/OL]（2018-09-05）. http://baijiahao.baidu.com/s?id=1610777336988807105&wfr=spider&for=pc.

Ⅱ 政策篇

第四章 中国社会保障基金管理体系

【本章学习目标】
➢ 熟悉我国多层次社会保障制度体系的构成
➢ 掌握我国各项社会保障基金的种类、功能和运行情况

第一节 中国多层次社会保障制度体系

改革开放以来我国逐渐恢复社会保障制度体系，且不断拓展、丰富，走社会化道路，逐渐建立起基于社会化管理的社会保障体系。根据党中央国务院战略部署，构建多层次社会保障制度体系，目前已经形成包括社会救助、社会保险、社会福利、军人保障等多个层次且面向不同对象的，涵盖政府主导、社会参与、市场化机制等多种运行方式的较为丰富和全面的社会保障制度体系。

图 4-1 是我国当前社会保障制度体系架构示意图。

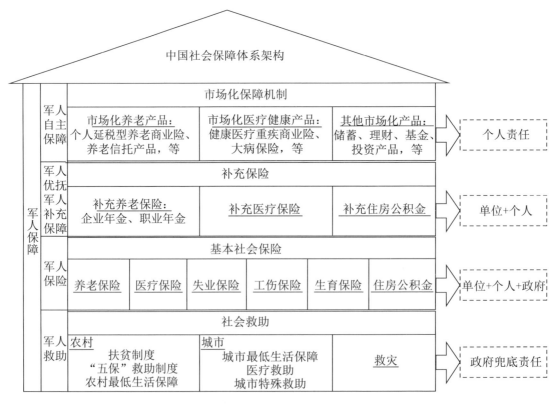

图 4-1 我国社会保障体系架构

对应于不同的社会风险保障用途，基于该制度体系框架，我国主要有如下社会保障基金种类：

一、社会救助基金

社会保障最早起源于济贫慈善,因此社会救助是社会保障的底线内容,社会救助基金为完成社会保障目标而建立和运行。社会救助基金是指国家为实施社会救助制度,建立起来的用于救灾、扶贫、济困等目的和用途的社会保障基金。由于应对的是自然灾害等社会整体性风险及维持社会底线意义上的基本保障,社会救助基金通常由政府承担主要责任,资金主要来源于政府财政预算或紧急拨款。此外,慈善捐赠、社会筹资等渠道也为社会救助提供部分资金来源。社会救助基金主要用于灾害救助支出和社会救济支出。灾害救助支出是国家用于抗击自然灾害、救助遭受自然灾害的地区和公民,降低灾害损失,维持灾区社会稳定和保障人民基本生活的专项基金,在我国由民政部统筹管理;社会救济支出是政府和社会对由于灾害、疾病、失业、丧失劳动能力等原因造成收入中断或者收入降低,并陷入贫困的社会成员及其家庭提供帮助的基金,一般由国家政府和地方政府根据事权管辖分别承担资金责任。我国社会救济的标准、条件和发放等实施地方属地化管理,因此主要由地方政府承担筹资和管理责任,如作为重要的社会救助项目,各地最低生活保障主要由地方政府筹资和实施。在我国的社会保障制度框架中,社会救助制度包括农村的扶贫政策、五保救助制度和农村的最低生活保障制度,城市中的最低生活保障、医疗救助、各项特殊救助制度,以及各种灾害救助等政策。这部分体现国家责任的救助项目内容,由政府承担兜底责任,政府财政予以公共预算列支管理。

二、社会保险基金

社会保险基金是国家为应对特定类型的社会风险,采用保险财务原理进行筹资和管理的社会保障专用基金。与社会救助、社会福利基金大多由政府承担出资责任不同,社会保险基金遵循权利与义务对等的原则,由参保人缴纳保险费形成基金,利用保险的"大数法则",当对应风险以某一概率出现时,从整体基金池中支出保险金对遭遇风险的参保人给予经济补偿。我国社会保险基金种类包括:养老保险基金、医疗保险基金、失业保险基金、工伤保险基金和生育保险基金[①],此外,还有住房公积金基金。

(1) 养老保险基金是专门为应对国民退休或者因年老停止劳动后维持老年生活所需的专项保险基金,在各项社会保险基金中涉及人群范围最广、基金规模最大、积累时间最长,因而是最重要的一项社会保险基金。根据人群、职业等可进一步划分为不同种类的养老保险基金。我国养老保险基金分为基本养老保险、补充养老保险和个人养老金,分别由政府、单位和个人主导实施。其中,基本养老保险是我国最重要的养老保险基金,根据社会实际情况分为城镇职工基本养老保险和城乡居民基本养老保险;补充养老保险是国家给予税收优惠鼓励企事业单位开办的养老保险,根据我国职业分类现实,区分为面向企业及其职工的企业年金和面向机关事业单位及其职工的职业年金,分别对应企业年金基金和职业年金基金;个人养老金是国家通过给予一定的个税扣除优惠鼓励个人进行养老资产储备的制度安排,属于第三支柱养老金的范畴。我国养老保险体系构成如图4-2所示,每个种

---

① 2019年3月,国务院发布《国务院办公厅关于全面推进生育保险和职工基本医疗保险合并实施的意见》,将生育保险与医疗保险合并。因生育保险在我国长期独立存在,在讨论社会保险基金发展等问题时不能忽略,因此这里亦单独列出。

类的养老保险对应相应的养老保险基金。

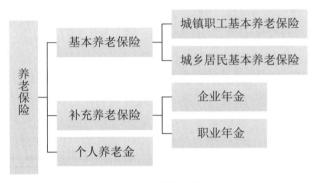

图 4-2　我国养老保险体系构成

（2）医疗保险基金是国家为帮助公民应对疾病风险而建立的，对参保人遭遇疾病风险所需的医疗费用给予补偿的专项社会保险基金。医疗保险基金采用保险原理进行筹资，由国家、雇主和参保人三方负担，当参保人发生疾病风险时由基金给予医疗费用补偿。不同国家实施差异化的医疗保险制度类型，基金来源也存在差异：实行国家医疗保险的国家，其医疗保险基金主要来自政府筹资；实行社会医疗保险的国家，基金主要由雇主和参保者个人承担筹资责任；实行商业性医疗保险和储蓄性医疗保险的国家，其医疗保险基金则主要由个人缴费构成。我国医疗保险也分为不同的层次和类型：一是城镇职工基本医疗保险，针对城镇在职职工设立，属于社会医疗保险制度，由参保职工个人及其雇主缴纳保险费构成基金；二是城乡居民基本医疗保险制度。2016年国务院将原城镇居民基本医疗保险制度和新型农村合作医疗两项制度进行整合，建立起统一的城乡居民基本医疗保险制度[①]，采取由个人缴费和政府补助相结合，并鼓励集体、单位、社会组织给予资助的多渠道筹资模式。

（3）失业保险基金是国家依法强制建立实行的，处于劳动年龄、有就业能力并有工作意愿的人由于非自愿失业，无法获得维持生活必须的劳动收入的情况下，由国家和社会在一定时期内为其提供基本生活保障和帮助其实现再就业所需要的基金。失业保险基金是以帮助失业个人和家庭度过失业期间的经济困难，以及促进就业为目标的专项社会保险基金。失业保险基金的筹资模式有政府财政拨款支付型，雇员及雇主缴费、政府拨款弥补不足的政府资助型，以及全部由雇主承担的自助型。我国失业保险基金主要由雇主和职工缴纳失业保险金构成，其中雇主缴费责任高于个人，国家根据失业情况和就业促进需要给予财政补贴。

（4）工伤保险基金是指国家和社会为在生产、工作中遭受事故伤害和患职业病的劳动者及其亲属提供医疗救治、生活保障、经济补偿、医疗和职业康复等物质帮助所需的专项社会保险基金。对于工伤发生概念的界定非常明确，即劳动者为行使工作职责而发生，带有鲜明的赔偿性质，因此工伤保险由雇主承担缴费责任，而劳动者个人不缴纳工伤保险费。工伤事故因工作而发生，对劳动者个人和家庭造成的伤害和损失极大，因此对工伤事故适用"无责任补偿原则"。同时，社会化的工伤保险制度也可以避免单个企业由于遭遇

---

① 《国务院关于整合城乡居民基本医疗保险制度的意见》，国发〔2016〕3号。

较大的工伤事故无力赔付而倒闭,通过工伤保险基金实施赔付补偿也能够减少工伤对企业造成的波动影响。

(5) 生育保险基金是国家通过立法建立的,在劳动者因怀孕和分娩而导致劳动力暂时中断时,由国家和社会给予经济补偿和医疗保健所需要的专项社会保险基金。生育是全社会延续发展的重要机能,需要全社会给予支持,其宗旨在于通过向职业妇女提供生育津贴、医疗服务和产假,帮助她们恢复劳动能力、重返工作岗位。生育保险基金的筹集有国家、雇主和个人三种渠道,各国根据国情不同而选择不同的筹资模式。我国的生育保险基金由雇主缴纳生育保险费筹集基金,用于支付女性劳动者生育期间的保险待遇。2020年起,生育保险与医疗保险合并,对应的生育保险待遇包括生育医疗费用和生育津贴,所需资金从职工基本医疗保险基金中支付。

(6) 住房公积金基金。我国住房制度改革后,国家为帮助城镇职工解决居住问题,建立了住房公积金制度。该项制度由单位雇主和职工双方缴纳公积金积累形成基金,并在职工购买商品住房或用于符合条件的租房时获得住房金融援助或者提取使用。住房公积金的使用对象、缴费、积累和使用等与其他种类的社会保险运行比较接近,且在现实中通常与其他保险一起缴费,常统称为"五险一金",因此本书将住房公积金基金放在社会保险同等地位进行介绍。但是需要注意,住房公积金除了具有社会保险的特性之外,还有准金融功能,即以较低的支付利率进行基金积存,以较高的贷款利率放贷支持职工购房,具有资金增值的金融特性。住房公积金贷款利率低于商业银行住房按揭贷款,体现出制度的福利性。

基本社会保险由单位、个人和政府三者分担责任,主要由单位和个人缴费构成社会保险基金,在各社会保险项目下进行管理运营,实现基金收支平衡与制度可持续发展,如养老、医疗、失业、工伤、生育等社会保险。当社会保险基金出现赤字或者支付困难时,由政府给予补贴支持。住房公积金的运营管理方式略微不同,但就筹集和管理方式以及责任主体等方面与社会保险接近,因此也纳入这一层次的保障范畴。

补充保险体现雇主责任,由雇主主导建立,为职工提供基本社会保险以外的保障支持,主要筹资责任由雇主和职工承担。补充保险项目包括补充养老保险、补充医疗保险和补充住房公积金。补充保险由政府给予税收等政策优惠,引导鼓励雇主和职工缴费建立,形成的补充保险基金引入市场化投资管理,力求为基金保值增值提供更多保障。

此外还有完全由市场主导的各类保障性质的项目,体现个人责任,如已推出实施的"个人养老金",在政府对个人给予一定税收扣减优惠的政策下,主要由市场力量设计、销售和运营产品,向更广泛的居民提供养老保障,包括市场化商业养老保险、银行理财、基金、信托等符合政策规定的市场化养老金融工具,构成市场化的基金。

三、社会福利基金

社会福利基金是指国家为实施社会福利制度,由政府和社会筹资建立的用于解决特殊群体及社会成员的实际困难,提升国民物质和精神文化生活水平,提高生活质量的专用基金。主要包括特殊群体福利用途的基金,如老年社会福利、妇女儿童社会福利、残疾人社会福利、鳏寡孤独照顾等,以及用于社会成员的公共社会福利的基金,如公共卫生、公共文化娱乐、公共健身或保健设施等。社会福利项目涉及范围较广,由中央或地方政府根据情况设定和实施。社会福利项目有两个特点：对某些特定群体实施福利保障，具有特定性，如妇女儿童、残疾人福利，具有特殊性；满足某一特定福利项目条件的公民均可享受社会福利，因此又具有普遍性特征，如某地年满70周岁的老年人乘坐公共交通免费就属于公共福利项目。社会福利以提高国民的生活质量为目标，而社会救助以保障居民的最低生活为目标。社会福利基金的支付形式不限于现金形式，还可以体现为其他物质形式和服务，如提供基本生活用品，为残疾人提供康复、劳动就业，兴办残疾人福利企业，建设社区健身设施和文化娱乐设施等。社会福利基金根据福利项目设立和运行的主体分别由国家政府、地方政府以及社会机构、慈善团体、企业单位等进行筹资和管理。我国对企业设立可以税前扣除的福利费，是企业专门用于提高职工福利的专用基金，也属于福利基金的范畴。综上，社会福利基金是一个项目多样、层级多样、主体多样的广泛的概念范畴，是为提高社会成员的生活质量而筹集管理的基金。

社会福利是我国广义的社会保障体系的内容之一。我国社会福利制度早期主要是针对妇女儿童、残疾人、孤寡老人等特殊对象实施的，以救济、帮助为主。随着中华人民共和国成立后经济的逐渐恢复，我国开始建立以劳动关系为依托的职工福利制度，福利费作为企事业单位的正常成本列支，并逐渐发展包括价格补贴、传染病防治、儿童防疫等卫生福利在内的公共社会福利内容。目前我国社会福利制度包括民政社会福利、职工社会福利和公共社会福利等几个部分的内容。其中民政社会福利仍然以面向社会中特殊人群，如孤寡老人、孤儿、残疾人，带有社会底层救助与帮扶性质的福利制度为主。随着养老服务需求旺盛，城乡敬老院数量迅速增加，亦属于社会福利的范畴。此外，职工福利经历了从单位福利向社会福利的转化，部分原属于单位福利的内容也逐渐规范化，进入工资体系，成为职工工资的一部分。其他的公共福利，如公共卫生、公共教育等，均属于公共服务的范畴而不再作为社会福利的专属内容。因此，我国目前社会福利制度的定位并不十分清晰，且内容多样、管理分散，尚未形成类似社会保险、社会救助等内涵外延与制度指向均十分清晰的制度体系。因此在图4-1中并未明确标出社会福利的位置和主体责任。但需要清楚，从广义范畴上和历史传统上，社会福利是我国社会保障体系的组成内容。

四、社会优抚基金

社会优抚基金是政府对为社会作出特殊贡献的军人及其家属实行优待、抚恤、安置等社会保障措施所需要的基金。我国军人保障自成体系，社会层面为体现对于军人的尊重褒扬，弘扬社会爱戴军人的风气，各级政府都有对应的优抚安置基金，用于对军人及其家属给予政治上、经济上的优厚待遇，对牺牲伤残军人及其家属提供带有褒扬意义的精神抚慰和经济补偿，以及对退出现役的军人进行就业安置、养老安排等一系列保障措施。我国社会优抚基金的资金来源主要是政府财政拨款筹集，并辅以社会筹集。

五、其他专项保障基金

除上述各项社会保障基金外，各国还会根据本国国情及实际需要设立专题专项的社会保障基金，以达成当前或者未来的特定社会保障目标。为应对我国剧烈的人口老龄化趋势和社会保障制度改革，我国建立了"全国社会保障基金"并成立"全国社保基金理事会"这一专门机构进行管理。我国的"全国社会保障基金"具有国家战略储备的特性，建立目标是不断地积累、投资增值,用于应对未来我国老龄化高峰时期社会保障基金不足的重大风险。全国社会保障基金由国家财政划拨初始资金成立,通过定期和不定期财政拨款、国有企业股票减持、投资收益等方式筹集基金。目前全国社会保障基金已经成为我国社会保障基金的重要组成部分。

综上,我国社会保障管理体系已经构建形成包括最低层次兜底保障、广泛层次基本保障、发展层次补充保障和较高层次市场保障等多层次的保障体系。

第二节 我国社会保障基金的分类及现状

根据各社会保障项目的性质和基金管理特征,社会保障基金大致可以分为如下几种类型:

(1) 政府财政列支管理类,如各项社会救助、赈灾救济、军人保障等。

(2) 由社会成员缴费构成或者国家单独建立的公共基金,如全国社会保障基金、各项社会保险基金、补充保险基金等。

(3) 由市场机构运营的商业资金。

政府财政基金按照财政原则管理使用,一般不单独形成用途明确的积累基金。市场化资金由各市场机构自负盈亏自我管理,属于私营部门经营范畴,不在本书讨论范围之内。因此本书讨论的对象主要是第二类基金,即带有社会公共基金性质且形成基金积累,需要管理运营的基金种类,具体包括:全国社会保障基金、基本养老保险基金、基本医疗保险基金、失业保险基金、工伤保险基金、生育保险基金、住房公积金基金、企业年金/职业年金基金、个人自主型保险保障基金。

一、全国社会保障基金

2000年8月,党中央、国务院决定建立"全国社会保障基金"(简称"全国社保基金"),同时设立"全国社会保障基金理事会"(简称社保基金理事会),负责管理运营全国社保基金。全国社保基金是中央政府集中设立、管理的国家社会保障基金,是中央政府集中建立的国家战略储备基金,由中央财政预算拨款、国有资本划转、基金投资收益和国务院批准的其他方式筹集的资金构成,专门用于人口老龄化高峰时期的养老保险等社会保障支出的补充、调剂,由社保基金理事会负责管理运营。

全国社保基金是与地方政府管理的基本养老保险基金、基本医疗保险基金、工伤保险基金、失业保险基金和生育保险基金等社会保险基金不同的基金,它们的资金来源和运营管理不同,用途也存在区别。根据2001年12月13日《全国社会保障基金投资管理暂行办法》规定,全国社保基金的来源包括:

(1) 中央财政预算拨款。

(2) 国有股减持划入资金。

(3) 经国务院批准的以其他方式筹集的资金。

(4) 投资收益。

(5) 股权资产。

此外,还有做实个人账户试点省市基本养老保险个人账户中央补助资金(个人账户基金），由社保基金理事会受做实个人账户试点地方政府的委托，管理地方个人账户资金等。

全国社保基金投资遵循长期投资、价值投资和责任投资的投资理念。基金境内投资范围包括：银行存款、债券、信托投资、资产证券化产品、股票、证券投资基金、股权投资和股权投资基金等。基金境外投资范围包括：银行存款、银行票据、大额可转让定期存单等货币市场产品、债券、股票、证券投资基金，以及用于风险管理的掉期、远期等衍生金融工具。全国社保基金运作保持基金资产的独立性。基金资产独立于社保基金理事会、全国社保基金投资管理人和托管人的资产，以及基金投资管理人管理和托管人托管的其他资产。

由于全国社保基金没有当期支付压力，其目标在于长期增值，并尽可能取得高收益，尽量做大规模。全国社保基金历年资产及投资收益如表4-1所示。

表4-1 全国社保基金历年投资情况

年　份	资产总额（亿元）	投资收益率（%）	通货膨胀率（%）
2001	805	1.73	0.7
2002	1 242	2.59	−0.8
2003	1 325	3.56	1.2
2004	1 711	2.61	3.9
2005	2 118	4.16	1.8
2006	2 828	29.01	1.5
2007	5 162	43.19	4.8
2008	5 624	−6.79	5.9
2009	7 766	16.12	−0.7
2010	8 567	4.23	3.3
2011	8 688	0.86	5.4
2012	11 060	7.10	2.6
2013	12 416	6.20	2.6
2014	15 356	11.69	2.0
2015	19 138	15.19	1.4
2016	20 423	1.73	2.0
2017	22 231	9.68	1.6
2018	22 354	−2.28	2.1
2019	26 286	14.06	2.9
2020	29 227	15.84	2.5
年均	—	9.02	2.34

资料来源：全国社保基金理事会年度报告和投资收益报告。

二、基本养老保险基金

养老基金的管理涉及人口结构、代际赡养、跨期安排，是西方经济学家研究社会保障问题的最重要的研究对象,是最有代表性的社会保障基金。我国的基本养老保险基金,无论是从覆盖广度、基金规模还是影响范围上看,都是我国社会保障基金中最重要的部分,其覆盖面广、资金量大、影响深远,是广大老百姓未来生活的"养命钱",向来备受关注。

我国基本养老保险制度改革经历了多年探索:1991年提出"引入部分积累制",1993年确定"统账结合"模式,1997年统一全国各地企业职工基本养老保险制度、确定缴费费率和待遇计发公式,2001年开始个人账户做实试点,2005年改革养老保险筹集和计发公式,2009—2010年建立面向农村和城镇居民的基本养老保险制度,2014年进一步合并为城乡居民基本养老保险制度,2015年机关事业单位基本养老保险"并轨"。经过长期的努力与尝试,逐渐形成今天的制度体系。其中,城镇职工基本养老保险从20世纪90年代开始建立和发展,建立时间最长、覆盖职工最多、发展最为成熟,2015年起机关事业单位职工并入城镇企业职工基本养老保险。根据相关统计数据,我国基本养老保险历年收支结余及趋势如表4-2、图4-3所示。

表4-2 我国基本养老保险历年收支结余

年份	基本养老保险(亿元)			城镇职工基本养老保险(亿元)			城乡居民基本养老保险(亿元)		
	基金收入	基金支出	累计结余	基金收入	基金支出	累计结余	基金收入	基金支出	累计结余
1989	146.7	118.8	68.0	146.7	118.8	68.0			
1990	178.8	149.3	97.9	178.8	149.3	97.9			
1991	215.7	173.1	144.1	215.7	173.1	144.1			
1992	365.8	321.9	220.6	365.8	321.9	220.6			
1993	503.5	470.6	258.6	503.5	470.6	258.6			
1994	707.4	661.1	304.8	707.4	661.1	304.8			
1995	950.1	847.6	429.8	950.1	847.6	429.8			
1996	1 171.8	1 031.9	578.6	1 171.8	1 031.9	578.6			
1997	1 337.9	1 251.3	682.8	1 337.9	1 251.3	682.8			
1998	1 459.0	1 511.6	587.8	1 459.0	1 511.6	587.8			
1999	1 965.1	1 924.9	733.5	1 965.1	1 924.9	733.5			
2000	2 278.5	2 115.5	947.1	2 278.5	2 115.5	947.1			
2001	2 489.0	2 321.3	1 054.1	2 489.0	2 321.3	1 054.1			
2002	3 171.5	2 842.9	1 608.0	3 171.5	2 842.9	1 608.0			
2003	3 680.0	3 122.1	2 206.5	3 680.0	3 122.1	2 206.5			
2004	4 258.4	3 502.1	2 975.0	4 258.4	3 502.1	2 975.0			
2005	5 093.3	4 040.3	4 041.0	5 093.3	4 040.3	4 041.0			
2006	6 309.8	4 896.7	5 488.9	6 309.8	4 896.7	5 488.9			
2007	7 834.2	5 964.9	7 391.4	7 834.2	5 964.9	7 391.4			
2008	9 740.2	7 389.6	9 931.0	9 740.2	7 389.6	9 931.0			
2009	11 490.8	8 894.4	12 526.1	11 490.8	8 894.4	12 526.1			

续表

年份	基本养老保险（亿元）			城镇职工基本养老保险（亿元）			城乡居民基本养老保险（亿元）		
	基金收入	基金支出	累计结余	基金收入	基金支出	累计结余	基金收入	基金支出	累计结余
2010	13 872.9	10 755.3	15 787.8	13 419.5	10 554.9	15 365.3	453.4	200.4	422.5
2011	18 004.8	13 363.2	20 727.8	16 894.7	12 764.9	19 496.6	1 110.1	598.3	1 231.2
2012	21 830.2	16 711.5	26 243.5	20 001.0	15 561.8	23 941.3	1 829.2	1 149.7	2 302.2
2013	24 732.6	19 818.7	31 274.8	22 680.4	18 470.4	28 269.2	2 052.3	1 348.3	3 005.7
2014	27 619.9	23 325.8	35 644.5	25 309.7	21 754.7	31 800.0	2 310.2	1 571.2	3 844.6
2015	32 195.5	27 929.4	39 937.1	29 340.9	25 812.7	35 344.8	2 854.6	2 116.7	4 592.3
2016	37 990.8	34 004.3	43 965.2	35 057.5	31 853.8	38 580.0	2 933.3	2 150.5	5 385.2
2017	46 613.8	40 423.8	50 202.2	43 309.6	38 051.5	43 884.6	3 304.2	2 372.2	6 317.6
2018	55 005.3	47 550.4	58 151.6	51 167.6	44 644.9	50 901.3	3 837.7	2 905.5	7 250.3
2019	57 025.8	52 342.3	62 872.2	52 918.8	49 228.0	54 623.3	4 107.0	3 114.3	8 249.2
2020	49 228.6	54 656.5	58 075.2	44 375.7	51 301.4	48 316.6	4 852.9	3 355.1	9 758.6

数据来源：《中国劳动统计年鉴2021》。

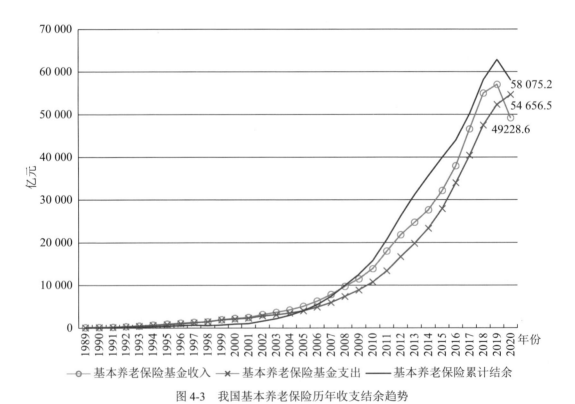

图 4-3 我国基本养老保险历年收支结余趋势

统计数据显示，我国基本养老保险基金的收入、支出和结余均逐年大幅度增加。其中收入增长幅度大于支出增长，从而使得基金结余自 2000 年以后开始急剧增加。2009 年建立新型农村社会养老保险，2010 年建立城镇居民基本养老保险，因此自

2010年起居民基本养老保险基金开始形成收支和积累,2014年两者合并为城乡居民基本养老保险。我国机关事业单位职工养老保险于2015年与城镇企业职工基本养老保险实现"并轨",因此数据显示城镇职工基本养老保险基金的收入、支出和结余在2016年均有一个较大的跃升。2019年国家出台社保降费政策[①]效果显著,随后基金收入和结余均明显下降。

一直以来,我国基本养老保险的统筹层次低,大部分采取地市级统筹甚至更低层次的统筹管理。低层次的统筹管理给我国基本养老保险基金带来巨大的管理风险,基金遭受地方政府的挤占、挪用等现象严重,使得基金安全受到来自多方面的不利影响。同时,分散的基金管理模式也使得基金不能集中,无法进行有效的投资管理,难以获得基金投资的规模效应带来的收益回报,面临巨大的管理风险和贬值风险。

我国基本养老保险基金长期以来收益率极低,根据1993年和1995年国务院相关文件规定,基本养老保险基金除预留2个月的周转资金之外,其余基金只能用于银行存款和购买国债。这决定了我国基本养老保险基金的投资收益状况不佳,年收益率均不足2%。几万亿元的基本养老保险基金积累,面临巨额贬值风险。养老保险是参保人积累长达几十年的基金,是最需要科学合理地进行投资管理的社会保障基金。每年2%左右的记账利率无法对抗通货膨胀,无法保证养老金的长期购买力。2015年8月国务院印发《基本养老保险基金投资管理办法》,开始对包括城镇企业职工、机关事业单位工作人员、城乡居民养老保险基金在内的我国基本养老保险基金进行投资管理。各省份将基本养老保险基金归集到省级社会保障基金财政专户,委托全国社保基金理事会代为投资。2018年11月,全国社保基金理事会发布《基本养老保险基金受托运营年度报告(2017年度)》,首次披露2017年末委托全国社保基金投资的基本养老保险基金资产总额3 155.19亿元,2017年基本养老保险基金投资收益率5.23%,超过当年通货膨胀水平(1.6%),为基金长期保值增值奠定了良好的开端。2018年度报告中披露基本养老保险基金资产总额7 032.82亿元,年度投资收益率2.56%。市场化投资运作会受到经济和投资市场波动的影响,但长期能够取得较好的投资收益水平,特别是配合科学的投资策略,合理控制风险,将能够在风险和收益两方面达到较为平衡的策略安排,从而实现长期"跑赢"通胀,获得收益。

三、基本医疗保险基金

疾病是几乎每个人都会遭遇的社会风险,而且因为疾病出险突然、破坏性大,不仅会对本人的身体健康造成危害,还同时会对家庭财务造成严重影响。医疗保险肩负着社会成员疾病治疗、健康恢复以及医疗服务有序提供的重要责任。我国城镇职工基本医疗保险主要是在职工遭受疾病风险时,对疾病治疗、健康恢复提供经济和服务帮助的医疗健康服务制度。我国现行的城镇职工基本医疗保险政策自1998年起实施,覆盖范围包括城镇企业、事业、机关、社会团体、民办非企业单位等在内的城镇所有用人单位。新型农村合作医疗制度自2009年开始试点,2016年国务院印发《关于整合城乡居民基本医疗保险制度的意见》(国发〔2016〕3号),将城镇居民基本医疗保险与农村居民的新型农村合作医疗制度合并,

---

① 《国务院办公厅关于印发降低社会保险费率综合方案的通知》(国办发〔2019〕13号)。

形成统一的城乡居民基本医疗保险制度。

我国基本医疗保险制度建立并推行以来,为城镇居民的医疗卫生健康做出了巨大贡献。随着城镇基本医疗保险制度的推进,医疗保险基金的收入支出和结余规模亦有较大增长。我国基本医疗保险基金历年的收支结余及趋势如表 4-3、图 4-4 所示。

表 4-3 我国基本医疗保险基金历年收支结余　　　　　　　　单位:亿元

年　份	基金收入	基金支出	基金结余
1993	1.4	1.3	0.4
1994	3.2	2.9	0.7
1995	9.7	7.3	3.1
1996	19.0	16.2	6.4
1997	52.3	40.5	16.6
1998	60.6	53.3	20.0
1999	89.9	69.1	57.6
2000	170.0	124.5	109.8
2001	383.6	244.1	253.0
2002	607.8	409.4	450.7
2003	890.0	653.9	670.6
2004	1 140.5	862.2	957.9
2005	1 405.3	1 078.7	1 278.1
2006	1 747.1	1 276.7	1 752.4
2007	2 257.2	1 561.8	2 476.9
2008	3 040.4	2 083.6	3 431.7
2009	3 671.9	2 797.4	4 275.9
2010	4 308.9	3 538.1	5 047.1
2011	5 539.2	4 431.4	6 180.0
2012	6 938.7	5 543.6	7 644.5
2013	8 248.3	6 801.0	9 116.5
2014	9 687.2	8 133.6	10 644.8
2015	11 192.9	9 312.1	12 542.8
2016	13 084.3	10 767.1	14 964.3
2017	17 931.6	14 421.7	19 385.6
2018	21 384.4	17 823.0	23 440.0
2019	24 420.9	20 854.2	27 696.7
2020	24 846.1	21 032.1	31 500.0

数据来源:《中国劳动统计年鉴 2021》。

注:2019 年起包含生育保险基金。

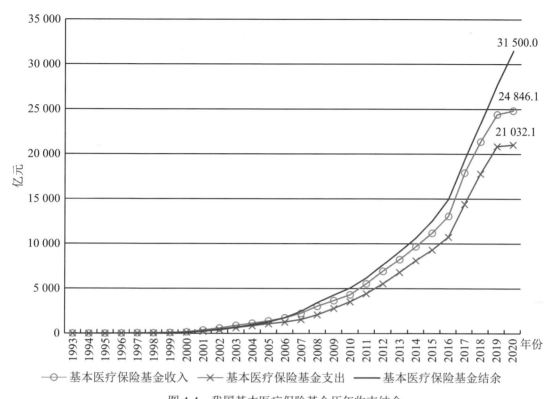

图 4-4 我国基本医疗保险基金历年收支结余

由图表可以看出，医疗保险基金收入、支出和结余都急剧增加。特别是在 2005 年以后，三项支出的曲线更为陡峭，显示了规模的急剧膨胀。根据《国务院关于建立城镇职工基本医疗保险制度的决定》（国发〔1998〕44 号）规定，基本医疗保险基金存入财政专户，当年筹集的部分，按活期存款利率计息；上年结转的基金本息，按 3 个月期整存整取银行存款利率计息；存入社会保障财政专户的沉淀资金，比照 3 年期零存整取储蓄存款利率计息，并不低于该档次利率水平。这意味着医疗保险基金的收益率最高只是 3 年期零存整取的利率水平。虽然医疗保险基金的运行原则是"当年收支平衡可略有盈亏"，但基金运营中事实存在的大额结余，却面临着与养老保险基金相同的贬值风险。因此对于医疗保险基金需要统筹考虑，既做到足够的流动性应对，同时也能使得基金保值甚至增值，这对未来我国老龄化程度加深后医疗保险的刚性需求增加亦是必要的准备。2019 年《国务院办公厅关于全面推进生育保险和职工基本医疗保险合并实施的意见》（国办发〔2019〕10 号）开启医疗保险与生育保险合并的改革，"两险"基金合并运行。

文件阅读

《国务院关于建立城镇职工基本医疗保险制度的决定》

四、失业保险基金

我国失业保险制度的建立与发展从 1986 年的《国营企业职工待业保险暂行规定》开始，经过 1993 年《国有企业职工待业保险规定》，直至 1999 年国务院发布《失业保险条例》，从最初不承认失业的存在且职工个人不缴费，到适应现实需要，采用国家、企业、职工三方负担原则，开始对经济社会中的失业现象进行合理的管理。我国的失业保险制度是为了保障失业人员失业期间的基本生活，促进其再就业而制定的。根据《失业保险条例》，企业和职工各按工资总额的 2% 和 1% 缴纳失业保险金。失业保险制度对我国转型期国有企业改革顺利推行作出了重大贡献。我国失业保险基金历年收支结余及趋势如表 4-4 和图 4-5 所示。由图表可知我国失业保险基金也存在较大规模结余，特别是 2003 年以后基金结余呈现极为陡峭的增长态势。

表 4-4 我国失业保险基金历年收支结余　　　　　单位：亿元

年　　份	基金收入	基金支出	累计结余
1989	6.8	2.0	13.6
1990	7.2	2.5	19.5
1991	9.3	3.0	25.7
1992	11.7	5.1	32.1
1993	17.9	9.3	40.8
1994	25.4	14.2	52.0
1995	35.3	18.9	68.4
1996	45.2	27.3	86.4
1997	46.9	36.3	97.0
1998	68.4	51.9	133.4
1999	125.2	91.6	159.9
2000	160.4	123.4	195.9
2001	187.3	156.6	226.2
2002	215.6	186.6	253.8
2003	249.5	199.8	303.5
2004	290.8	211.3	385.8
2005	340.3	206.9	519.0
2006	402.4	198.0	724.8
2007	471.7	217.6	979.1
2008	585.1	253.5	1 310.1
2009	580.4	366.8	1 523.6
2010	649.8	423.3	1 749.8
2011	923.1	432.8	2 240.2
2012	1 138.9	450.6	2 929.0
2013	1 288.9	531.6	3 685.9
2014	1 379.8	614.7	4 451.5
2015	1 367.8	736.4	5 083.0
2016	1 228.9	976.1	5 333.3
2017	1 112.6	893.8	5 552.4
2018	1 171.1	915.3	5 817.0
2019	1 284.2	1 333.2	4 625.4
2020	951.5	2 103.0	3 354.1

数据来源：《中国劳动统计年鉴 2021》。

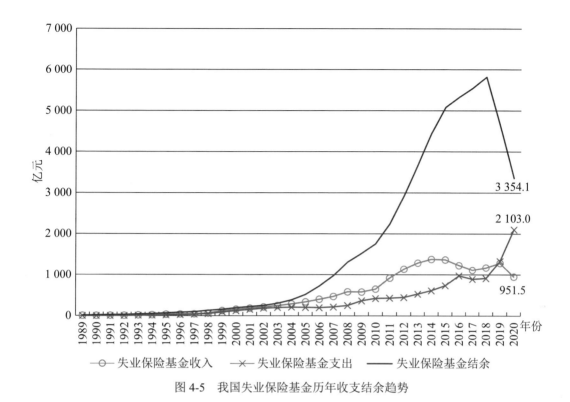

图 4-5　我国失业保险基金历年收支结余趋势

图表数据显示我国失业保险基金快速结余积累，近两年支出增加、结余下降。由于失业保险基金的目的是帮助失业人群维持基本生活和促进再就业，并不以形成结余积累作为政策目标，因此过多的结余说明失业保险制度可能存在不甚合理之处。我国失业保险与其他社会保险捆绑参保和缴费，能够持续稳定参保缴费的职工，往往在正规单位，工作稳定，失业的可能性较低，而真正需要失业保障的非正规就业或者灵活就业人员却难以参保，出现失业保险缴纳对象和保障对象错位的现象，基金收多支少；同时，我国失业救济力度不够，失业人群领取的失业保险金难以维持个人和家庭的基本开支，用于支持失业人群劳动技能培训和用于促进再就业的基金职能发挥不足，基金使用效率不高，导致大量基金结余。根据我国经济社会发展的现实需要，为减轻企业负担，2015 年国务院开始降低企业社会保障负担，首先从降低失业保险费率开始，确定将失业保险费率从 3% 统一降至 2%；随后，2016 年财政部发文进一步阶段性降低失业保险费率至 1%～1.5%，其中个人费率不超过 0.5%。图 4-5 中，我国失业保险基金收入曲线自 2014 年达峰值后开始下降，并在 2016 年有更明显的下降，表明降费政策效果显著。2019 年社保降费改革，2020 年受疫情影响，我国失业保险基金支出大幅度增加，累计结余下降明显，到 2020 年年底共有 3 354.1 亿元的累计结余。失业保险基金与其他各类社会保障积累基金一样，需要很好地加以管理，实现保值增值，从而扩大我国失业保险的保障范围、增强保障力度。失业保险基金在地市级统筹管理，既要考虑基金应对流动性支付的需要，又有充分注意其保值增值的需要，避免上千亿元结余基金的贬值损失。

五、工伤保险基金

工伤保险制度是为保障因工作遭受事故伤害或者患职业病的职工获得医疗救治和经

济补偿，促进工伤预防和职业康复，分散用人单位的工伤风险而制定的保险制度。我国从1989年开始进行工伤保险试点，1996年发布《企业职工工伤保险试行办法》，2003年制定颁布《工伤保险条例》，2010年进行修订。工伤保险遵循"无过错责任原则"和"个人不缴费原则"，基金由用人单位缴纳，职工个人不缴费。失业保险实行分行业差别浮动费率制度，根据以支定收、收支平衡的原则筹集管理工伤保险基金。为减轻企业缴费负担，2015年财政部发文对工伤保险费率进行了调整。尽管"收支平衡"是我国工伤保险基金建立的基本原则，但数据显示我国工伤保险基金长期大量结余（如表4-5、图4-6所示）。

表4-5 我国工伤保险基金历年收支结余　　　　　　　　　　　　　　　单位：亿元

年　份	基金收入	基金支出	累计结余
1993	2.4	0.4	3.1
1994	4.6	0.9	6.8
1995	8.1	1.8	12.7
1996	10.9	3.7	19.7
1997	13.6	6.1	27.7
1998	21.2	9.0	39.5
1999	20.9	15.4	44.9
2000	24.8	13.8	57.9
2001	28.3	16.5	68.9
2002	32.0	19.9	81.1
2003	37.6	27.1	91.2
2004	58.3	33.3	118.6
2005	92.5	47.5	163.5
2006	121.8	68.5	192.9
2007	165.6	87.9	262.6
2008	216.7	126.9	384.6
2009	240.1	155.7	468.8
2010	284.9	192.4	561.4
2011	466.4	286.4	742.6
2012	526.7	406.3	861.9
2013	614.8	482.1	996.2
2014	694.8	560.5	1 128.8
2015	754.2	598.7	1 285.3
2016	736.9	610.3	1 410.9
2017	853.8	662.3	1 606.9
2018	913.0	742.0	1 784.9
2019	819.4	816.9	1 783.2
2020	486.3	820.3	1 449.3

数据来源：《中国劳动统计年鉴2021》。

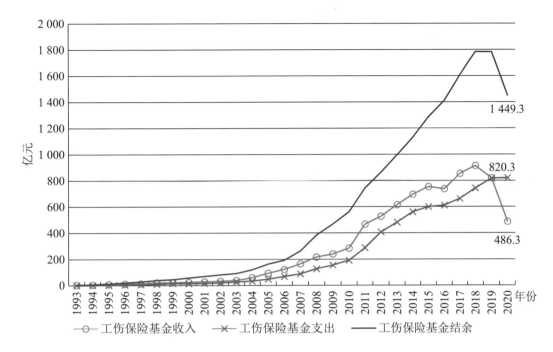

图 4-6 我国工伤保险基金历年收支结余趋势

工伤保险基金的目的是用于对职业事故伤害和职业病进行医疗救治和经济补偿。数据显示我国工伤保险基金收支自 1999 年以后开始迅速增加，特别是 2003 年之后基金收入、支出和结余均表现出急剧增加的趋势。工伤保险基金率[①]在 1993 年至 2010 年间处于 180%～380%，基金率水平相当高，形成 2018 年年底 1 784.9 亿元的工伤保险基金结余。大笔基金结余提示我们，一方面需要扩大受益范围、提高保障水平，另一方面也需要对积累结余的基金进行合理的投资管理，避免贬值损失，实现保值增值。2011 年 1 月 1 日开始实施的《国务院关于修改〈工伤保险条例〉的决定》，扩大了工伤保险和工伤认定范围，提高了工伤保险待遇标准，增加了工伤保险基金的支出项目，并规定了"先行支付原则"。这一系列改变，将明显促进工伤保险的适用实效，当然也会大幅度增加基金支出。这对累计结余资金的有效使用和达成工伤保险的保障使命是一个促进。2019 年社保降费和 2020 年因新冠肺炎疫情减免企业社保缴费政策，对基金收入有较大影响，结余下降明显，但 2020 年年底仍然有 1 449.3 亿元的结余基金，需要进行科学管理。

六、生育保险基金

生育保险是通过国家立法规定，在劳动者因生育子女而导致劳动力暂时中断时，由国家和社会及时给予物质帮助的一项社会保险制度。生育保险采取"以支定收，收支基本平衡"的原则筹集资金，由企业按照其工资总额的一定比例向社会保险经办机构缴纳生育保险费，建立生育保险基金。职工个人不缴纳保险费。生育保险基金用于两项保险待遇的支

---

① 工伤保险基金率是指本期期初积累总额与本期基金支出金额之比，反映工伤保险基金的支付能力。

付：生育津贴及生育医疗待遇。随着生育保险覆盖面的扩大，生育保险基金与其他社会保险类似，在过去的十几年中快速积累并形成结余。我国生育保险基金的历年收支结余及趋势如表 4-6、图 4-7 所示。

表 4-6 我国生育保险基金历年收支结余　　　　　　单位：亿元

年　份	基 金 收 入	基 金 支 出	基 金 结 余
1993	0.8	0.5	0.8
1994	1.5	0.8	1.4
1995	2.9	1.6	2.7
1996	5.5	3.3	5.0
1997	7.4	4.9	7.5
1998	9.8	6.8	10.3
1999	10.7	7.1	13.9
2000	11.2	8.3	16.8
2001	13.7	9.6	20.6
2002	21.8	12.8	29.7
2003	25.8	13.5	42.0
2004	32.1	18.8	55.9
2005	43.8	27.4	72.1
2006	62.1	37.5	96.9
2007	83.6	55.6	126.6
2008	113.7	71.5	168.2
2009	132.4	88.3	212.1
2010	159.6	109.9	261.4
2011	219.8	139.2	342.5
2012	304.2	219.3	427.6
2013	368.4	282.8	514.7
2014	446.1	368.1	592.7
2015	501.7	411.5	684.4
2016	521.9	530.6	675.9
2017	642.5	743.5	564.5
2018	781.0	762.0	582.0

数据来源：《中国劳动统计年鉴 2019》。

注：2019 年起生育保险基金并入医疗保险基金。

生育保险待遇的适用对象是育龄女性职工，适用范围大大缩小，但历史数据仍然显示基金结余规模呈迅速扩大趋势，特别在 2001 年之后基金收入、支出和结余均呈现加速增

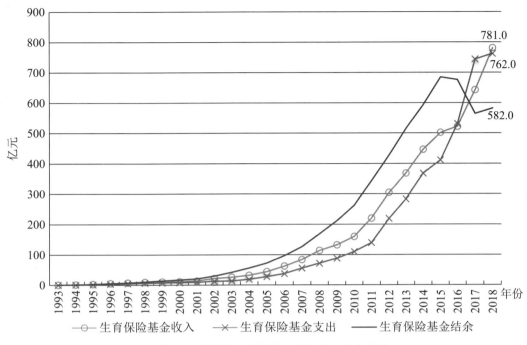

图 4-7 我国生育保险基金历年收支结余趋势

长态势，其中基金结余不断增加，到 2015 年达到峰值 684.4 亿元。2015 年我国全面放开"二孩政策"，积累的生育基金短时释放，因此 2016 年基金支出增幅较大，基金累计结余下降，说明我国人口放松政策效应明显。截至 2018 年年底，生育保险基金累计结余 582 亿元。2019 年国务院办公厅印发了《关于全面推进生育保险和职工基本医疗保险合并实施的意见》（国办发〔2019〕10 号），明确医疗保险和生育保险基金统一征缴和管理，现有生育保险基金并入医疗保险基金，需要进行积极高效率的投资管理，以实现保值增值，满足医疗生育保险的保障目标。

七、住房公积金基金

住房公积金基金是我国包括机关、企业、事业、团体等在内的各类单位及其职工缴存的长期住房储金①。住房公积金的管理实行住房公积金管理委员会决策、住房公积金管理中心运作、银行专户存储、财政监督的原则。自 1999 年推出住房公积金制度以来，随着我国房地产市场的迅猛发展，房价高企，住房公积金贷款为普通民众提供了购买住房成本较低的融资方式，成为民众购房融资的首选。住房公积金缴存额不断增加，到 2014 年底全国住房公积金扣除提取后的缴存结余达 37 046.83 亿元。根据住房公积金管理条例，经住房公积金管理委员会批准，可以将住房公积金用于购买国债。根据我国住房和城乡建设部和财政部公布的数据，2006—2008 年、2014—2020 年全国住房公积金缴存情况及趋势②如表 4-7、图 4-8 所示。

---

① 《住房公积金管理条例》，1999 年 4 月 3 日中华人民共和国国务院令第 262 号发布。
② 财政部 2014 年开始对社会公布《全国住房公积金年度报告》，此前的公开数据仅有 2006—2008 年。

表 4-7 历年全国住房公积金缴存情况　　　　　　　　　　　单位：亿元

年　份	当年缴存额	缴存总额	缴存余额[①]
2006	2 927.90	12 687.37	7 870.96
2007	3 542.92	16 230.30	9 605.11
2008	4 469.48	20 699.78	12 116.24
2014	12 956.87	74 852.68	37 046.83
2015	14 549.46	89 490.36	40 674.72
2016	16 562.88	106 091.76	45 627.85
2017	18 726.74	124 845.12	51 620.74
2018	21 054.65	145 899.77	57 934.88
2019	23 709.67	169 607.66	65 372.43
2020	26 210.83	195 834.91	73 041.40

数据来源：2006—2008 年数据来自住房和城乡建设部；2014 年以后数据来自财政部《我国住房公积金年度报告》（历年）。

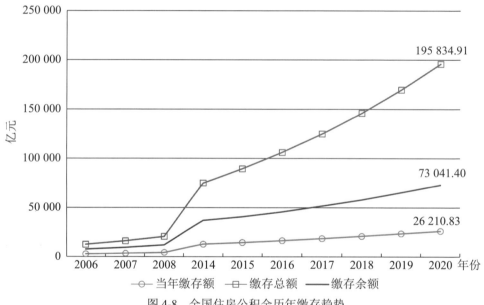

图 4-8　全国住房公积金历年缴存趋势

住房公积金的运用主要包括个人对公积金账户的支配和国家对归集的公积金的运用两个方面，其中个人对公积金的运用可以从公积金的提取情况和个人住房贷款情况来分析，国家主要将归集的公积金用于购买国债、支付必要的风险准备金和管理费用以及用于廉租住房建设的补充资金，后两项资金的来源主要是住房公积金的增值收益部分。截至 2020 年年底，我国住房公积金累计缴存余额接近 7.3 万亿元。我国住房公积金制度以促进购房为政策初衷，但随着我国商品房市场价格飙升，大量缴纳住房公积金的职工短期内难以达到购房门槛，同时面临住房公积金缴费和支付房租的双重压力；此外，制度缺乏合理的退出机制，大量已满足居住需要的职工还必须持续缴纳住房公积金，削弱了住房公积金支持

---

① 缴存余额为缴存总额扣除提取额之后的余额。提取额包括住房公积金制度涵盖的所有支出类型，包括购买、建造、大修、偿还贷款本息、租赁住房、离退休提取及其他住房和非住房消费的全部提取支出。

基本住房需求的政策效应。因此我国住房公积金出现大量非活跃账户，缴费却未能使用，因而形成巨额基金结余。如何提高住房公积金的使用效率，进行有效的管理，从而实现保值增值，也是社会保障基金管理需要认真关注的问题。

八、企业年金/职业年金基金

我国补充社会保障基金包括养老相关的企业年金、职业年金和企业团体养老保险，医疗相关的补充医疗保险和住房相关的补充住房公积金。因为补充医疗保险基金与补充住房公积金运行时间不长、积累规模不大，且其性质与基本医疗保险基金和基本住房公积金是一样的，具有相同的筹集、管理模式，风险收益特征相似，因此本书不对此做单独讨论。但对于性质、归集、运行方式完全不同的补充养老保险基金，包括企业年金、职业年金和团体补充养老保险则需要专门予以讨论。

《企业年金试行办法》

我国补充养老保障制度于20世纪90年代初被提出，经历了十几年的酝酿和部分有条件企业的先期实践，2004年《企业年金试行办法》和《企业年金基金管理试行办法》颁布出台，我国补充养老保障制度开始正式确立和运行。企业年金是基本养老保险的补充，采取企业自愿原则；基金筹集和管理采取个人账户完全积累的方式，以信托模式运作；积累基金采取完全市场化运营机制。这些特点决定了企业年金成为我国完全市场化运营的第一类社会保障基金，其运营管理对我国整体社会保障基金的投资管理与高效运营有重要参考意义。自2004年设立以来，企业年金覆盖面逐渐扩大，基金积累规模逐渐增大。截至2020年年底，已经有10.52万户企业建立了企业年金计划，覆盖职工2 718万人，积累规模达22 497亿元。我国企业年金基金历年积累规模及趋势如表4-8所示。

《企业年金基金管理办法》

表4-8　企业年金基金历年积累规模　　　　　　　　　　单位：亿元

年　份	参加企业数（万户）	缴费职工人数（万人）	积累金额（亿元）
2005	—	—	495
2006	2.40	964	910
2007	3.20	929	1 519
2008	3.30	1 038	1 911
2009	3.35	1 179	2 533
2010	3.71	1 335	2 809
2011	4.49	1 577	3 570
2012	5.47	1 847	4 821
2013	6.61	2 056	6 035
2014	7.33	2 293	7 689
2015	7.55	2 316	9 526
2016	7.63	2 325	11 075
2017	8.04	2 331	12 880
2018	8.74	2 388	14 770
2019	9.60	2 548	17 985
2020	10.52	2 718	22 497

数据来源：《劳动和社会保障事业发展统计公报》（2005—2007）；《人力资源和社会保障事业发展统计公报》（2008—2021）。

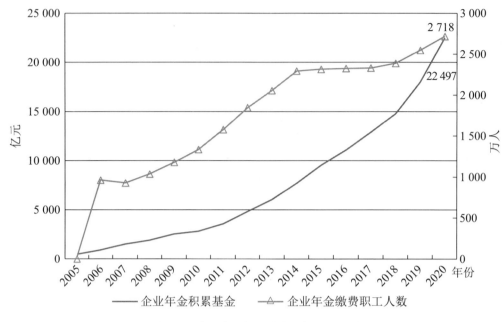

图 4-9　我国企业年金基金历年积累趋势

如图 4-9、表 4-8 所示趋势，我国企业年金刚建立时发展迅速，覆盖企业户数、缴费职工人数都迅速增加，基金积累规模迅速扩大。2014 年以后企业年金新增缴费职工人数增速放缓，这是受我国企业年金采取自愿原则影响的结果。企业在履行基本社会保险缴纳义务之后，有经济负担能力且愿意为员工建立企业年金计划的，在满足相关要求，如集体协商机制要求的前提下，可以申请设立企业年金计划。由于我国基本社会保险的缴费负担已经较重，只有盈利能力非常突出的企业才具备实力为员工建立企业年金计划。因此大多是国有、垄断型企业或者高盈利行业企业才会建立企业年金计划。随着具备实力的企业完成计划建立，企业年金发展放缓是预料中事。企业年金基金虽然不如预计增长迅速，但也在短短十几年时间里积累了 22 497 亿元的规模。企业年金作为补充养老保障形式运营时间不长，大多数计划成员尚未到达领取年龄，退休领取前还需多年积累；同时企业年金采取完全市场化投资运作，各年金运营管理机构受托管理和投资管理年金基金，按照政府监管部门规定的范围和原则进行投资运作，已积累基金会继续带来投资回报。因此，即便发展放缓，预计企业年金基金规模在未来较长时间中仍会保持净增长的态势。

需要提及的是，早期的补充养老保险主要以地方社保机构经办的补充养老保险形式而存在，部分是行业性补充养老保险。这些都在 2007 年以后全部转为市场化运作的企业年金。还有一部分企业采取购买商业保险公司的团体补充养老保险的形式。但由于这部分资金由各保险公司作为保费收入进入其财务报表，并自行管理和投资运营，对这部分资金的规模和运营情况无法展开分析。这部分补充养老保险并没有以企业年金的模式运行，但仍然属于企业补充养老保险基金的范畴。

2015 年我国机关事业单位与企业职工基本养老保险"并轨"，机关事业单位职工也参加城镇职工基本养老保险，按照社会统筹与个人账户相结合的模式缴纳社会保险费并在退休时领取退休金，但单独建账单独管理；为弥补机关事业单位职工养老金可能的降低，同时建立职业年金计划,作为机关事业单位职工的补充养老金。与企业年金自愿缴费不同,机关事业单位职工职业年金采取"隐性强制"的做法,由单位缴纳 8%,个人缴纳 4%,合计 12% 的缴费比例构成。我国机关事业单位职工人数 4 000 万人左右,长期稳定的缴费将形成持续的基金增长。预计职业年金基金规模将很快超过企业年金基金。职业年金基金参照企业年金基金实施市场化投资管理。

九、第三支柱个人养老金

2018 年 4 月,国务院六部委联合颁布《关于开展个人税收递延型商业养老保险试点的通知》(财税〔2018〕22 号);2021 年 12 月,中央全面深化改革委员会审议通过《关于推动个人养老金发展的意见》,我国面向个人责任的第三支柱养老金制度终于破冰试水,标志着包括政府、雇主和个人三方责任分担的多支柱养老金制度体系历经多年努力终于架构完整,具有重要的里程碑意义。不能被基本养老保险和企业年金制度覆盖或者有提高养老金待遇要求的不特定个人,均可以通过第三支柱养老金制度,享受国家税收优惠,为个人老年生活未雨绸缪、提前积累。个人延税型商业养老保险在上海等三地试点实施,且从个人延税型商业养老保险产品开始,覆盖面还很狭窄、产品类型过于单一、优惠力度有限、尚未建立其具备开放性和多品类产品兼容特性的账户制平台模式,还面临不少困难。国务院办公厅印发《关于推动个人养老金发展的意见》(国办发〔2022〕7 号),宣告我国个人养老金时代到来。2022 年 11 月,人力资源和社会保障部财政部、国家税务总局、银保监会、证监会等五部委联合印发《个人养老金实施办法》,同时财政部和税务总局公布了个人养老金税收优惠政策,金融行业监管部门等也出台一系列具体实施要求和办法。我国个人养老金正式落地实施。根据上述政策规定,参加第一支柱基本养老保险,包括参加城镇职工基本养老保险和城乡居民基本养老保险的全体国民可以参加第三支柱个人养老金。个人自主自愿参加个人养老金,在每人每年不超过 12 000 元的额度以内可以享受个人所得税免税的优惠,个人养老金在投资环节投资收益不征收个人所得税,在领取环节单独计税按 3% 税率计算个人所得税。个人养老金资金账户封闭运行,只有达到领取基本养老金年龄、完全丧失劳动能力、出国出境定居和国家规定的其他情形时,才能够领取个人养老金。当年开立个人养老金信息账户和资金账户的,即可在限额内享受税收优惠政策。个人养老金可以自主选择购买符合规定的个人养老金融产品,包括养老储蓄、养老理财、商业养老保险、公募基金等。未来随着政策完善、限制放宽,参与到个人养老金建设发展的行业类型更加多元、产品更加丰富、财税政策更加优惠、监管更加严谨安全,第三支柱个人养老金将成为我国重要的一支以养老为目标的社会保障基金。

《关于开展个人税收递延型商业养老保险试点的通知》

《国务院办公厅关于推动个人养老金发展的意见》

我国社会保障基金中与养老有关的基金包括全国社会保障基金、基本养老保险基金、企业年金基金、职业年金基金、个人养老金等类型,已经形成了三支柱的完整格局。根据我国各项养老保障基金建立和管理的时间顺序,整理养老基金管理推进的时间,如图 4-10 所示。

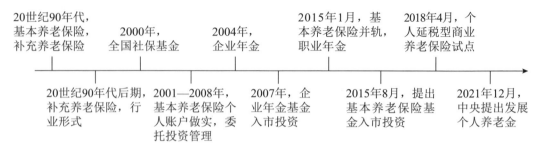

图 4-10 我国各项养老保障基金管理推进的时间

社会保障基金目的的明确性、用途的专用性等，决定了基金管理必须严谨规范。任何社会保障基金，要完成其保障和防范社会风险的目标，都必须包括基金筹集、中间管理和待遇支付三个环节，再加上包括全部三个环节在内的基金监管，共同构成社会保障基金管理的主要内容。

本书后续将分章节分别介绍社会保障基金的筹集、支付、中间管理环节和社会保障基金监管。

【本章知识要点】

（1）我国多层次社会保障体系的构成包括社会救助、基本社会保险、补充社会保险、市场化保障机制等；功能模块包括救灾扶贫、养老、医疗、失业、工伤、生育、住房等；责任分担模式包括政府承担财务责任的救灾扶贫、社会救助、部分特殊人群社会福利，单位、个人和政府分担保障责任的基本社会保险，由单位和个人承担责任的补充社会保险，完全个人自主承担责任的市场化保障机制等。

（2）我国带有社会公共基金性质、积累形成基金、需要进行基金管理运营的种类主要包括全国社保基金、基本养老保险基金、基本医疗保险基金、失业保险基金、工伤保险基金、生育保险基金、住房公积金基金、企业年金/职业年金基金、个人养老金基金。

【本章专题案例】

2018年4月，国务院六部委联合颁布《关于开展个人税收递延型商业养老保险试点的通知》（以下简称《通知》），标志我国第三支柱养老金破冰试水，自2018年5月1日起在上海、福建和苏州工业园区等三地实施试点。根据《通知》，试点地区的个人购买商业养老保险产品的支出，可以在一定标准内税前扣除、投资收益免税，领取时征税，即EET模式的延税型个人养老金。

作为我国养老保障体系第一支柱的社会基本养老保险保障水平较低，在人口老龄化背景下面临较大的可持续压力；作为第二支柱的企业年金以单位建立为主导，要求建立企业有较高的盈利能力和经济实力，在基本社保沉重的缴费负担下发展缓慢、覆盖率较低；以延税型商业养老保险形式出现的第三支柱养老金，没有身份、劳动关系、年龄等的限制，可以最大范围覆盖有养老需求的公民，拥有巨大的发展空间，承担着养老保障重要的使命。

个人税收递延型商业养老保险,以税收优惠等措施加快商业养老保险的发展,不仅能够补充基本养老保险和企业年金的不足,还能增加居民选择、提高养老金替代率、满足个人多层次的养老需求。泰康保险集团执行副总裁兼泰康养老董事长李艳华认为,在我国加快进入老龄化社会的当下,"421结构"使得家庭养老功能逐步退化,加之基本养老保险压力渐大,企业年金覆盖率低,第一、第二支柱的养老保障已无法充分满足人们的养老保障需求。而税延商业养老保险的核心内涵是通过税收递延,鼓励老百姓购买个人商业养老保险,将养老第三支柱做大做强,实现对第一支柱和第二支柱的补充,提高养老金替代率。"这项改革对广大工薪阶层是一项利好,能够在一定程度上减轻他们购买商业养老保险的负担,引导更多人购买商业养老保险,增加个人及家庭的养老防护能力。"中国政法大学财税法研究中心主任施正文说。此外,由于对计入个人商业养老资金账户的投资收益,在缴费期间暂不征收个人所得税,这将激励相关的保险公司、金融机构等进一步扩大投资,优化产品。

虽然试点政策的优惠力度有限,试点期间仅有商业保险一种产品类型,运作平台和账户模式等也存在一些问题,但可以预见第三支柱养老金未来将成为我国广大居民的重要养老保障渠道之一,金融资本市场也会向公众开放更多样化的养老产品,满足民众的养老保障需要。

思考与讨论:
1. 你如何看待"个人税收递延型商业养老保险试点"政策的推出?
2. 个人养老金在我国多层次社会保障体系中居于怎样的位置?其财务和风险责任由谁承担?

【本章思考题】
1. 系统梳理我国多层次社会保障制度体系的构成。
2. 全国社会保障基金的功能定位是什么?如何评价全国社保基金成立以来的投资管理业绩?
3. 基本养老保险基金的巨额结余与多地收不抵支的现实是否矛盾?2015年开始对基本养老保险基金进行投资管理运作,是有利于基金保值增值还是增加了基金风险?
4. 分析医疗保险基金与生育保险基金合并的合理性。
5. 请思考并讨论失业保险基金的保障错位问题。
6. 如何提高工伤保险基金的使用效率,更好地实现保障目标?
7. 住房公积金基金的巨额积累如何能够更有效率地服务于住房保障的目标?
8. 企业年金和职业年金的联系与区别分别是什么?
9. 试分析第三支柱个人养老金的定位、功能与发展趋势。
10. 请梳理我国养老保障各类型制度的发展历程和重要政策事件。

第五章　社会保障基金的筹集管理

【本章学习目标】
- 掌握社会保障基金筹集应遵循的原则
- 了解社会保障基金的资金来源和负担方式组合类型
- 掌握社会保险费率确定的原则
- 熟悉全国社保基金、社会保险基金、住房公积金基金、补充社会保险基金、社会救助基金和社会福利基金的筹集原则、来源构成和筹集规定

第一节　社会保障基金筹集管理概述

本书第三章详细介绍了社会保障基金宏观运行角度上收支平衡的财务运营机制、相应的筹资方式，以及微观操作角度上待遇计发支付的财务管理机制。具体到针对不同社会风险目标的社会保障项目会采取不同的财务原理、筹资方式，以及不同的筹集管理政策，并遵循社会保障基金筹集管理的基本原则和过程。

一、社会保障基金筹集管理的内涵与原则

社会保障基金筹集是社会保障基金管理过程的第一个环节，是社会保障制度运行的起点。社会保障基金筹集是在一定的组织和资源条件约束下，国家或社会保障机构为保证社会保障制度的顺利运行，基于社会保障制度的原则，根据制度运行的需要，采用对应方式筹集资金，形成社会保障制度物质基础的一系列政策、方法、工具、措施的总称。

社会保障基金有明确的目的和使用范围，因此社会保障基金的筹集应当遵循如下原则：

（一）社会保障基金筹集应实现社会目标、政治目标与经济目标的平衡兼容

（1）公平正义和保障全社会大多数人的基本权利是社会保障基金筹集的社会目标。基于罗尔斯的两大正义原则，社会保障作为社会正义的调节机制，应当努力促进和提升全社会的公平正义，尽可能保障社会成员享有平等的机会。对于现实社会中确实存在的不平等现象，社会保障制度在筹集和支付过程中的调节机制能帮助补偿社会中最小受惠群体的损失，缩小贫富差距，通过社会保障制度的风险分担机制，对抗社会风险，避免社会不平等的扩大与恶化。因此，从社会保障基金筹集的环节来看，必须尽可能扩大制度覆盖面，动员更多社会成员参与缴费筹集，形成社会公平调节机制的良好基础。

（2）政治目标体现在执政者利用社会保障制度，争取民意、稳定民心，达成不同社会阶层利益关系的平衡，避免由于过度贫富差距导致社会不稳定。通过社会保障制度对各个社会阶层的基本利益给予调节与平衡，就能够帮助缓解社会矛盾，避免经济问题演化为政治问题。

（3）自美国 1935 年《社会保障法案》颁布以来，社会保障的经济功能被挖掘和重视起来。社会保障不仅能够缓解社会矛盾，达成政治目标，还能够对宏观经济起到重要调节作用：当经济高涨时，通过社会保障吸纳更多社会资源进行储备，而当经济衰退遭遇困

难时,则由社会保障发放基金释放资源,帮助经济恢复到正常水平。因此社会保障基金的筹集,需要兼顾上述三个目标的均衡与兼容,通过对社会经济的合理调节达到稳定社会的目标。

(二) 社会保障基金筹集需要达成短期目标与长期目标的兼容

社会保障基金筹集是为了达成社会保障制度目标,因此需要根据具体社会保障项目的风险特性,进行长期目标和短期目标的兼容与匹配。如我国养老保险基金,基金筹集既要着眼于满足当前养老金支付需要,同时还需要关注未来制度的可持续,既不能缴费不足,削弱当前支付能力;又不能过度缴费,损害未来的制度根基,需要科学合理厘定缴费费率,达成短期目标与长期目标的匹配兼容。再如医疗保险基金,其基本原则是以支定收略有盈亏,即以满足风险支付为主要原则,因此基金筹集需要结合疾病谱和疾病发生率的变化来设定筹集基准与缴费比率,在长期需要考虑人口结构变化对疾病发生及医疗费用的影响。总之,社会保障基金筹集需要根据各险种项目的特点分别制定针对性的筹集政策,以实现各项目制度短期和长期目标的兼容。

(三) 社会保障基金筹集必须明确界定主体责任边界

不同社会保障项目各有责任主体,体现在筹集环节即履行缴费筹资义务的主体,通过缴费实现社会保障基金的积累。政府责任性质的社会保障基金,如社会救助基金、救灾扶贫基金、社会福利基金等,由中央或地方政府承担主要筹资责任,通过中央或地方财政预算来安排列支相应费用。而带有社会公共性质的社会保障项目,如养老保险、医疗保险等,则以雇主和职工作为筹资责任主体,由他们承担主要的缴费责任,而政府在基金不足时给予补贴和支持,扮演最后"兜底"的角色。部分社会保险项目如工伤保险则根据性质完全由雇主承担筹资责任义务,而免除职工个人责任。因此,各项社会保障基金在筹集环节必须明确界定筹资主体及责任边界,避免因责任模糊不确定而给社会保障制度运行带来不确定性,动摇民众对制度的稳定预期,损害社会经济发展的正常秩序。

(四) 公平原则

实现社会公平、促进社会正义是社会保障制度的最终目标。因此在基金筹集环节,即财务责任的承担环节,必须体现公平性的基本原则。对全体社会成员按照统一的标准、费率缴纳社会保险费,承担公平的责任义务,有利于形成全社会公平正义的氛围,也保持公民缴费参保的积极性。同时,公平性原则还体现在社会保障制度的社会互济特性方面,筹集缴费与未来的待遇领取虽有联系但并不一一对应,而是体现社会中高收入人群对低收入人群的互助共济,弘扬全社会的公平与正义。

(五) 效率原则

社会保障对经济发展具有两面性:一方面能够通过保障劳动者的基本权益促进劳动力流动,从而活跃经济要素,促进经济发展;但另一方面则可能由于过度社会保障和福利而降低人们的劳动参与度,损害经济活力。在筹集社会保障基金时,应当设定合理的筹资比率,以不损害经济发展为前提。过高的筹资比率会削弱企业竞争力,降低劳动者可支配收入,进而伤害经济发展活力,因此社会保障基金筹集应当遵循"效率原则"。

(六) 稳定原则

社会保障基金筹集是为应对社会风险,但该风险是在全社会范围内的整体性考虑,有一定的稳定性且能够通过统计数据和"大数法则"进行预估，因此具备前瞻性、稳定的基金筹集政策将有利于保证社会保障基金的充足稳定，也有利于各参与主体，特别是雇主和个人，对社会保障成本支出形成合理稳定的预期。因此社会保障基金筹集的缴费基数、比例等政策应当具有一定的稳定性。

二、社会保障基金的资金来源及负担方式

社会保障基金的资金来源主要有如下几种：

（一）政府公共财政

以政府公共财政作为资金来源的社会保障基金是国家责任的体现，如社会救助、灾害赈济等。这部分社会保障项目不专设基金筹集渠道，而是由政府一般税收形成的公共财政根据需要分类列支。公共财政作为底线意义上的社会保障基金资金来源，彰显国家作为公民保障的最后屏障，筑牢社会安全网的基石。全国社会保障基金是国家专门设立的带有主权基金性质的专项社会保障基金，由公共财政拨付首期资金，后续资金由公共财政不定期拨付、国有企业股份划转、国有股出售充实、投资收益等多种来源构成。

（二）参保主体缴费

具有社会公共性质的社会保障项目主要是社会保险基金，资金来源于参保主体的缴费。我国各项社会保险基金，由参保单位（包括企业和机关事业单位）及其职工根据本单位工资总额和个人工资收入，按照一定比例按期缴费构成。我国职工养老保险、职工医疗保险等社会保险基金均来源于此。我国城乡居民基本养老保险、医疗保险等，由参保个人缴费、集体补助和国家补贴三种资金来源构成，但仍以强调个人缴费责任为主。

（三）基金投资收益

除去不形成积累基金的公共财政来源部分，多数社会保障项目会形成积累基金，如需要长期积累的养老保险基金、企业年金基金等，即便以当期收支平衡为目标的医疗保险等基金，为了应对可能的风险，也都会形成一定的结余积累。只要对这些积累基金进行合理的投资管理，就会形成利息收入和投资收益，它们均被纳入社会保障基金来源。

（四）发行福利彩票

面向社会发行彩票，由公众购买彩票，将社会闲散资金集中起来用于社会福利建设，是社会保障基金来源的一种。我国福利彩票发行增长迅速，潜力巨大，取之于民，用之于民，可以作为社会保障基金的有益补充。

（五）专项基金划转

对于某些社会保障项目，国家会采取专项基金划转的方式充实基金。如全国社会保障基金，其中相当比例的资金来源于专项基金划转收入、国有股减持所得基金划转等，充实全国社会保障基金是在为未来基金支付做准备。

（六）社会捐赠

动员社会力量捐赠募集资金用于社会保障也是社会保障基金的资金来源之一，不仅能够弘扬全社会慈善捐赠的良好社会风气，同时还能筹集部分基金用于社会保障和社会福利

相关的支出。慈善捐赠事业在我国才刚刚起步,具有巨大的发展空间。有实力的大企业、机构、企业家通过慈善捐赠强化企业和个人的社会声誉及知名度,造福社会、服务人类的理念越来越获得企业家们的认可。世界范围企业对于社会责任的呼吁和唤醒也为慈善捐赠在我国的进一步发展奠定了社会基础,政府可以充分挖掘和利用社会慈善捐赠渠道筹措社会保障基金。与发行彩票相似,此种方式的基金来源虽然不稳定,但也可以作为社会保障基金来源的补充。

综合以上各种社会保障基金的资金来源,根据各社会保障项目的特性,分析出基金筹资负担方式存在以下几种组合:

(一)政府全部负担

政府全部负担的方式表明政府承担社会保障的全部责任,一般在体现国家政府全权责任的社会保障项目中采用,比如社会救助、部分社会福利项目等。从世界范围看,采用政府全部负担方式的大多是经济发达、财力充裕的国家,在部分社会保障项目上采用此种负担方式。福利国家模式的部分国家对主要社会保障项目采用政府全部负担的方式,但随着"福利国家"模式遭遇危机,越来越多的国家开始退出政府全部负担的无限刚性责任,引入企业和个人的负担责任。

(二)雇主/企业全部负担

由企业或者雇主负担全部筹资责任的社会保障项目,一般为与工业伤害或职业伤害直接相关的社会保险种类,如阿根廷、意大利、新加坡、法国等国家的工伤保险,意大利、巴西、芬兰等国家的家属津贴等,均采用雇主/企业全部负担模式。我国的工伤保险亦采用雇主全部负担模式,以调动企业责任,尽可能降低工伤事故,合理利用社会资源。

(三)被保险人全部负担

被保险人全部负担的方式体现了完全个人责任,国家政府和企业雇主均不承担责任。现实中采用此种负担方式的社会保障项目较少,而且通常也只在部分特别强调权利义务对等关系的保障项目中采用。

(四)政府和企业负担

政府和企业负担的方式是指被保险人个人不承担筹资缴费责任,而是由政府和其雇主/企业承担缴费责任。这种负担方式是政府和企事业单位为减轻被保险人的经济负担,扩大社会保障覆盖范围而采取的负担方式。如经济发达的德国、日本、韩国、新西兰等国家的工伤保险、瑞典的疾病生育保险等。我国的社会保障制度在改革之前也主要由政府和企业承担社会保障缴费责任,而职工个人不缴费。

(五)企业和个人负担

企业和个人负担的方式分布广泛,使用国家多,目前世界上多数国家的疾病、残疾等保险保障采用企业和个人分担的方式。如美国、法国、新加坡等国家的老年、残障和遗属保险,秘鲁、挪威、阿根廷等国家的生育保险等,均属于此种负担方式。

(六)个人和政府负担

个人和政府负担的方式强化了个人和政府的责任,减轻了雇主/企业责任,有利于提高企业竞争力,提升经济活力。如澳大利亚、法国、瑞典等国家的疾病生育保险,阿根廷的老年、残障和遗属保险等,均采用此种负担方式。

(七)政府、雇主和个人三方分担

政府、雇主和个人三方分担的方式引入政府、雇主和个人三方责任主体,能够较好地调动各方参与的积极性,形成风险和责任共担的互助社会风气,加强社会的风险防范和管理意识,能够合理规范被保险人的保险需求,避免由于个人不承担筹资责任而非理性地要求过高保障的"福利陷阱"。一般用于与个人保障权益密切相关的老年、疾病、残疾、死亡等社会保险中,全世界约有 50 个国家采用三方分担的模式,并有越来越多的国家开始尝试引入雇主和个人社会保障责任,构建更为稳健可持续的社会保障责任分担机制。

对于不同的社会风险保障项目,其筹资责任理应体现差异,以满足合理调动各方资源、促进资源高效利用的社会保障基金管理要求。

三、社会保障基金费率的确定

在社会保障基金筹集中,部分无须受益者缴纳支付费用的保障项目,如社会救助、社会福利等由国家政府承担筹资责任,通过一般税收的方式筹集并以公共财政预算列支方式安排基金使用,因此不涉及税率/费率的确定问题。而社会保险项目是由国家主办,采用保险财务原理强制实施的保障项目,强调权利义务对等特性,因此社会保险基金运行必须考虑收支平衡,科学确定合理的社会保险基金税率/费率至关重要。

社会保险基金的费率关系到保险项目运行的财务稳定性和可持续性,直接影响参保企业和职工的收入分配结构,影响企业的竞争力和个人家庭的消费能力,对经济发展产生重要影响,因此必须采用科学的方法对社会保险费率进行测算厘定。借鉴商业保险的做法,社会保险的费率厘定需要采用精算工具。精算学是 19 世纪末发展起来的一门学科,应用现代数学和概率论与数理统计方法,依据风险理论和利息理论两大基本理论,融合经济、金融、保险、投资、人口学等学科知识和原理,来研究社会经济活动中各种风险发生的概率,并对风险进行规避和科学管理的一门综合性学科。精算学不仅需要强大的数理技术方法,而且需要专门的人才对这些技术方法加以应用。社会保险虽然不同于商业保险要求严格的缴费与利益对等,以及必须实现精算盈利,但社会保险在全社会范围内的社会风险防范,仍然非常有必要借鉴精算学方法进行科学测算,避免制度设计层面存在瑕疵与漏洞。此外,社会保险的社会性、福利性和互助性,要求在费率确定时以全社会的整体负担能力为基础,兼顾不同社会成员间的互济共助和社会发展背景下的长期可持续等因素。

一般来说,社会保险费率的基数是参保人的薪资或收入,对参保人来说,以其个人薪资所得或收入为基数,对于企业/雇主来说,则按照其给付员工的薪资总额为基数进行计算。综合起来,社会保险费率的确定应当遵循如下原则:

(一)适当性原则

适当性原则包含两层含义:一是依据该社会保险费率筹集到的社会保险费应当与该保险项目的支付需求基本平衡。如果筹集基金难以支付保险需求,则费率偏低且筹资不足;但若筹集基金大量结余,不能提高基金的风险保障效率,则可能费率偏高或者制度设计存在偏差需要调整。二是雇主、员工和政府三方负担的比例要适当。既要体现政府责任,给民众安全感，同时还要能够调动雇主和员工的缴费责任与积极性。如果雇主和员工承担的比例过高，则会损害企业生产经营的竞争力和个人的消费购买力，最终对经济发展不利；如果政府承担的比例过高，则国家责任太大，一方面会挤压国家用于社会经济发展的宝贵资源，另一方面也会导致雇主和个人的责任意识不强，助长依赖心理。我国基本医疗保险经历了企业和职工与国家负担比例的调整过程，从一开始国家承担筹资责任为主，造成医疗资源浪费，逐渐调整为企业和个人负担为主，又引发"看病难、看病贵"的问题，后调整为政府、企业和个人各负担大约 1/3 的比例，逐渐达成平衡。因此，适当性原则是社会保险费率确定的第一原则。

（二）可行性原则

可行性原则主要是指社会保险费率要与社会的整体承受能力相适应，各方参与主体可以接受并积极承担缴费责任。虽然社会保险具有强制性，但若保险费率确定不可行，必然导致各参与主体想尽办法降低甚至偷逃缴费。因此，可行性原则既体现为政府、企业和个人三方均可接受，同时还体现为社会整体负担水平适度，不影响经济社会的全面发展。我国基本养老保险缴费率一度失控，不仅对企业和职工个人形成难以接受的沉重负担，而且损害了经济发展的企业竞争力，后来中央明确规定社会保险费率一般不得超过工资总额的 20%，就是为了贯彻可行性原则。由于我国社会保险费率偏高，2015 年起开始阶段性部分降费，2019 年出台"整体性降费方案"，我国正在进行社保降费的改革。

（三）稳定性原则

稳定性原则是指社会保险费率一经确定，在相当长的时间内应保持基本稳定，不能随意变更。费率的相对稳定，有利于政府有预见性地安排财政支出和合理规模的转移支付，有利于企业对生产经营费用有稳定的提前预期，从而提高有限资源的利用效率，有利于个人安排家庭生活，形成稳健的家庭财务结构。稳定的社会保险费率有利于制度的稳定性和长期可持续，因此在厘定费率时，应当具有一定的前瞻性，在对未来社会保险支付需求有充分预估的前提下留有一定余地，避免费率的频繁变动。

（四）调整机制原则

社会保险费率并不是固定不变的，相反，在相对较长的时间内，社会保险费率应当根据经济社会发展实际进行合理调整。经济的发展、劳动生产率的提高、人口结构的变化、物价指数的上涨等因素的变动，都对社会保险收支平衡产生影响。在较长时期内，当变化积累到已经影响社会保险权益的支付，或者要满足人们更高的风险保障和生活需要时，就需要引入合理的调整机制，根据实际需要调高或者调低社会保险费率，以满足现实发展的要求。我国当前正在进行的社会保障降费的改革，正是依据调整机制原则，为顺应我国经济社会发展实际而对社会保险费率进行的调整。

第二节 全国社会保障基金筹集

根据《全国社会保障基金投资管理暂行办法》规定，全国社保基金的来源包括：①中央财政预算拨款；②国有股减持划入资金；③经国务院批准的以其他方式筹集的资金；④投资收益；⑤股权资产。根据全国社保基金理事会历年年度财务报告数据整理得到 2001—2020 年全国社保基金的筹资来源构成，如表 5-1 所示。

表 5-1 2001—2020 年全国社会保障基金的筹资来源构成　　　　　　　　　单位：亿元

年份	财政性拨入（含国有股减持和彩票公益金等）	投资运营收益	个人账户权益	各省委托权益	基金权益总额
2001	795.26	9.84			805.09
2002	415.76	21.00			1 241.86
2003	49.08	34.07			1 325.01
2004	278.54	45.91			1 659.86
2005	228.70	52.90			1 954.27
2006	574.24	195.65	45.67		2 769.82
2007	308.14	1 083.69	152.41		4 337.83
2008	455.95	−393.72	327.08		5 130.89
2009	890.59	850.49	439.59		7 367.32
2010	744.54	321.22	566.40		8 375.58
2011	0	73.37	657.93		8 385.58
2012	1 613.54	646.59	786.65	1 034.09	10 753.57
2013	555.62	529.73	685.87	1 094.50	11 927.45
2014	552.64	1 424.6	1 109.74	1 055.58	14 573.29
2015	706.40	2 294.61	1 149.65	1 733.44	17 966.51
2016	700.60	319.40	1 181.51	2 313.17	19 488.07
2017	597.83	1 846.14	1 274.06	1 140.81	20 716.9
2018	573.77	−476.85	1 321.33	1 147.68	20 573.56
2019	464.93	2 917.18	1 571.37	1 277.72	24 225.60
2020	313.81	3 786.60	1 486.76	710.14	26 788.13

资料来源：根据《全国社保基金理事会社保基金年度报告》（2001—2020 年）整理。

注：每年公布的统计数据口径、项目和内容有所变动，因此并不完全一一对应。

根据全国社保基金理事会《全国社保基金年度报告》，截至 2020 年年末，财政性拨入全国社保基金资金，包含国有股减持和彩票公益金总计约 10 820 亿元，占全国社保基金权益总额的 40.4%。全国社保基金自成立以来累计投资收益额 15 582.42 亿元，占基金权益总额的 58.2%，自成立以来年均投资收益率 9.02%。因此，财政性资金投入和基金投资收益成为全国社保基金的两大最主要筹资来源，投资收益占比较高。在财政性资金拨入中，国有股减持和彩票公益金均是重要的资金来源。全国社保基金在筹集积累过程中，投资运营收益受到经济和市场环境影响可能出现波动，但长期看来，市场化运营的全国社保基金取得了良好的运营业绩。自 2001 年成立以来的二十多年时间里，其间还经历过 2008 年全球金融危机、2015 年股市剧烈波动和近几年国际国内金融市场的普遍波动，在这种情况下，全国社保基金能够取得年均 9.02% 的收益率，已经是很好的投资管理业绩了，这也为其他社会保障基金的投资管理运营做出了示范。

第三节　社会保险基金筹集

社会保险基金包括养老、医疗、失业、工伤、生育五个险种对应的保险基金。此外，住房公积金性质有些特殊，是带有准金融特性的保障项目，但因为筹集对象、筹集方式与五项社会保险一致，因此一并放在本节予以讨论。

一、养老保险基金筹集

我国基本养老保险包括城镇职工基本养老保险和城乡居民基本养老保险两大类，各自遵循不同的基金筹集方式。

（一）城镇职工基本养老保险基金筹集

我国城镇职工基本养老保险从中华人民共和国成立初期的劳动保险发展而来，以国有企业职工为主要参保对象，后经历制度统一、制度倒退和制度改革，于20世纪90年代形成了现行制度的主要框架，并于2005年改革调整，但仍然主要是针对城镇企业职工的。机关事业单位职工养老保障长期以来采用独立于企业职工制度体系、由政府财政予以负担的模式。2015年《国务院关于机关事业单位工作人员养老保险制度改革的决定》（国发〔2015〕2号）规定机关事业单位工作人员参加统一的城镇职工基本养老保险。至此，我国长期饱受诟病的养老金双轨制实现"并轨"，机关事业单位职工与企业职工共同参加统一的城镇职工基本养老保险，按照统一的政策规定缴费筹集养老保险费。

《国务院关于机关事业单位工作人员养老保险制度改革的决定》

1991年《国务院关于企业职工养老保险制度改革的决定》（国发〔1991〕33号）规定，改变养老保险完全由国家、企业承包的办法，实行国家、企业、个人三方共同负担，职工个人也要缴纳一定的费用。从此，我国确立了养老保险基金由国家、用人单位和劳动者个人三方共担的筹资原则。我国基本养老保险采用社会统筹与个人账户相结合的模式，单位缴费构成社会统筹部分，职工个人缴费构成个人账户部分。职工参加基本养老保险，由用人单位和职工共同缴纳基本养老保险费。无雇工的个体工商户、未在用人单位参加基本养老保险的非全日制从业人员以及其他灵活就业人员可以参加基本养老保险，由个人缴纳基本养老保险费。公务员和参照《公务员法》管理的工作人员于2014年10月以后统一参加城镇职工基本养老保险。因此，基本养老保险基金筹集来源包括：

1. 用人单位缴纳养老保险费

用人单位缴纳部分是我国基本养老保险基金的最主要来源，构成社会统筹部分的基金，用以应对当前养老金支付需要。按本企业职工工资总额和当地政府规定的比例在税前提取。根据1997年《国务院关于建立统一的企业职工基本养老保险制度的决定》（国发〔1997〕6号）的规定，企业缴纳基本养老保险费的比例一般不得超过企业工资总额的20%，具体比例由省、自治区、直辖市人民政府确定。少数省、自治区、直辖市因离退休人数较多、养老负担过重，确需超过企业工资总额20%的，应报中华人民共和国劳动部（现人力资源和社会保障部）、财政部审批。2015年机关事业单位职工养老保险改革也明确了用人单位按照本单位工资总额的20%缴纳基本养老保险费。

由于养老保险缴费率偏高，降费呼声高涨，2015年起我国开始进行降低基本社会保障费率的改革。2019年，《国务院办公厅关于印发降低社会保险费率综合方案的通知》（国办发〔2019〕13号）明确基本养老保险费率降低到16%，并核定调低社保缴费基数，各地由过去依据城镇非私营单位在岗职工平均工资，改为以本省城镇非私营单位和私营单位加权计算的全口径就业人员平均工资为标准，核定缴费基数上下限，使缴费基数降低。降低缴费比例和降低缴费基数的双重措施大大减轻了企业缴费负担。

2. 职工个人缴纳养老保险费

职工个人缴纳养老保险费，体现养老保险权利与义务相对等的原则。按照现行政策，参保职工个人按照本人上年度核定工资的8%缴纳基本养老保险费，基本养老保险缴费全部划入个人账户，用以形成个人账户积累部分。城镇个体工商户和灵活就业人员参加基本养老保险的缴费基数为当地上年度在岗职工平均工资，缴费比例为20%，其中8%记入个人账户，退休后按《企业职工基本养老金计发办法》计发基本养老金。2019年降低核定缴费基数后，个体工商户和灵活就业人员可按照新核定的缴费基数，在各省平均工资的60%~300%之间自愿选择缴费金额。

3. 国家财政补贴

我国基本养老保险以用人单位和参保者个人缴费形成基金，以完成养老保险的收支平衡为运行目标，国家在基本养老保险基金的筹集中仅发挥辅助性作用，并不直接缴纳养老保险费，而是在用人单位和职工个人双方负担的基础上，当基本养老保险基金收不抵支出现赤字，由国家财政给予补贴。

我国人口结构分布不平衡，部分省份青壮年劳动力流入，较多基本养老保险基金结余，而人口净流出的省份则出现基本养老保险收入难以为继的局面。为了在全国范围均衡基本养老保险的代际支撑，我国开始尝试推进基本养老保险全国统筹的改革。《国务院关于建立企业职工基本养老保险基金中央调剂制度的通知》（国发〔2018〕18号）是推进全国养老保险基金统筹改革的第一步。2022年1月，人力资源和社会保障部宣布从当年起实施基本养老保险全国统筹。

2015年，《国务院关于印发基本养老保险基金投资管理办法的通知》（国发〔2015〕48号）批准我国基本养老保险基金经国务院批准可以入市投资。根据最新的公布数据，我国基本养老保险基金2020年实现投资收益额1 135.77亿元，投资收益率为10.95%。随着基本养老保险基金入市规模增加，投资持续稳定，投资运营收益将成为职工基本养老保险基金的重要筹集来源之一。基本养老保险个人账户部分按照国家规定的利率记账增值，每年公布一次：2016年个人账户记账利率为8.31%，2017年为7.12%，2018年为8.29%，2019年为7.61%，2020年为6.04%，大大提高了基本养老保险个人账户养老金的回报水平，避免在长期受到通货膨胀的侵蚀。

（二）城乡居民基本养老保险基金筹集

我国于2009年建立新型农村社会养老保险，2010年建立城镇居民社会养老保险，两者于2014年《国务院关于建立统一的城乡居民基本养老保险制度的意见》（国发〔2014〕8号）中合并为城乡居民基本养老保险，成为我国养老保险制度体系的第二大种类。

《国务院关于建立统一的城乡居民基本养老保险制度的意见》

城乡居民基本养老保险的参保范围是：我国年满 16 周岁（不含在校学生），非国家机关和事业单位工作人员及不属于职工基本养老保险制度覆盖范围的城乡居民，可以在户籍地参加城乡居民基本养老保险。城乡居民基本养老保险基金来源由个人缴费、集体补助和政府补贴三个方面构成。

（1）个人缴费。参加城乡居民基本养老保险的人员应当按规定缴纳养老保险费。缴费标准目前设 12 个档次，各地可根据实际需要增设缴费档次，参保人自主选择档次缴费，多缴多得。

（2）集体补助。有条件的村集体经济组织应当对参保人缴费给予补助，补助标准由村民委员会召开村民会议民主确定，鼓励有条件的社区将集体补助纳入社区公益事业资金筹集范围。鼓励其他社会经济组织、公益慈善组织、个人为参保人缴费提供资助。

（3）政府补贴。政府对于符合领取条件的城乡居民参保人全额支付基础养老保险，即政府对城乡居民基本养老保险承担兜底责任。地方政府应对参保人缴费给予补贴。

城乡居民基本养老保险由国家为每个参保人建立终身记录的养老保险个人账户，个人缴费、地方人民政府对参保人的缴费补贴、集体补助及其他社会经济组织、公益慈善组织、个人对参保人的缴费资助，全部记入个人账户。个人账户储存额按国家规定计息。

二、医疗保险基金筹集

社会医疗保险基金是由参保者个人和单位共同缴费，用于分担投保对象因疾病、伤残等产生的全部或部分医疗费用的专项资金。

（一）医疗保险基金的筹集原则

（1）多方共同负担原则。为更好地满足国民基本医疗保障需求，基本医疗保险应采取多方负担原则，由国家、用人单位和参保人三方合理负担。多方共同负担原则能够调动用人单位和参保人个人的保险责任，按照权利义务对等原则运行基本医疗保险，避免缺乏成本意识追求过度医疗福利；同时，国家财政给予医疗保险税收优惠、财政补贴等则体现社会保险的国家福利特性。我国基本医疗保险基金筹集按照政府、雇主和个人三方共同负担的原则运行。

（2）保障基本医疗待遇原则。基本医疗保险以保障国民基本的医疗健康需求为目标，不追求过高的医疗福利待遇水平。国家根据社会发展水平拟定合理的医疗疾病报销水平，对参保职工已经发生的医疗费用支出给予一定范围的报销。对于超出基本医疗待遇的更高医疗保障要求，可以通过补充医疗保险和商业医疗保险来实现。

（3）以支定收、收支平衡、略有结余原则。收支平衡原则是社会保障基金运行的基本原则。医疗保险基金以保障基本医疗需求为目标，根据医疗保险待遇支付需求来征收医疗保险费，遵循收支平衡原则。为保证制度的稳定性、应对可能发生的不确定支付，在满足当期基金支付的基础上可略有结余。

（4）发展原则。医疗保险基金虽然以在较短期限内满足参保人医疗需求为目标，但仍然需要遵循发展原则，在充分考虑人口结构变动、疾病频谱及疾病发生率变化等因素的前提下，综合考虑基金筹集的标准和原则，既不能筹集基金过低无法应对支付需要，也不能筹集过高造成企业和职工重负，难以发挥保障效率。因此发展原则强调具有前瞻性地安排医疗保险基金筹集，有利于制度的长期稳定可持续发展。

（二）医疗保险覆盖范围和基金筹资渠道

城镇职工基本医疗保险覆盖城镇所有用人单位，包括企业、机关、事业单位、社会团体、民办非企业单位及其职工，都要参加基本医疗保险。基本医疗保险原则上以地级以上行政区为统筹单位，也可以县（市）为统筹单位，北京、天津、上海三个直辖市原则上在全市范围内实行统筹（以下简称统筹地区）。所有用人单位及其职工都要按照属地管理原则参加所在统筹地区的基本医疗保险，执行统一政策，实行基本医疗保险基金的统一筹集、使用和管理。

医疗保险基金的筹集渠道包括：企业/雇主缴纳的医疗保险费、职工个人缴纳的医疗保险费、政府的财政补贴、基金的投资收益等。

（三）我国基本医疗保险基金筹集

1. 城镇职工基本医疗保险基金筹集

根据《国务院关于建立城镇职工基本医疗保险制度的决定》（国发〔1998〕44号），基本医疗保险费由用人单位和职工共同缴纳。用人单位以本单位职工工资总额为基数，缴费率6%左右；参保职工个人以经核定的本人上年度月平均工资为基数，缴费率2%左右。建立基本医疗保险统筹基金和个人账户，职工个人缴纳的医疗保险费全部计入个人账户，用人单位缴纳的基本医疗保险费中约70%用于建立社会统筹基金，30%左右划入职工个人账户。无雇工的个体工商户、未在用人单位参加职工基本医疗保险的非全日制从业人员以及其他灵活就业人员可以参加职工基本医疗保险，由个人按照国家规定缴纳基本医疗保险费。

2. 城乡居民基本医疗保险基金筹集

城乡居民基本医疗保险实行个人缴费和政府补贴相结合。学生、儿童，以及城镇非从业成年居民由个人缴纳筹资标准的一部分，其余部分由政府给予补贴；享受最低生活保障的人、丧失劳动能力的残疾人、特殊困难家庭和低收入家庭中60周岁以上的老年人和未成年人等个人不需要缴费，医疗保险费全部由政府补助。城乡居民基本医疗保险体现权利义务对等原则，以缴费为前提享受医保待遇。

三、失业、工伤、生育保险基金筹集

（一）失业保险基金的筹集

1. 失业保险基金筹集的类型

根据失业保险基金来源方式的不同，失业保险基金筹集的类型可以分为以下几种：

（1）政府拨款型，即失业保险基金全部由政府财政预算拨款支付，可以直接支付失业保险所需，也可以政府拨款形成基金，委托专门机构运营，保险基金收益也用于失业保险待遇支付。

（2）政府资助型，即政府规定失业保险的缴费比率，雇员及其所在企业雇主按照规定缴纳失业保险费，不足部分由政府拨款弥补。有的国家由雇主缴费，政府补贴。

（3）自助型，即政府规定失业保险缴费比率，失业保险基金全部由雇主和雇员缴纳构成，政府一般不给予补贴。

我国采取由用人单位和职工缴费，政府财政补贴的基金制运营方式。

2. 我国失业保险基金筹集

我国失业保险基金适用多方共同负担原则。《中华人民共和国社会保险法》规定，职工应当参加失业保险，由用人单位和职工按照国家规定共同缴纳失业保险费。我国失业保险基金筹集来源包括以下几种：

（1）用人单位和职工缴纳的失业保险费。这是我国失业保险基金的主要来源。我国于1999年颁布实施的《失业保险条例》规定，城镇企业事业单位按照本单位工资总额的2%缴纳失业保险费，职工按照本人工资的1%缴纳失业保险费，城镇企业事业单位招用的农民合同制工人本人不缴纳失业保险费。省、自治区、直辖市人民政府根据本行政区域失业人员数量和失业保险基金数额，报经国务院批准，可以适当调整本行政区域失业保险费的费率。2017年人力资源和社会保障部面向社会征求意见，拟降低失业保险缴费费率，用人单位和职工缴费之和不超过2%，具体缴费比例由各地政府决定。省、自治区根据需要可以建立失业保险调剂金，当统筹地区的失业保险基金不敷使用时，由失业保险调剂金调剂、地方财政补贴。

（2）政府财政补贴。政府财政对失业保险基金不足的部分给予补贴，并对技能提升、职业培训、职业技能鉴定、创业补贴等与失业和再就业有关的部分给予补贴。

（3）基金利息。失业保险基金按照规定存入财政部门在银行开立的社会保障财政专户，对收入户和支出户的活期存款实行优惠利率，按照3个月整存整取定期利率计息，对于存入财政专户的基金，比照同期居民储蓄存款利率进行管理。失业保险基金的利息以及购买国债等的收益部分并入失业保险基金。

（4）依法纳入失业保险基金的其他资金。主要是指对不按期缴纳失业保险费的单位征收的滞纳金等。

（二）工伤保险基金的筹集

工伤保险是指国家和社会对在劳动过程中遭受事故伤害和患职业性疾病的劳动者及其亲属提供帮助的一种社会保障制度。工伤保险主要起到经济补偿、分散风险和工伤预防等作用。工伤保险对劳动者在工作中的潜在伤害风险起到保障作用，解除职工和家属的后顾之忧，有利于提高工作积极性；同时工伤职业伤害风险的社会化分担机制也能够分散用人单位的风险，减轻用人单位面对工伤事故风险的巨大责任负担。

1. 工伤保险基金筹集的原则

（1）风险分担、互助共济原则。工伤事故、职业病职业伤害风险是现代工业化大生产模式下的社会风险，一旦发生，对劳动者个人、家庭以及雇主企业都是巨大的伤害与打击。因此，采用社会保险的机制在全社会分担风险，符合现代社会化大生产的特点，体现对于这种不可预知重大风险的社会化分担和互助共济。

（2）以支定收、收支平衡原则。工伤保险以支付劳动者遭受工伤事故和职业伤害所需的经济补偿、医疗康复以及再就业促进等费用为目标，遵循根据需要征收费用、中短期收支平衡的原则，不以基金积累增长为目标。

（3）个人不缴费原则。工伤、职业病、职业伤害是劳动者在工作过程中遭遇的风险。劳动者为雇主企业工作创造财富、为社会做贡献，因此而遭遇的职业风险，理应由雇主和社会来负担，职工个人不缴费已经成为世界各国的共识。

（4）集中管理原则。工伤保险基金只有集中管理，才能集聚各企业雇主缴纳的工伤保险费，集中对发生风险的个别企业和劳动者给予补偿。这是社会保险的基本运作机制，因此工伤保险费缴纳必须集中形成基金进行统一管理。

2. 工伤保险基金筹集费率确定的方式

工伤保险基金筹集的费率确定有以下几种方式：

（1）统一费率制。这种费率确定方法是按照统筹范围内的就业人口预测工伤保障支出需求，根据本统筹范围内缴纳工伤保险费的雇主企业情况，得出一个总的工伤保险费率。统筹区内所有雇主单位按照该统一缴费率缴费。这种费率确定方式在最大可能的范围内平均分散工伤风险，不考虑行业与单位之间实际工伤事故风险的差异。

（2）差别费率制。这种费率制是根据某个行业或者单个企业中工伤事故发生的风险概率确定工伤保险费的提缴比例。基于对各行业或企业单位一个时间周期中工伤事故和职业病发生的统计以及工伤赔付需求，来确定该行业或企业单位的工伤保险费率。差别费率制体现工伤保险责任的差异化分担，对于工伤事故职业病伤害发生率高的行业和企业，征缴较高的工伤保险费；反之，对于工伤和职业病发生率低的行业和企业实行较低的工伤保险征缴费率。

（3）浮动费率制。浮动费率制是在差别费率制的基础上，每年对各行业或企业的安全生产状况和工伤事故及职业病赔付支出情况进行统计分析，由主管部门决定该行业或企业的工伤保险费率上浮或下浮。对于工伤事故发生率低、赔付低的行业和企业实施下浮，反之，对于工伤事故发生率高的行业和企业实施上浮。浮动费率制具备政策引导功能，能够促使企业主动加强安全生产措施，降低工伤事故和职业病风险概率。

3. 我国工伤保险基金筹集

我国采取差别费率制与浮动费率制相结合的工伤保险费率确定制度，既体现工伤事故风险的责任差异，同时又对引导企业主动采取措施降低工伤事故和职业病概率有积极正面的作用。

根据《工伤保险条例》，用人单位应当参加工伤保险，为本单位全部职工或者雇工缴纳工伤保险费。职工个人不缴费。用人单位应当按照本单位职工工资总额，根据社会保险经办机构确定的费率缴纳工伤保险费。国家根据不同行业的工伤风险程度确定行业的差别费率，并根据工伤保险基金使用、工伤事故发生率等情况在每个行业内确定费率档次。行业差别费率和行业内费率档次由国务院社会保险行政部门制定，报国务院批准后公布施行。

根据不同行业的工伤风险程度，我国经济行业被划分为三个类别：一类为风险较小行业，如银行业、餐饮业等；二类为中等风险行业，如房地产业、食品制造业、金属制品业等，三类为风险较大行业，如石油加工业、煤炭开采业等；三类行业的工伤保险缴费率，分别为用人单位职工工资总额的 0.5%、1.0%、2.0% 左右。用人单位属一类行业的，按行业基准费率缴费，不实行浮动费率，用人单位属二、三类行业的，实行浮动费率。用人单位的初次缴费费率按行业基准费率确定，社会保险经办机构根据用人单位使用工伤保险基金、工伤事故发生率和所属行业费率档次等情况，确定用人单位缴费费率。差别费率实施一段时间后，根据该行业和企业的实际工伤风险发生情况进行费率浮动，通常浮动费率 1～3 年调整一次。

（三）生育保险基金的筹集

女性劳动者承担着全社会人口再生产的重任，在怀孕、生育期间必然面临劳动力暂时中断的情况，因而不仅影响个人和家庭收入，而且影响女性重返工作岗位。因此全社会均有责任对女性劳动者在生育期间提供合理的经济补偿和医疗保健服务。生育保险基金是现代工业化国家通过立法对怀孕、分娩女职工给予生活保障和物质帮助的一项专项资金，其目的在于通过向职业妇女及其配偶提供生育津贴、医疗服务和产假，帮助她们恢复劳动能力，重返工作岗位。

1. 生育保险基金筹集的特征

（1）筹集范围的广泛性和适用对象的有限性。生育保险基金通常向全社会各类型用人单位征缴。根据《中华人民共和国社会保险法》的相关规定，所有用人单位的职工都要参加生育保险，生育保险费用由用人单位按照国家规定缴纳，职工个人不缴纳。但生育保险待遇仅适用于生育女性。有些国家将生育保障范围扩展到生育女性的配偶，如提供带薪陪产假期等，以及男性职工供养的未就业配偶，即实施生育行为的职工及其配偶，作为生育保险待遇的适用对象。

（2）生育保险待遇中医疗服务的特殊性。生育保险所覆盖的医疗服务与怀孕、妊娠、生育期间的保健、检查、咨询、生产等医疗服务和保健照顾息息相关，与普通医疗服务着眼于疾病治疗存在不同。生育医疗服务的特殊性使得基金的运行可以相对独立，完成生育保险的风险保障目标。

（3）待遇享受时间的特殊性。生育保险待遇只能在生育期间享受，包括怀孕、产前、产中、产后的完整期间。生育假期根据各国相应政策享受。无论女性妊娠结果如何，只要是怀孕生育期内被保险人中断劳动或者需要医疗保险服务的，如妊娠中止、流产、引产等均纳入生育保障范围，享受生育保险待遇。

2. 我国生育保险基金筹集

根据我国相关法律规定，所有用人单位按照国家规定缴纳生育保险费，职工个人不承担缴费义务。用人单位按照其工资总额的一定比例向社保经办机构缴纳生育保险费，建立生育保险基金，生育保险费的提取比例由当地政府根据计划内生育人数和生育津贴、生育医疗费等确定，并可根据费用支出情况适时调整，但最高不得超过工资总额的1%。我国近年推进的社保降费改革中，2016年5月1日起生育保险费率降低到0.5%。

2019年3月，《国务院办公厅关于全面推进生育保险和职工基本医疗保险合并实施的意见》（以下简称《意见》）发布，我国开始生育保险与职工基本医疗保险合并的改革。根据《意见》，生育保险基金并入职工基本医疗保险基金，统一征缴，统一统筹层次。按照用人单位参加生育保险和职工基本医疗保险的缴费比例之和确定新的用人单位职工基本医疗保险费率，个人不缴纳生育保险费。同时，根据职工基本医疗保险基金支出情况和生育待遇的需求，按照收支平衡原则，建立费率确定和调整机制。基金合并运行、征缴管理一致，不再单列生育保险基金收入。

四、住房公积金基金筹集

住房公积金是指城镇职工及其所在的机关、企业、事业单位和社会团体按《住房公积金管理条例》规定缴纳的一种长期性的住房储金。作为一种义务性和强制性的长期储金，职工个人缴存的公积金是个人长期储蓄的住房基金，单位缴存的公积金是单位对职工由住房实物分配向货币分配的一种转化。职工本人及其单位缴纳的住房公积金，自始即归入职工的住房公积金个人账户，属于职工个人所有。单位缴纳的住房公积金实质上是把低工资时单位用于住房实物分配的工资，以货币形式分配给职工，从而达到转换住房分配机制的目的。为减轻企业和职工的所得税负担，根据国家相关税收政策和《中华人民共和国企业所得税法实施条例》，企业事业单位和职工缴纳的住房公积金不属于"工资薪金总额"，属于企业成本费用开支予以税前列支。

（一）住房公积金筹集的特征

（1）适用范围的有限性。住房公积金制度只在城镇建立实施，且只有城镇在职职工才能参加。无工作的城镇居民和已经离退休职工不建立和缴纳住房公积金。已退休职工停止缴纳住房公积金并可以将积累基金用于养老等途径使用。

（2）缴费责任的共担性。住房公积金由用人单位和职工双方缴费承担，职工个人缴费部分由单位代扣代缴，并与单位缴费部分一起归并入职工住房公积金个人账户中。

（3）住房公积金缴存的长期性。根据现行政策规定，住房公积金制度一经建立，职工在职期间必须不间断地按规定缴存，除职工离退休或发生《住房公积金管理条例》规定的其他情形外，不得中止和中断。这一规定体现了住房公积金的稳定性、统一性、规范性，但是否建立和缴纳住房公积金由用人单位及其职工自主决定，政府并不强制建立。

《住房公积金管理条例》

（4）住房公积金用途的专用性。积累的住房公积金仅在发生《住房公积金管理条例》规定的与居住相关的特定用途时才能够提取使用。

（5）住房公积金的准金融特性。住房公积金与其他社会保险基金不同，筹集并积累的基金主要用于支持职工购买商品住房，以低于市场商业按揭贷款利率的利率水平为职工购房提供融资支持。虽然低于市场利率，但住房公积金的贷款利率意味着住房公积金具有金融特性，能够以现有基金获得增值收益。

（二）住房公积金的筹集来源

所有党政机关、群众团体、企事业单位（含三资企业）及其固定职工、劳动合同制职工和三资企业中方员工，均应缴纳住房公积金。离、退休职工以及临时工、三资企业外方职工不缴纳住房公积金。职工个人缴纳的住房公积金，属职工个人支付，由职工所在单位在发工资时代扣代缴。单位为职工缴纳的住房公积金的资金来源，主要是企业提取的住房基金和其他划拨资金，不足部分经财政部门核定，在成本、费用中列支。行政、事业单位首先立足于原有住房资金的划转，不足部分，全额预算的行政、事业单位由财政预算拨付；差额预算事业单位按差额比例在财政预算和自有资金中解决；自收自支事业单位参照企业开支渠道列支。

（三）住房公积金的缴存

缴纳住房公积金时，无论是单位缴纳部分还是职工个人缴纳部分，均以职工本人上一年度月平均工资为基数，这与其他社会保险基金筹集中单位缴纳部分以单位工资总额为基数存在显著不同。这是由住房公积金从缴纳开始即为职工个人财产的性质决定的。用人单位和个人，均按照职工上年度月平均工资乘以住房公积金缴纳比例计算住房公积金缴纳金额。

根据《住房公积金管理条例》，职工和单位住房公积金的缴存比例均不得低于职工上一年度月平均工资的 5%；有条件的城市，可以适当提高缴存比例，但原则上不高于 12%。住房公积金缴存由地市一级政府统筹管理，具体缴存比例由住房公积金管理委员会拟订，经本级人民政府审核后，报省、自治区、直辖市人民政府批准。单位和职工个人的住房公积金缴存金额，在所得税缴纳前扣除，住房公积金缴存金额免税。

第四节　补充社会保险基金筹集

为提高国民的保险保障福利水平，国家还通过税收优惠等政策引导，鼓励建立补充社会保险，筹集补充社会保险基金。我国补充社会保险基金主要有：补充养老保险基金，包括针对企业职工的企业年金和针对机关事业单位职工的职业年金；补充医疗保险基金；补充住房公积金基金等。

一、补充养老保险基金筹集

补充养老保险是在国家统一的基本养老保险之外，政府通过制定相关优惠政策，鼓励企业和单位在履行基本养老保险缴费义务之后，根据自身经济负担能力，为本单位职工建立的补充性质的养老保险。

（一）补充养老保险基金的特征

（1）基于正规劳动关系而建立，是劳动关系的延伸。通常在雇主和雇员订立劳动合同并履行一段时间，形成了稳定持续的雇佣劳动关系以后，雇员才具备参加补充养老保险计划的资格，才能够开始获得雇主供款缴费，并且一般情况下受益资格的取得和受益金额等也受雇佣劳动关系时间长短的影响。

（2）最初基于雇主自愿原则建立，引入集体谈判程序；当政府介入推动以后，部分国家开始出现强制性补充养老保险计划。

（3）从最初的雇主单方面缴费逐渐过渡发展到雇主和雇员双方缴费，责任共担特征鲜明。

（4）计划内容的灵活性和管理模式的多样化。由于雇主具有相当的自主权，因此雇主可以从自身人力资源管理和组织经营管理的角度出发，设计带有明确导向和激励效果的计划内容，以达成组织特别是企业的经营管理目标。计划管理方式呈现多样化，根据待遇支付端的计算办法不同可以采取待遇确定型（DB）或者缴费确定型（DC）的不同计划运营方式；管理中既可以建立单位共同账户，也可以为职工及其受益人建立个人账户。管理模式和计划内容均灵活多样，满足组织特别是企业单位的管理需要。

（5）采取完全基金积累制，进行市场化投资运营管理。这是补充养老保险计划弥补基本养老保险制度的重要特征，以应对人口老龄化压力。补充养老保险计划大多由单位雇主和雇员双方定期缴费形成基金，积累基金交由市场管理机构进行投资管理运作，以期取得良好的投资回报。基金管理既可以采取企业或者行业自我管理，也可以委托专业市场机构进行管理。

（二）补充养老保险基金的筹集

我国补充养老保险计划包括两大类：针对企业职工的企业年金和针对机关事业单位职工的职业年金。

1. 企业年金基金筹集

企业年金，是指企业及其职工在依法参加基本养老保险的基础上，自主建立的补充养老保险制度。企业年金基金筹集有如下特征：

（1）补充性。企业在参加基本养老保险的基础上，履行相应缴费义务以后才能够申请建立企业年金，因此它是对基本养老保险的补充。

（2）企业自主建立，国家给予优惠政策鼓励企业建立。企业年金并非强制建立，是否为职工建立企业年金计划由企业自主决定。

（3）集体协商程序。企业年金建立需要通过集体协商确定并经职工代表大会或者全体职工讨论通过。

（4）享受政府税收优惠。国家给予企业和个人一定的税收优惠政策，鼓励企业和职工建立企业年金计划。

（5）企业年金基金实行完全积累。国家为每个参加企业年金的职工建立个人账户，所需费用由企业和职工个人共同缴纳。企业年金按照国家有关规定投资运营，投资运营收益并入企业年金基金。

（6）计划内容及运行方式的灵活性。企业可根据自身管理需要设计灵活多样的计划内容，既可以采用缴费确定型（DC）计划模式，也可以采用待遇确定型（DB）计划或者两者兼顾，企业具有选择运营投资管理机构的自主权，遇到特殊情况可以终止缴费和恢复缴费，管理操作灵活。

企业年金基金来源主要有企业缴费、职工个人缴费和企业年金基金投资运营收益。企业缴费每年不超过本企业职工工资总额的8%，企业和职工个人缴费合计不超过本企业职工工资总额的12%，具体由企业和职工双方协商确定。缴费筹集时职工个人缴费由企业从职工个人工资中代扣代缴。

2. 职业年金基金筹集

职业年金，是指机关事业单位及其工作人员在参加城镇职工基本养老保险的基础上，建立的补充养老保险制度。职业年金基金在补充特性、市场化投资管理、享受政府税收优惠政策等方面与企业年金基金相同，但在如下方面具有特征：

（1）职业年金是机关事业单位统一为职工建立的补充养老保险计划，采取隐性强制实施的办法，不经过集体谈判与协商程序，与企业年金由企业自主自愿建立、且须经职工集体同意不同。

（2）计划内容设计与运行方式选择由地方政府一般是省级政府统一决定并选择投资运营机构，制定投资策略等，单位和职工个人不参与决策。

（3）职业年金按照政策明确规定的缴费比例由单位和职工个人缴费，不能够协商降低缴费比例。

（4）职业年金采取部分实账积累的方式筹集和管理基金。对于非财政全额供款单位缴费和职工个人缴费部分，采取实账积累并进行市场投资运营，按照实际取得的收益率增值。而对于财政全额供款单位缴费，采取记账方式，按照国家统一公布的记账利率计息增值，并在职工退休领取前据实发放。

职业年金基金的筹集来源包括：

（1）单位缴费。按照职工个人缴费基数的 8% 计入职工个人账户。财政全额供款单位的缴费部分采取记账方式，非财政全额供款单位采取实账积累方式。

（2）个人缴费。按照本人缴费基数的 4% 计入本人个人账户，采取实账积累方式，在发工资时由单位代扣代缴。

（3）职业年金基金投资运营收益。实账积累的职业年金基金采取市场化投资运营管理，取得投资收益计入职业年金个人账户。

（4）国家规定的其他收入。

补充养老保险基金筹集频率与其他社会保险基金一致，在发放工资时由单位代扣代缴，分别计入对应的账户中。

二、补充医疗保险基金筹集

（一）城乡居民大病医疗保险基金筹集

城乡居民大病医疗保险，是在基本医疗保障的基础上，对大病患者发生的高额医疗费用给予进一步保障的一项制度性安排，可进一步放大保障效用，是基本医疗保障制度的拓展和延伸，是对基本医疗保障的有益补充。2012 年，发改委等六部委联合发布《关于开展城乡居民大病保险工作的指导意见》（发改社会〔2012〕2605 号），针对已参加城镇居民社会医疗保险和新农合的参保人，建立城乡居民大病保险制度，旨在提高城乡居民的医疗保障待遇，缓解大病患者和家庭的沉重医疗负担，解决因病致贫、因病返贫问题。各地方根据本地实际科学合理确定大病保险的筹资水平。从城镇居民医保基金、新农合基金中划出一定比例或额度作为大病保险资金，基金有结余的地区利用结余筹集大病保险资金，没有结余的地区则在提高医保基金筹资时统筹考虑解决。

《关于开展城乡居民大病保险工作的指导意见》

（二）补充医疗保险基金

补充医疗保险是用人单位在参加城镇基本医疗保险的基础上，国家给予政策优惠，鼓励用人单位自主举办或参加的一种补充性医疗保险形式。补充医疗保险是在参加基本医疗保险的前提下，对基本医疗保险待遇以外需要个人支付部分的补充保障，因此补充性是其根本特征；补充医疗保险为单位和职工自愿参加或者购买。

用人单位为职工购买补充医疗保险的，在职工工资总额 5% 以内的部分可以税前列支，免征企业所得税。补充医疗保险的形式较为多样，包括商业保险机构承保、社会保险经办机构举办、大企业集体自办，以及社会/社区互助等多种形式，对应的补充医疗保险基金筹集亦存在不同。购买商业保险公司承保的补充医疗保险产品，保险费交至商业保险机构由其进行商业运营管理；参加社会保险经办机构举办的补充医疗保险计划，对应的保险费交给该社会保险经办机构，由其按照相关地方和层级的政策规定操作实施；参加大企业集体自办计划的，遵循企业内部的保障福利政策；参加社会/社区互助补充保险计划的，通常是个人参与缴费，适用互助计划范围内参保人士之间的互助保障。

补充医疗保险基金筹集形式比较灵活，可以是单位缴费个人不缴费，也可以是单位和个人双方共同缴费，还可以是职工个人独立缴费，具体的金额以各单位实际负担能力和支付意愿为准。尽管国家给予的税收优惠比例是 5%，但部分企业为重要员工提供的补充医疗保险计划会超过该比例缴纳，因此补充医疗保险基金的筹集较为灵活。

三、补充住房公积金基金筹集

补充住房公积金与住房公积金具有相同的性质，都是职工的长期住房储金，用于支持职工住房消费，缴费归入职工补充住房公积金账户，自始即为个人所有财产。有条件的企业和单位可以为职工建立补充住房公积金，缴费比例由单位和职工在规定范围内自主确定，单位和职工个人缴纳补充住房公积金，分别在不超过职工工资 8% 和不低于 1% 的比例范围内确定缴纳。单位和职工缴纳的补充住房公积金，在国家规定的范围内可以税前扣除，享受免税优惠。

第五节 社会救助基金筹集

社会救济是最早建立的社会保障项目，主要用于保障困难群体基本生活需要。社会救助基金是为实施各项社会救助事业而建立起来的专项经费，是建立社会救助制度的经济基础，是实现社会救助制度政策目标的物质保障。社会救助的范围、水平和有效性，取决于社会救助基金的筹集能否顺利进行。社会救助基金的筹集过程是社会救助制度运行的起点和基础。如果基金的筹集渠道不通、筹集范围过窄或是筹集方式单一，就有可能无法将需要保障的社会成员全部纳入保障体系。现代社会救助制度中各项救助事业均有其独特的运行机制，在实践中不是将各项救助经费合并起来建立综合性的社会救助基金，而是按照不同的救助项目分别筹集建立基金。

一、社会救助基金的服务对象与筹资责任主体

社会救助的对象一般来说包括无依无靠、没有生活来源的居民，收入水平低于国家法定标准的个人和家庭，以及失业后享受失业保险金期满，仍未找到工作且没有收入来源，转为社会救助对象的居民。由于社会救助对象为社会最底层需要托底帮助的人，体现的是国家责任，因此社会救助的责任主体主要是国家和政府，由它们承担主要的筹资、管理和服务责任。

二、社会救助基金筹集的原则

（一）非缴费性筹集原则

社会救助基金筹集的一个显著特点是非缴费性，即社会救助的保障对象无须承担缴纳费用的义务，国家和社会帮助他们摆脱生活困境是无条件的。遭遇困难时获得社会救助是公民的一项基本权利，公民的这项权利来源于其社会成员的身份，而与其对社会救助基金的缴费没有关系。

（二）以支定收的原则

社会救助基金的筹集必须以保证社会救助制度的正常运行为基本出发点，而社会成员

对社会救助的需求一直处于变化状态,因此,在基金规模上要按照保障贫困人口基本生活、基本医疗等方面的需要筹集资金,做到"以人定钱"。否则,无法将需要救助的国民全部纳入保障体系,也无法提前安排财政预算资金或者调动其他资源。

(三)国家财政为主,多方筹集的原则

社会救助的责任主体是国家。国家承担这一义务的基本手段是财政和税收。社会救助基金可以来源于一般税收,通过国家财政预算列支所需的社会救助基金;社会救助在强调国家责任的同时,也倡导民间参与,弥补政府财力不足,以便更好地解决贫困人口的生活和其他问题。

(四)法制化筹资的原则

社会救助基金的筹集由于涉及国家、社团组织以及个人的权利、义务和经济利益,因此筹资方式必须以法治作为保障,以确保社会救助制度的正常稳定运行。

三、社会救助基金的来源渠道

社会救助基金主要来源于政府财政拨款,也包括慈善捐款。不同的社会救助项目的资金来源不同,从总体来看,国家和地方财政拨款是社会救助基金来源的主要渠道,社会捐赠、福利彩票发行等各种形式的社会筹资渠道也是社会救助基金重要的来源。

在我国社会救助基金来源中,财政拨款部分通常先由民政部门做出预算,一部分作为定期定量救助,另一部分以供临时性救助所需。此外,国家财政还需拨付自然灾害救助款项,民政部门依据自然灾害发生的实际情况再予以发放。遇到大灾时,中央财政和地方财政还会酌情追加投入。通过中央财政拨款、地方财政拨款和社会募捐构成社会救助基金的基本来源,这有别于社会保险三方供款的筹资渠道。在我国,由于社会救助基金筹资渠道有限,目前主要依靠财政拨款来维持,社会救助资金的缺口较大。一些地区经济发展水平低,财政负担重,影响了救助政策的落实。

第六节 社会福利基金筹集

社会福利基金是指为满足社会福利制度落实所筹集和建立的专项资金。社会福利基金是落实社会福利的工具,通过社会福利基金的筹集和支付来实现社会福利制度的目标。社会福利分项目组织实施,主要包括老年社会福利、残疾人社会福利、妇女儿童社会福利以及一般的公共社会福利等。

相较于其他社会保障基金,社会福利基金有以下特征:一是社会福利的权利与义务的不对等性,二是社会福利基金作用的对象具有普惠性,三是享受社会福利基金待遇标准的一致性。社会福利基金追求与所有同类对象给予一致待遇标准。

不同国家社会福利基金的来源存在不同程度的差异,但一般来说都比较强调政府、社会和公民个人的共同责任。因此福利基金来源主要由政府、社会和个人三方主体承担筹资责任。根据三者筹资责任组合的不同大约有如下几种筹资方式:

(1)强调政府责任的国家,社会福利基金来源主要是政府财政。

（2）强调社会责任的国家主要向社会筹集福利基金，如向企业、社会组织等征收福利基金，或者采用社会化的福利彩票等方式筹集资金。

（3）对比较强调个人责任的国家，社会福利基金中的相当一部分来源于个人缴纳的各种福利相关的税费。

通过面向社会发行福利彩票来集中社会闲散资金形成社会福利基金，是社会福利基金筹集的重要渠道之一。我国面向社会的福利基金筹集工作由中国福利彩票发行中心负责。民政部财务和机关事务司负责中央级社会福利基金的财政专户缴款的财务管理工作。

根据《社会福利基金使用管理暂行办法》规定，社会福利基金实行按比例分级留成使用的原则。中央级留成比例为彩票销售总额的5%；省、地两级的留成比例不得超过彩票销售总额的5%；县级留成比例不得低于彩票销售总额的20%。发行中心应负责同各省、自治区、直辖市彩票发行机构具体办理中央级留成部分的收缴。收缴社会福利基金时，应向缴款单位出具财政部门统一印制或监制的票据。民政部财务和机关事务司负责：①向财政部报送《民政部本级社会福利基金收支计划》；②向财政部预算外资金专户办理民政部本级社会福利基金收入的集中上缴；③按照民政部制定的《民政部本级社会福利基金收支计划》和资助项目的进度办理财务拨款手续；④负责社会福利基金的日常财务工作，年终编制社会福利基金收支决算报财政部审批。

《社会福利基金使用管理暂行办法》

综上，我国社会福利基金的筹集主体是地方政府及其管理的社会性筹集渠道。

【本章知识要点】

（1）社会保障基金筹集应遵循的原则包括：社会目标、政治目标与经济目标的平衡兼容原则；短期目标与长期目标兼容原则；明确主体责任边界原则；公平原则；效率原则；稳定原则。

（2）社会保障基金来源主要有：政府公共财政、参保主体缴费、基金投资收益、发行福利彩票收益、专项基金划转、社会捐赠。各主体筹资责任的负担也包括政府全部负担、企业雇主全部负担、个人全部负担、企业和个人负担、个人和政府负担，以及政府、雇主和个人三方分担等多种组合方式，各国根据具体国情和保障项目及对象情况决定采用。

（3）社会保障基金合理费率的确定至关重要，需要遵循适当性、可行性、稳定性、调整机制原则，形成既满足社会保障政策目标需要、又不过度损害经济竞争力、具有能够推行的可行性、在一定时期保持稳定且具备合理调整机制的费率体系。

（4）全国社会保障基金、五项社会保险基金加上住房公积金基金、补充社会保险基金、社会救助基金、社会福利基金等这些主要社会保障资金的筹集来源、筹集原则、筹集方式等的具体特征要求。

【本章专题案例】

我国社会保障基金缴费费率偏高，企业和职工普遍感觉缴费压力过大，影响企业的竞争力，并对职工当期消费能力造成挤出。一直以来学界呼吁合理降低社保费率。2015年，我国从降低失业保险费率开始，拉开了社保缴费改革的序幕。2015年当年失业保险费率从3%降低到2%；2016年提出阶段性降低基本养老保险缴费率。第一阶段，养老保险缴费率高于20%的地区降低到20%；进一步在留有可支付9个月养老金结余的地区，将养老保险费率降低到19%。2019年国务院办公厅印发《降低社会保险费率综合方案》，明确养老保险缴费率可降低到16%，同时改变社会平均工资计算办法，采用全口径城镇单位就业人员平均工资核定社保个人缴费基数上下限，合理降低社保缴费基数等。

一系列社保降费的政策取得成效。2019年10月，人力资源和社会保障部（以下简称"人社部"）新闻发布会上，养老保险司司长聂明隽介绍，截至2019年9月底，全国企业职工基本养老保险、失业保险、工伤保险三项的减费总额为2 725亿元，其中9月份一个月减费477亿元，保守估计全年的社保降费额度应该在3 800亿元左右。聂明隽用"企业降成本、市场增活力、个人得实惠"这三句话来概括降费政策实施以来取得的成效。并表示，下一步人社部将会同有关部门继续重点抓好以下三个方面的工作：加强指导，确保降费各项政策全面落实到位；加大养老基金中央调剂力度，帮助困难省份确保发放；保持待遇平稳衔接，确保不因养老金计发基数的调整影响职工待遇。

思考与讨论：
1. 我国为什么要降低社会保障基金缴费费率？请对照社会保障基金费率确定的原则展开分析。
2. 社保降费与我国社会保障可持续发展的关系是怎样的？

【本章思考题】

1. 社会保障基金费率确定的原则是什么？
2. 我国城镇职工基本养老保险与城乡居民基本养老保险基金筹集的区别是什么？
3. 企业年金和职业年金基金筹集的区别与联系分别是什么？
4. 请说明城镇职工医疗保险基金的构成、比例与功能。
5. 请说明工伤保险基金的费率确定方式有哪几种？
6. 请比较社会救助基金与社会福利基金筹集的特征与差异。

第六章　社会保障基金的支付管理

【本章学习目标】
- 掌握社会保障基金支付的原则
- 理解社会保障基金支付对公共财政和经济社会发展的影响
- 掌握社会保障基金支付的类型
- 熟悉社会保险基金、补充社会保险基金、社会救助基金、社会福利基金支付的原则、条件和方式

第一节　社会保障基金支付管理概述

一、社会保障基金支付管理的内涵

社会保障基金的支付与筹集是相对应的社会保障基金运行的前后两端，是指社会保障项目主管机构遵守相关法律和政策规定的原则、制度和标准，将筹集和管理运营的社会保障基金，以现金、实物或服务等约定的待遇形式，支付给社会保障项目受益者个人的专门过程。社会保障基金支付管理是社会保障基金运行的末端环节，是社会保障项目最终发挥风险防范和保障作用、实现社会保障政策目标的最后一环。社会保障基金支付管理完成，某一个具体社会保障项目针对某一具体受益对象的社会风险保障目标即宣告完成，与社会保障基金筹集、社会保障基金中间管理两个环节共同构成完整的社会保障基金运行流程。

社会保障基金支付管理，关系到一国的社会保障福利水平、国民的社会保障获得感，以及具体社会风险防范和补偿的程度，对国民福利水平、经济发展等均有重要影响。

社会保障基金支付的内涵包括：

（1）支付的条件，即满足怎样的条件，包括年龄、性别、就业年限、缴费时间、缴费金额等，才能获得社会保障基金支付。

（2）支付的方式，即社会保障基金支付是一次性给付、年金给付、定期终身给付，还是混合支付方式。

（3）支付的标准，即社会保障基金支付到何种福利待遇水平，提供多大程度的保险保障等，比如领取养老金金额、医疗保险报销比例和额度、社会救助金金额、失业保险金金额及就业技能培训服务等。支付标准的设定要合理，过高或者过低的社会保障基金支付标准都不利于经济社会的长期可持续发展。

（4）支付的记录，社会保障基金支付管理应当形成完整持续的支付记录，支付记录的长期跟踪统计，能够反映一定时期社会保障运行的动态情况，掌握各类社会风险的演变规律，为政府制定和调整社会保障政策提供依据。

（5）支付的效果，社会保障基金支付后是否帮助受益人防范或者补偿了社会风险的发生，是否对维持家庭收入及正常运转、挽回灾害或社会风险的损失起到了作用。对支付

效果的分析评价，是评估社会保障基金运行效率的重要参考。

二、社会保障基金支付管理的原则

社会保障基金支付管理应当遵循如下原则：

（1）公平与效率原则。社会保障基金支付的具体条件、标准、内容、方式等应当按照法律法规政策的规定，符合社会保障公平正义的基本原则，对符合支付条件的所有受益者应当实施标准一致的基金支付，而不能有所偏颇。在保证支付公平的前提下，还应当注重效率原则，优化流程、简化程序，提升社会保障基金支付效率，让受益者在风险发生后尽快领取到社会保障基金的帮助和补偿。

（2）保障基本需要原则。社会保障制度制定的目的就是保障现代社会居民在遭遇社会风险时能够获得来自社会保障的物质支持，帮助他们及其家庭满足风险期间的基本生活需要，并能够快速从风险遭遇中恢复正常生活。因此，社会保障支付应当能够满足受益者的基本需要，过低的保障将难以达成社会保障的制度初衷。同时社会保障也仅满足基本需要和合理的补偿需要，对于过高的福利待遇要求，可以通过其他现代产品和服务，如商业保险、信托基金等方式获得。社会保障基金支付应当合理，支付待遇的过高或过低都会影响人们的劳动积极性与生活水平。

（3）社会保障基金支付标准应当与经济社会发展水平相适应原则。社会保障基金的支付标准应当合理，既要考虑到满足受益人需要、提升福利水平，还要考虑到基金支付对公共财政造成的压力，以及对经济发展可能形成的潜在影响。过低的支付标准，将难以满足国民应对社会风险的需要，导致社会保障水平不足；但是过高的支付标准，也将对国家财政造成沉重负担，甚至会对经济发展造成负面影响。因此，应倡导与本国经济社会发展水平相适应的社会保障支付标准。

（4）随经济发展和物价变动调整原则。现代社会经济发展迅速，社会保障基金支付的金额标准可能随着物价变动而发生购买力损失直至购买力难以满足基本生活需要。因此，需要随物价的变动合理地调整社会保障基金支付机制，保证社会保障受益人的基本权益。

三、社会保障基金支付对公共财政和经济社会发展的影响

社会保障基金支出在现代国家公共财政支出中占有很大比重，部分福利国家社会保障支出成为国家公共财政支出的主要部分。因此社会保障基金支付对公共财政产生重大影响。过高的社会保障福利水平和基金支付标准会对国家财政和社会发展造成负面影响。

（一）福利国家的公共财政陷入困境

第二次世界大战以后福利国家在世界范围盛行，欧洲国家纷纷为国民提供"从摇篮到坟墓"的周全完善的社会保障福利安排，这也形成了社会保障发展的黄金历史时期。然而，过高的社会福利支出使得国家财政负担沉重。随着20世纪70年代以来的石油危机及几次经济危机，经济放缓、失业加剧，社会保障支出剧增。福利的刚性特征使得民众对社会福利的要求越来越高，特别是国家财政承担全部或者主要筹资责任的社会保障模式，让民众缺乏参与感和个人责任意识，一味追求高福利，导致国家公共财政深陷困境，难以应对。

政府为了维持庞大的福利开支，就需要通过增加课税来提高财政收入，进一步加大了企业和个人的负担。高福利、高税赋和高财政赤字并存是社会福利国家普遍存在的现象。

（二）降低劳动参与率，经济社会发展迟滞

福利国家社会福利标准制定的初衷是让没有收入来源的人也能过上体面的生活，但过高的社会福利支付标准，让很多人不工作也可以过得不错，使得人们缺乏参与社会劳动的动力。西方福利国家劳动参与率的下降与过高的福利支付标准有一定的关系。劳动参与率下降，缴纳社会保障税和费的工作者减少，社会保障负担进一步加重，人们的劳动意愿进一步降低，形成恶性循环。社会保障的良性补偿机制被破坏，健康的社会保障体系难以建立在越来越低的劳动参与率的基础上。劳动参与率是经济活力的重要指标，低劳动参与率对经济发展活力造成了严重负面影响，使得欧洲各国在经济发展速度上逐渐放缓，落后于非福利国家。

（三）加剧失业问题

尽管失业问题的产生是多方面的，但不甚合理的社会保障和福利安排是进一步加剧失业问题的原因之一。在"福利国家"，与高福利并存的是高税赋，企业雇主雇佣劳动者的成本不断上升。出于自身生存发展的基本需要，企业会尽可能减少雇佣劳动者，或者将生产经营场所转移到劳动力丰富且廉价的国家和地区，或者通过提高商品价格，向消费者转嫁相关成本。但在自由竞争的市场经济环境下，提高商品售价会降低企业产品竞争力，最终会影响到企业发展后劲，影响就业岗位的提供。福利国家提供的社会福利支付，如失业保险金、社会救济金等，一般能够保障失业者或者无收入人士也能获得维持基本生活的福利津贴，并且这种福利津贴性收入不需要缴纳所得税，因而很多人宁愿失业领取救济也不愿意工作。从企业和个人两个角度上，过高的社会保障福利支付都会进一步加剧失业风险。

借鉴西方福利国家经历的"福利陷阱"的经验教训，强调合理适度的社会保障基金支付水平非常重要。

四、社会保障基金支付的类型

本书第三章已经详细介绍了基于待遇计发支付角度的社会保障基金财务管理类型，制度实际运行中社会保障基金也按照基金支付端的特征和原则不同，依据不同的社会保障项目支付原则确定支付标准和支付方式，形成了不同的社会保障基金支付类型。

待遇确定型（DB）社会保障基金中，社会保障受益人取得社会保障基金支付的标准、金额取决于相关政策预先规定的受益标准，如工龄、年龄、实际生活需要、工资收入的百分比等，即相关社会保障待遇是按照预先确定的原则和标准来计算和发放的。这意味着受益人所能获得的待遇支付水平是提前约定的，而与本人缴费贡献以及积累关系不大。待遇确定型支付模式更倾向于注重社会公平，具有较为鲜明的再分配功能。

缴费确定型（DC）社会保障基金中，受益人获得社会保障基金支付水平取决于本人及其所在用人单位过去在社会保障体系中所缴纳资金的数量，以及由积累的缴纳基金进行投资管理所获的受益来决定受益额的多少，与缴纳人、缴纳金额直接对等密切相关。缴费确定型方式确定社会保障基金支付，具有鲜明的激励特性，再分配功能弱化。

部分社会保障项目在确定基金支付的待遇金额标准时，采用 DB 与 DC 相结合的支付方式，既考虑社会互济与再分配，又兼顾激励特性。

全国社会保障基金是国家主权性质的战略性储备基金，为应对将来人口老龄化社会可能出现的支付危机作准备，当前仍以增值管理为主，尚不涉及支付问题。

第二节　社会保险基金支付

社会保险遵循权利与义务对等原则，社会保险基金支付的条件要求包括：
（1）参加社会保险计划。
（2）履行社会保险费缴纳义务。
（3）达到社会保险支付的条件，如年龄、工作状态、工伤等级等。
社会保险支付以参保缴费且达到领取条件为前提，各险种的支付条件和待遇各不相同。

一、基本养老保险基金支付

我国基本养老保险制度体系包括城镇职工基本养老保险和城乡居民基本养老保险两大类。

（一）城镇职工基本养老保险基金支付

1. 支付条件

领取城镇职工基本养老保险必须满足两个条件：①达到法定退休年龄并办理退休手续；②参加基本养老保险且缴费年限（含视同缴费）累计满 15 年。

其中，达到法定退休年龄是领取养老金的基本条件。但我国法定退休年龄的政策规定已经不适应我国人口年龄结构的迅速变化。我国退休年龄规定的主体内容是：男年满 60 周岁；女工人年满 50 周岁，女干部年满 55 周岁；从事井下、高温、高空、特别繁重体力劳动或其他有害身体健康工作的，退休年龄男年满 55 周岁，女年满 45 周岁；因病或非因工致残，由医院证明并经劳动鉴定委员会确认完全丧失劳动能力的，退休年龄为男年满 50 周岁，女年满 45 周岁。这一政策框架由 1951 年政务院颁发《中华人民共和国劳动保险条例》提出；1953 年《〈中华人民共和国劳动保险条例〉实施细则修正草案》中维持这一政策；1955 年国务院发布的《国家机关工作人员退休处理暂行办法》中，规定女干部的退休年龄为 55 周岁，其他内容不变；1978 年《国务院关于工人退休、退职的暂行办法》继续维持没有改变，延续至今天。退休年龄政策从中华人民共和国成立时建立，实施至现在。然而，中华人民共和国成立以来我国经济社会发展迅速，人民生活水平快速提高，健康保健水平得到根本提升，人口预期寿命快速提高（见图 6-1）。1950 年人口预期寿命 52.5 岁，1957 年为 57 岁，可见中华人民共和国成立之初我国退休年龄政策是符合人口年龄背景的，且留有充足的制度赡养空间。但人口预期寿命随后迅速提高，到 2010 年为 74.9 岁，根据国家卫健委最新数据，2020 年我国人口预期寿命已达 77.93 岁。60 岁人口预期余寿快速延长，2010 年为 22 年（图 6-2），这意味着 60 岁退休后的老年人依靠基本养老保险制度，平均还需要供养 22 年。

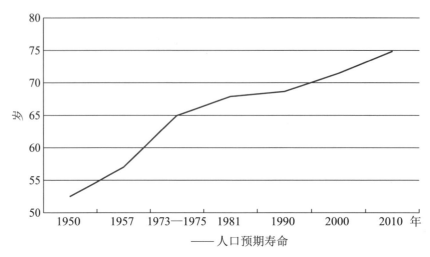

图 6-1　1950—2010 年我国人口预期寿命变化

数据来源：1950 年数据为北京市区数据，1957 年为全国 11 个省市数据，来自《中国统计年鉴 1981》；1973—1975 年数据来自《中国卫生和计划生育统计年鉴》，1981—2010 为历次人口普查数据。

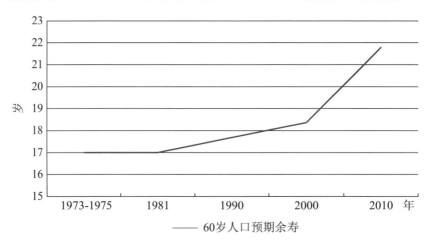

图 6-2　我国 60 周岁人口预期余寿变化

数据来源：1973—1990 年数据来自《中国卫生和计划生育统计年鉴》；2000 年数据来自杜鹏、殷波 2003 年研究报告；2010 年数据来自舒星宇等文章[1]。

与此同时，我国人口结构迅速老龄化，老年人占比日益提高，制度负担日益加重（表6-1）。

表 6-1　1953—2020 年我国老年抚养比变化

年　份	65+ 岁老年抚养比（%）	60+ 岁老年抚养比（%）
1953	7.4	—
1964	6.4	11.5
1982	8.0	13.0

---

[1] 舒星宇，温勇，宗占红，等. 对我国人口平均预期寿命的间接估算及评价——基于第六次全国人口普查数据 [J]. 人口学刊，2014(5)：7.

续表

年 份	65+ 岁老年抚养比（%）	60+ 岁老年抚养比（%）
1990	8.3	13.5
2000	9.9	15.7
2010	11.9	19.0
2020	13.5	18.7

数据来源：国家统计局《新中国 60 年（综合篇）》，2020 年为第七次全国人口普查公报数据。

从人口预期寿命、60 岁预期余寿和人口年龄结构三个方面分析可知，我国的人口基本国情已经发生了重大改变。中华人民共和国成立之初，在当时人口国情背景下制定的退休年龄政策，已经不适应我国人口国情的重大转变，制度可持续性受到严重挑战。因此我国近年来一直在研究探讨延迟退休年龄的政策改革，目前尚未推出具体的延迟退休政策。

2. 支付标准

我国于 20 世纪 90 年代确定了社会统筹与个人账户相结合的养老保险基本架构，退休人员的基本养老保险金由社会统筹部分的基础养老金和个人账户积累形成的个人账户养老金两部分构成。1997 年《国务院关于建立统一的企业职工基本养老保险制度的决定》（国发〔1997〕26 号）规定了养老金计发支付办法：

$$基本养老保险金 = 上年度社会月平均工资 \times 20\% + \frac{个人账户储存额}{120} \quad (6\text{-}1)$$

依据该公式计发养老金存在一些不足之处。首先退休职工的基础养老金部分完全一样，不能体现缴费多少和缴费时间长短的差异，缺乏激励。同时随着人口预期寿命的不断延长，个人账户养老金按照退休后余寿 10 年计发直至死亡不利于基金平衡（我国 2010 年 60 岁人口预期余寿 22 年）。2005 年《国务院关于完善企业职工基本养老保险制度的决定》（国发〔2005〕38 号）改革养老金计发办法，引入多缴多得、长缴多得的激励因素，并依据人口特征拟定个人账户计发月数，来体现鼓励延迟退休的引导性：

$$基本养老保险金 = \frac{个人指数化月平均工资 + 上年度社会月平均工资}{2} \times N\% + \frac{个人账户储存额}{计发月数}$$

$$(6\text{-}2)$$

在新的计发办法中，基础养老金部分、个人退休前工资作为重要的养老金计发基础，高收入者基础养老金也高，有鲜明的激励作用；与上年度社会平均月工资之和取平均数，体现养老保险的社会互济功能，高收入和低收入人群经由社会平均工资调整可以平滑收入差距；缴费年限 N 体现对于缴费时间长短的激励，每满一年发给前述基数的 1%，缴费时间越长基础养老金领取越多。个人账户养老金多少取决于个人账户储存额，除以职工退休时基于人口预期寿命等因素确定的计发月数，得到每月领取的个人账户养老金金额。计发月数随退休年龄而变化，退休年龄越迟，计发月数越少，个人账户养老金越多；反之退休越早，计发月数越多，个人账户养老金越少。参保人累计缴费年限满 15 年的，退休后按月发给基本养老金。

我国根据制度实施时参保职工的工作状态将其划分为"老人""新人""中人"三种类型。"老人"是指我国 1997 年制度实施之前已经退休的职工，他们仍按国家原来的规定发给基本养老金，同时执行基本养老金调整办法。"新人"是指制度建立实施后参加工作的职工，完全按照基本养老保险制度规定缴费管理和支付发放，缴费年限累计满 15 年的，退休后按月发给基本养老金。根据国发〔2005〕38 号文件调整后的计发办法，退休职工基础养老金月标准以当地上年度在职职工月平均工资和本人指数化月平均缴费工资的平均值作为基数，缴费每满 1 年发给 1%；个人账户养老金月标准为个人账户储存额除以计发月数，计发月数根据职工退休时城镇人口平均预期寿命、本人退休年龄、市场利息等因素综合确定。

（二）城乡居民基本养老保险基金支付

参加城乡居民基本养老保险的个人，年满 60 周岁、累计缴费满 15 年，且未领取国家规定的基本养老保障待遇的，可以按月领取城乡居民养老保险待遇。城乡居民基本养老保险待遇由基础养老金和个人账户养老金构成，支付终身。基础养老金由中央确定最低标准，建立基础养老金最低标准正常调整机制，根据经济发展和物价变动等情况适时调整全国养老金最低标准。从最初的 55 元/月，2018 年最新调整为 88 元/月。地方政府可以根据当地实际情况适当提高基础养老金标准，部分地方在国家规定的基础养老金标准之上提高支付标准，表 6-2 列示了我国部分省份城乡居民基本养老保险基础养老金标准。

表 6-2 城乡居民基本养老保险各省（区、市）基础养老金标准

省　份	基础养老金（元）	省　份	基础养老金（元）
上海市	1100	辽宁省	108
北京市	820	江西省	110
天津市	307	湖北省	108
海南省	178	湖南省	103
青海省	180	河南省	98
西藏自治区	185	四川省	105
浙江省	165	陕西省	115.5
宁夏回族自治区	153	广西壮族自治区	121
新疆维吾尔自治区	145	黑龙江省	90
江苏省	160	山西省	103
内蒙古自治区	133	贵州省	93
广东省	180	吉林省	103
山东省	142	安徽省	105
福建省	130	甘肃省	108
重庆市	115	云南省	103
河北省	108		

数据来源：根据各省市政府官网 2020 年公布数据整理。

个人账户养老金的月计发标准与城镇职工基本养老保险相同，为个人账户储存额除以计发月数 139。当参保人死亡时，个人账户资金可以依法继承。

（三）农民工及城镇灵活就业人员的基本养老保险基金支付

根据《城乡养老保险制度衔接暂行办法》（人社部发〔2014〕17号）的规定，进城务工的农民工在城镇参加城镇职工养老保险，达到城镇职工养老保险法定退休年龄后，城镇职工养老保险缴费年限满15年（含延长缴费至15年）的，可以申请从城乡居民养老保险转入城镇职工养老保险，按照城镇职工养老保险办法计发相应待遇。参保人员从城乡居民养老保险转入城镇职工养老保险的，城乡居民养老保险个人账户全部储存额并入城镇职工养老保险个人账户，城乡居民养老保险缴费年限不合并计算或折算为城镇职工养老保险缴费年限。若在城镇缴纳城镇职工养老保险不足15年的，转回户籍地按照城乡居民基本养老保险参保，城镇职工养老保险缴纳年限合并计算，按照城乡居民基本养老保险待遇标准领取养老金。

《城乡养老保险制度衔接暂行办法》

城镇灵活就业人员可以参加城乡居民基本养老保险，退休时按照对应待遇标准领取养老金。

二、基本医疗保险基金支付

（一）医疗保险基金支付定义及支付方式

医疗社会保险基金支付，是指被保险人生病后，医疗社会保险机构按照事先规定的条件和待遇标准，向被保险人提供医疗服务或为其报销医疗费用；医疗机构提供医疗服务后，由社会保险机构完成服务费用的结算即基金给付。

医疗社会保险对参保人的支付条件是：被保险人获得医疗服务给付的资格，履行必要的手续及遵守相关规章制度，如凭证医疗、定点就医、逐级转诊等。被保险人生病时，只有符合事先规定的支付条件，才能获得医疗社会保险的医疗给付。

医疗社会保险对医疗服务提供者即医疗机构的费用补偿有多种方法，主要有：

（1）按服务项目偿付，即医疗保险机构根据医疗单位提供的服务的量，给予补偿。这是运用最广泛的一种传统的费用支付方式。它的优点是实际操作方便，缺点是医院的收入由提供医疗服务的数量决定，容易诱使医疗单位提供过度的医疗服务，医疗费用难以控制。

（2）按总额预算偿付，即由医疗社会保险机构根据与医院协商确定的年度预算总额进行支付。医院必须为前来就诊的所有被保险人提供约定的服务，但收入不能随服务量的增加而增加。它的优点是能够促进医院有效地降低成本，控制医疗费用。但是确定合理的年度医疗费用总预算比较困难，需要考虑的因素很多。

（3）按病种费用偿付。根据国际疾病分类法，将住院病人的疾病分为若干组，每组又根据疾病的轻重程度分为不同级别，对每一组的不同级别分别制定价格，按这种价格偿付费用。这种方式使医疗保险费用的支付与诊断的病种有关，而与病人实际花费的医疗费用无关。这种支付方式能够激励医院主动降低成本，防止病人长期性住院。但是这种支付方式也容易导致诊断费用增加，而且制定标准的过程复杂，管理费用高。

（4）工资偿付方式，即对医务人员的报酬由政府部门确立标准，医疗服务费来源于财政支持。它的优点是政府部门对医生支付固定的费用，不考虑医生看病次数和服务人数的多少，操作简便。但是存在着难以调动医生多提供服务、提高服务质量的积极性的缺陷。

（5）按人头偿付，即由医疗社会保险机构根据医院或医生服务的被保险者人数，定期向医院或医生支付一笔固定的费用。在此期间，医方负责提供合同规定的一切医疗服务，不再另行收费。它的优点是促进医疗服务提供方自觉采取控制费用的措施，防止医生提供过量服务，管理简便。它的缺点是可能出现提供者为节省费用而减少服务提供或是降低服务质量的现象。

（6）按以资源为基础的相对价值标准偿付，即通过比较各专科医生服务中的各类要素成本的高低，来计算每项服务的相对价值，并以这个相对价值作为各项服务酬金或偿付费用标准的依据。医疗服务中投入的各类资源要素，包括服务全过程所花费的时间和劳动强度、业务成本和每次服务分摊的专科培训的机会成本等。按照各科医生在服务中实际投入的资源进行支付，能够刺激各科医生提供合理的服务，有利于提高全科医生的收入，降低专科医生过高的收入，从而有利于优化卫生人力结构和布局。

医疗保险涉及医、患、保三方，医疗保险支付方式多样，各有利弊。如何确定合理的、科学化的医疗费用偿付方式，对于合理利用医疗卫生资源、控制医疗费用过快增长，并不断提高人民群众的健康水平，具有重要的现实意义。

（二）城镇职工基本医疗保险基金支付

根据《国务院关于建立城镇职工基本医疗保险制度的决定》（国发〔1998〕44号），建立基本医疗保险统筹基金和个人账户。统筹基金和个人账户在各自范围内支付，分别核算，不得相互挤占。统筹基金主要用于支付职工住院医疗费用，个人账户基金主要用于支付门急诊费用。统筹基金支付设定起付标准和最高支付限额。起付标准原则上控制在当地职工年平均工资的10%左右，最高支付限额原则上控制在当地职工年平均工资的4倍左右。起付标准以下的医疗费用，从个人账户中支付或由个人自付。起付标准以上、最高支付限额以下的医疗费用，主要从统筹基金中支付，个人也要负担一定比例。超过统筹基金支付封顶线的医疗费用，可由大病医保或者补充医疗保险、商业医疗保险等方式给予补充。各地根据实际可以调整相应的支付政策标准。

基本医疗保险基金中社会统筹基金的支出需要满足一定的条件。第一，相关医疗费用支出需发生在定点医院、定点药店，且在药品目录、诊疗项目目录、医疗服务设施目录（简称"两定点三目录"）内，以及急诊、抢救的医疗费用；第二，医疗保险社会统筹基金对起付线以上、封顶线以下部分的住院费用给予按比例报销；第三，报销比例区分不同层级医疗机构有差异，三级甲等医院报销80%，社区医院报销90%；第四，一些特殊病种的门诊费用根据各地方政策也进入社会统筹基金报销支付范围，如门诊肾透析费用等。下列医疗费用不纳入基本医疗保险基金支付范围：应当从工伤保险基金中支付的；应当由第三人负担的；应当由公共卫生负担的；在境外就医的。2020年2月，中共中央、国务院发布《关于深化医疗保障制度改革的意见》，提出"改革职工基本医疗保险个人账户，建立健全门诊共济保障机制"，我国原"板块式"医疗保险支付报销模式正在经历改革。

《中共中央 国务院关于深化医疗保障制度改革的意见》

（三）城乡居民基本医疗保险基金支付

我国目前的城乡居民基本医疗保险是在2006年建立的新型农村合作医疗和2007年城

镇居民基本医疗保险的基础上，于2014年由国务院印发《关于整合城乡居民基本医疗保险制度的意见》（国发〔2016〕3号），按照"统一覆盖范围，统一筹资政策，统一保障待遇，统一医保目录，统一定点管理，统一基金管理"的"六统一"原则，整合成为现在的城乡居民基本医疗保险制度。根据规定，城乡居民医保基金主要用于支付参保人员发生的住院和门诊医药费用，政策范围内住院费用支付比例保持在75%左右。根据就医医院等级和人群类别，医疗保险基金报销支付政策有所不同：在三级、二级和一级医院就诊发生的医疗费用，起付线金额和报销比例不同，到越基层的医院就医报销比例越高，起付线越低，体现国家政策对城镇居民合理就医行为的引导。此外，针对学生、儿童和70周岁以上老人，给予较高医疗报销基金支付待遇，同时低等级医院报销比例也较高。

城乡居民医保基金纳入财政专户，实行"收支两条线"管理。基金独立核算、专户管理，任何单位和个人不得挤占挪用。结合基金预算管理全面推进付费总额控制。基金使用遵循以收定支、收支平衡、略有结余的原则，确保应支付费用及时足额拨付，合理控制基金当年结余率和累计结余率。建立健全基金运行风险预警机制，防范基金风险，提高使用效率。

三、失业、工伤、生育保险基金支付

（一）失业保险基金的支付

（1）失业保险基金的给付原则：一是失业保险待遇能够保证失业者最基本生活需要原则；二是失业保险待遇必须低于在职时的收入水平。

（2）失业保险基金支付的方式有如下几种：①统一平均支付，即不区分失业者的家庭状况，采取统一平均的支付标准来给付失业保险金；②按工资比例支付，即按照失业者最近一定时期的平均工资的一定百分比给付失业保险金；③折中支付方式，即失业保险金一部分按平均水平支付，另一部分按工资比例发放，两者相结合。

我国失业保险金采取统一平均标准支付的方式给付。

（3）失业保险基金的支付需要满足如下基本条件：达到法定就业年龄；参加失业保险且缴费达到规定的期限；非本人意愿中断就业；办理失业登记；以及其他条件。《失业保险金申领发放办法》第4条规定，如果是失业人员主动离职而导致失业的，则不能享受失业保险待遇。办理失业登记是失业人员享受失业保险待遇的必要条件，只有办理失业登记后才可申请领取失业保险金。失业保险金领取期限自办理失业登记之日起计算。失业人员在领取失业保险金期间重新就业、应征服兵役、移居境外、退休享受基本养老保险待遇，以及无正当理由，拒不接受当地人民政府指定部门或者机构介绍的适当工作或者提供的培训的，将停止领取失业保险金，并同时停止享受其他失业保险待遇。

（4）失业保险基金的支付内容。根据《失业保险条例》，失业保险基金的支付用途包括：①失业保险金；②领取失业保险金期间失业人员应当缴纳的基本养老保险费和基本医疗保险费；③技能提升补贴；④在上年失业保险基金滚存结余具备12个月以上支付能力的统筹地区，失业人员领取失业保险金期间可以享受职业培训补贴、职业技能鉴定补贴、创业补贴；⑤领取失业保险金期间死亡的失业人员的丧葬补助金和其供养的配偶、直系亲属的抚恤金；⑥稳定岗位补贴；⑦国务院规定或者批准的与失业保险有关的其他费用。

失业保险基金领取要求参保人在失业前，其用人单位和本人参保并累计缴纳失业保险

费超过一年。根据缴费时间确定领取失业保险金的期限：累计缴费满 1 年不足 5 年的，领取失业保险金的期限最长为 12 个月；累计缴费满 5 年不足 10 年的，领取失业保险金的期限最长为 18 个月；累计缴费 10 年以上的，领取失业保险金的期限最长为 24 个月。重新就业后再次失业的，缴费时间重新计算，领取失业保险金的期限和前次失业应当领取而尚未领取的失业保险金的期限合并计算，最长不超过 24 个月。

根据《中华人民共和国社会保险法》，失业保险金的标准，按照低于当地最低工资标准、高于城市居民最低生活保障标准的水平，由各地根据情况确定，即失业保险金的发放标准可以参考城市居民最低生活保障标准，当低保标准调整时，各地的失业保险金标准也随之调整。

（二）工伤保险基金的支付

1. 工伤保险基金支付原则

工伤保险费用的社会统筹，必须坚持"以收定支、收支基本平衡"的原则，工伤保险基金除了留有少量的风险准备金外，不能留有积累，费率调整机制应围绕这一目标进行。同时，工伤保险应包括的待遇项目与待遇标准，应具体落实，切实保障职工的合法权益。

2. 工伤保险基金的支付用途与支付待遇

根据《工伤保险条例》，工伤保险基金用于如下用途：工伤保险待遇，劳动能力鉴定，工伤预防的宣传、培训等费用，以及法律、法规规定的用于工伤保险的其他费用的支付。

职工因公负伤或患职业病，享受工伤医疗待遇，包括治疗工伤或职业病所需的挂号费、住院费、医疗费、药费、就医路费等，全额报销。在当地住院治疗的，按当地因公出差伙食费标准的 2/3 补贴个人伙食费；经批准转外地治疗的，交通费与食宿费用按本企业职工因公出差标准报销。职工因公负伤或患职业病需要停止工作接受治疗，实行工伤医疗期，按照轻伤与重伤的不同程度确定医疗期为 1～24 个月，最长不得超过 36 个月。工伤医疗期内停发工资，改为按月发放工伤津贴，相当于工伤职工本人受伤前 12 个月内平均月工资收入。工伤医疗期间或评定伤残等级后改为享受伤残待遇。工伤职工经过评残并确认需要护理，按月发给护理费，依据等级分别按上年度当地职工月平均工资的 50%、40%、30% 计发。职工因公致残的，由工伤保险基金支付伤残抚恤金，若达到退休年龄，伤残抚恤金低于按养老保险规定计发的养老金标准的，由工伤保险基金补足差额部分。职工因公死亡，应发给丧葬补助金、供养亲属抚恤金和一次性工亡补助金。

工伤保险的各项长期待遇，如伤残抚恤金和供养亲属抚恤金，随着上年度职工平均工资增长的一定比例进行一年一度的调整。

（三）生育保险基金的支付

1. 生育保险基金的给付条件

我国法律规定同时满足以下两个条件的女职工，可以享受生育保险待遇：①用人单位已经缴纳生育保险费；②符合《中华人民共和国民法典》和计划生育政策的相关规定，即达到法定结婚年龄的已婚职工且符合国家计划生育政策，不符合法定年龄的女职工生育和非计划生育者，一般不得享受生育保险待遇。

2. 生育保险基金的给付内容

生育保险基金的给付内容包括生育医疗费用和生育津贴。生育医疗费用包括女职工因怀孕、生育发生的检查费、接生费、手术费、住院费、药费和计划生育手术费等。生育津贴是指根据国家法律、法规规定，对职工妇女因生育而离开工作岗位期间给予的生活费用。在实行生育保险社会统筹的地区，由生育保险基金按本单位上年度职工平均工资的标准支付，支付期限一般与产假期限相一致，不少于 90 天。

用人单位已经缴纳生育保险的，其职工享受生育医疗费用报销和生育津贴待遇；职工未就业配偶按国家规定享受生育医疗费用待遇，但是不能享受生育津贴。

我国 2020 年起将生育保险与医疗保险合并，基金合并运行、征缴管理一致，不再单列生育保险基金收入，在职工基本医疗保险统筹基金待遇支出中设置生育待遇支出项目。

四、住房公积金支付

住房公积金的支取，是指职工按规定的条件和程序，提取个人缴存的住房公积金本息。根据各地实践，办理住房公积金的支取，主要有三种情况：（1）职工在住房公积金的缴存期间，为使用住房公积金而发生的支取；（2）职工按规定进行住房公积金本息余额的结算，同时办理销户手续时发生的支取；（3）有关规定允许的特殊情况下办理的支取。

（一）住房公积金支取条件

一般情况下，须符合下列条件中的一项条件才可支取住房公积金：

（1）职工按规定购买自住住房、翻建或大修私房时，可根据购房协议书或建、修房证明向单位提出支取住房公积金的申请。

（2）职工按上述规定提取住房公积金仍不够时，可由职工的同住人、非同住直系亲属或者配偶向其所在单位提出支取住房公积金申请。申请时亦须提供有关证明。

（3）职工离退休、调离居住地或出境定居时，可向单位提出支取住房公积金申请。单位在办妥职工离退休或调离手续后，方可同意支取。

（4）职工在职期间死亡或者被宣告死亡，其住房公积金可由继承人或受遗赠人取得。继承人或受遗赠人应向职工单位提出申请，单位核定继承人或受遗赠人身份无误后，方可同意办理手续，将住房公积金转移或支取。

（5）职工完全丧失劳动能力，并与所在单位终止劳动关系时，可向单位提出支取住房公积金申请。

（二）住房公积金支取审核

住房公积金支取必须由职工根据个人支取的理由及符合支取公积金条件向本单位申请，经单位批准后，由经办银行审核并付款。住房公积金的支取流程如下：

（1）职工个人根据公积金支取条件，向单位提出书面申请，并附上有关证明。

（2）经单位审批并同意后，由财务部门开具支取申请书一式三份，由单位领导签字盖章并加盖银行提款印鉴。

（3）职工个人将"公积金支取申请书"交给单位公积金经办银行，经后台复核后填写银行付款凭证一式四份交提款人，同时打印职工公积金支取账单。

（4）职工个人凭银行付款凭证，收取银行公积金支取对账单和对账单上支取金额一致的公积金本息。职工个人取走公积金后，银行还要将"公积金支取申请书"和银行付款凭证各一联送公积金管理机构结账；同时，银行将另一联付款凭证送到单位，由单位作为公积金账册的记账凭证。

（三）个人住房公积金贷款的条件与审批

住房公积金贷款主要包括向单位发放的住房专项贷款，以及向职工发放的个人住房公积金贷款。这里主要列举个人住房公积金贷款。

1. 个人住房公积金贷款定义

个人住房公积金贷款是指公积金管理机构运用所归集的公积金委托银行向职工个人购建自住住房或者翻修、大修自住住房发放的贷款。这里所指的住房应该是在本市的城镇区域内，职工能获得房屋产权的住房。借款人应为本市正常履行住房公积金缴存义务的职工。借款人向银行偿还公积金贷款的担保是以其所拥有的产权住房作为抵押物。个人住房公积金贷款的贷款基金，主要来源于单位和职工缴存的住房公积金。

2. 个人住房公积金贷款审批

根据《住房公积金管理条例》的规定，住房公积金管理中心应当自受理借款申请之日起15日内，按照受理时间的先后顺序，对借款人申请进行审核，做出准予贷款或不予贷款的决定，并书面通知申请人。住房公积金管理中心除对公积金借款人是否符合贷款条件进行认真审核外，必须就贷款人的贷款期限、贷款限额标准以及贷款利率进行审定。

（1）关于贷款期限的审定。依据《住房公积金个人购房贷款管理办法》，公积金中心对每项公积金贷款期限最长不得超过20年，并不长于借款人法定离休或退休时间后的5年。共同借款的，贷款期限最长不超过20年，并不长于其中最年轻者法定离休或退休时间后的5年。

（2）关于贷款利率的审定。公积金贷款的利率一般按照国家规定住房公积金计息利率的基础上加规定利差，并随同住房公积金存款计息利率的调整而调整。

（3）关于公积金贷款额度的计算。目前的个人住房公积金贷款可贷额度可以参照下面的公式来计算：

可贷额度＝住房公积金月缴存额的工资基数×规定比例×12个月×贷款期限

(6-3)

（4）当住房公积金管理中心对公积金贷款人申请审核的，受托银行与借款人应当以书面形式签订公积金借款合同。

当上述手续经审核批准后，受托银行应当按照借款合同约定的时间和金额，以转账支付的方式将贷款资金支付给房屋出售人。

第三节　补充社会保险基金支付

一、补充养老保险基金支付

当企业职工退休或者完全丧失劳动能力时，可以从企业年金个人账户中领取补充养老金。职工可以选择按月、分次或者一次性领取企业年金，也可以选择将企业年金账户中的全部或者部分资金用于购买商业养老保险产品，按照保险合同的约定领取养老金待遇。企业年金积累基金及其购买的资产或养老产品，可以依法继承。

机关事业单位工作人员达到退休条件并办理退休手续后，可领取职业年金待遇。职业年金待遇按月领取，职工可以选择具体的方式：既可以用职业年金个人账户中的积累基金一次性购买商业养老保险产品，按照保险合同领取待遇；也可以按照本人退休时对应的计发月数计发职业年金的每月待遇标准，发完为止。但是职工选择领取方式后不可更改。职业年金个人账户资产，包括购买的商业养老保险产品权益和个人账户余额均享有继承权。对于出国出境定居人员，根据本人要求可将职业年金一次性支付给本人。

二、补充医疗保险基金支付

（一）城乡大病医疗保险基金支付

城乡大病医疗保险的保障对象为城镇居民医保、新农合的参保（合）人（2014年以后合并为城乡居民基本医疗保险），在支付范围上与城乡居民基本医疗保险相衔接。在参保人患大病发生高额医疗费用的情况下，对城乡居民基本医疗保险补偿后需个人负担的合规医疗费用给予保障。保障水平以力争避免城乡居民发生家庭灾难性医疗支出为目标，合理确定大病保险补偿政策，实际支付比例不低于50%；按医疗费用高低分段制定支付比例，原则上医疗费用越高、支付比例越高。

（二）其他补充医疗保险基金支付

我国补充医疗保险形式多样，单位可以通过福利费列支在职工工资总额5%以内的部分参加社保经办机构主办的补充医疗保险或者购买商业医疗保险，享受国家税收优惠。此外还有个人自愿购买或者互助类型的补充医疗保险等。形式灵活多样，满足各层次不同的医疗保障需要，具体的支付规定依各保险计划或者产品约定具体执行。

三、补充住房公积金支付

补充住房公积金具有与住房公积金相同的性质和特征，也是用于支持职工住房的长期储金。在职工购买住房公积金政策支持范围内标准的商品住房时，可以申请向补充住房公积金贷款，获得低于市场商业贷款利率的优惠金融支持。补充住房公积金由单位自愿建立，非强制。获得住房公积金住房贷款首先必须参加住房公积金制度并缴费达到一定的期限或者金额；贷款额度取决于已存储金额，以存储金额的一定倍数给予发放住房贷款；购买的商品住房必须符合国家规定的标准，以支持基本住房需求为导向，对购买豪华住房不予支持。具体的贷款政策根据国家的宏观调控由各地决定，会存在地区差异和阶段性不同。

第四节　社会救助基金、社会福利基金支付

一、社会救助基金的支付

社会救助基金支付的实质是将筹集起来的一部分国民收入在社会成员中进行再分配，是将高收入者的一部分收入转移到社会贫困者手中，因而使社会救助制度的收入再分配功能得以实现。社会救助的根本目的在于保障贫困人口的基本生活水平。这种保障功能最终体现在社会救助基金的给付环节上，具体体现在：满足救助对象的基本生活和基本医疗需要；改善贫困人口的生存状况；缩小贫富差距、维护社会稳定。

（一）社会救助基金给付的原则

（1）公平性原则。社会救助是法律赋予公民的一项基本权利。凡处于生活困境的社

会成员，不论其身份、地位、职业和所处的行业如何，均有权平等地得到社会救助基金的给付。基金给付的方式和数额，只与其所处的困境及其程度相关，而与其身份、地位和社会关系无关。

（2）兜底性原则。社会救助制度建立的目的，在于对已经陷入生活困境且无社会保险的社会成员给予帮助和支持，它是社会成员生存的最后一道防线。就当前我国的国情而言，社会救助基金给付水平还只能是着眼于"最底线"。它要应对的是现实存在的贫困现象，使已经陷入贫困的社会成员能够休养生息，继而迅速摆脱贫困。

（3）非歧视性原则。社会救助是一项基本的社会制度，体现国家对国民的责任。受助者接受社会救助是其公民基本权利的实现，而不是国家和社会对他的恩赐。因此，在社会救助基金的给付中，要注意尊重救助对象的人格，不歧视社会弱者，不把贫穷当成罪恶，也不把贫穷的主要原因归咎于贫困者个人及其家庭。

（4）专款专用原则。社会救助基金是为了保障社会救助对象的基本生活待遇，而按照国家法律、法规的有关规定而筹集的专项资金，除了这种特定用途外，任何地区、部门、单位和个人均不得挤占挪用，将社会救助基金用于其他任何方面开支都是对救助对象合法利益的侵占，都是违法行为。

（5）适度性原则。社会救助基金的给付既要维持合理的给付水平，满足救助对象最基本的生活和医疗需要，不能超越生产力发展水平及财政的承受能力，盲目扩大给付规模，提高待遇水平。

（6）弹性化调整的原则。社会救助基金的给付标准必须是弹性的，要随着经济增长和物价水平的变动而适时调整，调整时要逐步提高。

（二）社会救助基金给付的条件

社会救助待遇的支付是基于家计调查的。一般来说，要享受社会救助待遇，必须经过申请和调查两道程序。所谓申请，是指低收入家庭或个人向社会保障机构有关部门递交申请书，填写清楚家庭人口、无劳动能力人口、工作人口及家庭收入和支出情况，作为申请救助的依据。有关保障机构接受申请后，派出专业人员，向申请救助家庭或个人及其所在地区和工作者所在单位进行详细调查。根据调查结果和核实后的情况，社会保障专门机构做出是否批准其申请的报告。一经批准，便可给予救助，或发放津贴。通常，为了防止浪费国家资金，防止欺骗、冒领的行为发生，对求助申请人资格条件的规定和审查较为严格。

（三）社会救助基金的给付方式

从总体上来看，社会救助基金有现金给付和实物给付两种方式。前者包括发放最低生活津贴、住房津贴、失业救济金、灾害救助金等；后者包括救灾、扶贫、教育救助、就业促进、法律援助、免费医疗服务、提供廉租住房等，根据具体的社会救助项目采取适合的救助给付方式。

二、社会福利基金的支付

（一）社会福利基金的使用原则

社会福利基金的使用必须严格执行国家有关法律、法规和财务规章制度，坚持勤俭节约和量入为出的原则。各级民政部门必须按照社会福利基金收支计划安排使用社会福利基金，不得超计划使用。社会福利基金当年投放率一般不低于70%，结余部分结转财政专户供以后年度专项使用。

（二）社会福利基金的使用范围

（1）用于资助为老年人、残疾人、孤儿、革命伤残军人等特殊群体服务的社会福利事业，帮助有特殊困难的人，支持社区服务、社会福利企业和其他社会公益、慈善事业的发展。其中，对社区服务项目的资助要达到民政部、财政部所做出的规定要求。

（2）对老化、陈旧社会福利设施和社会福利事业单位的维修和更新改造予以适当资助。

（3）对公众关注、有利于弘扬社会主义精神文明、能体现扶弱济困宗旨的其他社会公益事业给予适当资助，但全年资助总量应控制在本级留成社会福利基金的10%之内。

（4）同等条件下，社会福利基金要优先资助"老少边穷"和灾区的社会福利事业。

（三）社会福利基金使用分配管理

社会福利基金对社区服务项目的资助，要严格按照民政部、财政部的有关规定进行审查，达不到要求的不予资助。上级民政部门留用的社会福利基金对下级民政部门提供资助时，应与下级的彩票销售以及当地政府的投入相挂钩。按规定投放的社会福利基金必须专款专用，任何单位和个人不得以任何形式挤占和挪用。资助数额较大的项目，应按项目的工程进度分期拨款。社会福利基金不得用于投资办企业（社会福利企业除外），不得拆借和委托放贷，不得参与股票和期货交易，也不得为任何单位的任何经济合同提供担保。社会福利基金资助建设的社会福利设施，必须建立永久性标注，标明资助单位、资助金额、竣工时间等内容；社会福利基金资助购买的设备、器材也应标明捐赠字样。社会福利基金资助建设的社会福利设施因故变卖转让，并因此改变服务性质的，其变价收入中与原社会福利基金资助数额相等的部分应归还社会福利基金。

此外，对社会福利基金的管理，民政部建立了相对应的审批程序，并规定了审慎的监督检查措施。

【本章知识要点】

（1）社会保障基金支付是指包括支付的条件、方式、标准、支付记录、支付效果等在内的内涵丰富的基金支付过程。

（2）社会保障基金支付的原则包括：公平与效率原则、保障基本需要原则、支付标准与经济社会发展水平相适应原则、随经济发展和物价变动调整原则。

（3）社会保障基金支出是现代国家公共财政支出的重要内容，对经济社会发展有重要影响。应注意社会保障基金支出的合理性，既要保障充足又要避免"福利陷阱"，强调适度保障水平。

（4）待遇确定型和缴费确定型两种支付类型在支付标准、方法和运作原理上存在差异。

（5）我国城镇职工基本养老保险计发办法；城乡居民基本养老保险支付规定。

（6）我国城镇职工基本医疗保险统筹基金支付的规定内容。

（7）社会救助基金给付的原则包括公平性、兜底性、非歧视性、专款专用、适度性、弹性化调整等原则。遵循具体救助项目的条件，实施救助给付。

【本章专题案例】

美国私营养老金发达。最早从美国运通公司为员工建立第一个正式退休金计划以来，私营养老金发展迅速，到现在美国已经成为私营养老金市场最成熟的国家，私营养老金规模巨大。在发展早中期，美国私营养老金主要采取DB计划（待遇确定型计划）模式，适合于大企业为长期雇员建立的稳定的养老金计划。随着经济社会的快速发展，新经济的引入对于养老金计划灵活性的要求越来越突出。同时，经济的波动甚至经济危机对企业经营造成重大冲击，也使得企业感受到刚性养老金责任的压力，因而希望减轻长期财务责任。一方面由于新经济下更灵活频繁的职业变动和流动性的要求，企业员工希望采用更灵活的养老金计划模式；另一方面企业的经营也需要灵活安排养老责任，因此从20世纪70年代起，DC计划（缴费确定型计划）模式开始兴起并蓬勃发展。DC计划模式适应新经济下更为灵活的职业流动需要，企业对员工养老承担有限责任，因而受到了企业和职工的广泛欢迎。从DB计划转向DC计划的潮流一直持续。根据美国普信集团总经理林羿的介绍，自2005年以来，美国退休市场的最大变化是公共待遇确定型（DB）计划的资产从2005年的43%下降到2015年的34%。还有一个重要变化是，美国退休市场资产从DB向缴费确定型（DC）持续转变。DC资产现在占美国计划总资产的60%，近7万亿美元，预期在2020年达8.5万亿美元。DC计划作为退休主要收入，仍在不断增长。在年龄较大、参加DC计划的已退休人员中，DC资产只占其退休收入的4%。而在年龄较轻的参加DC计划的"千禧一代"中，他们的DC资产占将近一半（47%）的退休收入。

我国2004年开始建立的企业年金制度，是明确采取DC模式的补充养老保险计划，后来为适应大企业临近退休职工的需要，增加了DB计划及混合计划的丰富内容，但面向新加入计划的年轻职工，仍然是以DC计划为主。预计企业年金未来将为参加职工提供20%以上的养老金替代率。

思考与讨论：
请结合DB、DC计划的特点，分析和评价案例中的事实。

【本章思考题】

1. 社会保障基金支付如何影响国家公共财政和经济社会发展？请结合国外社会保障基金发展的历史展开分析。
2. 写出并解释我国城镇职工基本养老保险计发公式。
3. 请说明社会保障基金支付应遵循的基本原则。
4. 简述DB计划与DC计划的财务机制与运行特征。
5. 作为第三方付费机构，医疗社会保险对医疗服务机构的费用偿付模式有哪些？结合我国实际，分析我国适合采用哪种方式？
6. 如何向社会弱势群体公平、合理、人性化地给付社会救助基金？

第七章　社会保障基金的中间管理

【本章学习目标】
- 理解社会保障基金中间管理环节中的各种风险
- 掌握信托的起源、特征与作用
- 了解社会保障基金的财务管理内容
- 熟悉社会保险基金财务预算、决算管理
- 了解社会保障基金账户管理的重要性及内容
- 了解社会保障基金投资管理的必要性

社会保障基金前端筹集之后和发生社会风险支付保障待遇之前，有重要的基金管理内容，包括社会保障基金的财务管理、账户管理和投资运营管理。本章对中间运行部分涉及的基金管理内容进行分析论述，与第五章、第六章共同形成社会保障基金管理"前端筹集—中间管理—后端支付"的完整分析框架。其中，中间管理部分的投资运营，本章仅做概览性介绍，有关投资管理的具体部分在本书"投资篇"中详细解读。

第一节　社会保障基金中间管理概述

社会保障基金的积累性、用途的专用性等特征，决定了社会保障基金管理过程中会形成基金积累，是社会保障基金需要进行高效、有序管理的前提。社会保障基金中间管理的核心是风险的管理，需要识别风险并采取措施防范风险。

一、社会保障基金中间管理的风险

（一）运作管理的风险

由于制度设计不完善以及地方和部门利益问题，我国社会保障基金的运营管理存在较大风险。体现在：

（1）制度设计不完善导致层级权责不清，基金流程不顺畅，各地基数标准不统一。我国各项社会保障制度建立多采用试点制，由各地方试点分散建立再逐步统一全国推行，缺乏基于全国整体的战略性顶层设计，导致社会保障基金在运行中面临风险。如基本养老保险的统筹层次过低，很多地方在地市一级甚至县级完成基金的统筹发放，尽管中央和相关部委多次推动提高统筹层次的改革，但是效果并不理想，多数省份并未真正实现基金在省级层面的筹集管理和发放。过低的统筹层次大大削弱了制度的抗风险能力，部分地方由于人口结构老龄化已经陷入制度难以持续的困境。这主要是由于制度对各层级地方政府的权责规定不明确，基层政府缺乏上缴基金统筹权的动力。同时地方各自为政的格局也使得各统筹地基金征缴基数、比例、测算口径等均不相同，各地区企业及职工的社会保障负担不一致，待遇不一致，形成当前全国范围的复杂局面，是实现全国统筹需要克服的重要难点。

(2）基金管理漏洞。由于地方统筹，制度口径不一致，管理混乱，形成了我国不同行业、不同地区、不同所有制单位间的基金管理政策差异，应缴不缴、应缴少缴等导致的基金流失规模巨大。同时，按时按要求缴费的遵规企业单位却负担日益加重，导致"劣币驱逐良币"、遵缴率不断下降，形成恶性循环。现实中也存在大量提前退休领取养老金，或者假造出险情形骗取保费的情况。其中，提前退休对于保障能力已经不足的养老保险基金来说是严重的负面影响。一方面职工提前退休不再缴纳养老保险费，同时退休后又增加了养老金领取年限，制度的可持续性面临严峻挑战，因此基金管理方面存在制度层面和管理运行层面的多种漏洞，是基金管理的重大风险。

（3）社会保障基金被挪用和侵占。社会保障基金作为公共基金，特别是由企业和职工缴费形成的社会保险基金，是全体参保人的共同基金，必须严格执行专款专用，任何团体和个人不得非法挪用侵占。尽管中央三令五申，但由于低统筹层次和弱法治约束，缺乏有效的监督和惩戒机制，地方政府存在社会保障基金被挤占、挪用和不合规使用的现象，成为社会保障基金中间管理的人为重大风险。

（二）成本消耗的风险

社会保障基金的管理运行必然发生行政管理成本。事实上，我国社会保障基金的管理成本很高，参与社会保障基金管理的包括财政部、国家税务总局、人力资源和社会保障部、国家医疗保障局[①]等多个政府部门。多头多主体多元管理机制，造成机构重叠、功能重复，管理上权责争抢和扯皮现象都存在，导致社会保障基金管理成本居高不下。部分地方机构直接从管理基金中计提高额管理费，违反基金管理规定，造成基金管理成本过高。在市场化运营基金中，管理机构计提管理费、市场运营费用、宣传、信息披露等成本，都需要有支出渠道和支出规模。这种成本消耗的高风险，说明我国社会保障基金管理还存在较大问题，需要高度重视，防范过高成本消耗的风险。

（三）通货膨胀的风险

通货膨胀是所有积累基金共同面临的风险，也是投资管理要对抗的首要风险。通货膨胀使得整体物价水平持续性上升，货币购买力下降，相同数量的货币所能购买的商品和服务减少。在长期，通货膨胀的风险最大且不可分散，各种商品和服务价格随通货膨胀上升，是导致货币购买力下降的最直接最重要的因素。社会保障巨额积累基金遭遇通货膨胀的巨大威胁。通过良好的投资管理运营对抗通货膨胀风险，是社会保障基金管理的核心内容。

（四）投资损失的风险

对社会保障基金进行投资管理以对抗通货膨胀，必然面临可能的投资损失。投资活动带有不确定性，资本市场的波动会导致投资取得收益或者发生亏损。既然基金在资本市场进行投资运作，就可能遭遇投资损失，从而使基金面临风险。投资损失可能由于外部市场原因，如世界范围的金融或经济危机甚至政治危机、汇率及利率波动等，也可能由于投资标的选择不当、投资组合搭配不合理等内部原因引起。最终表现为投资未能取得理想的收益率甚至发生亏损，基金遭遇损失。

---

① 2018年机构改革前涉及卫生部、民政部、计生委等多个政府部门。

（五）其他风险

社会保障基金管理还面临其他风险的威胁，如由于人口结构老龄化使得社会保障基金的整体运作难以长期持续，在社会保障基金委托专业机构进行管理时可能遭遇委托代理风险等。

二、社会保障基金中间管理的原则

（一）受益人利益最大化原则

受益人利益最大化原则是社会保障基金管理最根本的原则。社会保障基金由多个主体、机构参与管理，但是管理运行的所有操作，都应指向服务于社会保障受益人，为最大化受益人的利益而不是任何其他人的利益而管理基金资产。这一方面需要管理机构树立受益人利益最大化的理念，另一方面也需要构建实现该原则的运营机制和监督体系，确保各参与主体管理社会保障基金的一切决策和行动都满足该原则。

（二）安全运营原则

社会保障基金不同于一般的普通投资基金，某种程度上是基金受益人的"兜底基金"甚至是"养命钱"，对于安全运营有特殊重要的要求。安全运营原则贯穿基金管理的全过程，需要制定安全运营机制，如保障财务安全的收支两条线制度，保障资产资金安全的第三方托管制度和防火墙制度，保障投资运营安全的信托制度等。在社会保障基金投资中，应当根据社会保障基金的性质和风险承受能力制定投资策略，避免基金承受过度风险而损害安全运营的基本原则。

（三）合理成本原则

社会保障基金管理过程必然发生各种成本，包括行政管理成本、市场化运营的机构管理费、市场费用等。过高的成本会直接侵蚀社会保障基金的收益水平，甚至威胁基金本金安全。因此必须制定成本控制规则，一方面，对于行政管理成本，应当明确规定属于政府管理的社会保障项目不得在基金中计提行政管理费用，相关费用由政府部门在正常行政办公经费中支出，以保证社会保障基金完整不受侵蚀；另一方面，对于市场化运营基金，应该规定不得超越的最高管理费率，并辅以市场化竞争机制，参与机构在市场中通过竞争机制优胜劣汰，那些成本低、服务好、收益高的机构将获得社会保障权益主体和受益人的青睐，取得更好的市场机会；反之，那些成本高、服务差、收益不佳的市场机构则会遭到淘汰。

（四）高效顺畅运行原则

不同保障项目的社会保障基金应对的社会风险不同，待遇确定和支付的原则与标准也不相同，有些需要多个主体共同管理，流程较为复杂。因此需要根据不同社会保障项目制定顺畅有序高效率的运行流程，保证社会保障受益人在发生对应社会风险时能够得到及时、足额的风险保障金或者赔付金，帮助社会保障受益人及其家庭渡过难关。以补充养老保险的企业年金为例，委托人、受托人、投资管理人、账户管理人、基金托管人等多个主体角色互相配合完成基金管理，更需要贯彻高效、顺畅运行的原则。

三、社会保障基金中间管理的内容

（一）社会保障基金的信托管理模式

信托管理模式作为现代财产法律制度，经过多年发展，已经成为资产安全管理的重要模式。养老金基金由于涉及广泛且周期长，更需要安全运营机制，在多次养老基金管理失败的惨痛教训中，许多国家最终选择信托作为养老金基金管理的基本财产法律制度。信托管理模式通过引入第三人，并且将财产所有权与受益权相分离的机制，保证基金安全，成为各国管理养老金基金的主流运行模式。

（二）社会保障基金的财务管理内容

财务管理活动以现金流为对象。社会保障财务管理涉及社会保障基金管理机构实施社会保障基金的征收、调配、财务预算、财务决算、基金运营、财务控制、财务监督、财务检查、财务分析及风险管理的一系列内容，以及相应的制度、流程和方法。

（三）社会保障基金的账户管理

对于公共积累性质的社会保障基金，主要是各类社会保险基金、公积金基金等，必须有完善高效的账户管理体系。账户管理应当完成参保人和受益人的社会保障缴费、支付、运营管理等权益记录过程，并满足查询对账等功能需求。对于不同种类的社会保障项目，社会保障基金的账户管理存在差异，以满足不同的功能需要。

（四）社会保障基金的投资管理

积累基金管理的核心是保值增值。社会保障基金的广范围、大规模、长周期的积累特征，要求对积累的社会保障基金进行投资管理，实现保值增值。社会保障基金投资不同于一般的市场资金，需要满足对应社会保障项目的政策目标，应当根据不同项目的风险特征制定具体的投资策略。

第二节 社会保障基金的信托管理模式

一、什么是信托

信托是源于英国衡平法的一种为他人利益管理财产的制度，由于其所有权与利益相分离的独特法律构造，在运作上极富弹性且深具社会功能。

现代信托制度起源于英国封建时代的"用益权"（Uses）。英国浓厚的宗教传统使得信徒甘愿将土地捐赠给教会，使教会土地不断扩张。而根据当时英国法律，国家对教会土地不予征税。随着教会对于土地的大量占有，封建君主的利益受到了威胁。为了保护封建统治者的利益，限制教会永久占有过多土地，12世纪后叶，亨利三世颁布了《没收条例》，禁止将土地捐赠给教会。为了规避法律规定，由教会控制的衡平法创制了"Use"制度。根据"Use"制，人们并不直接将土地捐赠给教会，而是交予他所信任的第三人代为管理，第三人将土地所获收益转交教会。由于名义上教会并非让与土地的所有权人，就回避了《没收条例》的适用，达到了让教会受益的目的。"Use"制初步确定了委托人、受托人和受益人的三方关系，初显信托制度的大体架构。最初，根据"Use"制所做的财产处理，受益人的利益并不受法律保护，全凭土地受让人道义上的良心约束，普通法院拒绝承认受益人的利益。后来衡平法院逐渐开始对这种形式的土地受益人的利益予以确认和保护。随着19世纪以后普通法院与衡平法院合二为一，信托正式为法律所确认，信托的用益权也成为法律上财产权的一种。

自20世纪英国，开始在世界范围内扩展。美国继受英国的信托制度，又极大地发展了信托制度。它很早就承认专事信托业务的营业性信托公司，并就信托业另立若干单行法。这些法律有力地推进了美国信托业的发展，使美国成为世界上信托业务最为发达的国家。由于现代信托制度的弹性机能，自21世纪以来，也为许多大陆法系国家所借鉴和引进，如日本、韩国等，我国的《中华人民共和国信托法》于2001年10月1日正式生效施行。

二、信托的特性与作用

所谓信托，是指委托人基于对受托人的信任，将其财产委托给受托人，由受托人按委托人的意愿以自己的名义，为受益人的利益或者特定目的，进行管理或者处分的行为①。

信托具有鲜明的法律特性：信托是一种以信任为基础的，涉及三方当事人的财产法律关系；信托财产上的所有权与利益相分离。这使得信托在现代经济中非常富于活力：

（1）信托财产独立。信托财产独立于委托人、受托人和受益人的自有财产以及其他信托财产。委托人一旦将信托财产交付受托人，即丧失对该财产占有、使用和处分的权利。受托人对信托财产虽然取得权利，可以占有、使用和处分该财产，却不能享受财产利益，故只是信托财产的名义权利人。受益人尽管享有信托财产的利益，但在信托存续期间却不享有其权利，因而也不属于受益人的自有财产。

（2）抵销的禁止。民法上，当事人间若互有债权、互负债务且属同一类债权、债务时，两者可以抵销。受托人是信托财产的名义所有人，可以自己的名义处理信托事务。但是当受托人对同一相对人既有属于信托财产的债权，又有属于自身财产的债务时，两者禁止抵销。因为信托财产是独立于受托人自有财产的特殊财产，若此时允许两者抵销，则发生以信托财产清偿受托人自有债务的结果，从而侵害受益人的利益。属于同一项信托财产上的债权、债务不在此列。

（3）强制执行的禁止。由于信托财产的独立性，一般债权人原则上都不得对信托财产请求强制执行。除非在信托前该财产上就已经设定了某种权利，或者因处理信托事务本身而发生的信托财产上的权利。

（4）不受破产追及。受托人破产时，其自有财产得列入破产财产，供清偿债务之用。由于信托财产并非受托人的自有财产，是独立的财产，所以不属于其破产财产。原受托人任务终结，由新受托人承继信托，行使信托财产权利。

信托的如上特性使得委托人的信托财产和受益人的信托财产受益权在复杂的经济生活中找到了一处"安全港"，因而在现代经济中占有非常重要的地位。

---

① 《中华人民共和国信托法》，于2001年4月28日第九届全国人民代表大会常务委员会第二十一次会议通过。

三、养老基金管理采用信托模式

一个完整的养老金制度并不仅仅是指国家的养老金计划，还包括其他非国家管理的养老金计划。国家养老金计划只是国民养老金收入的一部分。尽管养老金制度起源于以国家社会保障为目的的公共养老金计划，并且在现代养老金制度发展的大部分时间里占据主导地位，但从20世纪70年代开始遭遇的公共养老金制度危机却促生了一场始于80年代末期的全球范围养老金制度改革。政府开始试图减少养老保障负担，鼓励私人养老金计划的发展。即使是由政府直接管理的养老金计划，也开始从现收现付制转向基金积累制，一旦养老金以基金的形式开始积累，就会形成一笔实际存在的养老金财产，如何保证养老金财产的安全和保值增值，是养老金基金管理的核心问题。事实上，早在20世纪50年代美国的《社会保障法》中，就已经提出要确保职工养老金受益权的安全。到1974年美国《雇员退休收入保障法》（ERISA），全面规定了养老金管理的各项要求，明确雇员的养老金财产必须存放于一个独立的信托中。而美国在私营养老金方面的蓬勃发展和所取得的成功经验，也迅速被世界其他国家所采纳。在从现收现付制转向基金积累制的世界性的改革浪潮中，信托成为养老金制度的当然选择。养老金基金管理采用信托模式的原因有以下几点：

（1）从养老基金安全的角度来看：信托财产的有效性和独立性，使得信托财产一经设立就天然地具有无可置疑的法律地位：它是委托人合法享有的、可流通的、确定存在的财产；它独立于委托人、受托人和其他人的固有财产，是一项独立的特殊财产。养老金基金以信托方式管理，可以对抗第三方的财产请求，可以不受受托人破产清算的影响，从而有效保证养老基金财产的安全。

（2）从养老金的长期储蓄性质来看：养老金是雇员在工作期为退休期的生活所做的财产积累，时间跨度可以从20岁参加工作直到65岁退休，长达40多年的资金储蓄。这要求养老金积累必须选择一种稳定的方式进行，可以在长达几十年的时间里为着同一个目标积存、管理。信托的特点是一经设立不轻易终止，即便受托人死亡或不适格，也可通过选任新的受托人而使信托继续存在。信托财产不因受托人的变动而受到影响。从这点上，养老基金选择信托模式是非常恰当的。

（3）从投资收益角度来看：养老金是一笔长期的资金积累，在现代经济中，其存在本身就已经面临着不可回避的风险，如通货膨胀。如何进行管理和投资，以抵御通货膨胀的侵蚀，并尽可能增加投资收益，是养老金制度必然要考虑的重要问题。现代投资理论主张将资金分散投资于不同领域或工具、不同证券或金融工具以分散风险、稳定回报。而参加养老金计划的个人投资理财经验和技巧不足，资金规模很小，难以完成恰当的投资组合。这时，将资金进行集中，成立某种集合养老基金，委托可信赖的、具有专业化投资经验和技巧的人代为管理和投资，不失为一种理想的方式。

（4）从养老金财务管理来看。作为一笔长期积累和增值的基金财产，跟踪并确认养老金财产价值、设置账簿并记录财产管理信息，是必须要做的一项重要工作。如此复杂的记录和管理工作由参加养老金计划的个人完成显然是不可能的，由专业化的、谙熟养老金管理业务的专业机构承担就是最好的选择，受益人既可享受养老金财产利益，又可免去各种烦琐的工作。

因此信托管理模式对养老保障基金管理具有特殊的重要意义：

（1）促进社会保障与福利。养老保障是社会保障最重要的部分，养老保障水平的提升必然促进社会保障和社会福利的增加。选择信托模式的养老金制度，就为国家养老金计划以外的各种私营养老金计划的蓬勃发展开辟了法律上和制度上的广阔空间，信托已日益成为企业界改善雇员福利的重要法律工具。西方国家在这方面的成功实践也为其他国家养老金制度改革提供了参考。英国自 1945 年以来，退休金计划已在公共福利中占据重要的地位；美国对于信托的利用更是丰富多彩，以信托形式管理的私营养老金计划已经成为美国养老保障的重要部分，成为雇员退休收入的主要来源。

（2）促进投资开发。养老金信托汇集大众的长期养老储蓄，可以投资于国内外资本市场，在寻求养老金丰厚回报的同时也促进资本市场的成长。西方发达市场经济国家养老金基金已经占据国民经济的相当大的比重。除了投资于各种金融产品外，还可以进行实业投资，投资于某些具体的开发或建设项目，以促进产业发展。有些国家允许养老金基金在一定比例之下投资于实业项目，尽管这种规定可能非常谨慎。

（3）中长期金融功能。以信托方式管理的养老金基金的巨额积累，以及专事养老金管理的营业机构蓬勃发展，越来越使得养老金基金具备不容忽略的金融功能。养老金管理机构具有财产管理机构与中、长期金融机构的双重性质与机能。它吸收用于个人退休生活的养老金，是大众长期储蓄的一种途径。同时，对于这笔资金的投资和运用，又可促进国家金融市场和产业经济的发展。

第三节　社会保障基金的财务管理

在社会保障基金中，由政府通过一般税收筹集并经财政公共预算统一安排的保障资金，如城乡低保、社会救助等，由于不需要提前进行额外的资金储备，因而遵循政府公共财政的管理原则和流程进行操作。本节主要考虑公众缴费形成积累的社会保障基金，包括各项社会保险基金、补充养老保险基金、住房公积金基金等。

一、社会保障基金财务关系

（一）社会保险基金财务关系

社会保险基金财务关系是指社会保险经办机构在开展社会保险费的征缴、待遇支付、基金转移等活动时和各方面发生的与资金有关的关系。第一，用人单位和职工因缴纳社会保险而与社会保险经办机构形成的财务关系。用人单位和职工的支出同时形成社会保险基金收入。第二，社会保险经办机构与政府财政部门之间在上缴、管理、支付社会保险基金时形成的财务关系，主要是基金在基金收入户、财政专户和基金支出户之间的留存和运动过程；还包括购买国债、财政补贴与转移支付、财政拨付社会保险经办机构管理费等财务活动所产生的财务关系。第三，社会保险经办机构与上下级经办机构之间的财务关系，主要是上缴、下拨社会保险基金而在不同层级社会保险经办机构之间形成的财务关系。第四，社会保险经办机构之间发生的横向财务关系，主要是参保人跨统筹区流动时，转出和转入地社会保险经办机构之间由于转移社会保险关系、办理社会保险基金转移而发生的财务关系。第五，社会保险经办机构与参保者个人之间因计算、查询、支付社会保险待遇而形成的财务关系,即当参保人需要了解账号信息、领取社会保险待遇、跨统筹区流动时,社会保险经办机构与个人之间产生的财务关系。第六,社会保险经办机构与银行、邮局、医疗机构或其他单位之间因社会保险待遇的支取发放而产生的财务关系,主要是社会化管理发放中与银行、邮局等代为发放机构之间发生的财务关系。

(二)补充养老保险基金财务关系

补充养老保险基金的财务关系主要体现为市场运营主体与用人单位和职工之间,以及资本市场之间的财务关系。首先,是用人单位和职工与市场运营机构之间因归集缴费和发放待遇而发生的财务关系。市场运营机构在收取缴费,进行记账、管理,响应用人单位和职工的账户查询需要,计算待遇并根据需要发放补充养老保险金等一系列过程中,与用人单位和职工之间发生的财务关系。其次,市场运营机构之间发生的财务关系。基金托管机构、投资管理机构、信托机构等市场主体机构之间由于管理补充养老保险基金而发生的转移、流动、对账等活动的财务关系。最后,运营机构与资本市场之间的财务关系。基金托管机构、投资管理机构等进行补充养老保险基金的投资管理,与资本市场发生资金往来而形成结算、记账等的财务关系。

(三)住房公积金基金财务关系

住房公积金基金的财务关系涉及缴费单位和职工、住房公积金管理中心、基金托管银行等主体之间的财务关系。单位和职工缴纳住房公积金,缴费信息、账户信息等由住房公积金管理中心记录管理,住房公积金资金归集到托管银行。当职工需要购房或者因租房及其他原因需要支取住房公积金时,提出住房公积金贷款或支取申请,由住房公积金中心审核,并进行贷款余额等的管理。职工购房时获取住房公积金贷款,并按月归还。

二、社会保险基金的财务预算管理

社会保险基金的财务预算管理是指社会保险基金经办机构根据社会保险制度实施计划和任务编制、经法定程序审批的基金财务收支计划,并按照该收支计划实施社会保险基金管理运行的制度。社会保险基金预算即经过法定程序批准并得到法律认可的社会保险基金财务计划,它反映了社会保险事业发展计划的规模和方向,是预算期社会保险基金财务工作的基本依据,是财政预算的重要组成部分。只有编制科学、合理的社会保险基金预算,才能指导经办机构在社会保险基金财务活动中目标明确、收支合理、管理有序。

社会保险基金预算编制的原则包括:①政策性原则,即编制基金预算要正确体现和贯彻国家有关社会保险制度的方针、政策;②合理性原则,即预算编制应当合理,既要保证职工基本的养老、医疗和生活需求,又要考虑国家、单位和职工个人的承受能力,合理安排基金的筹集和使用;③完整性原则,即预算编制要全面完整地反映各项社会保险基金的收支情况,填列所有财政预算所要求的收支数据,尽可能考虑可能影响预算执行的因素,在预算编制时予以考虑。

社会保险基金预算编制的内容主要有:①社会保险基金收入预算,包括财政补贴收入,单位缴纳、个人缴纳的社会保险费收入,基金利息收入,财政转移收入,投资收益收入,调剂金收入,上年累计结余和其他收入等;②社会保险基金支出预算,包括社会保险待遇支出、转移支出、调剂金支出和其他支出等;③社会保险基金预算编制说明,要求对预算编制草案的政策依据，各项数据计算依据，与上期预算、决算相比较增减变化的主要原因说明等。

社会保险基金预算的审批是指基金预算草案编制完成后，要报经社会保障主管部门审核。社会保障主管部门收到社会保险经办机构上报的预算草案后，按照国家有关政策规定进行审核，检查预算草案中的收入、支出等是否符合国家相应法律法规的规定。社会保障行政主管部门审核无误后，经汇总报同级财政部门审核。财政部门根据国家社会保险事业计划、财政收支状况和单位负担能力等对社会保险基金预算草案进行审核，并报同级人民政府批准。获得同级人民政府批准的社会保险基金预算报上级财政和社会保障行政主管部门备案，本级财政部门以正式文件形式将预算批复下达给社会保险经办机构，由后者具体执行预算。

社会保险基金预算的执行是指预算批复后，由社会保险经办机构在整个预算年度的社会保险基金管理过程中始终贯彻预算，严格按照批复的预算筹集、管理和使用社会保险基金。在预算的执行中：①社会保险经办机构要定期检查、分析预算执行情况，定期向劳动和社会保障部门以及财政部门报告基金预算执行情况；②财政部门和社会保障行政主管部门要逐级上报预算执行情况，并对同级社会保险基金收支情况进行监督和检查；③预算执行过程中若遇到特殊情况需要及时调整原批复的预算，逐级上报批复后执行。调整后的预算仍应保持收支平衡。

三、社会保险基金的财务决算管理

财务决算是财务管理的重要内容。社会保险基金财务决算是在会计期间结束时，将当年社会保险基金管理运营结果和财务状况经过汇总整理，通过编制财务报告来反映社会保险基金的运营情况。社会各部门根据决算财务报告来分析和评价会计期间内社会保险基金的运营情况和财务预算执行实施情况，由财务部门进行审核、批复，为政府决策提供可靠依据。

社会保险基金财务决算的内容主要是：根据决算编制工作要求，在年度终了前核实社会保险基金各项收支情况，理清往来款项，同开户银行、财政专户对账，并进行年终结账。基金决算是将当年基金运行结果和财务状况通过财务报告形式反映出来，是经办机构预算执行的重要基础资料和编制下年度基金预算的重要依据。财务报告是反映基金财务收支状况和结余情况的总结性书面文件，反映社会保险基金会计信息的财务报告主要包括财务情况介绍、会计报表（资产负债表、收入支出表）、报表注释、反映基金欠收和暂收暂付等信息的补充报表等。

社会保险基金财务决算的审批是指，在年度终了，按照财政部门规定的格式、时间和要求编制年度基金财务报告，做到数字真实、计算准确、手续完备、内容完整、报送及时。年度财务报告经社会保障行政主管部门审核汇总后，报同级财政部门审核并由同级人民政府批准。经过批准的社会保险基金年度财务报告便列入同级人民政府财务决算。财政部门逐级上报审核汇总本级决算和下一级决算，直至财政部汇总后报国务院。

四、社会保险基金的"收支两条线"管理与财政专户管理

我国为保障社会保险基金的安全、提高其运行效率而实施的社会保险基金"收支两条线"管理，是社会保险基金征集、支付的基本管理模式。"收支两条线"，主要是指社会保险基金的征集与支付业务分别由不同的职能部门负责运作，通过两条不同的业务渠道实

施，使得基金的收缴征集与支付脱钩，基金上缴财政后统一管理，再根据各地实际社会保险支出需要给予专项拨付，能有效避免基金运行管理中的风险。

在"收支两条线"管理模式下，财政部门在银行开设单独的社会保险基金财政专户，不能与其他财政专户混设。社会保险机构应在银行开设社会保险基金收入过渡账户，所征集的社会保险费用首先直接进入该收入过渡账户。然后社会保险机构应将到账的社会保险费从收入过渡账户转入财政专户存储。社会保险机构还应在银行开设社会保险基金支出账户，用于社会保险金的支付。为确保社会保险津贴按时足额支付，财政部门应保证在支出户中或者财政专户的动态资金中始终有2个月的支付周转金。社会保险机构应于每年年初向财政部门报送社会保险金全年支付预算，财政部门根据预算资金需要，定期将社会保险金从财政专户中拨至社会保险机构的支出户中，保证社会保险金的按时足额发放。

社会保险基金财政专户是指为了加强对社会保险基金的收支管理，保证资金专款专用，财政部门在银行设立的专门存储社会保险基金的计息专户，是实施社会保险基金"收支两条线"管理的专用账户。财政专户的设立应遵循的原则有：计息账户按照国家规定的存款利率计息；财政专户应在同级财政部门与社会保障行政主管部门协商确定的国有商业银行设立；财政专户、收入和支出户应在同一银行系统开设，有利于提高缴拨效率；财政专户、收入和支出户在同一国有商业银行只能各有一个银行账户，便于加强基金的监督和管理。

社会保险基金财政专户的主要用途包括：接收征缴的社会保险费收入；接收本账户产生的利息收入、收入户暂存的利息收入、支出户转入的利息收入；接收基金购买国债的本息收入；接收财政补贴收入；接收上级财政专户划拨或者下级财政专户上缴的资金；根据经办机构用款计划，向支出户拨付资金；拨付购买国债的资金；拨付向上级或者下级财政专户划拨的资金。在主体资金缴拨程序上，依据不同资金的性质，出具相应的资金通知单，财政部门填写"专户缴拨凭证"，经办机构凭通知单和"专户缴拨凭证"记账。

第四节　社会保障基金的账户管理

对于公共积累性质的社会保障基金，主要是社会保险基金、补充养老保险基金、住房公积金基金等，是与参保者或职工个人缴费、待遇密切相关的社会保障基金种类，为了提高管理效率，准确记录参保人和职工个人及其单位的权益信息，及时完成资金缴纳和待遇支付，而为参保人或职工个人及其单位在相应的社会保障基金运行系统中建立账户。

账户设置首先要包含基本信息，包括单位信息、参保职工信息、社会保障业务类型、社会保障业务的基本参数设置如缴费基数、缴费比例等，以及社会保障机构信息等。社会保障基金账户用于记录、管理参保人权益，是参保职工缴费、积累、管理和计发社会保障待遇的依据，也是社会保障制度体系顺利运行的基础。

社会保障基金账户自参保人开始缴纳保险费设立，主要功能是用于记录参保人社会保障权益，为社会保障基金运行管理提供基础依据。主要功能包括：①记录参保职工的缴费信息，随参保人缴费基数、缴费比例等的变化，缴费金额随之变化，账户管理应准确记明每一期缴费的具体金额；②记录参保职工账户投资损益等信息，对于进行投资管理的社会保障基金，按照对应的投资周期及时记录账户损益变更；③记录参保职工社会保障待遇支付信息，当参保职工领取保障待遇时，按期记录待遇领取的金额、方式、余额等信息；④记录其他账户管理信息，如企业年金中若存在企业缴费的未归属权益，也应及时准确记录。

社会保障基金账户管理的另一个重要功能是完成社会保障基金账户信息的对账和查询功能。社会保障基金管理涉及定期或不定期与社会保障管理部门、政府财政部门进行社会保障基金财务核算，需要完成对账等工作；社会保险经办机构与社会保障基金管理市场机构之间需要定期对账；社会保障基金市场化管理机构之间，如基金托管机构、投资管理机构、账户管理机构、信托机构等之间定期完成信息对账工作等。除管理机构之间的对账外，账户管理的重要功能之一是响应参保缴费职工及其单位的查询，在参保职工个人和单位提出账户查询请求时，将账户信息如缴费、余额、待遇等告知职工及单位。

社会保障基金账户管理应保证安全、稳定和持续，能够保证基金管理长期的稳定性，权益记录连续准确，账户管理严密，杜绝非正常挪用，对账户信息进行持续的管理维护，保证社会保障基金管理安全、稳健。

第五节　社会保障基金的投资管理

社会保障基金投资管理是将社会保障积累基金暂时闲置的部分直接或者间接投入经济活动或金融活动，以期获得投资回报收益，保证社会保障基金保值增值的过程。

一、社会保障基金投资管理的必要性

（1）巨额积累基金面临通货膨胀的风险，必须投资以保值。社会保障基金管理具有范围广、周期长、体量大的特征，在长时间的社会保障基金管理过程中积累的巨额社会保障基金，面临的最大风险是通货膨胀风险。通货膨胀导致积累基金的购买力贬值，若不能进行投资管理取得跑赢通货膨胀的投资收益，多年后社会保障受益人将面临购买力严重贬值的风险。因此，必须对积累基金进行投资管理，以取得能够对抗通胀的投资收益，实现基金保值目标。

（2）人口老龄化下社会保障压力增大，必须投资以增值。人口老龄化趋势导致需要依靠社会保障基金——包括养老金、医疗费用支出等——的老年人规模不断增加，而同时为社会保障基金作贡献的劳动年龄人口规模和占比下降，社会保障基金的后续增长动力不足，支出端增加和供给端减少的双重作用，导致社会保障基金的平衡被打破，社会保障压力增大，必须对积累基金进行投资管理以期获得高于通货膨胀的投资收益，实现社会保障基金的增值，以应对社会保障支出压力。

（3）社会保障基金财务模式的变革。现收现付制度模式下，社会保障基金收入的全部或大部分用于当期社会保障基金支出，理论上没有资金剩余，或者仅有较少的剩余，因此社会保障基金保值增值的压力不大，对基金投资管理的要求不高。但是，20世纪末以来，为应对人口老龄化趋势，很多国家开始采用完全基金积累制的财务模式，即将各项社会保障缴费以基金方式积累存储起来，到实际需要时完成支付。这样的财务模式使得大量社会保障缴费以基金方式积累，面临着通货膨胀和其他侵蚀基金安全的各种风险，必然要求对积累基金进行投资管理，实现保值增值目标。

（4）平均预期寿命的延长和人民生活水平的提高。随着经济社会的发展，人类平均预期寿命大大延长，退休后余命增加，社会保障基金支出年限延长，社会保障基金压力随

之增大。同时人民生活水平提高，对社会保障待遇要求也随之提高，要满足人们的生活需要必然要提高社会保障待遇水平，从而进一步加剧社会保障基金的支出压力。为了能够应对预期寿命延长和生活水平提高的需要，必须对积累的社会保障基金进行投资管理。

二、社会保障基金投资管理的原则

不同于其他类型的市场投资基金，社会保障基金是公共属性基金，带有鲜明的公益性和福利性。社会保障基金的投资效果关系到各项社会保障制度能否健康正常运行，关系到能否实现社会保障政策目标，关系到受保障民众的生活福祉，因此各国对社会保障基金的投资管理均采取十分谨慎的态度，制定严格的投资管理规则。社会保障基金投资管理应遵循以下原则：

（1）安全性原则。社会保障基金的公共属性要求其投资管理以安全性为第一原则，即控制社会保障投资资金承受合理范围内的投资风险，能够及时、足额收回，并取得预期合理的投资回报。部分国家明确规定社会保障基金投资的风险程度，规定投资的方向、规模和比重等。投资的安全性原则包括两重含义：一是在金融资本市场或者经济生活中进行投资时，本金不发生亏损或者亏损在可接受的范围内，是名义意义上的安全性；二是从长期来看，社会保障基金应当达成保值的安全性，即扣除通货膨胀因素后，基金能够不发生购买力贬值损失，即实际意义上的安全性。

（2）流动性原则。社会保障基金以满足参保人或者保障受益人的需求为第一要务，因此必须保证在需要时能够及时、足额给付社会保障待遇。因此社会保障基金在进行投资管理时必须遵循流动性原则。社会保障基金投资的流动性原则是指投资资产在不发生价值损失的前提下可以随时变现，以满足社会保障待遇及时支付的需要。因此社会保障基金投资管理中构建投资组合时应考虑流动性原则，对资金进行短中长期的资产配置。短期留有合理的高变现资产，并对中长期基金安排合理的投资组合，搭配变现快、流动性好的投资标的。基于社会保障基金的战略统筹，既能保持较好的流动性保证支付需要，又能够在长期取得合理满意的投资回报。

（3）收益性原则。社会保障基金进行投资的目的是获取较高的收益，因此收益性是社会保障基金进行投资管理要遵循的原则。社会保障基金投资管理的收益性原则是指在符合安全性和流动性原则的前提下，合理构建投资组合，在社会保障基金承受风险与预期收益之间达成平衡，使投资取得良好的投资收益，达成社会保障基金投资管理保值增值的目标。部分国家规定社会保障基金投资收益的比较基准，来评价社会保障基金投资管理的收益性水平。

社会保障基金投资管理涉及金融资本市场的基本知识、投资策略、投资组合构建等一系列专业化投资管理操作。本书在"投资篇"中予以详细说明。

【本章知识要点】

（1）社会保障基金中间管理环节中面临的风险包括：运作管理的风险、成本消耗的风险、通货膨胀的风险、投资损失的风险和其他风险等，需要考虑在管理中化解和控制风险。

（2）社会保障基金中间管理遵循受益人利益最大化原则、安全运营原则、合理成本原则、高效顺畅运行原则等。

（3）信托是起源于英国并发展迅速业已成熟的三方财产法律关系，因为其独特的财产法律特征，包括信托财产独立、抵销的禁止、强制执行的禁止、不受破产追及等，使得信托财产在现代经济中相对安全，适合于社会保障基金如养老金基金的管理。

（4）社会保障基金的财务管理、账户管理等，是社会保障基金中间管理的基本内容，为社会保障基金运行提供基础框架。

（5）社会保障基金因为巨额积累基金面临通货膨胀风险，人口老龄化导致的社会保障代际支撑变弱，基金财务方式从现收现付制向基金积累制的转变，以及人口预期寿命延长、生活水平提高等，必须积极进行投资管理，取得良好的投资回报，以应对上述经济社会内外部的变化。

（6）社会保障基金投资遵循安全性、流动性、收益性原则。

【本章专题案例】

全国社会保障基金是我国的国家战略储备基金，用于未来老龄化高峰期的社会保障基金支付，因此其社会保障基金的本质属性要求较高的投资管理安全性。2001年《全国社会保障基金投资管理暂行办法》对基金投资提出较为严格的管理规定。2007年财政部与劳动和社会保障部《关于调整全国社保基金投资范围审批方式的通知》（财金〔2007〕37号）中，同意全国社保基金开展有银行担保的信托贷款项目投资，提出明确的比例限制要求，包括按成本计算，不得超过全国社保基金总资产的5%；单一项目的投资，不得超过全国社保基金总资产的1%，等等。根据全国社保基金理事会2014年7月发布的《信托投资简况》，自2007年至2014年6月，社保基金共开展了44个信托贷款项目的投资，涉及铁路、公路、保障房、电网、电力、机场、港口、地铁等多个领域，累计投资金额845.8亿元。借款人主要为承担城乡基础设施和保障房建设任务的中央、省、市大中型国有企业。截至2014年6月末，社保基金信托贷款存量（按本金计算）为405.42亿元，共19个项目。其中，铁路贷款120亿元，保障房贷款160.42亿元，高速公路、道路等基础设施贷款125亿元。2011年以来，社保基金先后投资了10个省市的16个保障房项目和4个省市的高速公路、道路等基础设施项目。2014年全国社会保障基金理事会发布《全国社会保障基金信托贷款投资管理暂行办法》，并在2016年进行修订，对全国社保基金投资于信托贷款项目进行了具体全面的规定。

文件阅读

《财政部劳动保障部关于调整全国社保基金投资范围审批方式的通知》

思考与讨论：
请分析上述案例，为什么财政部允许全国社保基金开放投资信托贷款项目？

【本章思考题】

1. 社会保障基金中间管理的风险有哪些？
2. 什么是信托？为什么信托是适合社会保障基金如养老金管理的财产法律模式？
3. 叙述社会保险基金"收支两条线"与财政专户管理的主要内容与流程。
4. 为什么社会保障基金必须要进行投资管理？社会保障基金投资管理的原则是什么？

第八章 企业年金基金管理

【本章学习目标】
> 掌握退休规划的平衡原理
> 掌握养老金计划的不同种类及特征
> 了解企业年金制度的建立和发展
> 熟悉我国企业年金筹集、中间管理和支付的全过程

在我国各项社会保障基金中，企业年金基金既是涵盖筹集、中间管理、支付和监管的完整管理流程环节、运营管理较为成熟的社会保障基金，也是独立管理和运行，能够代表社会保障基金管理全过程的社会保障基金。本章通过对企业年金基金管理的系统分析讨论，将前述涉及的筹集、支付、账户管理、投资管理等内容贯穿于具体的社会保障基金管理的分析论述中，便于读者加深对于社会保障基金管理的理解。

第一节 积累制养老金计划的基本原理

莫迪利安尼的生命周期假说将人的一生分为不同周期，这些周期具有不同的储蓄消费特征。由于全社会有处于不同生命周期阶段的家庭存在，因而当全社会人口结构比例稳定的情况下，消费函数也是稳定的。弗里德曼的持久收入假说则将消费者个人的消费支出与其一生的持久稳定收入联系起来，在消费者理性的假设下，人们可以合理安排一生的收入与消费，实现一生收入与消费的平滑。生命周期假说和持久收入假说构成了现代积累制养老金计划的理论基础。

年金是规定的年期内按一定的时间间隔（年、季或月）提取或者支付的款项。年金因为其定期给付的稳定特征，是支付养老金的最佳方式。生存年金是最完整的退休计划，即对退休人员全部生存期提供养老金的退休计划，能够为人们在退休后直至死亡的时期中支付养老金，提供最大保障。

积累制养老金计划的运行遵循退休规划的平衡原理。退休规划是长周期养老规划，涉及长周期资金的收支平衡，退休规划的基本假设是：①规划周期为直至死亡，即年轻时积累的养老金到退休后使用直至生命的终点；②规划的退休计划仅用于受益人养老，不用于其他用途，也不考虑留有遗产；③受益人死亡时用尽所有养老积累，作为养老规划收支平衡的完成。退休规划平衡原理如图 8-1 所示。

按照正常的生命周期特征，人们刚进入职业周期时收入较低，甚至可能不足以支持日常的消费支出；随着年龄增长，职业稳定，经验增加，收入增长，人们进入职业黄金期。在此阶段，收入大于支出，形成结余积累（图 8-1 中虚线所示阴影部分）。人们退休后不再有劳动收入，通常领取国家提供的普惠基础养老金，因而收入锐减，难以维持正常的生活消费水平。此时开始动用工作期间积累的养老金，用于弥补收入不足，维持退休后生活水平的需要（图 8-1 中灰色所示阴影部分），直至生命的终点。根据世界银行的理念，退

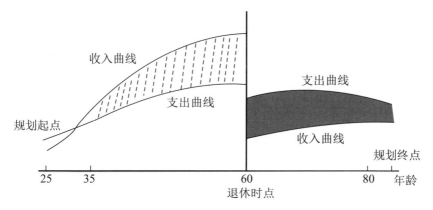

图 8-1 退休规划平衡原理

休后由于减少了与上班直接相关的通勤、置装、社交等支出,一般退休后收入和支出占退休前的 60%～70% 即可维持大体相当的生活水平。在工作时期积累养老金,退休后使用直至生命终点,就能够在一生实现消费的平滑,达成退休规划的目标。

退休规划的平衡原理用公式可以表达为

$$W_x(1+k)^{n-x}+\sum_{t=x}^{n}(E_t-C_t)(1+k)^{n-t}=W=\sum_{t=n}^{D-1}\frac{C_t^*}{(1+k)^{t-n}} \quad (8-1)$$

式中:x 表示退休规划的当前时点;t 表示随时间推移的未来某个时点;n 表示退休时点,在图 8-1 中表示为 60 岁;D 为死亡时点;W_x 表示规划当时所拥有的用于养老的资产;W 表示在退休时点积累的养老资产;k 为回报率/贴现率;E_t 表示第 t 年的当期收入;C_t 表示第 t 年的消费支出;C_t^* 表示退休后的支出缺口,即第 t 年的消费需求 - 第 t 年的基础养老金供给。

如式(8-1)所示,在规划起点 x,有 W_x 的当前资产可用于退休养老,该笔资产在从规划起点到退休时点的时间周期 $(n-x)$ 中,按照 k 的回报率进行投资增值,到退休时形成养老资产 $W_x(1+k)^{n-x}$。

从规划起点 x 到退休时点 n 的时间周期中,每年的收入 E_t 减去每年的支出 C_t 后的剩余,按照 k 的回报率逐年投资增值,并逐年积累直至退休,形成养老资产:

$$\sum_{t=x}^{n}(E_t-C_t)(1+k)^{n-t} \quad (8-2)$$

规划期初的养老资产与日后积累的养老资产共同形成退休时养老总资产 W。

退休后直至生命终点的周期中(等式右侧),每年的支出缺口 C_t^* 需要由退休资产 W 来弥补,在死亡前将全部养老资产 W 消耗完毕。以退休时点为基准,退休后每年支出缺口 C_t^* 按照 k 的贴现率逐年折现回退休时点,加总,得到退休后的总支出在退休时点的现值:

$$\sum_{t=n}^{D-1}\frac{C_t^*}{(1+k)^{t-n}} \quad (8-3)$$

使得退休前的养老资产积累与退休后的支出相等,从而在理论上实现死亡前用尽规划的养老金资产，达成一生养老规划的平衡。

投资回报率 k 需要考虑合理的投资策略实施投资管理。由于退休规划涉及整个生命周期，需要面对长寿风险，还需考虑各种因素预估预期余命，并在退休规划中采用应对长寿风险的各种投资理财安排。

除基于生存年金考虑的完整退休规划以外，还有非生存年金的灵活退休规划安排，即不必考虑受益人退休后的完整生存期，而是根据目标对象的筹资能力设计退休计划，如从退休时开始每月领取养老金，15年领完全部养老金积累等。

第二节 养老金计划种类

养老金计划种类繁多，且创新不断，本节仅基于几种分类原则对养老金计划进行介绍。

一、待遇确定型养老金计划与缴费确定型养老金计划

前文已经在财务管理机制部分介绍了待遇确定和缴费确定两种类型的社会保障基金。本节落脚于具体养老金计划进行分析。根据养老金计划运营和待遇确定依据，养老金计划可分为待遇确定型计划和缴费确定型计划。

（一）待遇确定型养老金计划

待遇确定型养老金计划（DB计划）是指计划举办者（包括政府和雇主）向养老金计划参与者预先承诺养老金支付目标，并为实现承诺而提供担保、承担责任，以保证未来养老金待遇按照预定的标准或者水平发放。因为有预先承诺的支付目标，因而计划举办者需要在长期付出较多的管理努力和承担较大风险。

DB计划的特点包括：

（1）需要每年进行精算调整。计划举办者为保证未来养老金支付责任的实现，需要预先建立储备基金，从利润或者留存资金中计提养老金储备，每年根据计划成员的年龄构成、收入水平、单位利润水平等，精算能够保证未来承诺的养老金储备。

（2）不设立员工个人账户，而是根据精算预计所需的养老金积累，到达预定支付时点时由计划发起者支付约定的养老金待遇。

（3）运营管理风险由计划主办者承担。由于是对未来养老金待遇的承诺，因此在运营管理中可能遇到的各种风险，如管理风险、企业利润不足、投资亏损等，均由主办者承担。

就企业年金来说，DB计划是指参与企业年金计划的职工在退休后每年或者每个月领取的养老金标准是预先确定的。在DB模式中，预先确定给付水平，职工在退休后以最后工资和工作年限为基础，根据一定的计算公式精算出每月或每年所领取的固定数额的养老金。而总体的费用水平是根据工资增长率、投资回报率以及就业率、死亡率、解约率、伤残发生概率等主要相关参数，通过精算模型计算得出需要提前计提储备的捐纳金额。DB基本操作方式是为参加企业年金计划的职工设立统一账户，计划的缴费和基金投资运作的风险都由企业承担。因此DB计划更注重精算方法和精算成本。在DB计划中，计划精算师的主要目标是平滑未来受益的成本，对计划发起人负责，计划发起人通常是雇主或DB计划担保人。

DB 计划可能根据计划举办者的动机、要求和筹资能力来设计多种 DB 计划，如养老金与个人退休前收入关联或者不关联计划。DB 计划的缴费筹资责任可以完全由计划发起者如雇主承担，也可以采取雇主与员工分担筹资缴费责任的方式。

（二）缴费确定型养老金计划

缴费确定型养老金计划（DC 计划）是指养老金待遇水平并不预先确定，而是根据缴费筹资情况及运营管理收益所得的积累额决定养老金待遇水平的计划类型。这种类型的养老金计划通常由雇主和员工定期按照一定的标准向养老金计划账户缴纳注入资金，其退休后的养老金领取金额取决于缴费多少和投资管理收益。

DC 计划的特点包括：

（1）需要以计划参加人名义设立个人账户，缴费供款包括雇主缴费和员工个人缴费，均缴至个人账户中进行积累管理。投资和利息收益等均定期计入账户，衍生出很多以个人账户为依托的筹资渠道和筹资方法。

（2）养老金水平是可变的。养老金的待遇水平以参与人账户积累总额为基础，养老金水平与缴入账户的资金数量和投资收益紧密相关。积累总额高，养老金待遇高；积累总额低，养老金待遇低。

（3）管理简单，不需要每年的精算调整。由于不对未来养老金待遇做出承诺，因此不需要以未来的支付责任为目标进行逐年精算调整。缴费主体按照约定的标准和时间周期缴费供款即可，管理比较简单方便。

（4）养老金基金的运营和投资管理风险由员工个人承担。雇主定期完成缴费之后义务即完成，而积累基金的运营管理以及投资管理中可能遭遇的亏损等风险，则完全由基金自身来承担，也即由员工个人承担。若运营和投资管理收益率高，退休时养老金待遇标准就高；反之，若运营和投资管理遭遇风险和亏损，则退休时依据积累金额计算的养老金待遇标准就低。

就企业年金来说，DC 计划就是由企业和员工共同向员工的企业年金个人账户缴费供款，并进行市场化投资管理运作，努力实现保值增值。当职工退休时，根据账户积累金额和预计领取年限计算领取金额。DC 计划根据雇主意图可以设计多种类型，如雇主完全缴费、雇主和员工共同缴费、奖励性额外缴费等，以实现企业的人力资源管理和经营管理目标。

DB 类型的养老金计划主要流行于 20 世纪早期至 20 世纪 70 年代，大多是大企业为员工建立私营养老金计划所采用的模式，以体现现代企业管理关爱员工、提升绩效的管理导向。举办 DB 类型养老金计划的企业大多为传统行业，经营稳定、实力雄厚，员工归属感强，长期服务于企业直至退休，因此企业对员工未来退休时养老金的领取负有责任和义务，举办 DB 养老金计划符合企业经营情况。然而 20 世纪 70 年代以来依托互联网、信息技术的新经济迅速崛起和发展，大多数企业规模小、经营灵活，难以对职工多年后的退休金待遇作出承诺，同时员工的服务周期更短，职业转换更为频繁，因此需要更为灵活便利的养老金计划类型，DC 计划应运而生。在 DC 计划模式下，企业完成缴费即履行了义务，而无须考虑多年后职工的养老金待遇问题；同时员工跳槽转换职业，不同雇主都向员工的养老金个人账户缴费，更加灵活方便，顺应了新经济下雇佣双方的灵活需要，因此 DC 计划迅速兴盛起来，成为私营养老金计划的主流计划类型。

（三）混合养老金计划

混合养老金计划即同时具备待遇确定和缴费确定二者特征的计划。由于计划参与人多样性的养老金需求，以及退休计划设计水平的提高，很多雇主为员工举办混合类型的养老金计划，既考虑 DB 计划，对职工过往长期贡献给予补偿，又引入 DC 计划，为员工提供灵活带有激励性质的养老金安排。如提供养老金保底或者限额承诺，在此基础上根据缴费和投资情况决定浮动部分养老金的水平等。

二、生存年金计划和非生存年金计划

按是否考虑计划参与人完整生命周期，将养老金计划分为生存年金和非生存年金计划。

生存年金计划即对退休人员存活的全部生存期提供养老金的退休金计划。本书已经作为完整退休规划在上一节做出了介绍。

非生存年金计划即根据参与人的筹资能力和缴费水平，不必考虑完整生存周期，设计符合客户实际需要的养老金计划。如以退休为起始点开始领取养老金，总共领取 10 年，就是一种不考虑生存期因素而设计的非生存年金计划。

三、合格计划和非合格计划

按照退休金计划是否享受国家税收优惠政策，将养老金计划分为合格计划和非合格计划。

合格计划即符合特定法律要求因而可以享受国家税收优惠的福利计划，包括退休金计划、健康福利计划等。合格计划通常有覆盖率、公平性、代表性等的要求，为大多数员工提供福利，避免福利不公，实现国家对普适性福利计划的引导。

非合格计划通常是指没有专门法律约束，也没有税收优惠的福利计划。企业可根据需要自行设计和实施计划，所需费用由企业自有资金或者税后利润支付。部分企业愿意为特殊重要员工提供额外的福利计划，以满足企业奖励优秀员工，激励员工绩效的目的。

国家通过为合格计划提供税收优惠，鼓励和引导企业设立合格计划，为大多数普通员工建立养老金计划。

第三节 企业年金的建立背景与政策内容

企业年金即由企业为员工提供的养老金。企业年金源于自由市场经济比较发达的国家，是雇主自主自愿为员工提供的福利计划，经过一百多年的发展，目前已经成为养老保障体系的重要组成部分。

一、企业年金的建立背景

企业年金是随着经济和社会的发展，现代企业管理制度的不断完善，以及世界范围人口老龄化趋势的不断加剧而逐渐发展、繁荣起来的。企业年金建立和发展的背景可以概括为以下几点：

（一）现代企业管理激励员工提高生产率的需要

现代企业不断追求效率的提高，需要激励员工提高生产效率，为企业创造更高价值。雇主为调动员工生产积极性和激励生产能力，尝试采用各种管理手段，现代企业管理制度也在这样的现实需求下提出并不断完善发展。企业年金计划为员工提供退休后的收入来源，大大激励员工的工作积极性，鼓舞员工士气、提高劳动生产率；同时还能够吸引有能力的年轻员工加入企业为其效力。

（二）与企业工资策略互动发展，完善分配机制

企业年金计划本质上是员工劳动报酬的延期支付形式，是企业愿意为交换员工劳动而支付的成本，因此与企业支付给员工的工资具有一致的本质属性。但企业年金可以提供更为灵活和柔和的策略工具，能够与企业工资政策互动发展，形成企业灵活多样的薪酬福利结构。企业年金计划可以缓解劳资双方在高工资问题上的压力，以提供养老金的灵活方式与工资政策相协调和匹配，形成企业的工资福利体系。企业年金分配方案的差别性、多样性和与效率工资相结合使用，能够鼓励敬业、奖励忠诚与贡献，引导员工积极参与企业生产和管理，将员工利益与企业利益紧密联系在一起。基于业绩、效率和贡献的基本分配原则，能够更好地完善企业的分配机制，形成良性发展格局。

（三）响应工会发展潮流，改善劳动关系，促进劳动力市场完善发展

在 20 世纪 20 年代企业年金发展初期，工会并不赞成企业为员工提供企业年金计划，理由是企业年金体现雇主额外的"父爱主义"，是为了鼓励员工对公司的忠诚，将会损害员工的独立性。因此，工会主张参加政府举办的全社会的养老保障安排，或者工会主导为成员员工建立企业年金计划。然而，由于工会缺乏管理经验，其主办的企业年金在"大萧条"时期基金遭遇严重贬值，且工会难以承担最终支付责任，因此转而支持雇主建立企业年金计划。随着美国国家劳动关系委员会明确认定养老金是员工工资的一部分，企业年金计划的建立成为劳资集体谈判的核心内容。自企业年金被认定为劳动工资的组成部分起，员工的劳动报酬开始包括当期支付的工资部分和延期支付的包括企业年金在内的各种福利待遇，两者结合使用，促进劳动力市场"按劳分配"原则的良好实现；企业年金计划体现企业对员工的关爱，能够有效改善劳动关系；通过企业年金延期支付的形式能够锁定和保留员工权益，减少和避免员工频繁跳槽、不辞而别和故意违反劳动合同和劳动纪律等问题，有效促进劳动力市场的完善发展。

（四）缓解政府养老金计划压力，获得税收优惠支持

人口老龄化是世界范围面临的严峻挑战。在人口老龄化趋势下，各国政府主导的基本社会养老金计划面临愈发沉重的压力，仅仅依靠政府的养老金计划已经难以完成为退休员工提供体面老年生活的目标。雇主建立企业年金计划，为员工提供基本养老金之外的养老金来源，能够改善退休人员的生活水平，减轻政府养老责任压力，受到政府的鼓励和支持。政府为企业年金计划提供税收优惠，大力鼓励企业年金计划的发展，更进一步促进了企业年金的蓬勃发展。

（五）金融资本市场的发展与推动

企业年金计划发展的过程也伴随着金融资本市场的大发展。企业年金积累形成的巨额资金，需要在金融资本市场进行投资管理以获得投资回报，因而成为金融资本市场的宠儿。为满足企业年金长期积累、稳健投资的需要，逐渐培育和发展出安全高效的信托管理模式，催生并促进养老金投资管理机构"审慎管理"制度的发展，形成了一大批适应养老金投资管理需要的金融投资工具。养老金基金的投资管理为资本市场注入巨额资金，形成价值投资和稳健投资理念，进一步繁荣了资本市场发展，形成良好的长期投资理念。

企业年金经过一百多年的发展，经过仅覆盖少数职工的特殊福利、忽略公平原则等的初期阶段，到政府通过法律和税收优惠介入促进发展的成熟阶段，现在已经被世界范围广泛接纳为养老保障多支柱架构的组成部分，呈现与社会养老保险协调互补发展的良性状态。目前企业年金已经发展成为现代国家养老保障的重要支柱，现代企业完善管理机制的重要内容，现代员工退休养老金的重要来源。

二、我国企业年金的政策

我国企业年金是指在政府强制实施的公共养老金或国家基本养老保险制度之外，企业根据国家法律政策规定和自身经济实力，自愿建立的为本企业职工提供退休收入保障的补充养老保险计划。

（一）政策脉络

《中华人民共和国劳动法》规定"国家鼓励用人单位根据本单位实际情况为劳动者建立补充保险"。以此为依据，《国务院关于深化企业职工养老保险制度改革的通知》（国发〔1995〕6号）提出要"大力发展企业补充养老保险"。随后1995年劳动部印发《关于建立企业补充养老保险制度的意见》（劳部发〔1995〕464号）专门对企业补充养老保险计划做出规定。

《国务院关于深化企业职工养老保险制度改革的通知》

2000年《国务院关于印发完善城镇社会保障体系试点方案的通知》（国发〔2000〕42号）文件正式把"企业补充养老保险"更名为"企业年金"，鼓励有条件的企业为职工建立企业年金，实行市场化运营管理。规定了企业年金采取完全积累、个人账户模式，企业和职工共同缴纳的筹资原则以及缴费的工资比例限额等基本内容。

2004年劳动和社会保障部公布《企业年金试行办法》，原劳动和社会保障部会同原银监会、原保监会和证监会，"一部三会"共同发布《企业年金基金管理试行办法》，明确了我国发展企业年金的基本制度框架，规定了详细的政策内容。此后企业年金开始在全国推广实施。

2011年根据企业年金试行经验，修订了原《企业年金基金管理试行办法》，改为《企业年金基金管理办法》，作为企业年金基金管理的主要政策文件。《企业年金基金管理办法》于2015年4月进一步修订完善。

（二）政策内容

根据《企业年金试行办法》（原劳动和社会保障部第20号令），企业年金是指企业及其职工在依法参加基本养老保险的基础上，自愿建立的补充养老保险制度。

企业建立企业年金计划的基本条件包括：依法参加基本养老保险并履行缴费义务；具有相应的经济负担能力；已建立集体协商机制。即企业必须首先参加了基本养老保险并履行了缴费义务之后，才能够建立企业年金计划，这鲜明地指出了企业年金的补充地位。企业年金是建立在基本养老保险的基础之上，因此只有经济实力较强，有较强负担能力的企业才能够建立起来。由于是政府给予税收优惠政策的合格计划，企业建立企业年金计划必须是基于集体协商机制讨论表决通过的，能够代表多数职工的意愿。

企业年金基于正式劳动关系而建立，因此适用于企业试用期满的职工。企业年金采取个人账户完全积累的方式进行管理，由企业和职工双方缴费构成，所有缴费进入职工的企业年金个人账户。企业缴费每年不超过本企业上年度职工工资总额的8%，企业和职工缴费合计不超过本企业上年度职工工资总额的12%。

企业年金积累基金可以按照国家规定投资运营，投资运营收益计入企业年金个人账户。

企业年金资产属于个人财产，可随职工个人转移，当职工或退休人员死亡时，企业年金个人账户资产余额由指定受益人或者法定继承人继承领取。

第四节　企业年金的参与主体与法律关系

企业年金采取完全积累市场化运营机制，涉及多个参与主体以及主体间不同的法律关系。我国企业年金制度体系涉及的参与方可以分为受益方、服务方和监管方。

一、企业年金受益方

企业及其员工是企业年金计划发起的开端，也是企业年金经过市场化管理和投资运营之后最终的受益人。我国相关法律法规规定，企业年金受益人是指参加企业年金计划并享有受益权的企业职工。企业年金计划由企业和职工在依法参加社会基本养老保险的基础上自愿建立。因此，企业年金市场的起点是企业是否愿意在基本社保的法定义务之上，再为员工建立企业年金计划；同时，员工是否愿意在缴纳基本养老保险的基础上，再拿出一部分收入用于第二支柱的积累。

二、企业年金服务方

企业年金服务方是指所有在企业年金市场上为企业和职工的企业年金基金管理提供服务的各类机构和个人，包括市场服务主体，受托人、账户管理人、投资管理人、基金托管人，也包括各类中介机构如会计、审计、法律、养老金咨询服务机构等。市场运营主体根据各自角色定位，提供专业化的养老金管理服务。中介服务机构是指为企业年金管理提供服务的投资顾问公司、信用评估公司、精算咨询公司、律师事务所、会计师事务所等专业机构，提供信息、法律、方案等的外围服务，共同为养老金的透明、高效管理运营提供服务。

（一）受托人

根据《中华人民共和国信托法》，受托人是按照委托人的意愿，以自己的名义，为受益人的利益或特定的目的，承诺对信托财产进行管理或者处分的人。《企业年金基金管理办法》规定，企业年金受托人是指受托管理企业年金基金的符合国家规定的养老金管理公司等法人受托机构，或者企业年金理事会。

我国企业年金受托人有两种形式：企业年金理事会和法人受托机构。企业年金理事会是指在发起设立企业年金计划的企业内部设立，依托年金计划存在，由企业代表和职工代表等人员组成的特定自然人集合。企业年金理事会为特定信托目的存在，其他性质的理事会不得担任企业年金的受托人。企业年金理事会由企业代表和职工代表等人员组成，也可以聘请企业以外的专业人员参加，其中职工代表人数不少于企业年金理事会总人数的三分之一。企业年金理事会依法独立管理本企业的企业年金基金事务，不受企业方的干预，不得从事任何形式的营业性活动，不得从管理的企业年金基金财产中提取管理费用。理事会决议应当经全体理事的三分之二以上通过，决议事项形成会议记录，由出席会议的理事签名。理事应当对做出的决议承担责任。企业年金理事会对外签订合同应当由全体理事签字。法人受托机构包括信托投资公司和符合国家规定的养老金管理公司等法人受托机构。法人受托机构应当符合规定的条件，包括独立法人、具有完善的法人治理结构、符合要求的专业人员和相关设施；具有完善的内部稽核监控制度和风险控制制度；近 3 年没有重大违法违规行为等。

受托人作为企业年金信托模式的核心，承担着选择、监督、更换账户管理人、托管人、投资管理人以及中介服务机构，制定企业年金基金投资策略，编制企业年金基金管理和财务会计报告，监督企业年金基金管理运行等重要职能，必须恪尽职守，履行诚实、信用、谨慎、有效管理的义务。

受托人与作为委托人的企业和职工之间是信托法律关系。

（二）账户管理人

企业年金账户管理人是指受受托人委托管理企业年金基金账户的专业机构。根据受托人提供的计划规则为企业和职工建立账户、记录缴费与投资运营收益、计算待遇支付和提供信息查询等服务。企业年金计划因各个企业不同而各有特点，需要满足企业的人力资源战略并配合未来企业发展需求，因此是具有个性化的和灵活多样的。同时，每个企业的员工结构、参加和退出计划的职工人数、年龄、工资等信息均不相同。因此，企业年金计划的账户管理是一项较为烦琐的工作，账户管理人管理着与受益人权益紧密相关的各类重要信息，因此有必要由专业机构进行专业化管理。账户管理人必须是在中国境内注册的独立法人，账户管理人应具有完善的法人治理结构和内部稽核和风险控制制度，具有满足账户管理业务需要的企业年金基金账户信息管理系统等。账户管理人的职责有：负责记录企业、职工缴费以及企业年金基金投资收益；及时与托管人核对缴费数据以及企业年金基金账户财产变化状况；计算企业年金待遇；对企业和职工提供查询服务；定期向监管部门提交企业年金基金账户管理报告并按照规定保存档案等。此外，账户管理人需要在近 3 年内没有重大违法违规行为。

账户管理人与受托人之间是委托法律关系，账户管理人受受托人的委托实施账户管理服务。

（三）基金托管人

企业年金基金托管人是指接受受托人委托保管企业年金基金财产的商业银行。从历史上看，第三方托管制度是随着专业理财制度的发展而出现的。在基金业发展初期，由于基金管理人集资产保管、投资运作等职责于一身，出现了多起不良基金管理人侵吞客户资产的恶性事件。有鉴于此，美国1940年《投资公司法》明确要求基金管理人要将基金资产委托给第三方进行托管，明确了托管人的法律地位。托管人的引入，形成了托管人与管理人之间相互制约的机制，有效地保护了投资者的利益。在养老基金发展初期，并没有引入托管人制度，但在20世纪60年代末和70年代初，美国发生了一系列雇主侵害公司员工养老金受益权的事件，美国政府开始加强对养老基金的规范。1974年颁布的《雇员退休收入保障法》，明确要求在企业年金基金管理运作中，受托人要将基金资产交由独立的第三方进行托管。第三方托管人制度有效地保护了广大企业职工的利益，得到世界各国养老金管理改革的采纳。

企业年金基金的托管人应当是实力雄厚的商业银行。托管人必须是在中国境内注册的独立法人，具有保管企业年金基金财产的条件，有安全高效的清算、交割系统，完善的内部稽核监控制度和风险控制制度等。托管人应当安全报告企业年金基金财产，以企业年金基金的名义开设资金账户和证券账户，根据受托人指令，向投资管理人分配企业年金基金财产、办理清算交割等，负责企业年金基金会计核算和估值，复核、审查投资管理人计算的基金财产净值；及时与其他各方核对数据，并按照规定对投资管理人的投资运作行为实施监督；定期提供财务会计报告和托管报告等。

企业年金托管人禁止将其托管的企业年金基金财产与其固有财产、与托管的企业财产、与托管的不同企业年金计划和投资组合资产混合管理，即企业年金基金托管应当独立。禁止挤占挪用托管的企业年金基金财产。

基金托管人与受托人是委托法律关系，基金托管人受受托人的委托实施基金托管服务。

（四）投资管理人

企业年金投资管理人是指受受托人委托投资管理企业年金基金财产的专业机构。投资管理人根据受托人制定的投资策略和战略资产配置，为企业年金计划受益人的利益，采取资产组合方式对企业年金基金财产进行投资管理。投资管理人的专业投资服务能够给企业年金基金财产带来增值，这实际上是企业年金市场价值链的增值环节，与未来受益人养老金收益的多寡有着直接的联系，因此投资管理人必须由具有专业能力的机构担任。投资管理人必须是中国境内注册的具有受托投资管理、基金管理或者资产管理资格的独立法人，必须符合相应的注册资本金的要求，具备法人治理结构及内部稽核风控制度，且近3年无重大违法违规行为等。投资管理人的主要职责是对企业年金基金财产进行投资，及时与托管人核对企业年金基金会计核算和估值结果，建立风险准备金，定期提交投资管理报告和保存相应资料凭证等。当遭遇企业年金基金财产市值出现大幅波动、发生减资、合并、分立、依法解散和依法被撤销，以及与破产有关的事件时，高级管理人员发生重大变动以及涉及诉讼或仲裁的，投资管理人需要及时向受托人和监管部门报告。

投资管理人与受托人是委托法律关系，投资管理人受受托人的委托实施投资管理服务。

三、企业年金监管方

我国目前的企业年金监管主体是人力资源和社会保障部，负责相关法规、规章的制定，企业年金计划的审批备案、养老金经营机构的审批核准等。在基金管理环节，基金投资的合规性由银保监会和证监会实施监管。此外，企业年金计划从建立开始，还要受到审计、会计、税务等专业机构的监管。作为参与企业年金管理承担信托责任的第三方专业机构，有义务在发现企业年金计划管理不合规时及时报告企业年金受托人。因此，我国企业年金的监管体系包括法律和政策层面的监管、基金管理运营层面的监管、第三方机构的监管、委托人和受益人的监管，此外，企业年金市场的参与服务方需要遵循防火墙等基本规则，同时建立内部安全稽核机制。

第五节　企业年金基金运行

一、企业年金的组织管理模式

（一）企业年金信托管理模式

企业年金资产是独立的信托财产，独立于委托人、受托人和其他人的固有财产和其他财产，享有信托财产的安全机制，非因企业年金财产本身的原因，不受第三方追偿和破产清算。

企业年金信托管理模式的运作过程主要包括：企业和职工的缴费以信托模式交给企业年金理事会或法人受托机构实施信托管理，受托人履行信托义务，寻找和委托企业年金基金的托管人、账户管理人和投资管理人等市场运营机构，企业年金经市场化运营管理实现保值增值收益，最后发放到受益人手中，中间过程中由投资管理人、基金托管人、账户管理人以及中介机构如律师事务所、会计师事务所和精算咨询公司等进行监督和管理运营。

（二）企业年金账户管理模式

企业年金实行独立的账户管理，由账户管理人进行专业化管理。目前账户管理人的主要职责为：建立企业年金基金企业账户和个人账户，计算企业年金待遇，提供企业年金账户信息查询服务，根据客户不同需求提供个性化的账户管理方案。

二、企业年金的筹集

企业年金计划由企业自愿发起设立，筹集环节在国家法律法规政策规定的范围内，由企业自主决定筹集缴费的具体内容，包括缴费比率、原则、激励因素等。一般来说，企业为职工在国家税收优惠的幅度范围以内建立企业年金计划，缴纳企业缴费部分并扣缴职工缴费，按月筹集企业年金缴费汇集到确定的企业年金基金托管账户。企业年金的筹集环节可以体现企业的人力资源管理策略，对重要员工体现激励或者形成企业内部员工行为的激励引导机制。

三、企业年金的支付

企业年金基金的支付环节是指当企业职工到达退休年龄或者发生了企业年金基金支

付的对应情形，企业职工向企业提出申领企业年金的申请，经过企业年金领取流程，计算职工企业年金基金权益后按月或者一次性发放至企业员工指定的个人账户，完成企业年金基金的支付。一次性发放的，发放完毕企业年金基金管理即告终止；按月或者按年等年金形式发放的，根据退休时选择或约定的支付类型，定期完成支付。如选择将企业年金个人账户资金在一定期限如15年内发放完毕，或者选择以生存年金方式发放直至生命终点，则企业年金管理机构按照精算原则计算支付的频率和标准，完成企业年金基金的支付管理。

四、企业年金的中间管理

企业年金中间管理涉及企业年金运作流程、账户管理、投资运营管理等内容。

（一）企业年金的运作流程

我国企业年金市场运行简图如图8-2所示。

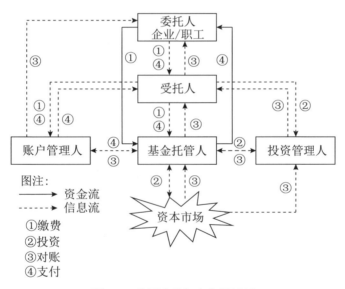

图8-2 我国企业年金市场运行

步骤①缴费：企业年金从企业和职工缴费开始，资金汇集到基金托管人，同时缴费信息经过受托人传递至托管人和账户管理人。

步骤②投资：受托人根据既定的投资策略，通知投资管理人投资比例和投资额度，投资管理人根据指令对托管人为企业年金基金设立的证券账户进行投资操作，托管人根据投资管理人的具体投资指令划转资金，并与资本市场相应机构完成资金清算，增值或损失均在托管人设立的账户中得以体现。

步骤③对账：资本市场中对应机构与投资管理人和托管人进行实时交易数据的传递，投资管理人就交易数据与托管人进行对账、核算，同时将交易数据和投资运作情况报告受托人。托管人根据投资交易结果数据实时更新每位员工的企业年金个人账户数据，并将信息传递给账户管理人，账户管理人向企业和职工提供信息查询和对账服务，账户信息同时报告受托人并最终向企业和员工报告。

步骤④支付：企业将支付信息通过受托人传递给托管人和账户管理人，账户管理人根据员工具体信息计算支付额并通知受托人和托管人，托管人经与账户管理人核对支付信息后，向企业年金受益人完成支付。

企业年金市场在各个主体间的分工合作下，在资金流和信息流的传递过程中，实现企业和员工缴纳的企业年金基金的保值和增值。

1. 企业年金的缴费环节运作流程

如图 8-3 所示，企业年金缴费环节从企业和职工开始，缴纳的企业年金缴费资金流直接进入企业年金计划选择的托管人账户；企业和职工的缴费金额明细汇总至受托人，受托人根据计划管理主体的构成，与其他账户管理人完成缴费信息核对。企业年金的资金流不经过其他人直接进入托管账户能够最大限度保障资金安全，避免资金遭受各种风险。但是有关缴费的信息核对，却需要从缴费一开始就报告受托人，由受托人再分别与托管人和账户管理人进行信息核对，保证缴费信息完整、准确、及时地传达到对应的运营管理主体。

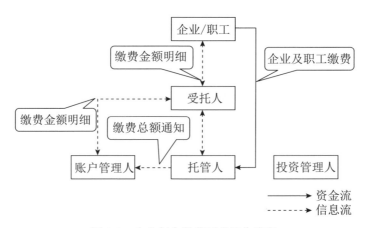

图 8-3　企业年金缴费环节运作流程

2. 企业年金的投资管理环节运作流程

如图 8-4 所示，企业年金投资管理环节中，根据受托人制定的投资原则，受托人通知托管人和投资管理人可投资的额度；投资管理人根据该企业年金计划的风险特征和收益要求制定具体的投资策略，进行资本市场的买卖操作，由托管人完成实体交易资金与资本市场间的往来划汇。交易数据在投资管理人、托管人和受托人之间实时交流核对。托管人定期对企业年金基金账户中的投资产品估值信息告知账户管理人以满足企业和职工以及监管方的查账和问询需要。其中，实体资金流仅发生在托管人和资本市场之间，投资管理人负责投资策略制定和投资交易操作，但资金划汇由托管人接到交易指令后完成资金和投资证券的交割。在投资管理环节，托管人有义务监督投资管理人实施的投资交易操作是否符合该企业年金计划的投资原则和投资策略，当发现有不合规投资操作的，应当拒绝执行投资资金划汇并立即报告受托人及相关监管部门。信息流发生在涉及投资管理环节的各个主体之间。特别是交易信息在投资管理人、托管人和资本市场之间实时交互，确保投资管理信息透明、安全、流畅。

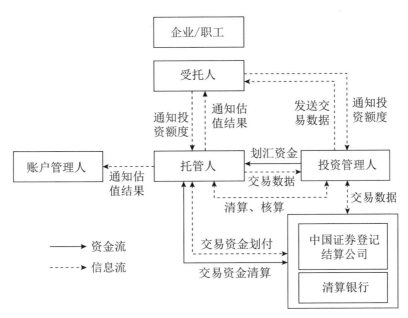

图 8-4　企业年金投资管理环节运作流程

3. 企业年金的支付环节运作流程

如图 8-5 所示,企业年金支付环节由委托人即企业和职工发起。当职工退休或达到领取条件申请领取企业年金,则企业年金计划企业向受托人发出支付通知,受托人通知账户管理人计算支付待遇,向托管人下达支付指令,依据账户管理人计算并确认的待遇支付标准由托管人支付企业年金待遇至委托人指定的账户;托管人同时通知投资管理人扣减委托金额信息,将支付情况报告受托人并告知账户管理人。

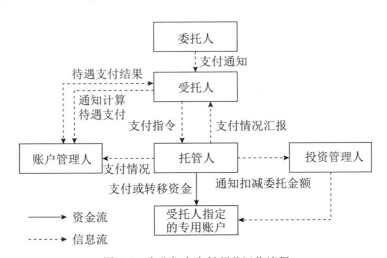

图 8-5　企业年金支付环节运作流程

(二)企业年金的账户管理

企业年金基金采取独立账户管理模式,企业年金基金缴费必须在 45 日内划入投资资产托管账户,由企业年金账户管理人履行账户管理责任。企业年金计划设立企业账户和个人账户。个人账户用于汇集企业职工个人缴费,自始即为职工个人财产,可以携带和继承。企业账户用于汇集企业缴纳的尚未归属于员工的企业年金缴费,以及职工离职未归属的基金权益。企业账户和个人账户缴费汇集共同进行投资管理运营,所获收益计入各自账户。为达成企业年金的人力资源管理目标,企业缴费部分首先归集入企业年金计划的企业账户中,当职工满足对应的归属条件时,企业缴费部分才归属职工所有。例如,根据企业年金计划归属原则,为本企业服务满 5 年的可以获得企业缴费部分及其收益的 50%,满 8 年的可以获得企业缴费部分及其收益的全额归属,这意味着,若职工为企业服务满 5 年,离职时可以获得企业缴费及收益的 50%。人力资源和社会保障部、财政部联合发布《企业年金办法》(人力资源和社会保障部、财政部第 36 号令)规定,"完全归属于职工个人的期限最长不超过 8 年"。通过这样的安排,企业可以实现企业年金计划的激励和引导作用。

《企业年金办法》

企业年金基金账户管理应当完成记录企业和职工缴费以及企业年金基金投资收益信息、定期与托管人核对缴费数据、定期报告企业年金基金账户财产变化、计算职工企业年金待遇、提供企业年金基金账户查询服务、提供年度权益报告、账户管理报告、保存企业年金基金账户管理档案等一系列账户管理工作。

员工离职时,可以带走的企业年金账户权益包括:①员工缴费部分及投资收益;②根据企业年金计划规则企业缴费部分的已归属权益及其投资收益。若员工退休、亡故、残废或者出国定居等符合法律规定要件的情况下,可以领取企业缴费和个人缴费及投资收益的全部。

(三)企业年金的投资管理

企业年金基金投资管理应当遵循谨慎、分散风险的原则,充分考虑企业年金基金财产的安全性、收益性和流动性,实行专业化管理。

企业年金基金投资实施风险分散的投资原则,规定必须配置一定比例的资产在高流动性资产,如货币市场投资产品等;规定投资于固定收益类产品和投资于权益类产品的比例不能高于一定的值;规定投资于一个投资产品如一家公司发行的股票、单只证券投资基金或投连险产品等,既不能超过该投资产品发行量的 5%,也不能超过企业年金基金财产净值的 10%。上述投资原则从制度规定上避免投资过于集中而使企业年金基金承受过高风险。

我国企业年金基金的投资管理规定从 2004 年《企业年金基金管理试行办法》到 2011 年《企业年金基金管理办法》并经 2015 年修订,企业年金基金投资管理经历了鲜明的投资限制放松的历程。最大的变化是:①取消了各参与市场主体的注册资本金和净资产的限制;②明确了投资主体和计算依据是企业年金基金投资组合;③大幅度降低现金类资产的持有比例下限,大幅度提高固定收益类产品的投资比例上限,提高股票投资比例上限,取消国债投资比例限制,增加证券回购投资品类等一系列政策改变,显著放宽了投资限制;④明确了风险准备金的弥补规定,等等。

企业年金基金投资管理的放松是国际养老金基金投资管理共同走过的道路。我国根据企业年金市场发展实际情况制定逐渐放松的投资管理政策限制，有利于企业年金基金在长期取得更好的投资收益。同时，我国还严格限制了企业年金基金投资于权证等高风险证券品类，投资比例限制中考虑了现金类、固定收益类和权益类产品的合理搭配，有效控制企业年金基金投资承受的风险在一定程度之内。

有关社会保障基金包括企业年金基金具体投资管理的策略工具方法等，在后面"投资篇"章节予以详述。

第六节　企业年金的税收优惠政策

一、企业年金税收优惠模式

企业年金作为第二支柱的补充养老保障，各国政府均会不同程度地给予为员工举办企业年金计划的企业一定的税收优惠，以鼓励企业积极为员工建立企业年金计划，促进企业年金发展。企业年金涉及税收优惠的环节包括三个：缴费、投资和领取，分别对缴费的企业和员工适用征税或者免税的税收政策。以字母 T（tax）代表征税，以字母 E（exempt）代表免税，则三个环节可以有多种征税模式：

EET 模式，即企业年金缴费和投资收益免税，但企业年金领取环节征税，也即适用较为普遍的延税模式。

ETT 模式，企业年金的缴费免税，但投资环节和领取环节征税。

TEE 模式，企业年金在缴费环节先行征税，但随后的投资和领取环节免税。

TTE 模式，企业年金缴费和投资环节征税，领取时免税。

EEE 模式，企业年金的缴费、投资和领取三个环节均予免税。

不同征税模式对职工未来企业年金的积累产生不同影响。

二、不同税收优惠模式的福利差异比较

假设企业年金的年平均收益率为 r，投资期限为 n；缴费环节税率为 t_1，投资环节税率为 t_2，企业年金领取环节税率为 t_3。则每 1 元企业年金缴费必须首先扣除 t_1，之后剩余进入投资管理。每年的投资收益也需要在当年纳税，税率 t_2。N 年后职工退休领取企业年金，领取环节税率 t_3；每年的通货膨胀率为 π。

（一）TTT 模式的社会福利

TTT 模式即企业年金的缴费、投资、领取三个环节都征税。1 元钱缴费，扣除 t_1 后剩余（$1-t_1$）进入投资管理环节；投资收益率 r，但收益征收 t_2 税率；最终领取时征税税率 t_3。即 1 元企业年金缴费职工最终积累的税后企业年金现值为

$$\mathrm{NPV}_1 = \frac{(1-t_1) \times [1+r(1-t_2)]^n \times (1-t_3)}{(1+\pi)^n} \tag{8-4}$$

(二) EET 模式的社会福利

EET 模式即企业年金的缴费和投资环节免税，仅在领取环节征税，即通常所说的延税模式。1元钱企业年金缴费，在初始缴费环节和投资环节均免税，假设投资收益率为 r，投资 n 年，在领取环节对 1 元钱经过 n 年投资积累的总额征收 t_3 税率的所得税。企业职工最终积累的税后企业年金现值为：

$$NPV_2 = \frac{(1+r)^n \times (1-t_3)}{(1+\pi)^n} \quad (8-5)$$

对比 NPV_1 和 NPV_2 的企业年金现值，因为 t_1、t_2、t_3 均是大于 0 的正值，所以明显的 NPV_2 大于 NPV_1，即职工将由于延税模式而获得企业年金基金的增加。

【例题 8-1】

假设：企业年金供款 1 000 元在税前列支，运行 25 年，年均投资收益率 $i=8\%$，收益税率 $t=20\%$，对投资收益延期征税公式（1）、即期征税公式（2）：

$$\left[1\,000 \times (1+8\%)^{25} - 1\,000\right] \times (1-20\%) = 4\,678.78 \text{（元）} \quad (1)$$

$$1\,000 \times \left[1 + 8\% \times (1-20\%)\right]^{25} - 1\,000 = 3\,715.64 \text{（元）} \quad (2)$$

结果：延期征税使个人收益率提高 25.92%。

由于显著地提高积累的特征，延税模式逐渐成为国际企业年金主流的税收优惠模式，是最适合于养老金这种长周期投资积累资金的税收模式。

三、我国企业年金税收优惠政策的发展历程

我国企业年金自 2004 年 5 月 1 日建立以来，有关税收优惠政策的出台经历了较为曲折的发展过程。

尽管 2004 年《企业年金试行办法》中提出"企业缴费不超过上年度职工工资总额的十二分之一，企业和职工缴费合计不超过六分之一"，但是我国税收政策的实际执行却是依据税务部门的规定来执行的。在《企业年金试行办法》颁布后的很长时间里，并没有全国统一的税收优惠政策出台。各地方政府自行制定执行企业年金的税收政策，出现了各地方税优不同的情况，企业也多处于观望状态。部分地方政府尝试通过空前优惠的税收政策，来刺激和鼓励其他类型企业补充养老保险的发展，如原保监会和天津市政府在 2008 年 6 月出台政策[①]，商业保险公司的团体养老保险产品在符合一定条件的前提下可以被认定为企业团体补充养老保险，享受空前力度的税收优惠，企业缴费可享受 8% 的税前扣除优惠，职工个人可以享受税收优惠的比例高达 30%。该政策由于过大的税优力度而很快被国家税务总局叫停，但是企业和市场发展对于国家统一税收优惠政策需要的迫切性却凸显出来。国家税务总局随后于 2009 年出台了全国统一的税收优惠政策《关于补充养老保险费、补充医疗保险费有关企业所得税问题的通知》（财税〔2009〕27 号），规定"自 2008 年 1 月 1 日起，企业根据国家有关政策规定，为在本企业任职或者受雇的全体员工支付的补充养老保险费、补充医疗保险费，分别在不超过职工工资总额 5%

---

① 中国保险业监督委员会办公厅，天津市人民政府. 天津滨海新区补充养老保险试点实施细则 [Z]. (2008-06-14).

标准内的部分，在计算应纳税所得额时准予扣除"，即统一了补充养老保险和补充医疗保险的企业缴费税收优惠政策，按照 5% 的比例给予税收优惠。有关职工个人缴费部分单独出台了《国家税务总局关于企业年金个人所得税征收管理有关问题的通知》（国税函〔2009〕694 号）。文件规定企业年金个人缴费部分不得在个人当月工资、薪金计算个人所得税时扣除；企业缴费计入个人账户的部分，是个人因任职或受雇而取得的所得，属于个人所得税应税收入，在计入个人账户时，应视为个人一个月的工资、薪金（不与正常工资、薪金合并），不扣除任何费用，按照"工资、薪金所得"项目计算当期应缴纳的个人所得税款，并由企业在缴费时代扣代缴。该政策规定明确了对企业年金的个人缴费没有税收优惠，同时对于企业缴费计入个人账户的部分员工也要为之缴税，这种重复征税方式是对个人不友好的税收优惠政策。在此阶段，投资环节和支付领取环节的税收优惠政策并未明确。

《国家税务总局关于企业年金个人所得税征收管理有关问题的通知》

由于对员工个人缴费部分和企业为员工缴费部分实施前端征税，不利于员工长期的企业年金积累，经过较长时间学界和业界的呼吁，国家财政部、人力资源和社会保障部、国家税务总局于 2013 年联合发布《关于企业年金职业年金个人所得税有关问题的通知》（财税〔2013〕103 号）明确了企业年金、职业年金采取 EET 延税模式：在缴费环节，企业享受 5% 税收优惠，鼓励企业为员工建立企业年金计划，职工按照 4% 的幅度享受个人所得税优惠，且企业缴费部分计入个人账户时亦予以免税；投资环节的投资收益分配至个人账户时，个人暂免征税；领取环节根据按月 / 季 / 年领取模式的不同计算征税，由托管人代扣代缴；对于非因死亡、出国定居等原因一次性领取的，按照领取当月一个月的收入计征个人所得税。通过这样的方式，实际上是惩罚一次性领取企业年金的做法，而引导按月领取的长期领取方式来保障企业年金的养老功能。

《关于企业年金职业年金个人所得税有关问题的通知》

应当说，虽然曲折，但我国终于也与世界主流接轨，对于企业年金、职业年金的补充养老保险计划，给予了延税模式的政策安排，有利于鼓励企业和职工积极参与为养老进行提前积累和储备。

【本章知识要点】

（1）退休规划平衡原理指利用个人生命周期中财富积累特征不同，在工作时期积累养老金，退休后使用直至生命终点，从而实现一生消费的平滑，达成退休规划的目标；退休规划平衡原理公式。

（2）养老金计划类型多样。按照计划运营与待遇确定的方式分为待遇确定型计划和缴费确定型计划，以及两者的混合计划；按照是否覆盖参与人完整生命周期，分为生存年金计划和非生存年金计划；按照是否享受国家税收优惠政策，分为合格计划和非合格计划。

（3）企业年金计划的建立和发展有其历史背景。我国企业年金计划的运作管理流程。

（4）我国企业年金基金管理的规定经历了逐渐放松的过程。

（5）企业年金计划适合采用 EET 延税模式，比其他税收模式更能够提高职工的企业年金福利。

【本章专题案例】

我国企业年金发展现状如何？

从1991年首次提出鼓励企业实行补充养老保险起，经过二十多年的建设，我国的企业年金制度从无到有，取得了很大的发展。从发展规模看，2000年我国企业年金规模仅为191亿元，而2017年末企业年金基金累计结存达到12 880亿元，增加了近67倍，显示出良好的发展势头。从覆盖范围来看，2000年全国建立企业年金的企业约有1.6万个，参加职工560万人。而2017年末，全国已有8.04万户企业建立了企业年金，缴费职工人数达到2 331万人。

尽管我国的企业年金取得了很大发展，但是也必须看到，我国的企业年金在覆盖范围、替代率水平以及发展结构上仍然与世界平均水平存在着较大差距。2017年我国参加基本养老保险人数为91 548万人，企业年金覆盖职工人数只占基本养老保险覆盖人数的2.55%，而世界上167个实行养老保险制度的国家中，有1/3以上国家的企业年金制度覆盖了约1/3的劳动人口，丹麦、法国、瑞士的企业年金覆盖率几乎达到100%，英国、美国、加拿大等国在50%左右。从替代率水平看，我国企业年金的替代率约为5%，而在加入了经济合作与发展组织的国家中，企业年金的目标替代率一般达到20%～30%。同时，经验数据显示，一国养老保险体系中"三个支柱"的替代率较为合理的比例是4∶3∶2。随着我国养老保险体系的不断完善，企业年金的替代率将会逐步提高。

思考与讨论：
你认为我国企业年金的发展情况怎么样？为什么？你认为如何进一步促进企业年金计划的蓬勃发展？

【本章思考题】
1. 请解释说明退休规划的平衡原理及其公式。
2. 待遇确定型计划和缴费确定型计划的特点有哪些？
3. 请说明我国企业年金制度中存在的两种主要的法律关系；其中信托模式如何体现？
4. 请比较说明我国企业年金基金管理办法有关投资具体规定的变迁。
5. 为什么说EET延税模式是最适合于企业年金计划的税收优惠方式？

Ⅲ 投资篇

第九章 社会保障基金投资基础知识

【本章学习目标】
> 掌握社会保障基金投资的核心基础知识,包括通货膨胀、货币的时间价值、单利和复利、终值和现值、复利期间和有效年利率、年金和增长型年金、净现值和内部收益率等概念、计算等与社会保障基金投资管理密切相关的知识
> 熟悉金融市场构成与金融机构种类,了解社会保障基金进行投资管理的场所环境
> 熟悉社会保障基金投资涉及的金融投资工具的种类及特征

第一节 投资基础知识

一、为什么要投资

为什么要投资?投资是为了追求更高的回报。希望通过牺牲当前的消费以取得未来更高的消费水平;或者希望通过获取投资回报,保障货币购买力、实现资金保值增值的目标。

现代经济运行方式下人们可能遭遇各种社会风险,养老、医疗、住房等均需要进行提前规划与安排。国家通过社会保障制度帮助居民个人集中资源、分散风险;从个人角度,通过缴纳社会保障缴费,当发生社会风险时可以获得制度帮助,领取对应的保险金渡过难关。因此对个人来说,支出社会保障费,通过全社会的制度体系分散风险,进行个人社会风险的提前规划与规避,从而实现个人和家庭长期的生活保障。此外,个人对自有资金进行合理的投资管理,有利于实现资金的保值增值,改善个人和家庭经济状况,如以规避未来风险(如年老风险)、提高退休待遇为目标进行投资管理,将会对社会保障起到有效的补充作用,提高退休保障等的待遇水平。对于由广大参保人缴费汇集起来的社会保障基金,由于规模大、时间长、责任重,必须对基金进行合理的投资管理,否则巨额基金将遭遇长期通货膨胀的侵蚀,损害参保人的利益。

投资是货币转化为资本的过程,可分为实物投资和证券投资,涉及财产的积累以求在未来得到收益。投资决策就是通过对收益和风险的权衡,解决如何投(投资策略)、投什么(投资选择)、何时投(投资时机)的问题。投资决策还应考虑投资人的风险偏好、风险承担能力与预期投资回报是否相匹配,投资人的权利义务,以及投资人的权益保障等。投资规划的制订,需要对以上各种因素进行全盘充分的考量,以帮助投资人在限定的时间内实现既定投资目标。对于社会保障基金来说,考虑不同社会保障项目的风险收益特征,来制定投资策略、进行投资规划,以满足不同社会保障项目的基金管理需求。

投资目标对投资规划的制订至关重要,不同的投资目标将采取不同的投资策略,制订不同的规划。投资过程就是根据确立的合理预期,设计和实施与投资目标相一致的投资方案的过程。个人和家庭在确定投资目标前必须预留出当前生活必需的资金和一部分应急资金,之后剩余的资金资产,应确立合理的投资目标,通过投资活动实现投资目标。而对社会保障基金,则需要预留出支付给参保人正常保障的资金,在保证一定的流动性的前提下,

再安排投资与管理。

投资目标对个人和家庭来说一般有如下几种：一是以积累养老基金为目标，即采取长期投资的理念和方式，在从当前直至退休的时间周期中进行资产的匹配和投资规划，以退休时点取得更高养老金积累和退休后更高水平的老年生活为目标；二是以增加当前收益为目标，即意图通过投资赚取红利和利息收入，以获取较高的当期收益；三是以重大支出积累为目标，如个人和家庭需要就某项重大支出如住房、汽车、子女教育等项目进行资金积累，还有以避税为目标等。对于社会保障基金来说，获得增值收益是投资目标，但承受的投资风险应该在对应社会保障基金的合理范围内。

二、理解通货膨胀

投资必须充分理解并高度重视通货膨胀。特别是对大规模积累的社会保障基金而言，若投资不能跑赢通货膨胀，就是基金的巨额损失。通货膨胀是指在货币流通条件下，因货币实际需求小于货币供给，导致货币贬值，而引起一段时间内物价持续、普遍上涨的现象。货币主义学派认为通货膨胀产生的原因是：当市场上货币发行量超过流通中所需要的货币量，就会出现纸币贬值、物价上涨，导致购买力下降，即通货膨胀。该理论总结形成了著名的货币数量公式：

$$MV = PT \tag{9-1}$$

其中，M 是货币总量；V 是货币流通速度；P 是物价水平也即通货膨胀的度量；T 是总交换量即该经济体的总产出。

货币主义创始人、诺贝尔经济学奖得主弥尔顿·弗里德曼认为这个方程是一个由左至右的方程，也就是说当货币总量增加并且货币的流通速度因此上升时，右边的两个参数的积会增加。如果 P 增长的幅度比 T 更多，物价水平就比产出上升更快，从而产生通货膨胀。

通货膨胀对居民的收入和消费产生重要影响，通货膨胀导致居民的实际收入水平下降，等量货币的商品购买力下降，居民的实际生活水平降低、福利减少。通货膨胀的收入分配效应对低收入者十分不利，将使其福利受损，而高收入者却可以从中获益。一方面，通货膨胀不利于靠固定货币收入维持生活的人，其收入是固定的货币数额，落后于上升的物价水平，因此其实际收入因通货膨胀而减少，每一元收入的购买力随物价水平的上升而下降，生活水平必然相应地降低；而相反，那些获得变动收入如利润的人，则能从通货膨胀中获益，他们的货币收入会在价格水平和生活费用上涨之前增加。另一方面，通货膨胀对储蓄者不利。随着价格的实际上涨，存款的实际价格或购买力降低，那些有现金货币或者银行存款的人受到严重打击。同样，养老保险金、医疗保险金、社会保障基金以及其他存量资金，都会在通货膨胀中遭遇贬值。

通货膨胀对积累基金的负面影响极其重要。一个 100 万元规模的积累基金，按照年 5% 的通货膨胀水平，经过 30 年的时间，其购买力仅有 22 万元，还不足原来的 1/4。因此，对抗通货膨胀是积累资金进行投资的首要目标，在保值的基础上，再寻求更高的投资收益。

社会保障基金积累金额巨大，若不能进行良好地投资管理，将造成基金的巨额贬值损失。截至 2020 年年底我国各项社会保障基金中，全国社保基金积累 29 227 亿元，基本养老保险基金 58 075 亿元，企业年金 22 497 亿元，医疗保险基金 24 846 亿元，住房公积金

73 041 亿元，合计高达 21 万亿元之巨①。因此，对积累的社会保障基金进行投资管理是对抗通货膨胀、保障社会保障资金长期购买力的内在迫切需要。

三、货币的时间价值、单利和复利

理解货币的时间价值是理解投资的关键，特别是在进行长周期社会保障基金的投资管理时，必须深刻理解货币时间价值及其应用，才能准确把握基金投资管理。

（一）货币的时间价值

货币的时间价值（time value of money）是指当前所持有的一定量的货币，比未来获得的等量货币具有更高的价值。货币之所以具有时间价值，是因为：①货币可以满足当前消费或用于投资而产生投资回报，因此货币占用具有机会成本；②随时间发生的通货膨胀可能造成货币贬值；③投资可能产生投资风险，需要提供风险补偿。

通常用 PV（present value）代表现值，即当前时间点的价值；FV（future value）代表终值，即未来某个时间点的价值；t 表示终值与现值之间的时间区间；r 表示利率。所有的投资品定价问题均与这四个变量有关，根据其中三个变量即可推知第四个变量的值。具体见图 9-1。

图 9-1　货币的时间轴与四个变量

（二）单期的终值和现值

单期终值是指在一个时间周期上，初始金额 PV 以 r 的利率经过一期，到期末能够获得的金额或者价值。具体见图 9-2。

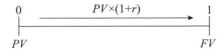

图 9-2　单期终值

假设有 10 000 元进行投资，年利率 5%，则一年后有多少钱？

$$FV = PV \times (1+r) = 10\,000 \times (1+5\%) = 10\,500（元）$$

单期的终值公式为

$$FV = PV \times (1+r) \tag{9-2}$$

其中，PV 是第 0 期即当前时点的现金；r 为利率或收益率。

单期现值是指在一个时间周期上，已知期末终值和利率 r，推算该终值金额在当前时点的价值。具体见图 9-3。

---

① 数据来源：《全国社会保障基金理事会社保基金年度报告 2020》《2020 年度人力资源和社会保障事业发展统计公报》《2020 年全国基本医疗保障事业发展统计公报》《全国住房公积金 2020 年年度报告》。

图 9-3　单期现值

假设一年之后你需要 10 000 元，现在起进行投资，年利率 5%，则当前初始投资金额应为多少？

$$PV = \frac{FV}{1+r} = \frac{10\,000}{1+5\%} = 9\,523.81(元)$$

即现在用 9 523.81 元进行投资，按照 5% 的年收益率，一年后将有 10 000 元可用于满足需要。

单期的现值公式为

$$PV = \frac{FV}{1+r} \tag{9-3}$$

（三）多期的终值和现值

现实生活中的投资往往是多周期的，需要考虑跨越多个周期的终值和现值。多期终值是指一笔投资经过多个周期，在最终时间点上的价值。具体见图 9-4。

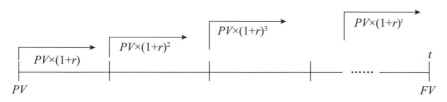

图 9-4　多期复利终值

每一个周期，都在上一个周期末资金金额的基础上，增加本周期的投资收益（1+r），直至投资的终点。

假如张先生购买了 A 公司首次公开发售的股票。该公司的分红为每股 1.10 元，并预计未来 5 年中每年以 40% 的速度增长。那么 5 年后的股利为多少元？

$$FV = C_0 \times (1+r)^t = 1.10 \times (1+40\%)^5 \approx 5.92(元)$$

这就是以复利方式计算收益终值。很明显终值远大于以单利方式计算的收益：

$$5.92 > 1.10 + 1.10 \times 40\% \times 5 = 3.3（元）$$

多期终值公式为

$$FV = PV \times (1+r)^t \tag{9-4}$$

$(1+r)^t$ 是终值复利因子，是指 1 元钱在投资报酬率为 r 的前提下投资 t 年的终值。

图 9-5　多期复利现值

多期现值（具体见图9-5）公式为

$$PV = \frac{FV}{(1+r)^t} \tag{9-5}$$

$1/(1+r)^t$ 是现值复利因子，是指1元钱在投资报酬率为 r 的前提下贴现 t 年的现值。

上述多期终值和多期现值的公式中，PV 是当前时点即第0期的现值，FV 是第 t 期的终值，r 是利率或回报率，t 是投资时间区间。现值计算是终值的逆运算。终值计算是将现在的一笔钱，计算为未来某一时刻的本利和。而现值计算，则是将来一笔钱相当于现在多少钱的倒算。终值和现值的计算是货币时间价值计算的最基础也是最重要的换算关系。随着期限 t 的增长，现值复利因子 $1/(1+r)^t$ 逐渐减小，即同样一笔钱，离现在越远，现值越小；随着利率 r 的提高，现值复利因子 $1/(1+r)^t$ 逐渐减小，即同样一笔钱，贴现率越大，现值越小。反之，随期限 t 增长，终值复利因子 $(1+r)^t$ 逐渐增大。即同样一笔钱，离现在越远，终值越大；同时随利率 r 提高，终值越大。

（四）复利和单利的区别

复利和单利是两种不同的计息方式，对终值和现值的计算有巨大影响，且时间越长，复利和单利的计算结果差别越大。

假设年利率12%，今天投入5 000元，6年后你将获得多少钱？分别用单利和复利的计息方式计算。

采用单利方式：5 000 +（5 000 × 12% × 6）= 8 600（元）

采用复利方式：5 000 ×（1+12%）^{6} ≈ 9 869.11（元）

此例中复利和单利之间的差异为：9 869.11 − 8 600 = 1 269.11（元），复利方式比单利方式获取收益高出35%。

因此，在投资中应特别注意单利和复利的计息方式差异，会对投资收益有重大影响。

（五）不同利率和期限下终值与现值的变化

【例题9-1】 如何成为百万富翁？

假设你现在21岁，每年能够获得10%的收益，想要在65岁时积累100万元安享晚年。那么今天你需要多少钱用于投资？

本例中，目标 FV = 1 000 000（元）；r = 10%；t = 65 − 21 = 44（年），求 PV = ？

$PV = FV/(1+r)^t$ = 1 000 000/(1+10%)^{44} ≈ 15 091（元）

你目前只需要筹集15 000元就可以实现目标！

【例题9-2】 美国前总统富兰克林死于1790年。他在自己的遗嘱中写道，他将分别向波士顿和费城市政府捐赠1 000美元用于设立奖学金。但是捐款必须等他死后200年方能捐出使用。到1990年时，付给费城的捐款已经变成200万美元，而给波士顿的已经达到450万美元。请问：两个城市的投资收益率各为多少？

费城的投资收益率：

FV_1 = 2 000 000 = 1 000 × (1+R_1)^{200}，求出 R_1 ≈ 3.87%。

波士顿的投资收益率：

FV_2 = 4 500 000 = 1 000 × (1+R_2)^{200}，求出 R_2 ≈ 4.3%。

费城和波士顿的投资收益率看数据相差并不太大，但是时间和复利的作用将对终值产生重大影响。因此，时间对于投资收益的增长至关重要，即使年收益率不高，一个很小的现值也可以变成一个很大的终值。

由上述实例可知，在时间的作用下，复利计息的方式对资本增长影响巨大。因此财务规划如长期投资，开始得越早，需要的投入就越少。

四、复利期间和有效年利率

（一）复利期间

投资中，计息周期也会影响到收益率。

一年内对某金融资产计 m 次复利，T 年后得到的价值 FV 是

$$FV = PV \times \left(1 + \frac{r}{m}\right)^{mT} \tag{9-6}$$

现值是

$$PV = \frac{FV}{\left(1 + \frac{r}{m}\right)^{mT}} \tag{9-7}$$

【例题 9-3】 现有 50 元进行投资，年利率 12%，每半年计息一次，那么 3 年后这笔钱为多少元？

$$FV = PV \times \left(1 + \frac{r}{m}\right)^{mT} = 50 \times \left(1 + \frac{12\%}{2}\right)^{2 \times 3} \approx 70.39（元）$$

【例题 9-4】 某人希望在 2 年后取得本利和 100 元，则在利率 10% 复利方式下此人现需要存入银行多少钱？每半年付息一次。

$$PV = \frac{FV}{\left(1 + \frac{r}{m}\right)^{mT}} = \frac{100}{\left(1 + \frac{10\%}{2}\right)^{2 \times 2}} \approx 82.27（元）$$

（二）有效年利率（effective annual rate，EAR）

很明显，对于一年内多次计息的情况，其真实的年收益率会高于一年一次的计息方式。那么例题 9-3 中投资的有效年利率是多少呢？3 年后能带来相同回报的年收益率，就是该项投资的有效年利率 EAR。

$$FV = 70.93 = 50 \times (1 + EAR)^3$$

解得 $EAR=12.36\%$，即按照 12.36% 的年利率所获的投资回报，与按照 12% 的名义利率每半年复利计息的投资回报是相同的。

有效年利率的计算公式：

$$EAR = \left(1 + \frac{r}{m}\right)^m - 1 \tag{9-8}$$

随着复利次数的增加，同一个名义年利率求出的有效年利率 EAR 也会不断提高，但提高的速度会越来越慢，幅度越来越小，最终达到一个极限值，如表 9-1 所示。

表 9-1　10% 名义年利率在不同复利次数下的有效年利率

复利区间	复利次数	有效年利率 (%)
年	1	10.00000
季	4	10.38129
月	12	10.47131
周	52	10.50648
日	365	10.51558
时	8 760	10.51703
分	525 600	10.51709

名义年利率 APR（annual percentage rate）是设定的年利率，如果一年内的复利或者贴现次数为1，则名义年利率等于有效年利率，即 APR=EAR。若一年内复利或贴现次数大于1，则名义年利率小于有效年利率，即 APR<EAR。

五、年金和增长型年金

（一）年金

年金（annuity）是指在一定期限内，时间间隔相同、不间断、金额相等、方向相同的系列现金流。一般来说，每年的年金现金的利息也具有时间价值，因此年金的终值和现值的计算通常采取复利方式。

根据现金流在一个时间间隔中发生时间点的不同，年金可以分为期末年金和期初年金。

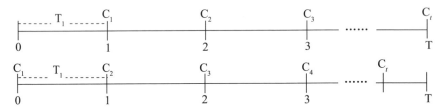

图 9-6　期末、期初年金现金流

期末年金是现金流发生于固定时间间隔的期末，如图 9-6 上图；期初年金是现金流发生在时间间隔周期的初始时点，如图 9-6 下图。

期末年金的现值可以表示为每一个时间周期现金流的现值之和：

$$PV_{末} = \frac{C}{(1+r)} + \frac{C}{(1+r)^2} + \frac{C}{(1+r)^3} + \cdots + \frac{C}{(1+r)^T}$$
$$= \frac{C}{r}\left[1-\left(\frac{1}{1+r}\right)^T\right] \quad (9\text{-}9)$$

期初年金现值可以表示为每一个时间周期现金流的现值之和：

$$PV_{初} = C + \frac{C}{(1+r)} + \frac{C}{(1+r)^2} + \cdots + \frac{C}{(1+r)^{T-1}}$$
$$= \frac{C}{r}\left[1-\left(\frac{1}{1+r}\right)^T\right](1+r) \quad (9\text{-}10)$$

年金的终值如同零存整取的本利和，是一定时期内每期收付款项的复利终值之和。期末年金终值：

$$FV_{\text{末}} = C + C(1+r) + C(1+r)^2 + \cdots + C(1+r)^{T-1}$$
$$= \frac{C}{r}\left[(1+r)^T - 1\right] \quad (9\text{-}11)$$

期初年金终值：

$$FV_{\text{初}} = C(1+r) + C(1+r)^2 + \cdots + C(1+r)^T$$
$$= \frac{C}{r}\left[(1+r)^T - 1\right](1+r) \quad (9\text{-}12)$$

【例题9-5】王先生在未来10年内每年年末获得1 000元，年利率为8%，这笔年金的现值是多少？如果年初获得，现值是多少？

$$PV = \frac{1\,000}{0.08} \times \left[1 - \left(\frac{1}{1+0.08}\right)^{10}\right] \approx 6\,710.08 \text{（元）}$$

若是期初年金，再乘以 (1+0.08)，得 7 246.88 元。

【例题9-6】王先生在未来10年内每年年末获得1000元，年利率为8%，则10年后这笔年金的终值为多少？如果年初获得，终值为多少？

$$FV_{\text{末}} = \frac{1\,000}{0.08} \times \left[(1+0.08)^{10} - 1\right] \approx 14\,486.56 \text{（元）}$$

$$FV_{\text{初}} = \frac{1\,000}{0.08} \times \left[(1+0.08)^{10} - 1\right] \times (1+0.08) \approx 15\,645.49 \text{（元）}$$

【例题9-7】计算消费贷款年金的现值。如果你采用了一项为期36个月的购车贷款，每月月末为自己的汽车支付400美元，年利率为7%，按月计息。那么你现在能够购买一辆价值多少美元的汽车？

该消费贷款的现金流如图9-7所示。

图 9-7 消费贷款的现金流

求该消费贷款的现值：

$$PV = \frac{400}{0.07/12}\left[1 - \frac{1}{\left(1+\frac{0.07}{12}\right)^{36}}\right] \approx 12\,954.59 \text{（美元）}$$

结论是，你若采用该消费贷款，可以购买一辆大约13 000美元的汽车。

（二）增长型年金

增长型年金是以某固定比率增长的年金，其现金流如图9-8所示。

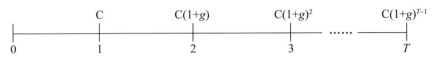

图 9-8 增长型年金现金流

同样，根据现金流发生的时间点分为期末增长型年金和期初增长型年金，分别求现值与终值。

期末增长型年金求现值：

$$PV_{\text{末}} = \frac{C}{1+r} + \frac{C(1+g)}{(1+r)^2} + \frac{C(1+g)^2}{(1+r)^3} + \cdots + \frac{C(1+g)^{T-1}}{(1+r)^T} \quad (9-13)$$

整理化简得

$$PV_{\text{末}} = \frac{C}{r-g}\left[1-\left(\frac{1+g}{1+r}\right)^T\right], \quad （当 r \neq g 时） \quad (9-14)$$

$$PV_{\text{末}} = \frac{TC}{1+r}, \quad （当 r = g 时） \quad (9-15)$$

期末增长型年金求终值：

$$FV_{\text{末}} = \frac{C(1+r)^T}{r-g}\left[1-\left(\frac{1+g}{1+r}\right)^T\right] \quad (9-16)$$

期初增长型年金求现值：

$$PV_{\text{初}} = \frac{C(1+r)}{r-g}\left[1-\left(\frac{1+g}{1+r}\right)^T\right] \quad (9-17)$$

期初增长型年金求终值：

$$FV_{\text{初}} = \frac{C(1+r)^{T+1}}{r-g}\left[1-\left(\frac{1+g}{1+r}\right)^T\right] \quad (9-18)$$

【例题 9-8】计算增长型年金。一项养老金计划为你提供 40 年的养老金。第一年 20 000 元，以后每年增长 3%，年底支付。如果贴现率为 10%，这项计划的现值是多少元？

$$PV = \frac{20\,000}{10\%-3\%}\left[1-\left(\frac{1+3\%}{1+10\%}\right)^{40}\right] \approx 265\,121.57 （元）$$

六、净现值和内部收益率

（一）净现值

净现值（net present value，简称 NPV）是投资项目的评估方法之一。在项目计算期内，按行业基准折现率或其他设定的折现率计算的各期净现金流量现值的代数和，是所有收入现金流与支出现金流现值的差额。由于项目投资有支出有收入，因此现金流有正有负，NPV 也有正有负。

当 NPV>0，说明项目的收益为正；若 NPV<0，说明项目收益为负。投资人进行项目

投资的目标是获取正的收益，因此 NPV 为正，项目可行，且 NPV 越大越好。净现值公式为

$$NPV = \sum_{t=0}^{n} \frac{(CI-CO)_t}{(1+r)^t} \qquad (9\text{-}19)$$

其中，NPV 是净现值；CI 表示现金流入；CO 表示现金流出；r 为折现率；t 为时间周期。

该公式表示，在每一个时间周期中，现金流入减去现金流出所得净现金流，再经过对应周期的折现操作，计算每一期现金流的净现值之和。

【例题 9-9】用 NPV 方法判断投资项目。某项目，初始投资为 1100 元，投资收益率为 10%，每年的收入和支出如表 9-2 所示，请问该项目是否值得投资？

表 9-2 用 NPV 方法判断投资项目

年 度	收入（元）	支出（元）
0	0	1 100
1	1 000	500
2	2 000	1 300
3	2 200	2 700
4	2 600	1 400

根据 NPV 公式：

$$\begin{aligned} NPV &= \sum_{t=0}^{n} \frac{(CI-CO)_t}{(1+r)^t} \\ &= (0-1100) + \frac{1\,000-500}{(1+10\%)} + \frac{2\,000-1\,300}{(1+10\%)^2} + \frac{2\,200-2\,700}{(1+10\%)^3} + \frac{2\,600-1\,400}{(1+10\%)^4} \\ &\approx 377.02(元) > 0 \end{aligned}$$

该项目可行。

净现值方法的缺陷在于：

（1）需要预先给定折现率，这给项目决策带来了困难。因为若设定折现率较高，则可行项目就可能被否定；反之，折现率若定得过低，则不合理的项目就有可能通过。图 9-9 显示了 A、B 两个项目的净现值曲线。由图 9-9 可知，当折现率 i_0 = 8% 时，A、B 两个项目的净现值相等，具有同样好的收益；当折现率 i_0 < 8% 时，A 项目的净现值大于 B 项目；当折现率 i_0 > 8% 时，B 项目的净现值反而大于 A 项目。且当 i_0 > 11% 时 A 项目净现值为负，i_0 > 15% 时 B 项目净现值也为负。由此可见，在净现值方法的运用中，折现率对方案的取舍起到至关重要的影响，必须对折现率有较为客观满意的估计。

（2）净现值指标用于多方案比较时，由于仅考虑最终的净现值而没有考虑各方案投资额的大小，因而不能直接反映资金的利用效率，当方案间的初始投资额相差较大时，可能出现选择失误。因为一个勉强合格的大型项目的正净现值可以比一个很好的小型项目的正净现值大得多，这样决策时就有可能选择大项目，造成失误。

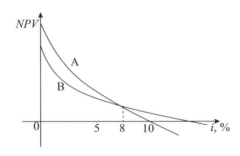

图 9-9　两个项目的净现值变化

（二）内部收益率

内部收益率（internal rate of return，IRR）又称内部报酬率，是另一种投融资决策方法，是最重要的经济项目评价指标之一。

内部收益率是净现值 NPV 为零时的折现率。若投资者所要求的收益率（如必要收益率）i_0<IRR，说明项目能获取的收益率超过要求的收益率目标，或者说按照投资者要求的收益率计算，该项目的净现值 NPV>0，项目可接受；反之，若 i_0>IRR，说明项目收益率不及所要求的目标收益率，或者说按照投资者要求的收益率计算，该项目的净现值 NPV<0，项目不可接受。IRR 越大越好。由于 IRR 是 NPV=0 时计算得出的，是确定的内部收益率，不因投资者个人的主观判断而有差异，因此，采用 IRR 来进行投资决策，比较客观和直观。

内部收益率公式：

$$\sum_{t=0}^{n} \frac{(CI-CO)_t}{(1+IRR)^t} = NPV = 0 \qquad (9\text{-}20)$$

计算求得 IRR。

【例题 9-10】计算内部收益率（见图 9-10）。某投资项目需有如下现金流，如果投资人对该项目要求的投资收益率为 18%，请问该项目是否值得投资？

图 9-10　计算内部收益率

$$NPV = 0 = -200 + \frac{50}{1+IRR} + \frac{100}{(1+IRR)^2} + \frac{150}{(1+IRR)^3}$$

解得：IRR ≈ 19.44% > 18%。因此，项目可接受。

内部收益率方法的优点主要体现在：①直观、清晰地表明项目投资的盈利能力和投资资金的使用效率。② IRR 由内生决定，并非像 NPV 那样需要外生给定，因此较为客观、容易决策。IRR 方法的缺点在于：

（1）假定再投资的收益率都是 IRR，而这可能不符合实际情况。

（2）高次方程，会出现多解或者无解的情况，通常不能直接解出，需要采用逼近法和内插法求近似值。当 IRR 和 NPV 方法的结果发生冲突时，投资项目的决策应更多参考

NPV 的结论。

（3）更适合独立方案的评价，而对于多项目选择时可能出问题。

社会保障基金的投资管理首先必须深刻理解和熟练掌握上述投资相关的基本概念、公式和方法。对于理解社会保障基金的风险收益特征，基于不同的期限匹配要求和风险收益要求，制定恰当的投资策略、选择适合的投资工具，是基础性的知识储备。

第二节　金融市场与金融机构

一、金融市场

金融体系是一个包括金融市场、金融市场的参与者、参与者交易的金融工具的内在系统，其功能是为资金需求方和资金供给方提供交换媒介、交易机制和交易场所，完成储蓄向投资的转化。通过风险定价机制，可以达成资金作为一种稀缺资源的有效配置。广义的金融市场是金融体系和金融环境的总称。狭义的金融市场是指金融交易的交易机制、交易场所和交易活动的总和。本书所谈金融市场是指狭义的金融市场。社会保障基金与其他基金一样，在金融市场中实施投资管理。

金融市场，又称证券市场，是金融资产即有价证券发行和交易的场所。

（一）金融市场的融资方式

金融市场的融资方式主要分为两类：直接融资和间接融资。

直接融资是指没有金融中介机构介入的资金融通方式，资金盈余单位通过直接与资金需求单位签订协议，或者在金融市场上购买资金需求方发行的有价证券，将资金提供给需求方使用的融资方式。商业信用、企业发行股票和债券，以及企业之间、个人之间的直接借贷，均属于直接融资。与间接融资相比，投融资双方都有较多的选择自由，对投资者来说收益较高，而对筹资者来说成本又比较低。但由于信息差异和筹资人的资信程度差异，直接融资的风险程度大不相同。

间接融资是指资金盈余单位与资金短缺单位之间不发生直接关系，而是分别与金融机构发生一笔独立的交易，如单位或个人通过存款，或者购买银行、信托、保险等金融机构发行的有价证券，将其暂时闲置的资金先行提供给这些金融中介机构，然后再由这些金融机构以贷款、贴现等形式，或者通过购买需要资金单位发行的有价证券，把资金提供给这些单位使用，从而实现资金融通的过程。与直接融资不同的是，间接融资不要求资金提供方和资金需求方之间有良好的信息交流和信任，资金的供需双方可以完全互不认识，双方各自基于对金融中介的信任，进行交易，完成资金融通。因而间接融资能够较好地解决信息不对称问题，降低信息成本，提供更多交易机会，提高投资的灵活性和流动性，有效降低风险和提高收益。

（二）金融市场的分类

（1）货币市场和资本市场。根据证券到期日和融资期限可以分为货币市场和资本市场。

货币市场是期限为一年或一年以下的短期金融工具发行和交易流通的市场，实质是短期资金市场。货币市场证券包括大额可转让定期存单、商业本票、银行承兑汇票、国库券、银行同业拆借、央行贴现窗口贷款、央行票据、短期融资券等。货币市场证券的特点是期限较短，具有较好的安全性和流动性。货币市场的功能是提供流动性。我国货币市场包括银行间同业拆借市场、银行间短期债券市场和票据市场。其中银行间同业拆借市场形成的同业拆借利率称为CHIBOR，是短期利率的重要指标。

资本市场是一年以上的债务证券和股权证券发行和交易的市场，实质上是一年期以上的中长期资金市场。资本市场证券包括普通股股票、优先股股票、公司债券（企业债）、国债、可转换债、次级债券等。资本市场的功能是提供资本化投资所需的资金。资本市场主要由股票市场和债券市场组成。债券市场是债务证券发行、转让和流通的市场，而股票市场是股权证券发行、转让和流通的市场。我国的债券市场包括交易所的债券市场、银行间中长期债券市场。

（2）一级市场和二级市场。一级市场，又称初级市场或者发行市场，是证券发行人初次发行或者增发证券的市场。投资人在初级市场向发行人购入有价证券。二级市场是已经发行的证券转让流通的市场。二级市场改善了证券的可售性，增加了证券的流动性，并可以通过价格机制实现资源的优化配置。

（3）即期市场、远期市场和期货市场。根据交割期限，金融市场可分为即期市场、远期市场和期货市场。即期市场是约定在交易达成的几个工作日内立即完成交易标的交割的市场。外汇、国债、商品交易都有即期市场。远期市场是交易双方约定在未来某一时间按约定价格、数量和质量完成交易标的交割的市场。外汇交易存在一个全球化的、范围很大的远期市场。期货市场是期货合约交易的市场。期货合约实质上是一种标准化的远期合约，按交易标的可分为金融期货和商品期货。若交割的标的是金融工具，则为金融期货合约，外汇、国债等都是金融期货合约交易的对象。我国商品期货市场的交易品种主要有铜、铝、天然橡胶、小麦、棉花、白糖、大豆等。

（4）交易所市场和场外交易市场。按交易场所划分，可分为交易所市场和场外交易市场。交易所市场是一个组织严密、由有固定交易所席位的经纪人参加、有严格交易规则、提供交割清算服务的市场。具有代表性的交易所市场包括纽约证券交易所、香港联合交易所、上海证券交易所等。场外交易市场是指在交易所外其他场所进行交易的市场。典型的场外交易市场包括柜台交易市场、第三市场和第四市场等。柜台交易市场又称店头市场，是指在交易所外，由券商组织，按协议定价规则进行证券转让买卖的市场，是最大也是最重要的场外交易市场。第三市场又称柜台外市场，是由非交易所会员券商在市场外组织的大宗证券买卖市场。第四市场是机构在交易所外直接进行大宗证券买卖的市场。

二、金融机构

金融机构是专门从事货币信用活动的中介组织，又称金融中介。其功能是解决资金供需双方的信息不对称，提高货币融通效率。金融中介在发行和购买金融工具的过程中获得利差和手续费，从而实现利润。金融中介通过吸收盈余单位的存款和对赤字单位发放贷款，向社会提供了信用和流动性，保证了资金的流转和经济活动的连续运行。金融中介因为其特殊的中介地位和专业能力，拥有收集更多信息的优势，如贷款人通常在商业银行开立有基本账户，因而商业银行能够充分掌握借款人的经营情况、信用记录、目前财务状况等关键信息，从而对贷款进行准确的评估，有效解决信息不对称问题。金融中介为借款人提供更多借款机会，降低其融资成本，制定专业的融资方案，具有灵活性和专业性。同样，金融中介通过降低信息成本，提供风险定价机制，提高资金的收益率，而为资金盈余单位或贷款人创造价值。金融中介具备专业的风险管理人才和技术，可以实现贷款投资组合的多样化，能够有效降低风险；金融中介为贷款人创造更多借贷机会，使得中小贷款人有机会间接参与重大投资项目的融资活动而从中获益。此外，金融中介还为贷款人提供了金额、期限、利率等方面更好的灵活性，更好地促进货币的融通和流动。

我国的金融机构主要包括：

（一）中央银行

中央银行通常简称为央行。央行是一个国家或地区政府负责发行货币、管理货币流通、制定货币政策和提供清算体系的管理当局。央行是银行的银行，商业银行和其他存款性金融机构在中央银行开立法定存款准备金账户和超额准备金账户，通过央行完成金融体系中各金融机构间的清算，并在必要时取得央行贷款补足头寸或流动性。在商业银行发生支付危机时，央行是商业银行的最终贷款人。央行是政府的银行，通常具有经理国库的职能。财政部的资金账户开立在中央银行，税收等财政收入通过这一账户进入国库，而预算内或预算外的财政支出也会通过这一账户对外支付。央行是金融体系中最重要的监管单位，负责监控货币和经济的运行情况，保障金融体系的稳定和安全。央行是货币政策的制定者，其主要货币政策目标包括稳定物价、充分就业、经济增长和国际收支平衡。央行通过公开市场业务、再贷款和再贴现、存款准备金和窗口指导四大货币政策工具来影响和调整市场利率和货币供应量，进而达到调控宏观经济运行的目的。

中国人民银行是中国的中央银行，在国务院领导下负责统计监控宏观经济运行、管理金融体系，制定和实施货币政策。

（二）银行类金融机构

1. 政策性银行

政策性银行是指由政府设立，以贯彻政府的经济政策为目标，在特定领域开展金融业务的不以赢利为目的的专业性金融机构。政策性银行专门为贯彻、配合政府社会经济政策或意图，在特定业务领域内，直接或间接地从事政策性融资活动，充当政府发展经济、促进社会进步、进行宏观经济管理的工具。1994年，我国设立了国家开发银行、中国进出口银行和中国农业发展银行三家政策性银行，分别承担国家重点建设、大型设备或项目进出口贸易融资和农业政策性贷款业务。国家开发银行的资金来源主要是财政资金和金融债券发行，在关系国家经济发展命脉的基础设施、基础产业和支柱产业重大项目及配套工程建设中，重点对电力、公路、铁路、石油化工、城市建设及邮电通信等行业提供贷款，发挥长期融资主力银行的作用。2008年，国家开发银行完成股份制改革，转型为商业银行。中国进出口银行的主要职责是贯彻执行国家产业政策、对外经贸政策、金融政策和外交政策，为扩大我国机电产品、成套设备和高新技术产品出口、推动国内企业开展对外承包工程和境外投资，促进对外关系发展和国际经贸合作，提供政策性金融支持。中国农业发展银行的主要职责是全面贯彻落实国家粮棉购销政策和有关经济、金融政策，以国家信用为基础，筹集农业政策性信贷资金，承担国家规定的农业政策性金融业务，代理财政性支农资金的拨付，为农业和农村经济发展服务。

2. 商业银行

商业银行是以吸收存款、发放贷款和办理转账结算作为主要服务内容的金融机构。商业银行出售一种具有一定流动性、风险和收益的资产，并购买另一种具有一定流动性、风险和收益的资产，并获得利润，这一过程称为资产转换。商业银行将储蓄转化为工商贷款产生息差，扣除商业银行的经营管理成本，即是商业银行的利润。商业银行的主要业务分为负债业务、资产业务和中间业务。负债业务是商业银行得以获得资金来源的业务，通过支付一定的成本（利息）获得资金，从而可以使用和放贷资金从而获得利润。各类储蓄存款、借款等均是负债业务。资产业务是银行利用负债业务筹集的资金，加以运用以取得收入的过程。一般资产业务的利息收入大于负债业务的利息成本，因而银行可以实现利润。各类现金类资产、贷款业务、证券投资等均属于资产业务。中间业务主要是各类转账结算、承兑业务、信用证、银行保函、代理业务等降低信用成本、促进资金融通的业务类型，通过手续费等方式获取收入产生利润。

我国商业银行包括：①六大国有商业银行，主要有中国工商银行、中国农业银行、中国银行、中国建设银行、中国邮政储蓄银行、交通银行；②十二家全国性股份制商业银行，主要有招商银行、浦发银行、中信银行、中国光大银行、华夏银行、中国民生银行、广发银行、兴业银行、平安银行、恒丰银行、浙商银行、渤海银行。此外还有由原城市信用社和农村信用社改制而形成的城市商业银行和农村商业银行。

（三）非银行金融机构

非银行金融机构是指以发行股票和债券、接受信用委托、提供保险等形式筹集资金，并将所筹资金用于长期性投资的金融机构。

非银行金融机构与银行的区别在于信用业务形式不同，其业务活动范围取决于国家金融法规的规定。我国非银行金融机构是指除商业银行和专业银行以外的所有金融机构，包括基金管理公司、信托公司、证券公司、保险公司、融资租赁公司等机构以及小额信贷公司、担保公司、财务公司、典当行等。这类机构资金筹措和放贷灵活、手续便捷，符合中小企业需要快速融资的要求。我国的非银行金融机构主要有以下几种：

（1）保险公司。保险公司是收取保费并承担风险补偿责任、拥有专业化风险管理技术的金融组织机构。保险公司作为保险人，向购买保险的投保人收取保险费，并向其出具载有按照双方约定的保险金额和赔付条件等内容的保单，在出现保险事件后按照保单条款向受益人赔付保险金。保险公司在承保风险过程中具有独特的社会功能和重要的经济功能：一是向受益人提供有形的经济补偿，二是向投保人和受益人提供无形的和精神上的安全保障，三是强化投保人风险意识。在保险业务运作过程中，保险公司向金融市场提供了大量的资金，促进了储蓄向投资的转化。

（2）投资银行/证券公司。投资银行或证券公司是与商业银行相对应的一类金融机构。主要从事证券发行、承销、交易、企业重组、兼并与收购、风险投资、项目融资等业务的非银行金融机构，是资本市场上的重要金融中介。投资银行是美国和欧洲大陆的称谓，在中国和日本就是指证券公司。我国证券公司分为经纪类和综合类两类，由中国证监会审批。综合类证券公司可以经营证券经纪业务、证券自营业务、证券承销业务，以及证监会核准的其他投资银行业务如并购、杠杆收购、管理层收购、债务和股权重组、资产管理等。

而经纪类证券公司只允许专门从事证券经纪业务。综合类证券公司和经纪类证券公司的注册资本限额显著不同。

（3）基金管理公司。基金管理公司是有关法律法规设立的对证券投资基金的募集、基金份额的申购和赎回、基金财产的投资、收益分配等基金运作活动进行管理的公司。基金公司作为证券投资基金的管理人，收取一定的管理费提供专业投资管理服务，为证券投资基金的投资人代为管理和运用资金，进行股票、债券等有价证券投资以获取收益。证券投资基金是一种共享收益、共担风险、组合投资、专家运作的集合证券投资方式，其特点是通过招募发行基金单位，集中投资人手中的分散资金，形成规模效应，进行专业化投资管理。证券投资基金按照发行对象和发行方式可分为公募基金和私募基金，按照运作方式可分为封闭式基金和开放式基金，按照组织形式和法律关系可分为公司型基金、信托型基金和契约型基金，按照投资工具可以分为股票基金、债券基金、货币市场基金，按照投资风格可分为价值型、成长型等。

（4）信托投资公司。信托投资公司是依法设立的主要经营信托业务的金融机构。信托业务是指信托投资公司以营利和收取报酬为目的，以受托人身份承诺信托和处理信托事务的经营行为。信托的本质是委托人基于对受托人的信任，将其财产权委托给受托人，由受托人按委托人的意愿以自己的名义，为受益人的利益或者特定目的，进行管理或者处分的行为。信托财产是信托投资公司因承诺信托而取得的财产。因信托财产的管理、运用、处分或者其他情形而取得的财产，归入信托财产。

三、一、二级市场交易及功能

金融市场中一级市场又称发行市场，是证券发行人初次发行或者增发证券的场所，是一个无形的市场。一级市场的功能包括资源配置功能和融资功能、形成金融资产、改变企业产权结构。

证券发行人是为筹措资金而发行证券的公司（或其他主体）。在证券市场上，为保护投资者利益，对证券发行人的资格条件提出了严格的要求。由于不同证券的风险存在差异，因此对其发行人的要求也有所区别。证券投资人是在发行市场上购买证券的人，是证券的原始投资者。相对于发行人而言，对投资人的资格限定宽松得多，主要是对其主体资格的基本限定，如是否具有民事行为能力，个人的职业、机构等是否存在购买禁止或限制性条款等。证券发行市场上的投资人多种多样，包括公司企业、各类金融机构、各种社会基金、外国机构、社会公众及个人投资者等。机构投资者是证券发行市场上的重要力量，主要进行较大规模证券的购买交易。证券中介人是介于发行人和投资人之间的"代理人"，在发行市场中扮演重要角色的是投资银行或证券承销商。投资银行提供的服务包括：证券定价服务，证券承销、包销、分销服务，投融资顾问服务等。此外，发行市场上的中介还有会计师事务所、律师事务所、资产评估机构、信用评级机构等。会计师事务所主要对发行人财务状况的真实性、合规性进行审计，并发表承担法律责任的审计意见，供投资者参考进行投资决策。律师事务所主要是为发行出具法律意见书和为承销出具验资笔录。资产评估机构主要对发行人的资产的现实价值进行评估，进而与其账面价值进行比较，增加或者调减账面价值。信用评级机构主要对各类公司及其股票和债券进行评级打分，为证券投资者决策提供参考依据。

公开发行也称为公募，是指以面向社会大众、按统一的条件公开发售证券的方式。内部发行也称私募,是以事先预定的目标投资者为发行对象,由投融资双方直接磋商发行,这种方式通常不需要承销商参与,因而成本较低,但其证券的流通转让则受到相应限制。在现实中,股票通常采用公开发行的方式,而债券则两者皆有。我们常说的股票 IPO(initial public offering)就是股票首次公开发行。

二级市场又称证券流通市场或者证券交易市场,是指已经发行的证券在不同投资人之间进行交易和流转的场所的总称。二级市场主要是证券交易所。此外还有场外交易市场。证券交易所是证券买卖双方公开交易的场所,是一个高度组织化、集中进行证券交易的市场,是整个证券市场的核心。证券交易所采取会员制,只有会员派出的入市代表才能进行证券交易。根据《中华人民共和国证券法》和《证券交易所管理办法》(证监会令〔第192号令〕),目前上海和深圳两家证券交易所均采取会员制。为保护投资人利益,防止信息不对称对投资人利益的侵害,交易所对上市公司实行严格的信息披露制度。二级市场的功能包括增加证券交易的流动性、资本定价、资源配置等;活跃市场,促进资本资金的流通和使用;支持一级市场的发展,完善投资者投资渠道,协助构建现代化的企业管理机制。

由于进入证券交易所交易必须符合一定的标准要求,必须经过交易所会员才能买卖证券,为此经纪会员还要交付一定数量的佣金等,为了规避严格的法律条件,降低交易成本,就产生了场外交易需求。场外交易市场由柜台交易市场、第三市场、第四市场等构成,其中最主要的是柜台交易市场。在证券市场发展初期,许多有价证券都在柜台上进行交易买卖,因此称为柜台交易市场。随着现代通信技术的发展,许多场外交易并不直接在证券经营机构柜台前进行,而是利用现代通信工具网络进行交易,但习惯上仍然称为柜台交易。如美国的 NASDAQ 市场是最为著名的柜台交易市场。第三市场也称柜台外市场,是由非证券交易所会员的证券商在交易所之外组织已在证券交易所上市的大宗证券买卖的市场。第四市场是机构在交易所之外直接进行大宗证券买卖的市场。

四、证券交易机制

(一)证券交易所的交易机制

社会保障基金管理人对基金进行证券买卖交易,需要遵循证券交易所的交易机制原则:

(1)价格优先原则。价格高的买入申报优先于价格低的买入申报,价格低的卖出申报优先于价格高的卖出申报。

(2)时间优先原则。同价位的申报,依照申报时序决定优先顺序,买卖方向、价格相同的先申报者优于后申报者。

【例题9-11】假设2018年7月15日某只股票有下列四个卖单。

卖单	交易量(手)	时间	报价(元)
a	350	13:45:00	19.50
b	160	13:46:00	19.52
c	280	13:46:00	19.51
d	160	13:48:00	19.50

按照"价格优先,时间优先"的交易原则,可能的成交顺序是:

A.cbda   B.abcd   C.bcad   D.adcb

正确答案：D。

证券交易所的交易规则内容包括：

（1）交易时间。严格按照交易所规定的交易时间内进行，交易所在确定的时间开始和结束。

（2）交易单位。交易所通常会规定一个最小的申报数量作为交易单位，俗称"一手"，委托交易的数量为"一手"的整数倍。对于股票，一手等于 100 股，但对于其他交易品种如期货，则根据不同的交易对象，"手"的含义各有不同，比如农产品期货"一手"是 10 吨，贵金属"一手"则是 5 吨，原油期货"一手"是 1 000 桶等。

（3）最小价格变动单位。交易所规定每次报价和成交的最小变动单位。

（4）价格形成机制。交易所按照连续、公开竞价方式形成证券价格，当买卖双方在交易价格和数量上取得一致时，便立即成交形成价格。

（5）涨跌幅限制。为保护投资者利益，防止股价暴涨暴跌，对股价的涨跌幅设定限制，超过限制价位的委托都是无效的。

（二）柜台交易市场的交易机制

柜台交易市场是场外交易市场最主要的形式，在证券交易中有重要作用。柜台交易市场是一个无形分散的市场，没有固定、集中的交易场所，而是由许多各种独立经营证券的机构分别进行交易。柜台交易市场大多采用做市商制度，投资者直接与证券经营商进行交易。证券经营机构先行垫入资金买进若干证券，然后开始挂牌对外交易，他们以较低的价格买进，以略高的价格卖出，从中赚取差价，但其加价幅度一般受到限制。券商既是交易一方，又是市场的组织者，制造出证券交易机会并组织市场活动，因此被称为"做市商"（market maker）。由于证券种类繁多，一般每个做市商固定经营几种证券。做市商组织市场交易时，同时报出要价（asked price）和出价（bid price）。要价是做市商把证券卖给投资者所要求的价格，出价是做市商从投资者那里购买证券所报的价格。做市商通过买卖差价赚取利润，因此，要价一定大于出价，两者之差是做市商的收入来源。

【例题 9-12】做市商的报价。某做市商对股票 A 的当前报价为 11.34/56 元/股，如果投资者从做市商处购买该股票，请问购买价格为多少？如果投资者向做市商出售该股票，请问销售价格是多少？

解析：投资者的购买价格就是做市商的销售价格，为 11.56 元/股，而投资者的销售价格就是做市商肯出价购买的价格，为 11.34 元/股。

第三节 社会保障基金投资的金融投资工具

一、投资的类型

投资行为多种多样。按照不同的维度和标准可以分为多个类型：

（1）按照投资对象，可分为证券投资与物权投资。投资于有价证券，如债券、股票、期权等金融资产的称为证券投资。证券投资是投资于有关债券、股权，或购买和销售的带有法定所有权和价值含义的标的。实物投资是指投资于土地、建筑物、永久附着于土地的财产、知识、实物等,包括个人的有形财产如艺术品、古玩字画、珠宝玉器等有形亦有价值的实物。

(2)按照是否委托他人进行投资,分为直接投资和间接投资。直接投资是指投资人自己直接购买有价证券或者物权。而间接投资是指通过金融中介或者委托专业投资人进行投资。社会保障基金中的企业年金,选择投资管理人,对构建的投资组合进行投资,就是间接投资。个人购买共同基金的投资也是相当于委托了专业基金经理人的间接投资。

(3)按照投资工具,金融投资分为债券、股票、衍生品金融工具投资。债券是指持有人借出资金以换取在未来给定的时间取得利息和收回本金的权利。股票代表对一个企业或一份资产的一定份额的所有权,拥有该企业或资产以股票份额为限的所有权,包括占有、使用、收益和处分权利。衍生金融工具是现代金融市场根据需要创设的,其价值在于其"衍生"于标的资产。如期权就是一项衍生金融证券,期权的投资人拥有以某一约定价格在指定的时间期限内买入或者卖出标的资产的权利,持有人可以根据实际情况决定行使或者不行使该权利。

(4)按照投资风险的高低,分为低风险投资和高风险投资。由于投资活动的收益都是在将来某个时间点发生,因此收益具有不确定性,存在风险。实际投资收益与预期收益差别越大,投资风险就越高。投资风险的高低是相对的。例如,一般认为股票投资的风险高于债券投资,而债券投资风险又高于货币类投资。

(5)按照期限长短,分为短期和长期投资。短期投资一般指投资期限小于1年的投资,长期投资指投资期间长于1年的投资。当我们购买6个月期的国库券,就是一个短期投资,而购买一个公司的股票并持有超过1年,就是一个长期投资。股票代表对某一公司的所有权,因此理论上只要公司不破产股票具有无限期限。投资人在资本市场上总可以找到与自己的投资区间相匹配的短期或者长期投资标的。

(6)按照投资地域,分为国内和国外投资。国内投资是指在国内对本国证券或者物权的投资。国外投资是指对国外有价证券或者物权的投资。在我国资本市场建立后的较长时间里,我国投资者大多只能进行国内投资。随着资本市场全球化的发展,对国内投资者逐渐开放投资国外标的的途径和渠道,国内投资者也可以投资国外标的了,如购买国外公司的债券、股票、期货、外汇等,因此在现代金融市场发展下进行全球视野的投资规划是必要的。对于社会保障基金来说,进行全球范围的资产配置能够平滑地区性经济波动,捕捉全球经济增长的前沿机会,对社会保障基金的投资增值非常有益。

二、金融投资工具

(一)现金及现金等价物

金融市场可以分为货币市场和资本市场。货币市场金融工具的特点是期限短(1年以内)、流动性强、风险低、可交易等,因此有时也被看作现金的等价物。银行短期存款、货币市场基金、国库券、短期融资券等都属于现金及现金等价物投资工具。

(二)固定收益类投资工具

固定收益类投资工具主要是指债券,包括政府债券、金融债券和企业债券。

政府债券是由中央政府、地方政府或者政府担保的公用事业单位发行的债券。政府债券按期限长短分为短期债券、中期债券和长期债券。中央政府发行的债券即国债。其中国库券（treasury bill）是政府发行的期限为 1 年以内的短期债券。国库券是货币市场上流动性最强的工具，对要求较高流动性的投资者较有吸引力。中期国债（treasury notes）是发行期限在 1 年以上最长可达 10 年的国债。长期国债（treasury bonds）的发行期限一般在 10 年到 30 年之间。国债由于有国家信用做担保，违约风险很低，是最安全的投资工具之一。由地方政府发行的债券是地方债，地方政府债券由地方政府做信用担保，属于地方政府筹资用于经济社会发展和建设的工具之一。此外，由政府担保的公用事业单位发行的债券也是政府债券。

金融债券是由银行和非银行金融机构发行的债券，期限一般为 3～5 年，其利率略高于银行同期定期存款利率水平。金融债券由于其发行者为金融机构，因此资信等级相对较高，多为信用债券。金融债按法定手续发行，承诺按约定利率定期支付利息并到期偿还本金，属于金融机构的主动负债。

企业债券是企业依据法定程序发行的、约定在一定时期还本付息的债券。公司债与国债相比风险较高，有违约风险。因此，为了吸引投资者，一些公司发行以明确抵押品作为担保的担保债券。若企业经营不善无法偿还债券债务时，以抵押物变现偿还，从而一定程度上能够保证偿付。若没有抵押品，则为无担保债券，此类债券的偿还完全靠公司信用。在无担保债券中，当企业破产时如果债券对公司的索取权比一般债券的等级低，则是次级无担保债券。从风险来看，次级无担保债券风险最高，其次是无担保债券，最后是担保债券。因此投资者对次级无担保债券要求的收益率也最高。企业债券通常附带一个期权，可赎回债券给予企业以约定的赎回价格从债券持有者手中购回债券的选择权，当公司度过资金需求危机和经营困难时，可以选择提前赎回债券，从而节省利息支出。可转换债券给予债券持有者将债券转换为一定的股票份额的选择权，投资者可以选择将所持有的债券转换为公司股票。

（三）股权投资工具

普通股也称股权，表示股东在公司的所有权份额。普通股股东拥有对公司盈余的剩余索取权，受法律保护。普通股股东通过参加股东大会或者股东代表大会，就公司的重大经营决策以及董事会和高管选举享有表决权。表决权的大小取决于所持有的股份数量。公司对普通股的红利分配要视公司业绩和股利分配原则而定。当企业破产时，普通股对剩余财产的索取权在债券和优先股之后。普通股可以在一个或几个市场上同时上市交易，具有较好的流动性。普通股的流动性使得公司的兼并收购等成为可能，提高了市场资源的配置效率。

优先股是指股东享有某些优先权（如优先分配公司盈利）的股票。公司承诺向优先股持有者分红，但是这种承诺并不具有法律保障。优先股股东和债券持有者一样对公司经营决策没有表决权。优先股在股利的支付顺序上在普通股之前，公司破产时的财产索取权在债券之后普通股之前。由于优先股具有普通股和债券的特征，因此公司在一定条件下可以将优先股提前赎回，也可以在一定条件下转化成普通股。

美国存托凭证（american depository receipts，ADR）是面向美国投资者发行并在美国证券市场交易的存托凭证。ADR 解决了美国与国外证券交易制度、惯例、语言、外汇管理等方面的差异所造成的交易上的困难,是外国公司在美国市场上筹资的重要工具。美国法律为了保护国内投资者的利益,规定法人机构及私人企业的退休基金不能投资于美国以外的公司股票,但对于外国企业在美国发行的 ADR 则视同美国的证券,可以投资。

(四) 金融衍生产品

随着现代金融交易的复杂性需求增加,金融衍生产品逐渐被创造出来,用以满足更灵活多样的金融产品需求。金融衍生产品是与金融相关的派生物,通常是指从原生资产派生出来的金融工具。其共同特征是保证金交易,即只要支付一定比例的保证金就可进行全额交易,无须实际上的本金转移,合约的了结一般也采用现金差价结算的方式进行,只有在满期日以实物交割方式履约的合约才需要买方交足货款。因此,金融衍生产品交易具有杠杆效应。保证金越低,杠杆效应越大,盈利空间越大,对应风险也就越大。

期权(options)是常见的金融衍生产品之一,是指在未来一定时期内以事先约定好的执行价格买进或者卖出指定标的资产的权利的合约。远期合约是指交易双方约定在未来某个日期以约定的价格交割某种标的的资本的合约。期货是标准化的远期合约,由交易所制定标准。标的商品的数量、质量、交货时间和地点都由交易所统一规定。期货交易要求交易者缴纳一定比例的保证金以控制违约风险。期货商品主要有四个类别:农产品期货、金属与矿产期货、能源期货和金融期货。此外还有掉期交易、权证等种类繁多的金融衍生产品。

(五) 共同基金

共同基金是一种利益共享、风险共担的集合投资方式,通过发行基金单位,集中投资者的资金,由基金托管人托管,由基金管理人管理和运用资金进行投资,并将投资收益按基金投资者的投资比例分配的一种投资方式。证券投资基金根据组织形式不同可分为公司型投资基金和契约型投资基金。公司型投资基金是具有共同投资目标的投资者依据公司法组成以盈利为目的、投资于特定对象的投资公司,是具有法人资格的经济实体。契约型投资基金也称信托投资基金,是根据信托契约原理,由基金发起人和基金管理人、基金托管人订立基金契约而组建的投资基金。投资者通过购买基金单位享有投资收益。我国目前的基金都是契约型基金。根据运行方式不同,还可以分为封闭式基金和开放式基金。封闭式基金是指发起人在设立基金时,基金单位总数固定,在一定时间内封闭,不接受新的投资,投资者也不能赎回份额,若投资者想要退出投资,只能把基金单位转让给其他投资者。开放式基金是指发起人在设立基金时,基金单位总数不固定,投资者可以根据自己的投资决策申购或者赎回基金份额,基金份额交易的对方是基金发行机构,基金发行方有责任根据基金契约的约定在扣除相应的手续费之后将基金份额对应的投资资金返还给投资者。

【本章知识要点】

(1) 投资是为了获得更多的投资回报。通货膨胀对投资收益有重大影响。

(2) 货币的时间价值是指当前所持有的一定量的货币,比未来获得的等量货币具有更高的价值。由于不同时间点的货币不等值,因此基于时间周期形成了现值和终值。时间周期也分为单期和多期以及一期多次计息的复利期间,不同时间周期对应不同有效年利率的计算。

(3) 年金和增长型年金的计算公式。

（4）净现值和内部收益率方法都是投融资项目决策常用的方法。

（5）金融市场构成与金融机构的分类。证券交易机制和交易规则。

（6）金融投资工具大的分类包括现金及现金等价物、固定收益类投资工具、股权投资工具、金融衍生产品，以及共同基金，分别拥有不同的特征，是人们进行投资、构建资产组合时最常考虑的投资工具类型。

【本章专题案例】

人们通常认为政府发行债券因为有政府信用背书，风险较低。金融危机后国际政府债务危机频频爆发，如欧元区的政府债务危机甚至威胁到经济安全。我国的地方政府债务危机也始终存在。根据2012年中华人民共和国审计署（以下简称审计署）《全国地方政府性债务审计结果》的报告，数据显示中国的地方政府债务问题已经到了不容忽视的阶段。由于中国实施以地方政府为主导的经济发展模式，且长期以来实施积极的财政政策，地方政府拥有强烈的动机举债发展，导致地方政府债务规模不断扩张。全国各地出现非常多数量的地方政府债务规模超过其债务偿还能力的情况，地方政府债务出现危机。

中国地方债危机也引发了国际社会的关注，第43届达沃斯年会上，国际货币基金组织把中国经济作为世界经济的风险点之一，其中一个原因就是地方债风险较高。审计署发布的报告显示，截至2012年年底，抽查的36个地方政府本级政府性债务余额38 475.81亿元，比2010年增长12.94%，占全国总额的31.79%。截至2010年年底，全国地方性债务总额为10.72万亿元。穆迪基于审计署的报告计算得出，从2010年年末至2012年年末，中国地方政府的直接和担保债务可能已经上升13%，至12.1万亿元。

地方债的历史根源是中央地方财权与事权的失衡。中国地方财政失衡问题由来已久，由于中央和地方财权与事权的非对称性和不平衡发展，地方政府要承担大量的公共事务支出、地方税缺乏主体税种、税收渠道狭窄，必然导致财政捉襟见肘，因此地方政府长期面对资金缺口是地方债务问题的根源。为了平衡支出，地方政府不得不寻找另外的财源以弥补收支失衡，因此土地财政和债务性融资成为地方财政的普遍模式，而地方债的现实根源是地方政府的举债冲动。目前中国经济增长模式依然是主要依靠投资拉动经济增长，再加上以GDP为核心的地方官员政绩考核体系，使得地方政府为了拉动GDP增长而大举借债投资。部分地方债已超地方财政收入的数倍，有破产风险。鄂尔多斯的倒下以及陕西神木债务风险爆发正在警示中国，地方债正成为中国经济平稳增长过程中最大的隐忧。

资料来源：搜狐财经《中国的地方债危局》。

思考与讨论：

1. 利用本章所学知识，分析中国地方政府债的投资价值及风险。
2. 分析讨论中国地方债风险的缘由及对投资者的启示。

【本章思考题】

1. 通货膨胀如何影响人们的生活及投资？

2. 请说明金融市场的构成与金融机构的种类。

3. 有哪些金融投资工具可以用于投资活动？

4. 请解释说明证券交易机制。

5. 某家具店进行清仓大甩卖，其促销广告为："1万元的家具立刻拿走！12%的单利！3年付清，超低月付！买！买！买！"你被这迷人的广告所吸引，走进商店购买了1万元的家具。结账时，商家为你计算的月付款为

今天你以12%的年利率借款10 000万元，3年付清；

欠款为10 000+10 000×0.12×3=13 600（元）

为减轻还款压力，商家为你设计3年36个月的付款计划，每月还款13 600/36=377.8元。你认为这是一个年利率12%的贷款吗？你实际支付的利率是多少？

6. 如果客户将在3年后收到一份5年期的年金，每年金额为25 000元，如果年利率为8%，那么他的这笔年金收入的现值大约是多少？

7. 一项养老计划为你提供一份40年的养老金。第一年为20 000元，以后每年增长3%，年底支付。如果贴现率为10%，请问这项计划的现值是多少？

第十章 社会保障基金投资规划

【本章学习目标】
- 理解投资规划的含义、目的；理解个人及家庭的财务生命周期；理解社会保障基金投资规划的要点
- 掌握投资收益的构成和测量；掌握投资风险的构成和测量；理解必要收益率的概念与内涵；掌握不同风险偏好的效用函数特征
- 掌握重要的投资理论：投资组合理论、资本资产定价模型

第一节 投资规划基础

一、什么是投资规划

投资规划是投资人对一定时期或某一特定事项的现金流在不同时间、不同投资对象上进行配置，以获取与投资目标及其风险相对应的最优收益的过程。投资规划通常是一个为实现较长期（也可能一生）投资目标而制订的综合投资计划。对应于投资目标，必须明确预期期限和风险承担能力，据此制订投资计划。

投资规划一般遵循以下几个步骤：

（1）为当前消费/支出预留充足资金。就个人和家庭来说，进行投资规划首先应当为家庭一段时间的支出预留充足资金，不因投资而大幅度降低当前消费和生活水平，同时防范家庭风险。对社会保障基金来说，需要预留充足应对支出的资金，如基本养老保险要预留一定支付费用后可以委托投资。

（2）设立投资目标。个人和家庭根据自己的需求设定恰当的投资目标，如养老、教育等。而对社会保障基金来说，不同的社会保障项目应对不同的社会风险，因此不同项目基金的投资目标也是差异化的。如养老保险基金是为了参保人未来退休时的生活保障，医疗保险基金是应对参保人随时可能发生的疾病风险，工伤保险基金则对职工遭遇工伤和职业伤害的风险给予补偿保障，等等。不同类型的社会保障基金，其风险收益特征和期限长短均不同，因而具体投资目标会有差异。

（3）制订投资计划。根据个人和家庭的合理投资目标，制订初步的投资计划，包括投资目标、可用资金、时间周期等。对于社会保障基金，在对应保障项目的投资目标基础上，核定可以用于投资的资金规模、风险等级、投资周期等，制订基础投资计划。

（4）评估和选择投资工具。评估投资工具主要是对投资可以选择和可以获得的投资工具进行收益和风险的测算衡量。投资的收益与风险相对应，高收益一般面临高风险，低风险一般意味着低收益，因此对各类可用投资工具进行综合评估，以帮助个人家庭或者某项社会保障基金选择最适合投资目标的投资工具。具体投资工具的选择，需要匹配个人家庭的具体风险偏好、风险承受能力、投资目标、投资周期等特征。最好的投资工具未必是收益最高的工具，需要考虑投资工具的风险特征及其他因素如税收等综合确定。投资工具的选择应实现投资收益、风险和价值的平衡。

（5）构建分散化的投资组合。构建投资组合是在选择合理投资工具的基础之上，搭配组合不同的投资工具构成投资组合。投资组合的构建一方面考虑分散投资风险，另一方面考虑稳定和提高投资收益。投资组合一般由股票、债券、现金及现金等价物等构成，是不同投资工具的综合运用。通过投资组合实现一定目标收益下风险最低，或者在承担一定风险的前提下获取最高收益。投资组合就是科学合理分散风险的具体投资安排。

（6）管理维护投资组合。投资组合是为了实现投资目标而服务，并不是一旦确定就不再变动。相反，必须对投资组合进行维护管理，监督投资组合的表现和外部市场环境的变化，不断比较其实际投资业绩与期望投资业绩之间的关系，根据情况及时做出调整。

社会保障基金投资规划也要遵循相似的流程。首先要预留出足够能够应对基金支付日常需要的基金。比如《国务院关于印发基本养老保险基金投资管理办法的通知》（国发〔2015〕48号）明确规定，"各省、自治区、直辖市养老基金结余额，可按照本办法规定，预留一定支付费用后，确定具体投资额度，委托给国务院授权的机构进行投资运营。"之后投资目标的确定要紧密结合社会保障项目的特征。比如养老保险基金、企业年金等以养老为目标，则制订投资规划需要考虑人的生命周期特征进行长期规划；若是医疗保险基金则以当期收支平衡为原则进行投资规划等。根据具体的投资目标和社会保障项目的风险收益特征，来制订具体的投资计划，选择投资工具，构建恰当的投资组合，并在投资期内持续维护投资组合，使其保持良好的投资和收益状态。

《国务院关于印发基本养老保险基金投资管理办法的通知》

二、投资适宜性的四个因素

投资是一个综合决策，并不要求以获取最大收益为目的，而应当根据个人和家庭的实际情况、短期和长期的资金需求、所能承受的风险程度等综合考虑，建立适宜的投资策略。对于社会保障基金来说，应考虑某一具体社会保障项目基金的投资目标和需求，从而构建适宜的投资策略。

投资适宜性应至少考虑四个方面的因素：可获得性（availability）、安全性（safety）、流动性（liquidity）和收益性（yield）。投资的可获得性是指计划投资的投资工具和渠道是否能够获得。由于金融法律政策的差异性，不同国家甚至同一国家的不同时期，投资者所面临的可选择投资工具和途径都会存在差异。比如，在我国的金融资本市场投资中，有一些投资对象和投资工具仅面向机构投资者开放，作为个人或者家庭投资者则不能获得该投资机会；为了防范投资风险，有一些资本市场工具对投资人有一定的门槛要求，比如投资于股票权证或海外资本市场等均要求投资人的资本金规模、投资经验和较高的抗风险能力。进行投资规划，首先考虑可获得的投资工具。对于作为机构投资者的社会保障基金来说，投资工具可获得性的范围较为广泛。在可获得性满足的前提下开始进行投资，安全性、流动性和收益性是每一项投资都面临的三个方面，但在开放自由的金融资本市场中通常被称为"不可能三角"，即投资不可能三个条件同时满足。满足安全性和流动性的，其收益一定较低，比如银行活期存款；满足流动性和收益性的，则通常要承担较高的投资风险，比如二级市场股票投资；满足安全性和收益性的，则一定会付出较高的流动性代价，比如某些定期封闭的信托产品或者投资机构的高端理财产品。应当说明，安全性、流动性和收益性都是相对的，要根据不同的市场环境、行业周期和投资标的等综合因素考虑与确定。

三、个人及家庭的财务生命周期

财务生命周期是基于个人和家庭的自然成长和发展规律，不同阶段有不同的财务需要而总结形成的规律性特征。个人投资者在青壮年时期（20～45岁）为财富积累阶段，因为足够年轻，有较高的风险承受能力，因此可以追求高投资回报；在中年时期（45～60岁）为财富巩固阶段，这时事业稳定年龄渐长，投资应注重成长性和风险控制并重，在追求合理回报的同时控制风险，巩固已经积累的财富不要遭受重大风险和投资损失；老年时期（60岁以上直至死亡）为财富消耗支付阶段，此阶段大多数人已经停止工作，靠退休金或者个人前期积累维持老年生活，由于抗风险能力低，因此投资宜高度保守，以低风险投资为主。

家庭是个人成长到一定生命阶段时需要面临的重要生活事件，匹配个人生命周期特征可以总结出家庭财务生命周期的规律。个人成年后结婚组成家庭直至子女出生为家庭形成期，夫妻年龄范围为25～35岁，收入增长较快，主要是两人支出，有购置房产等的需要；家庭成长期为从子女出生到养育成人完成学业为止，夫妻年龄范围为30～55岁，收入稳定增长，支出亦稳定增长，特别是子女教育费用逐渐成为最主要的支出，资产积累逐渐增加，应当开始考虑未来的养老安排，提前筹划；家庭成熟期为子女完成学业到夫妻双方均退休为止，夫妻双方年龄范围在50～65岁居多，收入较高且稳定，而支出则随着家庭成员的减少，主要是成年子女的离开而降低，此阶段收入和储蓄均处于巅峰阶段，是为退休进行养老金储蓄准备的黄金时期；家庭衰老期是从夫妻均退休到夫妻一方离世为止，夫妻双方年龄范围在60～90岁居多，劳动收入已经停止，主要以投资理财收入和养老金收入等为主，在支出方面，若前述收入不足则需要消耗前期的储蓄积累以满足老年生活所需，医疗费用逐渐增加，到后期将成为最主要的支出类别。根据家庭生命周期的一般性特征，进行家庭财务生命周期中不同阶段的资产配置和投资规划。在家庭形成期和家庭成长期前期，因为有购置房产等投资的可能，负债较高，家庭主要成员年轻，能够承受较高的投资风险，可以采取较为积极的投资策略努力提高投资收益；家庭成长期可积累资产逐年增加，随着主要成员年龄增长，特别是成长期后期，要开始控制投资风险，进行相对均衡的投资操作；家庭成熟期储蓄达到巅峰，但因为临近退休，风险承受能力有限，因此投资应特别注意规避风险，实施稳健型投资策略；家庭衰老期为退休后的生活，因为风险承受能力低，应严格控制投资风险，采用低风险投资策略维系退休后直至死亡的稳定现金流。个人和家庭进行投资规划，需要考虑财务生命周期规律，结合对应的投资目标和实际风险承受能力制定科学合理的投资策略。

社会保障基金的投资规划虽然不涉及具体的家庭财务生命周期，但是全社会人口生命周期的整体叠加也会影响到社会保障基金的缴费能力、支付能力、基金积累能力等，有的还直接影响到社会保障基金的可持续性。比如基本养老保险基金，由于我国人口结构的迅速老龄化，需要领取养老金的人口规模不断增加，同时能够贡献养老保险缴费的青壮年劳动年龄人口数下降，且计划生育政策下青少年人口规模急剧缩减，导致我国基本养老保险基金面临可持续难题。因此，将个人和家庭财务生命周期规律特征引入全社会人口群体考虑，有助于对各项社会保障基金设立合理的投资目标和投资规划。

四、经济周期与投资

经济周期，也称为商业周期、景气循环周期等，一般是指经济活动沿着经济发展的总体趋势所经历的有规律的扩张和收缩，是国民总产出、总收入和总就业的波动，是总体经济活动扩张与紧缩的交替或周期性波动变化。经济周期的波动起伏对投资有直接且重要的影响。经济发展波动起伏的状态可以简要划分为经济的复苏、繁荣、衰退和萧条（见图 10-1），以及经济运动方向不确定的阶段。经济扩张阶段（复苏和繁荣）和收缩阶段（衰退和萧条）比较容易确定，而顶峰和谷底比较难以准确判断。经济正在上行时，人们往往对经济比较乐观，会倾向于认为经济会继续高涨；同理，经济下行时人们也会产生对应的判断惯性。不仅整体经济呈现周期性波动，不同行业也有鲜明的周期特征，如消费、旅游等行业；此外行业间还可能存在协同发展，如水泥、建材等与房地产行业的发展存在协同性。进行专业的投资规划时，应了解经济所处的发展阶段，根据不同的外部经济环境制订投资规划。

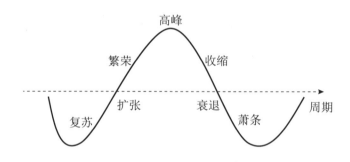

图 10-1　经济周期

不同的投资工具在经济周期的不同阶段会有不同的投资收益表现。股票代表着经济体内活跃的企业，股票投资与经济周期密切相关。一个扩张性的经济周期表现为经济增长强劲，这时企业利润上升，股票价值增加且收益率提高，股票的投资回报表现良好。而当经济处于衰退周期时，企业盈利下降，股票价值和收益率都会显著下降。债券是另外一种重要的投资工具。债券作为固定收益类有价证券，利率是决定债券价格和收益的极其重要的变量，利率与债券价格呈反向变动，利率的波动会敏锐影响债券投资的收益率，而利率与经济周期是密切相关的。一般来说，经济高涨时投资股票而经济低迷时投资于债券，现代投资中进行各种不同的投资组合，能够在各种经济发展阶段下取得较为理想的投资结果。选择具体投资标的时除了要考虑整体经济波动周期以外，还要考虑具体行业的周期性特征，寻找到最适合的投资对象。

第二节　投资的收益与风险

一、投资收益

投资的目的在于放弃当前的消费以获取增值，从而谋求未来的更高消费，也即追求投资回报。社会保障基金投资是对积累起来的基金进行投资以期获取投资收益，充实基金，避免通货膨胀侵蚀，提高社会保障基金的保障力度。证券投资收益是指初始投资的价值增量值。投资收益一般由当期收益和资本利得两部分构成，当期收益即当期获得的股利或者债券利息，又称红利；资本利得是证券投资的买卖价差又称市值变化。

$$投资收益额 = 当期收益 + 资本利得 \qquad (10-1)$$

投资中，一般习惯用收益率来评价投资收益，以方便比较不同特征和种类的投资项目。

（一）持有期收益与持有期收益率

投资的时间区间为投资持有期，可以是任意时间段，1周、1月、1年、5年、10年等。持有期间的收益是持有期收益，又称面值收益，包括当期收益（红利）和资本利得（市值变化）。

持有期收益率（holding period yield，HPY）是投资者在持有某投资对象的一段时间内所获得的收益率。一般等于这段持有期间内所获得的收益额（包括红利和市值变化）与初始投资之间的比率。

$$持有期收益率 = \frac{面值收益}{初始投资} = \frac{当期收益+资本利得}{初始投资} \qquad (10-2)$$

【例题10-1】 假定张三在去年的今天以每股40元的价格购买了100股中国石油的股票。过去一年中获得红利50元（每股0.5元×100股），今天股票价格为每股50元。张三今天卖出持有股票。请问他的持有期收益率？

解析：初始投资：40×100=4 000元

一年中获得股利50元，期末股票市值为50×100=5 000（元）

面值收益为：50+（5 000-4 000）=1 050元

持有期收益率：

$$\frac{1\,050}{4\,000} \times 100\% = 26.25\%$$

以上为单一持有期收益率。多期持有期收益率是指投资者持有某投资品种 n 个周期内所获得的总收益率。通常设定一个周期为1年，则为 n 年。

多期持有期收益率公式：

$$HPY = (1+r_1) \times (1+r_2) \times \cdots \times (1+r_n) - 1 \qquad (10-3)$$

其中，第 i 个周期（年）的收益率记为 r_i。

人们通常习惯于以"年收益率"的方式来评估投资，从而实现不同投资项目的比较与选择。对于多期持有期的投资，计算年平均持有期收益率有两种方式：几何平均持有期收益率和算术平均持有期收益率。

几何平均持有期收益率是指投资者在持有某种投资产品 n 年内按照复利原理计算的实际获得的年平均收益率。其中 r_i 表示第 i 年收益率（i=1，2，…，n）。几何平均持有期年收益率用公式表示为：

$$\bar{r} = \left[(1+r_1) \times (1+r_2) \times (1+r_3) \times \cdots \times (1+r_n)\right]^{\frac{1}{n}} - 1 \qquad (10-4)$$

算术平均持有期收益率是按照单利原则计算的年均收益率。其中 r_i 表示第 i 年收益率（i=1，2，…，n）。持有期算术平均年收益率用公式表示为：

$$\bar{r} = \frac{(r_1 + r_2 + r_3 + \cdots + r_n)}{n} \qquad (10\text{-}5)$$

一般地，算术平均持有期收益率不低于几何平均持有期收益率；在各持有期收益率均相等时，算术平均持有期收益率等于几何平均持有期收益率。

【例题 10-2】计算持有期收益率 HPY。假设某项投资品在 4 年中的收益率如表 10-1 所示，计算该项投资的持有期收益率和持有期年平均收益率。

表 10-1　某项投资品在 4 年中的收益率

年　　度	收益率 (%)
1	10
2	−5
3	20
4	15

解析：

持有期收益率 $HPY = (1+r_1) \times (1+r_2) \times \cdots \times (1+r_n) - 1$

$\qquad = (1+10\%) \times (1-5\%) \times (1+20\%) \times (1+15\%) - 1$

$\qquad \approx 44.21\%$

即投资该项目 4 年获取的总收益是 44.21%。

几何年平均收益率：

$$\bar{r} = \left[(1+r_1) \times (1+r_2) \times (1+r_3) \times \cdots \times (1+r_n)\right]^{\frac{1}{n}} - 1$$

$$= \sqrt[4]{(1+10\%) \times (1-5\%) \times (1+20\%) \times (1+15\%)} - 1$$

$$\approx 9.58\%$$

算术年平均收益率：

$$\bar{r} = \frac{(r_1 + r_2 + r_3 + \cdots + r_n)}{n}$$

$$= \frac{10\% - 5\% + 20\% + 15\%}{4}$$

$$= 10\%$$

因此，该项投资的几何年平均收益率 9.58%，算术年平均收益率 10%。由于货币的复利效应对货币时间价值影响较大，在投资中通常采用几何年平均收益率来进行计算和评价。

（二）预期收益率

预期收益率是指某投资对象未来可能获得的各种收益率的加权平均值。投资的未来收益是不确定的，为了便于比较和决策，采用期望收益或期望收益率来描述投资回报的预期。人们可以通过总结某种收益率出现的概率，对未来的收益率进行估计。概率的取值区间是 [0，1]，0 表示这种收益率不会出现，1 表示必定会出现。概率的具体取值往往来自历史收益率数据的统计分析或者经验判断，由投资者或者专业机构给出某项投资收益率出现的

概率,并根据历史数据和外部环境变化进行修正。未来的不同的收益率以不同的概率出现,因此投资的预期收益率:

$$E(R_i) = p_1 R_1 + p_2 R_2 + \cdots + p_n R_n = \sum_{i=1}^{n} p_i R_i \qquad (10\text{-}6)$$

其中 R_i 为某一资产在第 i 种情形下的投资收益率,p_i 为该投资收益率可能发生的概率($i=1, 2, \cdots, n$;$0 \leq p_i \leq 1$)。

【例题 10-3】一项投资,在不同的经济运行情况下其收益率可能出现不同的结果。在经济运行状况良好,无通货膨胀的情形下,投资收益率为 20%;而当经济衰退时,投资收益率为 -20%;当经济正常运行时,投资收益率则为 10%。而经济运行的走向根据历史统计数据可知,出现上述三种经济运行情况的概率分别为 15%、15% 和 70%。具体如表 10-2 所示。

表 10-2　三种经济运行情况的概率

经济运行状况	概　率	收　益　率
经济运行良好,无通胀	0.15	0.20
经济衰退,高通胀	0.15	-0.20
经济正常运行	0.70	0.10

则该项投资的期望收益率:

$$E(R_i) = 0.15 \times 0.20 + 0.15 \times (-0.20) + 0.70 \times 0.10 = 7\%$$

二、投资风险

投资风险即资产收益率的不确定性。投资风险通常可以用标准差和方差进行衡量。

无风险投资是指投资人从投资中获得的预期收益的大小与时间是确定的。而大多数投资的收益是不确定的。不同类型资产的投资,其投资收益率大小不确定的程度是不同的。根据历史数据,股票的投资收益率的不确定性最大,波动程度最大,而短期国库券的波动程度最小。通常采用概率统计学中的方差和标准差来描述投资收益的变化,即不确定性或波动性,并用其作为风险的测度。

方差的计算公式为

$$\sigma^2 = \sum_{i=1}^{n} p_i \left[R_i - E(R) \right]^2 \qquad (10\text{-}7)$$

方差是一组数据偏离其均值的程度,用每一数据偏离均值的距离的平方做加权平均。方差越大,这组数据就越离散,数据的波动程度也就越大;方差越小,这组数据就越聚合,数据的波动也就越小。该方差公式就是投资风险的计算公式。式中 R_i 为该投资项目可能出现的某一收益率,p_i 为出现该收益率的概率,$E(R)$ 为预期收益率。该公式表示,以概率 p_i 出现的投资收益率 R_i 偏离期望收益率 $E(R)$ 的距离的加权平方和。采用平方形式是因为收益率可以高于也可能低于期望收益率,因此有正负号的影响,采用平方形式可以消除符号影响。对方差 σ^2 开平方得到标准差,即一组数据偏离其均值的平均距离,是常用于衡量投资风险的指标。

例题 10-3 中该项投资的风险用方差和标准差衡量是

方差：$\sigma^2 = \sum_{i=1}^{n} p_i [R_i - E(R)]^2$
$= 0.15 \times (0.20 - 0.07)^2 + 0.15 \times (-0.20 - 0.07)^2 + 0.07 \times (0.10 - 0.07)^2$
≈ 0.0141

标准差：$\sigma = \sqrt{\sigma^2} = \sqrt{0.0141} \approx 11.87\%$

任何一种金融资产都会面临两大类风险：系统性风险和非系统性风险，也称为市场风险和个别风险。具体见图 10-2。

系统性风险是指由于公司外部、不为公司所预计和控制的因素造成的风险。通常由地缘政治、经济衰退和不景气，国家经济政策调整和中央银行货币政策调整等宏观性因素引发。这些因素单个或综合发生，导致所有证券商品价格都发生动荡，无法靠分散投资降低风险。因此，系统性风险也称为不可分散风险或者宏观风险。

非系统性风险是相关投资品本身所发生的损失风险，它只存在于相对独立的范围或者是个别行业，由微观因素引发。这种风险产生于某一证券或某一行业的独特事件，如破产、违约、经营不善等，不与整个证券市场发生系统性的联系，属于系统风险外的偶发性风险，或称残余风险。

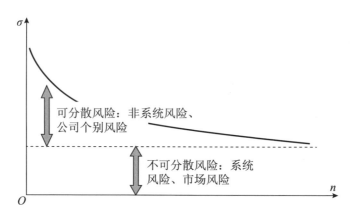

图 10-2　资本市场风险类型

图 10-2 中，非系统风险是可以分散的。随着投资产品的增加，非系统风险逐渐降低，接近系统风险位置。而系统风险是市场外部风险，不能够通过资产配置和增加投资品种获得分散。因此投资管理中主要是对非系统风险的分散。

除系统风险和非系统风险外，还有一类风险，被称为"黑天鹅事件"，是指非常难以预测，且不寻常的事件，会引爆市场系统性风险，可能会使市场流动性瞬间消失，引起市场颠覆。"9.11"事件、东南亚海啸、突发战争、次贷危机、瑞郎脱钩欧元后的暴涨等，都是不可预测、突发性的事件，却对金融资本市场有重大影响，形成重大风险。虽然"黑天鹅事件"不可预测，但我们在进行社会保障基金投资时，还是需要考虑到"黑天鹅事件"存在的可能性，从而在进行资产配置时留有余地。

三、综合考虑投资收益率与风险进行投资决策

任何投资，都必然涉及投资收益率和投资风险两个方面。证券投资市场中通常收益率较高的风险也较高，反之投资风险较低则收益率也较低。在进行投资决策时，需要综合考虑投资收益率和风险水平。当两个可供选择的投资方案具有不同的收益率和方差时，一个广泛使用的综合判断指标是变异系数（coefficient of variation，简称 CV）：

$$CV = \frac{\sigma}{E(R)} \quad (10\text{-}8)$$

变异系数 CV 等于标准差除以期望收益率，表示获得单位期望收益要承担的风险，因此 CV 越小，投资项目越优。有时也可以使用变异系数的倒数（1/CV）：

$$\frac{1}{CV} = \frac{E(R)}{\sigma} \quad (10\text{-}9)$$

表示承担单位风险能够取得的期望收益，因此 1/CV 越大投资项目越优。

【例题 10-4】 用变异系数法评估投资项目。表 10-3 中，投资项目 A 看上去收益率不及项目 B，但项目 A 的风险却小于项目 B，如果只能投资一个项目，哪个项目更优？

表 10-3 项目 A、B 的收益率及标准差

	项目 A	项目 B
收益率	0.05	0.07
标准差	0.07	0.12

解析：变异系数法：

$$CV_A = \frac{\sigma}{E(R)} = \frac{0.07}{0.05} = 1.4$$

$$CV_B = \frac{\sigma}{E(R)} = \frac{0.12}{0.07} \approx 1.7$$

项目 A 获取单位收益需要承受的风险是 1.4，而项目 B 则为 1.7，很明显，获取单位收益项目 A 的风险更低。

变异系数的倒数法：

$$\frac{1}{CV_A} = \frac{E(R)}{\sigma} = \frac{0.05}{0.07} \approx 0.714$$

$$\frac{1}{CV_B} = \frac{E(R)}{\sigma} = \frac{0.07}{0.12} \approx 0.583$$

项目 A 承担一个单位风险所能取得的收益率为 0.714，而项目 B 为 0.583，在相同风险下项目 A 收益率更高，因此项目 A 更优。

采用变异系数和变异系数的倒数测算的结果均是项目 A 比项目 B 更优。

四、必要收益率

必要收益率是指某投资者进行某项投资所要求获得的最低的回报率，也称必要回报率。由三部分构成：

（1）投资期的货币纯时间价值。进行投资的资金货币，在不考虑通货膨胀和其他任何投资风险的情况下，经过一段时间后就应当获得的货币增量。货币的纯时间价值可以用某一利率来表示，由资本市场上货币的供给和需求关系确定。比如一年期银行存款利率为1.5%，就表示存100元到银行，一年以后可以获得101.5元，多出来的1.5元就代表100元货币经过一年的纯时间价值。

（2）投资期间的预期通货膨胀率。若投资期间商品价格上涨，即通货膨胀对货币购买力有负面影响，同等数量的货币将无法购买同等的商品和服务，因此投资者会要求投资期间通货膨胀的补偿，以保持真实收益率水平。

（3）风险溢价。进行投资可能存在不确定性的投资风险，因此对于投资所包含的风险，投资者会要求额外的收益率加以补偿。

综合上述三个方面，假定某项投资，该地区所处市场的纯货币时间价值为3%，通货膨胀率4%，而进行投资存在风险要求5%的风险溢价补偿收益率，则该投资者进行该项投资的必要收益率应为：3%+4%+5%=12%。

由于每个投资者的风险偏好和投资收益要求不同，因而必要收益率是因人而异的。

真实无风险收益率是基础利率，是在无通货膨胀和未来投资不确定性风险因素下的收益率，即货币的纯时间价值，受到货币供应宽松或紧张的影响。由于通货膨胀总是如影随形，因此我们通常将真实无风险收益率（货币的纯时间价值）与通货膨胀因素合起来，看作是市场的名义无风险收益率。简要说，即

$$名义无风险收益率 = 真实无风险收益率 + 预期通货膨胀$$

无风险收益率是个理论值，根据资本市场情况存在变化，一般可以采用短期国债收益率作为市场无风险收益率的基准。

五、投资风险的构成与来源

投资者的必要收益率包括风险溢价，因此需要全面理解投资风险的构成与来源。金融资本市场投资的风险包括系统风险和非系统风险两大类。

系统风险是指由于某种全局性的因素而对所有证券收益都产生作用的风险，又称宏观风险，包括市场风险、汇率风险、货币购买力风险、政策风险、政治风险等，即外部因素而导致的风险。如2020年新冠肺炎疫情危机引发全球股市下挫震荡；一国根据本国国情调整利率水平，或者发生影响经济社会的重大事件等，都属于系统风险。系统风险是难以被投资管理的技术手段规避的。

非系统风险，也称微观风险，是因为上市公司或者投资标的的特殊情况而造成的风险，比如经营风险、财务风险、流动性风险、信用风险、偶然事件风险等。非系统风险可以通过投资管理的技术手段，通过增加风险收益对冲的投资标的种类、构建合理的投资组合、优化投资标的选择等方式进行风险规避，选择出最符合投资者投资目标和要求的投资对象。

风险溢价是上述各类风险的函数，简记为

$$风险溢价 = f(经营风险, 流动性风险, 账务风险, 汇率风险, 政治风险\cdots)$$

当然，并非上述所有的风险都需要风险溢价补偿。某一给定水平的风险溢价是否足以补偿投资的风险始终是金融理论的核心问题之一，目前研究者们还在不断探索答案。作为

投资者进行投资，在可能且可行的范围内考虑风险溢价的补偿来确定必要收益率，进行投资管理，是较为理性的做法。

六、投资的风险态度与效用函数

风险是投资收益的不确定性。不同的投资者对风险的态度可能很不相同，甚至不同投资者对于"风险"范围的定义也差异巨大，因此不同投资者对于投资风险的反应大相径庭，根据特征分为风险厌恶者、风险偏好者和风险中性者。经济学和金融学中对上述三种风险特征有明确的定义，往往通过投资者效用函数来刻画衡量。

经济学上效用是指人们从某一事物（消费、接受服务、投资等）中所感受到的主观满足程度，可以用效用函数$u(\cdot)$来表示。投资者的效用可以被认为是投资者对各种不同投资方案的一种主观上的偏好指标，由于无法直接比较不同的投资方案，因此经济学的常用做法是比较不同投资方案带来的财富值ω，投资者的效用函数可以表示为$u(\omega)$，即投资者的效用是其财富的函数。

期望效用函数有3种不同的形状：凹性、凸性和线性，分别代表风险厌恶者、风险偏好者和风险中性者三种投资者对风险的态度是回避、喜好和中性。

（一）凹性效用函数（concave utility function）：风险厌恶型

凹性效用函数斜向上倾斜，表示投资者希望财富越多越好，但财富的增加为投资者带来的边际效用递减。如图10-3所示，横轴代表财富，纵轴代表效用。

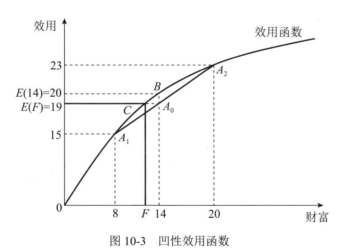

图10-3 凹性效用函数

凹性效用函数的数学特征是，效用函数对财富的一阶导数为正，表示财富越多越好；二阶导数为负，表示财富的边际效用递减。设ω_1、ω_2为任意两个可能的财富值，概率为a（$0<a<1$），凹性效用函数有如下性质：

$$u[a\omega_1+(1-a)\omega_2]>au(\omega_1)+(1-a)u(\omega_2) \tag{10-10}$$

图10-3的例子具体介绍凹性效用函数下投资者的财富效用关系与风险态度。某投资品A获得财富值为8的概率为0.5，对应效用为15个单位，即A_1点；获得财富值为20的概率为0.5，对应效用23个单位，即A_2点。则投资A产品的期望财富值为：8×0.5+20×0.5=14（个

单位);期望效用为:15×0.5+23×0.5=19(个单位),可以由 A_1 和 A_2 两点连线上的点 A_0(14, 19)表示。另一投资品 B,可以确定得到财富值 14,根据投资者效用函数得到其效用值为 20,即图中 B 点。尽管投资 A 和 B 所获得的期望财富值相等,都是 14,但 B 的收益是确定的无风险的,因而对该投资者来说效用更高:$u(B)=20>u(A)=19$。

假设有第三个投资品 C,为投资者带来效用为 19 的确定性财富值 F,如图中 C 点所示。投资品 A 和 C 的效用相同,但 C 的收益 F 是确定性的,A 的期望收益 14 却是风险性的,因此 A 和 C 之间的收益之差($14-F$)就是投资者投资产品 A 的风险报酬。

(二)凸性效用函数(convex utility function):风险偏好型

凸性效用函数斜向上倾斜,表示投资者希望财富越多越好,财富的增加为投资者带来的边际效用递增,如图 10-4 所示。

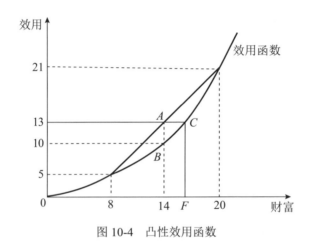

图 10-4 凸性效用函数

凸性效用函数对财富的一阶导数和二阶导数均大于零,其数学性质:

$$u[a\omega_1+(1-a)\omega_2]<au(\omega_1)+(1-a)u(\omega_2) \quad (10-11)$$

图 10-4 中,投资品 A 在期末取得财富值 8 和 20 的概率分别为 0.5,对应效用分别为 5 个单位和 21 个单位,期末的财富期望值为 14,效用期望值为 5×0.5+21×0.5=13(个单位),图中用 A(14,13)点表示。另一投资品 B 可以确定得到财富值 14,对应效用为 10 个单位,用 B(14,10)点表示。由于效用函数的凸性性质,$u(A)=13>u(B)=10$,因此投资者将选择投资品 A。

假设有投资品 C 可以确定得到财富值 F,对投资者的效用与投资品 A 相同,则 F 必然大于 14。($F-14$)就是投资者投资于产品 A 而放弃确定性投资 B 所期望得到的风险报酬。

(三)线性效用函数(linear utility function):风险中性

线性效用函数表示投资者财富越多越好,财富增加为投资者带来的边际效用为一个常数。效用函数对财富的一阶导数为正,二阶导数为 0。其数学性质是

$$u[a\omega_1+(1-a)\omega_2]=au(\omega_1)+(1-a)u(\omega_2) \quad (10-12)$$

如图 10-5 表示线性效用函数:

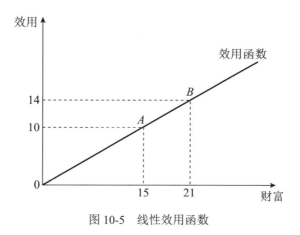

图 10-5 线性效用函数

图 10-5 中,投资品 A 期末财富值 15,效用为 10 个单位;投资品 B 期末财富值 21,效用为 14 个单位,A、B 两个投资品的边际效用相等,为常数 2/3。这种类型的投资者的风险态度是风险中性的。

投资时需要根据投资者的风险态度来制定具体的投资策略,如激进型、稳健型或者保守型投资策略组合,满足投资者个性化的投资需要,避免使投资者承担自身难以承受的风险。因此现代投资理财资产管理行业中,为顾客进行投资管理时首先会测试客户的风险类型,对应进行投资策略的制定和投资组合的构建。

社会保障基金作为公共基金,以保证基金安全、维护权益人权益为根本目标。比如养老保险,一直被视为老百姓的"养命钱",对安全性要求高,并不适合承担过高的投资风险,因此是风险规避的。在进行投资组合构建时,以风险控制为首要考虑因素。

第三节　与社会保障基金投资管理有关的投资理论

一、投资组合理论

现代投资组合理论(modern portfolio theory)由美国著名经济学家哈里·马柯威茨(Harry Markowitz)于 1952 年系统提出[1]。自此以后,经济学家和实务投资家们不断丰富和完善组合管理理论和实际投资管理方法,并使之成为投资学的主流理论之一。在马科维茨之前的投资者凭直觉认为多样化投资是明智的,也就是不要"把所有的鸡蛋放在一个篮子里"。但马科维茨是第一个将投资组合多样化发展成一个理论概念并将之量化的学者,他采用数据和模型说明投资组合多样化为什么以及如何降低一个投资者的组合风险。现代投资组合理论基于期望收益率和风险两大原则,为系统的投资组合选择提供了理论框架。证券组合管理的意义在于采用适当的方法选择多种证券形成投资组合,以达到在一定预期收益的前提下投资风险最小,或者在控制风险的前提下投资收益最大化的目标。

(一)投资组合的期望收益率

考虑有 N 种证券,记 A_1, A_2, $\cdots$, A_N,证券组合 $P=(w_1, w_2, \cdots, w_n)$ 表示将资金分

---

[1] Markowitz H. Portfolio Selection[J]. Journal of Finance, 1952, 7(1): 77-91.

别以权数 w_1，w_2，…，w_n，投资于证券 A_1，A_2，…，A_N。如果允许卖空，则权数可以为负，负的权数表示卖空证券占总资金的比例。那么证券组合的收益率等于各单个证券收益率的加权平均。设 A_i 的收益率为 R_i（$i=1$，2，3，…，n），则证券组合的收益率为

$$R_p = w_1R_1 + w_2R_2 + w_3R_3 + \cdots + w_nR_n = \sum_{i=1}^{n} w_iR_i \tag{10-13}$$

推导可得证券投资组合 P 的期望收益率为

$$E(R_p) = \sum_{i=1}^{n} w_iE(R_i) \tag{10-14}$$

式中：$E(R_p)$ 为投资组合 P 的期望收益率；w_i 为第 i 只证券的投资组合权重；$\sum_{i=1}^{n} w_i = 1$；$E(R_i)$ 为第 i 只证券的期望收益率；n 为投资组合中不同证券的数量。

投资组合的期望收益率是投资组合中各个资产期望收益率的加权平均。

（二）投资组合的风险

与单一证券的风险测量方法相同，投资组合的风险由投资组合收益率的方差或标准差衡量，通常以标准差衡量。尽管投资组合的期望收益率是组合内各资产收益率的加权平均，投资组合风险通常不是投资组合中单个证券风险的加权平均。公式为

$$E(R_p) = \sum_{i=1}^{n} w_iE(R_i) \tag{10-15}$$

但是

$$\sigma_p^2 \neq \sum_{i=1}^{n} w_i\sigma_i^2$$

这是由于不同证券之间并非完全独立存在，而是有相互作用和影响，比如钢材价格上涨，其下游的制造、生产、房地产等行业均会受到传导影响；而移动电话的普及直接影响有线座机电话的销量大降。上述两个例子一个是同向影响一个负向影响，说明证券之间存在相互作用与影响，在构建投资组合时，投资组合风险总是比组合中各个证券风险的加权平均要小，除非各个证券的收益变化高度一致，而这在现实中是不可能的情形。因此，投资组合的多样化总是能降低风险，多样化是投资组合风险管理的关键，使得投资者在不影响收益的前提下可以有效降低投资组合风险。这是投资组合理论的核心主张。

理解投资组合的风险必须考虑两个因素：

（1）投资组合中单个证券风险的加权。

（2）对组合中各证券之间的协同运动进行测量加权。

这需要理解相关系数和协方差两个概念及其应用。

1. 相关系数

相关系数是在投资组合理论中统计衡量证券收益率协同性的方法，用于衡量任意两只证券收益率共同变化的程度。相关系数用 ρ 表示，$-1 \leq \rho_{ij} \leq 1$。$\rho_{ij}=1$，表示 i，j 两只证券完全正相关，两只证券收益率有完全直接的线性关系，如果知道一只证券的收益率变化，就可以知道另一只证券如何变化；$\rho_{ij}=-1$，表示 i，j 两只证券完全负相关，两只证券的

收益率之间是完全的负线性关系，因此已知一只证券的变化，则可知另外一只的变化；$\rho_{ij}=0$，表示两只证券零相关，两只证券的收益率之间没有关系。将无相关收益率的证券添加到投资组合中能够降低组合的投资风险，但零相关不能降低有负相关系数证券组合的风险。

2. 协方差

协方差在投资中用于衡量不同证券收益率之间协同作用的大小。前文已经分析过，证券组合的投资风险不仅受各证券方差的影响，还受到相互之间协同作用的影响，因此我们需要把有协同性影响的风险测量出来。协方差即用于衡量证券间的相互协同作用。协方差被定义为两个随机变量在一段时间内共变的程度。协方差可以为正，表明两只证券的收益率在相同的时间内向同一个方向变动，当协方差为正时，相关系数也会为正；协方差可以为负，表明两只证券的收益率向相反方向变动，当协方差为负时，相关系数也为负；协方差可以为零，表明两只证券的收益率变动相互独立。相关系数衡量两只证券收益率变动之间的相互关系，而协方差则是衡量两只证券收益率相关程度的绝对指标。协方差公式为

$$\sigma_{AB}=\sum_{i=1}^{m}\left[R_{A,i}-E(R_A)\right]\left[R_{B,i}-E(R_B)\right]pr_i \quad (10\text{-}16)$$

式中，σ_{AB} 代表证券 A 和 B 的协方差；$R_{A,i}$ 为证券 A 的某个可能收益率；$E(R_A)$ 为证券 A 的期望收益率；m 为一段时期内一只证券可能的收益率状态数量。

根据公式，证券 A 和 B 的收益率同时高于或低于其期望收益率，协方差为正；如果一只证券高于其预期收益率而另外一只低于其预期收益率，则协方差为负。

协方差和相关系数的关系：

$$\rho_{AB}=\frac{\sigma_{AB}}{\sigma_A\sigma_B} \quad (10\text{-}17)$$

$$\sigma_{AB}=\rho_{AB}\sigma_A\sigma_B \quad (10\text{-}18)$$

给定相关系数和两只证券的标准差，可以计算得出协方差。

（三）计算投资组合的期望收益率、方差和协方差

1. 投资组合的收益与风险计算

我们以由两种风险资产构成的资产组合来说明投资组合的收益与风险计算。

【例题 10-5】 三种经济状态发生的概率均为 1/3，两种风险资产分别为股票基金和债券基金，它们在三种经济状态下的收益率分别如表 10-4 所示。

表 10-4 三种经济状态下的收益率

经济状态	概 率	收益率	
		股票基金	债券基金
萧条	33.3%	-7.0%	17.0%
正常	33.3%	12.0%	7.0%
繁荣	33.3%	28.0%	-3.0%

根据所学知识，两个资产单独的预期收益率和风险可以计算得出

（1）股票基金

预期收益率：

$$E(R_S) = \sum_{i=1}^{n} p_i R_i = \frac{1}{3} \times (-7\%) + \frac{1}{3} \times 12\% + \frac{1}{3} \times 28\% = 11\%$$

方差、标准差：

$$\begin{aligned}\sigma^2 &= \sum_{i=1}^{n} p_i \left[R_i - E(R)\right]^2 \\ &= \frac{1}{3}\left[(-7\%-11\%)^2 + (12\%-11\%)^2 + (28\%-11\%)^2\right] \\ &\approx 2.05\%\end{aligned}$$

则

$$\sigma = \sqrt{2.05\%} \approx 14.3\%$$

（2）债券基金

预期收益率：

$$E(R_b) = \sum_{i=1}^{n} p_i R_i = \frac{1}{3} \times 17\% + \frac{1}{3} \times 7\% + \frac{1}{3} \times (-3\%) = 7\%$$

方差、标准差：

$$\begin{aligned}\sigma^2 &= \sum_{i=1}^{n} p_i \left[R_i - E(R)\right]^2 \\ &= \frac{1}{3}\left[(17\%-7\%)^2 + (7\%-7\%)^2 + (-3\%-7\%)^2\right] \\ &\approx 0.67\%\end{aligned}$$

则

$$\sigma = \sqrt{0.67\%} \approx 8.2\%$$

计算结果显示，股票基金的预期收益率11%高于债券基金7%，标准差14.3%高于债券基金的8.2%，这符合资本市场中风险与收益的基本关系。

现在我们尝试构建一个由股票基金和债券基金组成的投资组合，两种资产各占50%的权重，计算该投资组合的预期收益率和风险。

首先计算投资组合在三种经济状态下的收益率：

萧条：$R_{p,萧条} = 50\% \times (-7\%) + 50\% \times 17\% = 5.0\%$

正常：$R_{p,正常} = 50\% \times 12\% + 50\% \times 7\% = 9.5\%$

繁荣：$R_{p,繁荣} = 50\% \times 28\% + 50\% \times (-3\%) = 12.5\%$

资产组合的预期收益率：

$$E(R_p) = \frac{1}{3} \times 5.0\% + \frac{1}{3} \times 9.5\% + \frac{1}{3} \times 12.5\% = 9.0\%$$

资产组合的方差：

$$\sigma_P^2 = \frac{1}{3}\left[(5\%-9\%)^2 + (9.5\%-9\%)^2 + (12.5\%-9\%)^2\right] = 0.1\%$$
$$\sigma = \sqrt{0.1\%} = 3.16\%$$

该例中投资组合的预期收益率、方差如表10-5所示。

表10-5 投资组合的预期收益率、方差　　　　　　　　　　　　　　　　　/%

经济状态	概率	收益率		
		股票基金	债券基金	投资组合
萧条	33.3	-7.00	17.00	5.00
正常	33.3	12.00	7.00	9.50
繁荣	33.3	28.00	-3.00	12.50
期望收益率		11.00	7.00	9.00
方差		2.05	0.67	0.10
标准差		14.30	8.20	3.16

比较投资组合与股票基金和债券基金投资，发现投资组合的风险比单一投资股票或者债券基金都低，但取得了介于两者之间的投资收益水平。明显的，投资组合的多样化分散投资降低了投资风险，优化了投资收益。

2. 两只证券构成的投资组合风险计算

两个资产 A 和 B，存在协同作用关系，构造投资组合 P。资产 A 的预期收益率 $E(R_A)$，权重 a；资产 B 的预期收益率 $E(R_B)$，权重 $(1-a)$。投资组合 P 的预期收益率：

$$E(R_P) = E[aR_A + (1-a)R_B] = aE(R_A) + (1-a)E(R_B) \quad (10\text{-}19)$$

方差：

$$\begin{aligned}
\sigma_P^2 &= E[R_P - E(R_P)]^2 \\
&= E\{a[R_A + (1-a)R_B] - [aE(R_A) + (1-a)E(R_B)]\}^2 \\
&= E\{a[R_A - E(R_A)] + (1-a)[R_B - E(R_B)]\}^2 \\
&= E\{a^2[R_A - E(R_A)]^2 + (1-a)^2[R_B - E(R_B)]^2 + 2a(1-a)[R_A - E(R_A)][R_B - E(R_B)]\} \\
&= a^2\sigma_A^2 + (1-a)^2\sigma_B^2 + 2a(1-a)\mathrm{Cov}(R_A, R_B)
\end{aligned}$$

即，

$$\sigma_P^2 = a^2\sigma_A^2 + (1-a)^2\sigma_B^2 + 2a(1-a)\sigma_{AB} \quad (10\text{-}20)$$

其中，σ_A 和 σ_B 分别是资产 A 和 B 的收益率标准差；σ_{AB} 是资产 A 和 B 收益率之间的协方差，测量两个资产收益率之间的协同程度。已知相关系数可得协方差。

$$\sigma_{AB} = \rho_{AB}\sigma_A\sigma_B$$

标准差：

$$\sigma_P = \left[a^2\sigma_A^2 + (1-a)^2\sigma_B^2 + 2a(1-a)\rho_{AB}\sigma_A\sigma_B\right]^{\frac{1}{2}} \quad (10\text{-}21)$$

从方差和标准差的公式可知，投资组合的风险不仅包括单个证券风险，还包括证券之间的协方差。

【例题 10-6】 西北基础建设公司和精锐科技公司过去 10 年的总收益率情况如表 10-6 所示。

表 10-6　两家公司过去 10 年的总收益率

	西北基础建设公司	精锐科技公司
收益率（%）	10.1	15.4
标准差（%）	16.8	27.5
相关系数	0.29	

假定投资组合中两家公司股票各占 50% 的权重，则投资组合的风险标准差为：

$$\sigma_P = \left[a^2 \sigma_A^2 + (1-a)^2 \sigma_B^2 + 2a(1-a)\rho_{AB}\sigma_A\sigma_B \right]^{\frac{1}{2}}$$

$$= \left[(0.5)^2 (16.8)^2 + (0.5)^2 (27.5)^2 + 2 \times 0.5 \times 0.5 \times 0.29 \times 16.8 \times 27.5 \right]^{\frac{1}{2}}$$

$$\approx 18.1\%$$

由于 A、B 两只证券的风险标准差是确定的，因此投资组合的风险实际上取决于 A、B 两者的相关系数 ρ_{AB}。本例中，当 ρ_{AB} 不同，最终投资组合的风险也不同：

若 $\rho_{AB} = 1$，则 $\sigma_P = 22.1\%$；

若 $\rho_{AB} = 0.5$，则 $\sigma_P = 19.4\%$；

若 $\rho_{AB} = 0.29$，则 $\sigma_P = 18.1\%$；

若 $\rho_{AB} = 0$，则 $\sigma_P = 16.1\%$；

若 $\rho_{AB} = -0.5$，则 $\sigma_P = 12.0\%$；

若 $\rho_{AB} = -1$，则 $\sigma_P = 5.3\%$。

根据投资者的收益风险原则，可以计算出最佳组合权重。

3. n 只证券构成的投资组合风险计算

把两只证券投资组合的最简单情形扩展为有 n 只证券的情况，通过多样化组合，包含进更多低相关资产，可以降低组合风险。相关系数越低越好。对于 n 只证券，方差公式：

$$\sigma_P^2 = \sum_{i=1}^{n} w_i^2 \sigma_i^2 + \sum_{i=1}^{n}\sum_{j=1}^{n} w_i w_j \sigma_{ij} \ (i \neq j) \tag{10-22}$$

其中，σ_P^2 是投资组合的方差；σ_i^2 是证券 i 的收益率的方差，σ_{ij} 是证券 i 和 j 收益率的协方差；w_i 是投资组合中投资于证券 i 的权重。两个加和符号表明所有 i 和 j 的可能组合的协方差相加。对于 n 只证券，投资组合风险包含两部分：一是每只证券的加权风险；二是所有证券的加权协方差。

公式 10-22 中，当 $i=j$ 时，协方差项即变成加号前面的方差项。因此式（10-22）可以简写为：

$$\sigma_P^2 = \sum_{i=1}^{n}\sum_{j=1}^{n} w_i w_j \sigma_{ij} \tag{10-23}$$

或者

$$\sigma_P^2 = \sum_{i=1}^{n}\sum_{j=1}^{n} w_i w_j \rho_{ij} \sigma_i \sigma_j \qquad (10\text{-}24)$$

协方差对于深刻理解投资组合的风险非常重要。马科维茨资产组合理论的贡献主要就是他对于方差和协方差重要性的见解。当在一个投资组合中加入一个新的证券时,有两种影响:

(1) 新加入的证券自身的风险,以方差或标准差来衡量,加入投资组合的整体风险中。

(2) 新证券与组合中已有的每只证券之间的协方差也被加入投资组合。在已经比较大的投资组合中,比如包含150只证券的投资组合,每只证券自身的风险对于投资组合总风险来说非常小。当一只新证券被添加到该组合中时,其与组合中其他证券的协方差才是更重要的影响投资组合风险的因素。

投资组合中协方差的总量有$n(n-1)$个,n为组合中证券的数量。因为A和B的协方差与B和A的协方差相等,所以共有$[n(n-1)]/2$个不同的协方差。对于多只证券的投资组合,协方差的计算工作量很大。比如,考虑100只证券的投资组合,需要估计$[100×(100-1)]/2=4\,950$个不同的协方差;若是250只证券的投资组合,则需要估计31\,125个协方差,因此需要借助计算机等工具才能够实现。而马科维茨模型也因为大量协方差估计的操作困难而在投资实践中的应用受到限制。

(四) 马科维茨有效集及其改进

根据投资组合的基本原理,对于任意给定的风险水平,理性投资人会选择有最大预期收益的投资组合;对于任意给定的预期收益,投资人会选择具有最小风险的投资组合。这些由理性投资人选择出来的投资组合的集合叫马科维茨(Markowitz)有效集见图10-6。

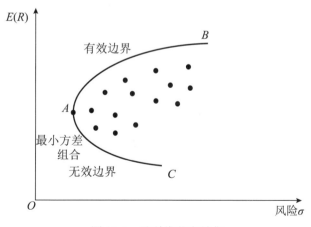

图10-6 马科维茨有效集

根据马科维茨投资组合理论,理性投资者根据投资组合的期望收益率和风险做出投资决策。马科维茨有效投资组合是指:给定任意期望收益率水平时最小风险的投资组合,或者是给定任意水平风险时最大期望收益率的投资组合。图10-6中,A点为所有投资组合中的最小方差组合,在承担相同风险下投资者只会选择收益率更高的组合即AB曲线上的组合,而不会选择AC线上的组合。AB弧被称为有效投资组合集,也就是马科维茨有效边界。保守的投资者会选择AB弧靠向A点的左侧尾端投资组合,因为风险更低;而激进的投资

者会选择偏向 B 的右侧投资组合,因为有更高的期望收益率。

由于不同投资者的风险偏好不同,也即拥有不同的无差异曲线,因此,投资者需要根据自身特点选择最佳的投资组合。如图 10-7 所示,投资者的无差异曲线中,位置越高的表示效用越高。U_1 代表的无差异曲线效用最高,但有效投资组合无法达到;U_3 可以达到,但很明显并非最优选择;U_2 是在投资者无差异曲线中能够达到的最佳选择,其与马科维茨有效集的切点 M 的投资组合,可以获得相同风险水平下的最高预期收益率。

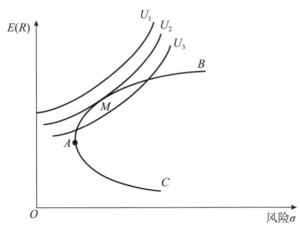

图 10-7 选择有效边界上的一个投资组合

投资人根据自己的风险偏好无差异曲线选择了有效前沿线的有效资产组合后,构建这个由风险资产构成的资产组合并非易事。为此我们引入一个无风险资产,构建一个由 n 个风险资产构成的风险资产组合 P_0 和一个无风险资产组成的新的资产组合 P。无风险资产是指有确定的预期收益率而方差(即风险)为零的资产。由于方差为零,无风险资产与任何风险资产的协方差为零,也即无风险资产与风险资产不相关。一般认为,最佳的无风险资产是国库券,其违约风险极小,到期时间和到期收益率均为已知,也就是持有到期即可获得预先约定的收益率。

引入无风险资产用于改进马科维茨有效集,使我们从投资组合理论发展出资本市场理论,如图 10-8 所示。

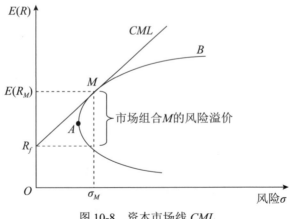

图 10-8 资本市场线 CML

图 10-8 中，AB 曲线是风险资产组合 P_0 的有效集，无风险资产 F 在纵轴上，因为它的风险是零。从点 R_f 做马科维茨有效集 AB 弧的切线，切点为 M。此时，直线 R_fM 上的任何一点都是资产组合 P_0 与无风险资产 F 组成的新投资组合。此时原有效集曲线上的有效资产除 M 点外对新的投资组合不再是有效的。如果直线 R_fM 上任何一点投资在无风险资产的权重为 w_f，那么投资在风险资产组合 P_0 上的权重为 $(1-w_f)$。资产组合 P 的预期收益率为

$$E(R_P) = w_f E(R_f) + (1-w_f) E(R_{P_0}) \tag{10-25}$$

资产组合 P 的标准差为

$$\sigma_P = (1-w_f)\sigma_{P_0}, \text{Cov}(R_f, R_i) = 0 \ (i=1,2,\cdots,n) \tag{10-26}$$

由于无风险资产标准差为零，且与任何风险资产的协方差为零，因此引入无风险资产后新的投资组合的标准差就是其中风险资产组合的加权标准差。根据无风险资产和投资有效集，选择过 R_f 点且与投资有效集相切的最陡峭资本配置线，即资本市场线 CML（capital market line）。需要注意的是，在一个同质性市场上，市场组合与无风险资产均是同质的，即所有投资者都有相同的资本市场线。市场组合 M 与无风险资产构成的全部资产组合集合的有效前沿，即资本市场线，是市场风险资产与无风险资产相结合的最有效边界。投资者选择资本市场线上的哪一点作为自己的投资组合取决于其风险承受能力。保守的投资者将选择更多的权重配置在无风险资产 F 上，即 CML 上靠近纵轴的地方，最保守的投资者可能选择纵轴上的 R_f 点，即全部资金配置无风险资产；而激进的投资者会选择更多权重配置市场组合 M，风险承受能力越强，所选择的资产组合的点越靠近 M。当全部资产都配置在市场组合 M 上之后，还可以用无风险利率借入资金继续投资于市场组合，风险偏好越强，借入资金越多，所选择的资产组合点越远离 M 点且沿 CML 线向右上方偏移。

资本市场线 CML 总是向右上倾斜的，因为风险溢价应该总是正的，风险越大预期收益率也越大。风险溢价代表一个资产组合的期望收益率与无风险资产收益率之差。图 10-8 中 CML 的斜率为

$$\text{CML的斜率} = \frac{E(R_M) - R_f}{\sigma_M} \tag{10-27}$$

资本市场线 CML 的斜率代表有效资产组合风险的市场价格，表示一个证券组合风险每增加一个百分点需要增加的风险溢价。因此资本市场线 CML 的方程可以表示为：

$$E(R_P) = R_f + \frac{E(R_M) - R_f}{\sigma_M} \sigma_P \tag{10-28}$$

式中，$E(R_P)$ 是 CML 上任何有效资产组合 P 的预期收益率，σ_P 是投资组合 P 的标准差也即 P 的风险。资本市场线上有效资产组合 P 的预期收益率等于无风险收益率加上风险溢价，即风险的市场价格乘以投资组合的风险。

市场资产组合包含所有可交易的风险资产，是一个完全多样化的风险资产组合，是每个理性投资者必然持有的资产组合。市场组合无法观测和准确确定，通常采用所有普通股市场的资产组合来代替，如标准普尔 500 指数、纽约证券交易所综合指数、上海证券交易

所综合指数等。

二、资本资产定价模型

资本资产定价模型（capital asset pricing model，CAPM）是在马科维茨投资组合理论的基础上由美国金融经济学家夏普（William Sharpe）、约翰·林特纳（John Lintner）与简·莫辛（Jan Mossin）进一步发展提出的。其核心是金融证券市场中资产的预期收益率与资产风险之间的关系。资产价格基于风险的形成机制是现代金融市场价格理论的支柱，广泛应用于投资决策和金融理财领域。

资本资产定价模型以马科维茨的投资组合理论为基础，因此投资组合理论的相关假设同样适用于CAPM，包括投资者的财富偏好都是财富越多越好，投资者投资决策取决于预期收益率和由方差或标准差衡量的风险两个因素，都遵循这样的风险收益原则，即同一风险水平选择较高收益率的投资，或者同一收益水平下选择较低风险的投资。在这些基本假设的基础上，资本资产定价模型CAPM有更为严格的假设，包括：

（1）投资者可以在无风险利率下无限制借出或者贷入资金。

（2）税收和交易费用忽略不计。

（3）市场信息的获得及时、充分且免费。

（4）所有投资者有相同的无风险利率和投资期限。

（5）不存在通货膨胀。

（6）所有投资者对市场资产的期望收益率、标准差和协方差等有相同的预期，如果每个投资者都以相同的方式投资，根据所有投资者的集体行为，每个证券的风险和收益最终都可以达到均衡。

上述假设主要基于两大方面：一是投资者都是理性的，只在马科维茨有效边界上选择投资组合；二是资本市场是完全有效市场，没有任何摩擦阻碍投资。虽然上述假设极为苛刻且难以在现实中实现，但事实上当大多数假设在放宽要求时，CAPM模型的基本结论仍然成立，模型仍然是稳定的，并不会对模型结果有重大偏差和影响，因而熟悉这一金融资本市场重要的定价理论模型是非常有必要的。

资本市场线CML描绘了有效市场组合的风险-收益权衡。那么对于单个证券和不在有效边界上的非有效资产组合，该如何确定其风险与收益的关系呢？资本资产定价模型可以解决该问题，并提供衡量风险资产价格的简明方法。根据前面所学的知识，我们知道投资风险由非系统风险和系统风险构成，其中非系统风险可以通过增加投资品种持有多样化的投资组合来分散。当投资组合已经充分多样化，则风险主要来自不可分散的系统风险。因此，当一个投资者持有一个充分分散风险的多样化投资组合时，如果在这个组合中添加一只证券，其对整个投资组合风险的影响并不体现在它本身的风险水平，而是该只证券与组合中其他证券的平均协方差。既然均衡市场中的市场资产组合对所有投资者都一样，那我们在考虑任何单只证券的风险时，就是考虑其与市场资产组合的协方差。

与式（10-28）相似，任何单只证券的期望收益率与它和市场资产组合的协方差相联系：

$$E(R_i) = R_f + \frac{E(R_M) - R_f}{\sigma_M} \sigma_i$$
$$= R_f + \frac{E(R_M) - R_f}{\sigma_M} \times \frac{\sigma_i \sigma_M}{\sigma_M} \quad (10\text{-}29)$$
$$= R_f + \frac{E(R_M) - R_f}{\sigma_M^2} \text{Cov}(R_i, R_M)$$

式中：$E(R_i)$ 是任意单个证券 i 的期望收益率；R_f 为无风险收益率；$E(R_M)$ 为市场资产组合 M 的期望收益率；σ_M^2 为市场资产组合收益率的方差，$\text{Cov}(R_i, R_M)$ 为证券 i 与市场资产组合 M 的协方差。

由于市场组合是充分多样化的，考虑单个资产 i 的风险测量主要是它与市场资产组合的协方差。定义

$$\beta_i = \frac{\text{Cov}(R_i, R_M)}{\sigma_M^2} \quad (10\text{-}30)$$

贝塔值（β_i）是风险的相对度量，衡量单只证券 i 与市场资产组合风险的相对值。以市场资产组合的方差为基准，随着市场收益率的变化，若证券的收益率变动大于（小于）市场收益率，那么该证券的收益率波动性要大于（小于）市场资产的收益率变动。如果 $\beta_i = 1$，则该证券与市场资产风险一样；如果 $\beta_i > 1$，该证券的收益率波动程度大于市场资产，风险比市场风险高；如果 $\beta_i < 1$，该证券的收益率波动程度小于市场资产，风险比市场风险低。例如：若贝塔值为 1.5，当市场收益率上升或者下降 10% 的时候，该只证券收益率平均上升或者下降 15%，是激进的证券。贝塔值将证券协方差与市场资产的整体风险联系起来进行相对衡量，形成一个容易理解和比较的数值，在衡量证券的相对风险时非常方便。贝塔值大于 1，波动／风险较高；贝塔值小于 1，波动／风险较低。

由式（10-30），我们可以把任何单只证券或者证券组合的期望收益率写为

$$E(R_i) = R_f + \beta_i \left[E(R_M) - R_f \right] \quad (10\text{-}31)$$

这就是资本资产定价模型 CAPM。资本资产定价模型正式将证券或资产组合的期望收益率与风险联系起来，提供了一种期望收益率与贝塔值之间关系的简洁形式。CAPM 说明资产的期望收益率由无风险收益率和风险溢价两部分构成。风险溢价则是特定证券的贝塔值与市场资产风险溢价 $\left[E(R_M) - R_f \right]$ 的乘积。即

$$\text{证券 } i \text{ 的风险溢价} = \text{贝塔值} \times \text{市场风险溢价} \quad (10\text{-}32)$$

证券的预期收益率 = 无风险收益率 + 该证券的贝塔值 × 市场风险溢价 （10-33）

当 $\beta = 0$ 时，预期收益率即无风险收益率；

当 $\beta = 1$ 时，预期收益率即市场收益率。

将资本资产定价模型绘制在预期收益率和风险的框架下，其轨迹为一条直线，即证券市场线（stock market line，*SML*）。如图 10-9 所示，*SML* 是一条非常重要的资本资产定价线。在市场均衡条件下，任何资产或资产组合的预期收益率与风险相对贝塔值的关系都可以用这条线来界定，它反映了市场对系统风险的均衡价格。

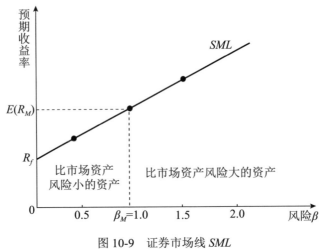

图 10-9 证券市场线 SML

【例题 10-7】 假定一个资产的贝塔值为 1.5，无风险收益率为 3%，市场组合的期望收益率为 10%。对于一个持有完全分散化资产组合的投资人，投资于该项资产的预期收益率是多少？

解析：根据 CAPM，预期收益率：

$$E(R_i) = 3\% + 1.5 \times (10\% - 3\%) = 13.5\%$$

证券市场线 SML 与资本市场线 CML，两者都是描述资产或资产组合的期望收益率与风险之间关系的函数。但 CML 反映的是有效资产组合的期望收益率与风险程度之间的关系。CML 上的每一个点都是一个有效资产组合，市场资产组合点 M 是由全部风险资产构成的组合，反映的是与市场全部风险之间的关系；SML 反映的是单项资产或任意资产组合的期望收益率与风险程度之间的关系，不要求必须是有效资产组合，只反映期望收益率与系统风险的关系而不是与全部风险的关系。本质上 CML 是 SML 的一个特例，投资决策中使用 SML 更为简洁方便，应用更为广泛。

贝塔值可以用某项资产的收益率和市场资产组合收益率的历史数据进行回归分析估计得出。回归方程可以写为

$$R_i = \alpha_i + \beta_i R_M + e_i \tag{10-34}$$

β_i 可以估计得出。

三、随机游走假说和市场有效性

随机游走（random walk）假说指出：股价变动是随机且不可预测的，不能通过过去的表现预测将来。股价只对新的信息做出上涨或下跌的反应，而信息的到来是不可预测的，所以股价同样是不可预测的。一旦有迹象表明某种股票被低估，便存在着一个赚钱的机会，投资者便会蜂拥购买使得股价立刻上升到正常水平，从而只能得到正常收益率。

有效市场假说（efficient market hypothesis，EMH）认为，任何人都没有办法利用任何信息赚取超常收益，即股价已经包含了所有已知信息，市场是有效的。在市场均衡条件下，证券价格将反映所有有关信息，而一旦市场偏离均衡，出现了某种机会，也会有人在极短

的时间内去填补这一空隙，使市场恢复均衡。证券市场是一个充分竞争的市场，存在着许多训练有素、具备强大的专业知识和投资专业素养的投资者。在这样的市场上，要预测证券价格的未来变化，寻找获利机会是相当困难的。

但现实中市场很难达到完全均衡，且不同国家、地域和领域的市场情况亦存在差异。根据股票价格对相关信息反映程度的不同，有效市场可以分为三种类型：弱型有效市场、半强型有效市场和强型有效市场。

（一）弱型有效市场

在弱型有效市场中，证券价格已经反映了全部能从市场交易数据中得到的信息，包括过去的股价历史、交易量、空头头寸等。该假定认为市场的价格趋势分析是徒劳的，过去的股价资料是公开的且几乎可以无成本获得的。因此，如果这样的已公开数据曾经传达了未来业绩的可靠信息，那所有投资者肯定已经学会如何运用这些信号了，因而它们将失去其价值。由于历史股票价格信息是最容易获取的信息，因此弱型效率是资本市场所能表现出的最低形式的效率。如果我们能够从股票价格的历史信息中发现某种可以获得超常利润的趋势和机会，那么市场中的每个人也都能够做到，因而超常利润将在争夺中消失。

（二）半强型有效市场

在半强型有效市场中，证券价格充分反映了所有公开的信息，包括历史价格信息和当前公司公布的财务报表等公开信息。证券价格的基本分析，就是对公开发布的各种消息对有关企业的经营状况的影响进行分析，并据此确定该公司股票的价值及未来变化趋势，指导证券投资，以期获得高于一般投资者的超额利润。但在半强型有效市场中，基本分析并不能为投资者带来超额利润。大多数对半强型有效市场的研究是通过事件研究进行的，例如在某一特殊事件发生后，公司的股利或盈利变化时，股价在公布日左右的变化情况。如果市场有效，这种变化应该是即时的，否则为市场无效的表现。大量实证结果和经验表明，股票价格的变化对大多数重要事件的反映都非常及时，使投资人通过掌握消息来获得市场超额利润变得不可能。另一种对半强型市场有效性的检验是通过评估共同基金经理的业绩表现。假定基金经理是职业投资人，他们将充分利用可获取的公开信息来制定投资策略。实证研究发现，在美国等成熟市场，基金经理的平均业绩往往低于股票指数（如标准普尔500指数）的业绩，说明其市场成熟水平已经达到半强型有效的程度。在我国目前的资本市场中，我们发现投资基金管理公司的基金业绩表现平均好于市场股票指数，说明我国市场还未能达到半强型有效市场的水平。

（三）强型有效市场

在强型有效市场中，证券价格充分反映了所有的信息，包括公开的和内幕的信息。强型有效市场假设理论强调指出，任何与股票价值有关的信息，即使只有一个投资者知道的信息，实际上都已经充分地反映在股票价格之中。因此即便有所谓的"内幕消息"，一旦有人企图利用这一信息进行交易时，市场将立即确认所发生的事情，即强型有效市场认为不存在真正的"内幕消息"。对强型有效市场的检验是对内幕消息持有人投资行为的检验。内幕消息拥有者一般是指两类人，一类是公司的高管人员，另一类是通过非法途径获得内幕消息的人。这两类人在市场上的交易行为如果未报告交易所，则交易是不合法的。有限的研究表明，内幕消息的拥有者如果进行非法交易的话，是可以获得超额利润的，强型有效市场在现实中几乎是不存在的。

市场信息公开程度与市场类型如图10-10所示。历史价格信息集是公开可用信息集的一个子集，而公开可用信息集又是所有相关信息集的一个子集，它们之间是逐一"包含于"的关系。与此相对应，强型有效市场包含半强型有效市场，半强型有效市场包含弱型有效市场。

图10-10　信息集与有效市场

（四）有效市场假定对投资策略的含义

对市场有效性的假定不同将直接影响投资人投资策略的制定。一般来说，如果相信市场无效，投资人将采取主动投资策略；而如果相信市场有效，投资人将采取被动投资策略。

1. 主动投资策略

技术分析是对股票的历史信息如股价和交易量等进行研究，希望找出其起伏周期的运动规律以期形成预测模型。技术分析家们承认信息对公司未来经营前景的价值，他们研究历史股价的记录和图表，希望能找到可以用来构造盈利的资产组合的模式。市场有效性假定意味着只要市场达到弱有效，技术分析将毫无可取之处。基本面分析是利用公司的公开信息如盈利、红利、前景、未来收益预期及公司风险评估等来决定适当的股票价格，判断当前市场是高估还是低估了股票价值，从而形成投资策略。目的是获得对尚未被市场其他人认识到的公司未来表现的洞察，以获得超额收益。有效市场假定认为，如果市场是半强型有效，股价就已经反映了所有公开信息，那么基本面分析也是徒劳的。

2. 被动投资策略

有效市场假定认为，主动管理基本上是白费力气。相信市场有效的投资人将采取被动投资策略。该策略不试图战胜市场取得超额收益，而是建立一个充分分散化的证券资产组合，以期获得市场的平均收益。一种常用的被动投资策略为购入-持有策略。因为有效市场理论指出，当给定所有已知信息时，股价的水平是公正的，频繁地买入或者卖出股票是没有意义的，只会浪费大笔经济佣金而不会提高期望收益水平。另外一种常用的被动投资策略是建立指数基金，它按照目标指数的证券构成种类和比例持有股票，其收益率与该目标指数相同。

3. 有效性和资产组合管理

如果投资人相信市场是有效的，那么主动投资策略将是徒劳的，每个投资人都将采取被动投资策略，以期实现与市场平均收益率相同的投资收益，但这并不意味着投资人不需要进行资产组合的管理。根据资产组合理论，即使在市场有效的条件下，投资人仍需要进行分散化投资，以消除单个资产对资产组合风险的影响。每个投资人都将持有由无风险资产和市场资产组合构成的资产组合，投资人仍需根据自己的风险承担能力和税负状况选择不同的投资权重构成有效投资组合，且需要根据市场条件的变动而不断进行调整。

【本章知识要点】

（1）投资规划是投资人为实现投资目标、达成最优收益而进行的一系列投资活动过程。投资规划需遵循一定的步骤，并实现投资的适宜性。

（2）投资规划需要结合个人和家庭的财务生命周期，以及宏观经济周期等，来综合制定投资规划和投资策略。

（3）投资收益由当期收益和资本利得构成，可以通过持有期收益率、预期收益率等指标衡量投资收益水平；投资风险即收益率的不确定性，通常用标准差和方差予以衡量。投资收益率与投资风险是进行投资决策、制定投资规划必然要考虑的两个基本因素。必要收益率是指某投资者进行某项投资所要求获得的最低的回报率。风险厌恶、风险偏好和风险中性投资者的效用函数的形状和特点不同。对不同风险偏好和效用函数的投资者应制定差异化的投资策略。

（4）投资组合理论和资本资产定价模型是现代金融资本市场定价机制的理论基石与核心。基于市场有效性理论，投资者采取的投资策略可能完全不同。现代金融资本市场介于有效与无效之间，因而投资策略既要考虑构建充分分散风险的投资组合（被动投资策略），也应积极行动寻找价值投资对象，构建最优投资组合（主动投资策略）。

【本章专题案例】

汇添富成长焦点混合基金（519068）简介	
投资目标	本基金精选成长性较高，且估值有吸引力的股票进行布局，在有效管理风险的前提下，追求中长期较高的投资回报
投资策略	本基金采用积极的资产配置和股票投资策略。在资产配置中，通过资产战略配置和战术配置来确定每一阶段投资组合中股票、债券和现金类资产等的投资范围和比例；在股票投资中，采用"自下而上"的策略，精选出成长性较高，且估值有吸引力的股票，精心构建股票投资组合，并辅以严格的投资组合风险控制，以获得长期的较高投资收益。本基金投资策略的重点是精选股票策略
业绩比较基准	沪深300指数收益率×80%+上证国债指数收益率×20%
风险收益特征	本基金是混合型基金，本基金的风险和预期收益比较均衡，在证券投资基金中属于风险适中的基金品种

汇添富上证综合指数基金（470007）简介

投资目标	本基金采取抽样复制方法进行指数化投资，通过严格的投资纪律约束和数量化风险管理手段，力争控制本基金净值增长率与业绩比较基准之间的日平均跟踪误差小于0.35%，且年化跟踪误差小于6%，以实现对基准指数的有效跟踪
投资理念	本基金认为，中国经济增长从长期来看，仍将保持持续稳定的增长态势，这为指数投资获取长期稳健收益奠定了良好的宏观经济基础。本基金选择覆盖上海证券交易所挂牌上市的全部股票的上证综合指数为股票组合的跟踪标的，力求通过指数化、分散化的投资方式，坚持买入并持有的长期投资策略，以获取中国资本市场长期增长的收益，从而使基金份额持有人分享中国经济长期增长的回报
投资范围	本基金投资于具有良好流动性的金融工具，主要包括上海证券交易所上市交易的所有股票、新股（如一级市场初次发行或增发）等，其中股票资产占基金资产的比例为90%~95%，现金或者到期日在一年以内的政府债券不低于基金资产净值的5%，投资于标的指数成分股的资产占基金资产的比例不低于80%（但因法律法规限制原因导致本基金不能投资相关股票而致使本基金不能达到上述比例的情形除外）； 今后如果法律法规允许，本基金的股票投资比例可以提高到基金资产净值的100%，如以后法律法规及中国证监会允许基金投资其他金融工具，如股指期货、ETF等，本基金可以依照法律法规或监管机构的规定，将其纳入投资范围

思考与讨论：

以上信息来自汇添富基金管理公司官网。请利用所学知识，分析两只基金的投资策略类型。

【本章思考题】

1. 请解释变异系数如何应用于投资决策。
2. 简述持有期收益率、预期收益率的含义及其计算方法。
3. 必要收益率由哪些部分构成？请解释各部分的含义及决定因素。
4. 请说明不同风险态度的效用函数特征。
5. 如何计算一个投资组合的期望收益率和对应风险？
6. 请说明相关系数与协方差的联系，并写出对应公式。
7. 请解释马科维茨有效集的含义；如何改进马科维茨有效集？
8. 请说明投资风险能否完全由多样化的投资组合而降低？通过多样化投资能够降低什么风险，不能够降低什么风险？
9. 投资中常说的贝塔值是什么？它是如何构成和计算的？
10. 请说明资本资产定价模型的内容和应用。
11. 请说明投资组合理论与资本资产定价理论的联系与区别。
12. 什么是有效市场假说？基于该假说的不同判断，有哪几种投资策略？
13. 某股票，一年前的买入价为20 000元，一年中得到的税后股息为500元，一年后出售该股票得到税后净收入25 000元，求该股票的持有期收益率。

14. 有 A、B、C、D 四种证券，其投资收益情况如下表所示。请计算包含这四个证券的资产组合的预期收益率。

证　券	期初投资额（元）	期末预期投资价值（元）	权重（%）
A	800	1 000	19
B	600	800	24
C	1 500	1 200	34
D	900	900	23

第十一章 社会保障基金投资工具：债券、股票、基金

【本章学习目标】
- 掌握债券市场和债券投资的基本知识，掌握债券定价原理和投资债券的判断依据
- 掌握股票市场和股票投资的基本知识，掌握股票定价原理和投资股票的判断依据
- 掌握证券投资基金的特征、分类与投资策略

第一节 债券市场与债券投资

债券是最重要的一类固定收益类证券，是资产组合的重要组成部分。债券种类繁多，正确选择合适的债券对于投资者非常重要。成功的债券投资，不仅要充分理解债券的类型、期限，还要全面把握影响债券价格、收益率、债券价格波动率的技术性因素。

与其他投资工具一样，债券向投资者提供两种收益：当期收益和资本利得。当期收益一般来源于债券发行人向投资者定期支付的利息，这在债券发行时就确定了；资本利得来源于债券买卖差价，这一般是由于市场利率波动而引起。由于债券收益相对稳定，投资风险相对较低，一些债券还有税收优势，因此债券是资本市场上颇受欢迎的投资品种，投资者愿意投资债券，以确保获得稳定的收益率。而其稳定的收益特点，更是投资者构建分散资产组合的重要组成。许多国家的债券市场规模已经超过了股票市场。

一、债券市场

债券市场包括发行市场和交易市场两个层次。国外大部分债券在柜台市场交易，只有少部分债券上市交易。我国债券的主要交易场所包括证券交易所、银行间市场和商业银行柜台市场。

债券通常按照发行人不同分为四大类：一是由国家财政部门发行的债券，称为国库债券（treasuries），简称国债；二是由除国家财政部门或国库之外的其他政府机构发行的债券，通常称为政府机构债券（agency bonds）；三是地方政府发行的债券，称为市政债券（municipal bonds）；四是由公司发行的债券，称为公司债（corporate bonds）。

（一）国库债券

国库债券或国债是以国家财政收入为偿还保证的债券，一般不存在违约风险。国债是债券市场最重要的组成部分，部分国债收益率被作为市场无风险利率的重要参考。根据期限长短，国债分为三类：

1. 短期国债——国库券

期限在1年或1年以下的短期国债，就是通常所说的国库券（T-bills）。国库券流动性好、变现能力强、交易成本低、风险很小，属于货币市场金融工具。国库券的期限一般为3个月、4个月、6个月或12个月。国库券一般按贴现方式发行，是贴现债券。投资者按低于

面值的折价购买，在到期日政府以债券面值向投资者兑付，购买价与面值之差就是投资者持有国库券到期的所得收益。贴现收益就是国库券票面价值与购买价格之间的差额。

贴现债券的收益率一般有三种：

贴现收益率（discount yield）：是指贴现收益与票面价值的比率按单利法则转化得到的年收益率。用公式表示为

$$R_{DY} = \frac{100-P}{100} \times \frac{360}{n} \qquad (11\text{-}1)$$

有效年收益率（effective annual rate of return）：是指贴现收益与发行价的比率按复利法则转化得到的年收益率。公式为

$$R_{EAR} = \left(1 + \frac{100-P}{P}\right)^{\frac{365}{n}} - 1 \qquad (11\text{-}2)$$

等价收益率（equivalent yield）：是指贴现收益与发行价的比率按单利法则转化得到的年收益率。公式为

$$R_{EY} = \frac{100-P}{P} \times \frac{365}{n} \qquad (11\text{-}3)$$

式（11-1）至式（11-3）中，100 为票面价值，P 为国库券的发行价格，n 表示国库券按天计算的到期时间。贴现收益率中将一年简化为 360 天，每月按 30 天计算。等价收益率将一年计为 365 天，以实际投资的购买价格作为投资本金额。由于发行价格低于票面价值，因此很明显等价收益率大于贴现收益率。

【例题 11-1】假设期限为 182 天的票面价值为 100 元的国库券，售价为 96 元。请问购买该国库券的贴现收益率、有效年利率和等价收益率分别是多少？

解析：购买一份的投资额为 96 元，贴现收益为 100-96=4（元）

贴现收益率：

$$R_{DY} = \frac{100-96}{100} \times \frac{360}{182} = 7.91\%$$

有效年收益率：

$$R_{EAR} = \left(1 + \frac{100-96}{96}\right)^{\frac{365}{182}} - 1 = 8.53\%$$

等价收益率：

$$R_{EY} = \frac{100-96}{96} \times \frac{365}{182} = 8.36\%$$

根据计算，上述国库券的有效年收益率最大，贴现收益率最小。贴现收益率中将一年视为 360 天，使用单利而非复利，除以面值而非实际投资额等，均使得贴现收益率小于有效年收益率。现实中，国库券通常采用贴现收益率来衡量。

2. 中长期国债——国库债券与狭义国库票据

期限在 1 年以上 10 年以下的中期国债一般被称为国库票据（treasury notes），期限在 10 年以上的长期国债也被称为狭义的国库债券（treasury bonds）。中长期国债属于资本市场金融工具。美国政府的大部分筹资是通过发行国库票据和狭义国库债券获得的。中期国

债或国库票据的期限一般为 2 年、3 年、5 年或 10 年，而长期国债或狭义国库债券的期限一般为 20 年或 30 年。

中长期国债是息票债券，采用息票方式衡量收益。美国中长期国债基本上都以 1 000 美元的面值发行，每半年付息 1 次，到期偿还本金。部分中长期国债还有税收方面的优惠。

通货膨胀保护国债是一种中长期国债，以每年的通货膨胀率调整投资者收益，保护投资者收益不因通货膨胀而损失。通货膨胀保护国债的期限一般为 10 年或 30 年。通货膨胀国债根据上一年的通货膨胀水平调整国债面值，以前一年调整的国债面值为基数，在下一年以调整后的国债面值计算投资者利息收入，最后在到期日，按照调整后的国债面值兑付给投资者。投资者购买通货膨胀保护国债，其获得的实际利息收入不会因为物价指数上涨而损失，本金的购买力也不会因此而下降。因此，通货膨胀保护国债的息票率实际上是调整了通货膨胀率之后的实际收益率，因此息票率通常比较低。

（二）政府机构债券

政府机构债券是指某些政府机构为了筹措资金而发行的债券。例如，美国的联邦住房贷款银行、小企业管理局、学生贷款市场协会等政府机构。政府机构债券不是财政部门的债务，不由国家财政部门偿还，但政府机构债券的信用级别很高，与国库债券一样，几乎没有违约风险。政府机构债券的收益率一般略高于国债。

（三）市政债券

市政债券是由州或者地方政府发行的债券。市政债券主要是短期抵税票据，是州或地方政府在实际收到税款之前为了融通资金而发行的票据。此外，一些长期市政债券最长期限达 30 年，一般用于特定的大型公共项目建设。市政债券的税收优势是吸引投资者的重要原因。

（四）公司债券

公司债券是公司为筹措资金而发行的债权债务凭证。公司债券的持有者是公司的债权人，有按债券约定条件从公司取得利息和到期收回本金的权利。债券持有者的受偿权利优先于股票。公司债券的种类很多，通常按照不同方式可以分为：

1. 按抵押担保状况分

根据债券的抵押担保状况，可以分为信用债券、抵押债券、担保信托债券等。信用债券是指完全凭公司信誉，不提供任何抵押品而发行的债券。这种债券对发行企业的信用要求高，一般由实力强信用好的大企业发行，期限较短，利率较高。抵押债券是以土地、厂房、物业等不动产为抵押品而发行的一种公司债券。如果公司不能按期还本付息，债权人有权处理抵押品以资抵债。担保信托债券是指以公司持有的各种动产或者有价证券作为抵押品而发行的公司债券，是一种流动抵押公司债。用作抵押品的证券必须交由受托人保管，但公司仍保留股票表决及接受股息的权利。

2. 按利率特征分

按利率特征可将债券分为固定利率债券、浮动利率债券、指数债券或零息债券。固定利率债券是指事先确定利率，每半年或一年付息一次，或者一次性还本付息的公司债券，这种是最为常见的公司债券类型。浮动利率债券是在某一基础利率（如同期政府债券收益率）之上增加一个固定的溢价，如 100 个基点即 1%，以防止未来市场利率变动可能造成的价值损失。对某些中小型公司或者经营不太稳定的大公司来说，发行固定利率债券有困难或者成本过高时，可以考虑发行浮动利率债券。指数债券是指通过将利率与通货膨胀挂钩来保障债权人不致因物价上涨而遭受损失的公司债券；有时还采取与某一特定商品（如石油、黄金等）挂钩的方式，这种又称为商品相关债券。零息债券是以低于面值的贴现方式发行，到期按面值兑现，不再另付利息的公司债券。零息债券与短期国库券相似，可以消除利息再投资的麻烦，但这种债券对市场利率变动极为敏感。

3. 按内含选择权分

按内含选择权可将债券分为可赎回债券、偿还基金债券、可转换债券、带认股权证的债券等。可赎回债券是指公司债券附加早赎和以新偿旧条款，允许发行公司选择于到期日之前提前赎回全部或部分债券。当市场利率下降时，发行公司往往会通过赎回债券并重新发行低利率债券以降低融资成本，这对债权人不利，因此一般会有赎回限制。偿还基金债券是要求发行公司每年从盈利中提存一定比例存入信托基金，定期从债券持有人手中购回一定量的债券以偿还本金；这种债券与可赎回债券相反，其选择权为债券持有人所有。可转换债券简称"可转债"，是指公司债券附加可转换条款，赋予债券持有人按预先确定的比例将债券转换为该公司普通股的选择权。大部分可转债都是没有抵押的低等级债券，且多由风险较高的小型公司所发行。由于这类公司筹集资本的能力较低，因此使用可转换债券的方式以增强对投资者的吸引力；此外，可转换债券可帮助发行公司提前赎回。带认股权证的债券是指公司债券把认股权证作为合同的一部分附带发行；与可转债一样，认股权证允许债券持有人购买发行人的普通股。

我国的债券种类目前主要有国债、地方政府债券、金融债券、企业债券、中央银行票据、短期融资券等。

二、债券的特征

（一）债券的基本要素

面值、息票率、到期日等是债券的基本要素。这些要素对债券的价格有重要影响。

（1）面值。面值是指债券票面上所标明的价值，它代表了发行人的债务和持有人的债权。面值确定了债券到期时发行人必须向持有人兑付偿还的金额，该金额也被称为"本金"。本金即债券到期时发行人需要向持有人偿还的事先确定的资金数额。债券的面值包括计价币种和面额两个内容。美国中长期国债面值为 1 000 美元，我国国债面值为 100 元。

（2）息票率。一般来说，发行人每半年向持有人付息 1 次，少数债券每 1 个月或者每 1 年付息 1 次。债券每次支付的利息由息票率确定。息票是指债券每年支付的利息额，而息票率则是每年支付的利息额与面值的比率。息票率为 0 的债券被称为零息债券，如贴现发行的国库券就是零息债券；息票率不为 0 的债券被称为附息债券；若债券的息票率不是固定的，而是根据通货膨胀、发行信用情况、市场利率水平等因素而变化，则该债券称为浮动利率债券；如果债券的息票率是固定的，那么该债券被称为固定利率债券。

（3）到期日。债券在发行时一般都要规定到期日（除永续债券之外），债券的到期日是指债券偿还本金的日期。偿还期是指债券发行日与到期日之间的时间长度。剩余偿还期是指发行一段时间之后的债券距离到期日的剩余时间长度。

（二）债券价格的影响因素

债券的价格由面值、息票率、偿还期和市场利率等因素共同决定。一般地，在其他因素不变时，债券面值越大，债券价格越高；息票率越高，债券价格越高；市场利率越高，债券价格越低。偿还期与债券价格之间的关系依赖于息票率与市场利率的相对大小关系。

1. 债券价格与息票率、市场利率的关系

图 11-1 描绘了面值为 1 000 美元，偿还期 30 年，息票率分别为 0%、5%、10% 和 15% 的四只债券的价格与市场利率的关系。

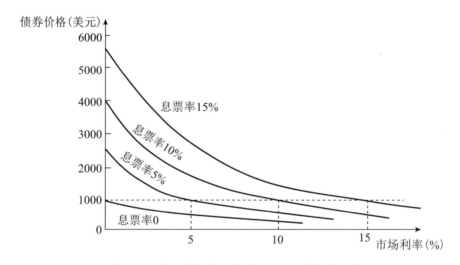

图 11-1　债券的价格与息票率、市场利率的关系

（1）债券的息票率越高，债券价格越高。债券价格与息票率呈正相关关系。

（2）市场利率越高，债券价格越低，且市场利率变化越大，债券价格变化越大。债券价格与市场利率呈负相关关系。

（3）当市场利率等于息票率时，债券的价格等于面值。

（4）当市场利率趋近于零时，债券价格应该等于各期利息与本金之和。

图 11-1 中的四只债券，价格随息票率由高到低逐渐降低；当息票率与市场利率相等时，四只债券的价格都等于其面值 1 000 美元；当市场利率趋近于零时，如 5% 息票率的债券，其价格等于各期利息与本金之和，即 1 000×5%×30+1 000=2 500（美元）；15% 息票率的债券价格则为 1 000×15%×30+1 000=5 500（美元）。当市场利率趋近于无穷大时，债券价格趋于零。此外，市场利率上升所引起的价格下降小于因同等幅度利率下降所引起的债券价格上升，债券价格曲线在较高市场利率时较为平缓。

2. 债券价格与偿还期、市场利率的关系

图 11-2 描绘了面值为 1 000 美元、息票率为 10%、期限为 20 年的债券在不同市场利率和不同偿还期下的价格变化。如果市场利率高于息票率，那么债券价格将低于面值，该债券被称为折价债券；如果市场利率低于息票率，那么债券价格将高于面值，该债券被称为溢价债券；如果市场利率等于息票率，债券价格等于面值，该债券被称为平价债券。随

着债券期限延长,市场利率对债券价格的影响越来越大,即期限越长的债券对市场利率变化越敏感,同等幅度的市场利率变化所引起债券价格的变化幅度越大。

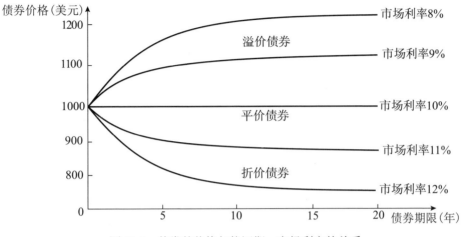

图 11-2　债券的价格与偿还期、市场利率的关系

3. 债券价格随时间推移的变化

折价或者溢价发行的债券,发行后随时间推移,其债券价格会如何变化呢?随着时间推移,债券的剩余偿还期越来越短,距离到期日越来越近,债券持有人的利息收入越来越少,利息收入的现值不断下降,而面值或本金的现值不断上升。对于折价债券,由于息票率低于市场利率,其利息收入对于债券价格的影响处于次要地位,而本金对于债券价格的影响处于主要地位,债券价格将随着时间的推移不断上涨,最后在到期日收敛于面值;相反,对于溢价发行的债券,由于息票率高于市场利率,因此利息收入对于债券价格的影响处于主要地位,而本金对债券价格的影响处于次要地位,该债券的价格将随着时间推移不断下跌,最后在到期日收敛于面值,如图 11-3 所示。

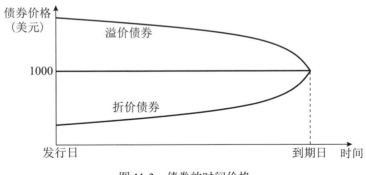

图 11-3　债券的时间价格

(三) 债券风险

债券投资主要面临五种风险:利率风险、购买力风险、信用风险、流动性风险和赎回风险。

(1) 利率风险。利率风险是债券投资者面临的最主要的风险。市场利率的波动是债券价格及收益率变动的最敏感因素。市场利率波动影响所有债券，甚至是风险最低的国库债券。当市场利率升高时，债券的价格一般会下跌；反之，当市场利率下降时，债券价格一般会上升，即市场利率波动时债券价格也随之波动。

（2）购买力风险。购买力风险与通货膨胀紧密相关。在适度通货膨胀时期，债券表现良好，因为通常债券收益率都会超过通货膨胀率。但是当通货膨胀急剧升高时，货币购买力急剧下跌，锁定在债券中的投资资金的购买力受损，甚至债券收益也难以弥补，即遭遇购买力风险。

（3）信用风险。当无力还本付息时，发行人可能选择违约，就形成了债券投资的信用风险。信用风险与发行人的经营风险和财务风险密切相关，是由发行人的财务状况和资信质量决定的。发行人的财务状况越好、资信质量越高，则其发行债券的信用风险就越低。一般而言，国库债券信用风险最低，其次是政府机构债券、市政债券，最后是公司债券。债券的信用风险程度还可以通过信用评级来反映。

（4）流动性风险。流动性风险是指很难以一个合理的价格转让或者变现债券的风险。如果市场交易量小、交易不便利，当在市场上卖出债券时，投资者很难获得一个合理的价格，或者不得不遭受一定损失，那么就说该债券流动性不佳，存在较高的流动性风险。

（5）赎回风险。赎回风险是指在债券到期之前，债券发行人提前将债券赎回而致使债券投资人不能实现预期收益或者遭受一定损失的风险。对于可赎回债券，债券发行人可以在到期日之前赎回债券以降低融资成本，同时也使该债券投资者承受预期收益下降的风险。

一般地，债券都或多或少面临上述各类风险，某些债券可能面临更多的市场风险和流动性风险，而另一些债券则可能包含更多的信用风险和赎回风险。债券一般遵循"高风险、高收益"规则，当债券中包含风险越高，则该债券提供的预期收益率也越高。

（四）债券评级

债券的信用风险又称违约风险，是指发行人不能履行合约，无法按期还本付息，致使投资者损失的风险。债券评级是测定债券发行者的信用风险和违约风险的程度。进行债券评级的作用主要有：一是方便投资者进行债券投资决策。投资者购买债券是要承担一定风险的。如果发行者到期不能偿还本息，投资者就会蒙受损失。债券的信用风险因发行后偿还能力不同而有所差异，对广大投资者尤其是中小投资者来说，事先了解债券的信用等级是非常重要的。由于受到时间、知识和信息的限制，无法对众多债券进行分析和选择，因此需要专业机构对准备发行的债券还本付息的可靠程度，进行客观、公正和权威的评定，也就是进行债券信用评级，以方便投资者决策。二是降低高信誉发行人的筹资成本。对于发行债券的企业或者机构来说，说服投资者购买自己发行的债券需要花费很高的宣传、说服、证明的成本。对于高信誉发行人来说，其违约风险较低，过高的发行成本并不经济。通过权威第三方的债券评级，可以迅速传达发行人资信状况，从而降低债券发行筹集资金的成本。

国际上通常由第三方专业信用评级机构进行债券评级工作，由于专业的评级机构占有详尽的资料，采用先进科学的分析技术，又有丰富的实践经验和大量专门人才，因此它们所做出的信用评级具有很高的权威性，受到广泛的认可。国际著名的评级机构主要有：标准普尔公司、穆迪投资服务公司、惠誉投资者服务公司等。这些机构均提供商业公司的财务信息，并对大型企业债券和市政债券进行信用评级。表 11-1 提供了标准普尔和穆迪评级机构的评级体系。

表 11-1　债券信用等级

机构名称及等级分类		债券风险程度
穆迪	标准普尔	
Aaa	AAA	最高信用级别，还本付息能力极强，有可靠保证，风险最小
Aa1	AA+	还本付息能力很强，但风险比前者略高
Aa2	AA	
Aa3	AA-	
A1	A+	安全性良好，还本付息能力一般，有潜在的导致风险恶化的可能性
A2	A	
A3	A-	
Baa1	BBB+	安全性中等，短期内还本付息无问题，但在经济不景气时风险增大
Baa2	BBB	
Baa3	BBB-	
Ba1	BB+	有投机因素，不能确保投资安全，情况变化时还本付息能力波动大，不可靠
Ba2	BB	
Ba3	BB-	
B1	B+	不适合作为投资对象，在还本付息及遵守契约条件方面都不可靠
B2	B	
B3	B-	
Caa	CCC	安全性低，随时有无法还本付息的危险
Ca	CC	极具投机性，目前处于违约状态中，或有严重缺陷
C	C	最低等级，完全投机性

债券级别越低，违约风险越高，因而要求的到期收益也越高。因为投资者承担更高风险，必然要求更高的风险溢价以补偿风险。

三、市场利率

市场利率对所有债券价格和收益率均产生影响，把握市场利率的变动与债券收益率之间的关系对债券投资至关重要。

（一）必要收益率

本书前面章节已经论述了必要收益率的内涵与构成，理性投资者进行投资，至少要获得必要收益率。对于债券投资者而言，必要收益率也是其追求的最低收益率。一般地，债券投资者的必要收益率由真实无风险收益率、预期通货膨胀率和债券的风险溢价三个部分构成，公式为

$$Y = RR_f + \pi^e + RP \qquad (11\text{-}4)$$

式中，Y 表示某债券的必要收益率，RR_f 表示真实无风险收益率；π^e 表示预期通货膨胀率；RP 为该债券的风险溢价。

真实无风险收益率、预期通货膨胀率都是由外部因素决定的，两者之和是无风险收益率 R_f。债券的风险溢价由债券的类型特征决定，可能包括前述多种风险，这些风险最终都体现在风险溢价中，被包含在投资者的必要收益率中。因此，为了确定必要收益率，除了考虑物价水平等外部经济因素外，还需要考虑债券的自身特征、发行人的资信状况、债券评级等因素。

（二）市场利率的影响因素

市场利率对债券价格以及收益率有极其敏感的影响，因此在进行债券投资时应密切关注市场利率的变化，不仅要注意当前的市场利率变动和不同债券的收益率差额，更重要的是要能通过分析把握市场利率的未来变化趋势，对债券投资提供前瞻性的指导。对市场利率产生影响的主要因素如下：

（1）通货膨胀率是影响市场利率的最主要因素。通货膨胀率的变化或者预期变化都会对市场利率产生直接而复杂的影响。若通货膨胀率预期下降，则市场利率也将随之下降；相反，当通货膨胀率预期将上升，则市场利率也将随之上涨。需要注意，在剧烈通货膨胀时期，市场利率的调整速度可能会滞后于通货膨胀而出现负的实际利率，即通货膨胀率超过了市场利率。

（2）货币供给变化是影响市场利率的重要因素。当货币供给增加，市场上资金相对充裕，将促使市场利率下滑；相反，当货币供给减少，市场上资金相对紧张，将促使市场利率上升。需要注意，如果货币供给急剧膨胀，将可能导致通货膨胀急剧高涨，就有可能导致市场利率攀高。

（3）政府预算赤字对市场利率具有很大影响。当一国财政部门必须通过借入大量资金用于弥补财政赤字时，将导致资金需求增大，在其他因素不变的情况下，将促使市场利率上升。

（4）经济周期与市场利率有密切关系。如前文所述，经济周期一般分为复苏、繁荣、衰退、萧条四个阶段。在不同的经济周期阶段，经济活动程度以及对资金需求大小是不同的。在经济繁荣阶段，一方面，经济迅速扩张需要大量资金；另一方面，政策当局为防止经济过热采取紧缩政策，两个方面共同推动市场利率快速上升。在经济衰退阶段，一方面，经济活动收缩，经济主体的资金需求减少；另一方面，政策当局为了刺激经济增长实施扩张政策，两个方面共同推动导致市场利率走低。

（5）中央银行政策对市场利率有重要影响。许多国家的中央银行都有职责使用多种货币政策工具维持物价稳定。当出现通货膨胀时，中央银行通过实施紧缩性的货币政策，紧缩银根，控制信用扩张，从而推动市场利率升高；相反，当出现通货紧缩时，中央银行通过实施扩张性的货币政策，放松银根，扩张信用，从而推动市场利率下降。

（6）国外主要市场利率水平对国内市场利率亦产生影响。随着经济全球化和金融一体化日益加深，各国市场之间的联系更加紧密，利率也存在一定的相互作用与联系。如美国利率水平升高，投资美国债券的收益率升高，就有可能吸引更多投资者投资美国国债，国内资金供给减少,因此国内市场利率就可能上升。随着资金国际流动自由程度的不断加深,各国之间利率水平的联系将更加紧密。

四、债券定价

理论上债券的价格是债券未来现金流的净现值。定价的一般过程是,在债券未来现金流、必要收益率已知的情况下,计算债券未来现金流的净现值之和,即债券的合理价格。债券投资有两种现金流:一是在债券存续期内定期获得的利息收入,二是债券到期时偿还的本金。根据债券发行时的约定,未来现金流比较容易确定,但是债券定价时进行折现所需要的贴现率,也即债券投资的必要收益率并不容易确定。因此,债券必要收益率的确定是债券定价的关键。

债券的价格主要受市场收益率的驱动影响。在市场条件下,需要确定债券的合适收益率。债券的合适收益率是根据市场因素、经济因素如无风险收益率、通货膨胀率等,以及债券发行人和债券本身的特征(如息票率、期限、评级等)共同决定的。必要收益率也是包含了市场利率、无风险收益率、通货膨胀、个人风险偏好和投资对象风险溢价的综合收益率,是投资债券要获得与其风险相当的最低收益率。因此在债券市场上,必要收益率通常可以用上述市场收益率或者合适收益率来代替,也就是说,债券定价通常采用债券交易的市场收益率作为必要收益率来确定债券定价的贴现率。

在债券定价时,一般需要考虑利息和本金两种现金流,但是有两种特殊的债券:一是永续债券,即该债券没有期限,不偿还本金,其未来现金流是一个无穷的利息年金;二是零息债券,该类债券不支付利息,到期偿还本金,它的未来现金流是一个到期偿还的本金。

(一)零息债券

零息债券只在到期日偿还本金,存续期间不支付利息。零息债券的现金流如图 11-4 所示。

图 11-4 零息债券的现金流

根据定价原则,债券价格等于其未来现金流的现值。因此零息债券价格为

$$P = \frac{FV}{(1+y)^T} \qquad (11\text{-}5)$$

其中,P 表示零息债券的价格;y 为该债券的必要收益率;T 为以年为单位的零息债券的期限;FV 表示零息债券到期偿还的本金或面值。

【例题 11-2】计算零息债券的价格:对于面值为 1 000 美元,还有 2 年到期的零息国债,假设其必要收益率为 5%，那么该债券现在的价格应为多少？

$$P = \frac{FV}{(1+y)^T} = \frac{1\,000}{(1+5\%)^2} = 907.03 \text{（美元）}$$

（二）永续债券

永续债券只在存续期支付利息，没有到期日，因此其未来现金流是一个无穷的利息流，如图 11-5 所示。

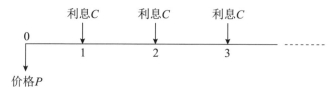

图 11-5　永续债券的现金流

根据贴现原理，永续债券的价格公式为

$$P = \frac{C}{1+y} + \frac{C}{(1+y)^2} + \frac{C}{(1+y)^3} + \cdots = \frac{C}{y} \tag{11-6}$$

式中，C 为永续债券每次支付的利息，即永续债券的价格等于每期利息除以必要收益率。

【例题 11-3】计算永续债券的价格。面值 1 000 美元，息票率 5% 的永续债券，假设它的必要收益率为 4%，请问它现在的价格应该是多少？

$$P = \frac{C}{y} = \frac{1\,000 \times 5\%}{4\%} = 1\,250 \text{（美元）}$$

（三）普通债券

普通债券定价需要考虑存续期利息收入和到期偿还的本金两部分现金流，如图 11-6 所示。

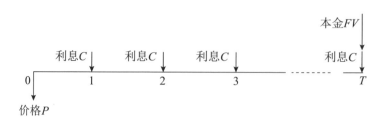

图 11-6　普通债券的现金流

一般地，普通债券定期支付等额利息，到期偿还本金。
以每年复利方式计算：

$$P = \frac{C}{1+y} + \frac{C}{(1+y)^2} + \cdots + \frac{C}{(1+y)^T} + \frac{FV}{(1+y)^T} = \sum_{t=1}^{T} \frac{C}{(1+y)^t} + \frac{FV}{(1+y)^T} \tag{11-7}$$

公式表示在每年付息一次的情况下债券的价格，y 为该债券的必要收益率，C 为债券每年支付的利息，T 为距离债券到期的年限，FV 为到期偿还的本金。

本书前面讨论过复利期间。在债券投资实践中通常债券是每半年付息 1 次，则债券现金流和利息计算次数将发生改变，每次支付的利息将变为 $C/2$，每次的贴现率也不再是年必要收益率 y 而是 $y/2$，总期数以半年计不再是 T 而是 $2T$。因而以每半年复利方式计算的债券定价公式应为：

$$P = \frac{\frac{C}{2}}{1+\frac{y}{2}} + \frac{\frac{C}{2}}{\left(1+\frac{y}{2}\right)^2} + \cdots + \frac{\frac{C}{2}}{\left(1+\frac{y}{2}\right)^{2T}} + \frac{FV}{\left(1+\frac{y}{2}\right)^{2T}}$$

$$= \sum_{t=1}^{2T} \frac{\frac{C}{2}}{\left(1+\frac{y}{2}\right)^t} + \frac{FV}{\left(1+\frac{y}{2}\right)^{2T}}$$

（11-8）

【例题 11-4】计算普通债券的价格。某债券面值 1 000 美元，息票率 10%，还有 3 年到期，其必要收益率为 12%。如果该债券每年付息 1 次，计算其当前价格？如果每半年付息 1 次，其当前价格为多少？

每年付息 1 次，$C = 1\,000 \times 10\% = 100$（美元）

$$P = \frac{100}{(1+12\%)} + \frac{100}{(1+12\%)^2} + \frac{100}{(1+12\%)^3} + \frac{1\,000}{(1+12\%)^3} = 951.96\,（美元）$$

每半年年付息 1 次，$C \div 2 = 1\,000 \times 10\% \div 2 = 50$（美元）

$$P = \frac{50}{(1+6\%)} + \frac{50}{(1+6\%)^2} + \cdots + \frac{50}{(1+6\%)^6} + \frac{1\,000}{(1+6\%)^6} = 950.83\,（美元）$$

五、债券收益率

在实践中制定投资决策或投资方案时，经常使用的不是债券价格而是债券收益率。因为债券价格很大程度上受到市场收益率或者市场利率的影响，是波动不固定的，同时在进行投资时使用收益率更方便进行不同投资标的之间的比较，以方便作出投资决策。在已知债券价格和债券未来现金流的情况下，可以计算出债券的收益率。

（一）当期收益率

债券的当期收益率是指债券每年支付的利息与其当前价格的比率。

$$y_c = \frac{C}{P} \quad (11\text{-}9)$$

其中，y_c 为债券的当期收益率；C 表示债券每年支付的利息；P 表示债券的当前价格。当期收益率只简单考虑了债券的当期收益而未考虑未来的资本利得。

【例题 11-5】某只债券息票率为 8%，面值为 1 000 美元，当前价格为 800 美元，每年付息 1 次。该债券的当期收益率是多少？

$$y = \frac{1\,000 \times 8\%}{800} = 10\%$$

（二）到期收益率

到期收益率是债券投资最常用的衡量投资收益率的指标。债券到期收益率是在投资者持有债券到期的前提下，使未来各期现金流的现值之和等于债券购买价格的贴现率，或者说，债券到期收益率是使债券所有现金流（包括购买时成本支出形成的负现金流）的净现值之和等于零的贴现率。到期收益率有两个假设条件：一是假设投资者持有债券直至到期；二是假设各期的利息收入在债券剩余期限内进行再投资。在其他因素相同时，债券的到期收益率越高，表明投资该债券获得收益率越高，投资越有吸引力。

$$P = \frac{C}{1+y} + \frac{C}{(1+y)^2} + \cdots + \frac{C}{(1+y)^T} + \frac{FV}{(1+y)^T} = \sum_{t=1}^{T} \frac{C}{(1+y)^t} + \frac{FV}{(1+y)^T}$$

或者

$$\sum_{t=1}^{T} \frac{C}{(1+y)^t} + \frac{FV}{(1+y)^T} - P = 0 \qquad (11\text{-}10)$$

式中，P 为购买价格，已知；C 为债券每年支付的利息；FV 为本金；y 为到期收益率。

【例题 11-6】 某债券息票率为 10%，面值为 1 000 美元，当前价格为 800 美元，距离到期还有 3 年，每年付息 1 次。该债券的到期收益率为多少？

$$800 = \frac{1\,000 \times 10\%}{1+y} + \frac{100}{(1+y)^2} + \frac{100}{(1+y)^3} + \frac{1\,000}{(1+y)^3}$$

（三）赎回收益率

赎回收益率是指投资者从购买债券到债券被发行人提前赎回这段时间内所获得的收益率。在计算方法上，赎回收益率与到期收益率类似，只在如下两方面进行调整：一是赎回收益率的期限是按照预期赎回日而非债券到期日来计算；二是最后一笔现金流不再是债券本金或面值，而是债券的赎回价格。

【例题 11-7】 某债券息票率为 10%，面值 1 000 美元，当前价格 800 美元，离到期日还有 5 年，每年付息 1 次。如果在第 4 年初，发行人以 1 050 美元的价格赎回该债券，那么请问赎回收益率是多少？

解析：第 4 年初赎回，即投资者持有债券时间为 3 年。

$$800 = \frac{1\,000 \times 10\%}{1+y} + \frac{100}{(1+y)^2} + \frac{100}{(1+y)^3} + \frac{1\,050}{(1+y)^3}$$

计算得赎回收益率为 20.01%。

第二节 股票市场与股票投资

一、股票

股份有限公司是指公司资本由股份所组成，股东以其认购的股份为限对公司承担责任的企业法人。股份公司通过发行股票的方式，把分散的资本集中起来进行经营。股份有限公司具有如下特征：

（1）独立的经济法人。
（2）股东人数不少于法律规定的数目。
（3）股份有限公司的全部资本划分为等额股份，向社会公开发行募集资金，任何人缴纳股款都可以成为公司股东，没有资格限制。
（4）股东以其出资额为限享受表决权、盈利分红权利和对公司债务承担有限责任。
（5）股票可以交易或转让。
（6）公司按照规定接受审计监督并向社会公开。

股票是股份有限公司为筹集资金而发行给股东作为持股凭证并借以取得红利的一种有价证券。每一股股票都代表着对企业的一个基本单位的所有权。股票的发行总额为公司的总股本数。对于公司股东而言：

（1）股票是出资证明。
（2）股票的持有者凭借其拥有的股份来证明自己的股东身份，参加股东大会，对公司的经营管理发表意见。
（3）股东凭借持有的股份数额参加公司的利润分配，享受对公司剩余价值的索取权，以此获得一定的经济利益。

对投资者而言，股票作为一种有价证券在投资方面具有如下特征：

（1）收益性。股票持有人可以按照公司章程从公司领取红利，从而获取投资的经济利益。收益性是投资者购买公司股票的基本目的，也是公司发行股票的必备条件。我国规定公司股票能够获得发行上市资格的前提条件之一是前3年连续盈利，为股票的收益性提供了一定的保障。

（2）稳定性。在公司持续经营的假设下，股票是一种没有期限的长期投资工具，一经买入，只要公司存在，股票持有者都不能要求退股，这样就保证了公司资本规模的稳定性。当然投资者可以通过二级市场交易将股票卖出收回投资获得利润。

（3）风险性。公司股票投资者能否获得预期回报取决于公司经营情况，经营良好盈利多就能够获得良好回报，但若公司破产则可能血本无归。此外，股票价格还受经济、政治、社会甚至人为等多种因素的影响，处于不断变化之中，受市场等因素影响时常有大起大落的情形发生，存在风险。

（4）流动性。股票可以在二级市场上随时转让，也可以作为财产继承、赠予、抵押，是一种流动性较强的资产。当股票从一方转移给另一方时，就意味着新的股票持有者成为公司的股东，原股东则丧失了相应股票代表的权利义务。

股票一般可分为普通股和优先股。普通股是公司发行的标准股票，普通股股东拥有如下权利：

（1）公司的经营管理参与权。普通股股东有权参加股东大会，对公司经营管理的重大问题投票表决，或者委托代理人行使表决权，每一股份代表一份投票权。

（2）盈余分配权。普通股股东是公司以持有股份为限的所有人，对公司经营盈余享有分配权。公司的经营状况好则盈余高，经营状况差则盈余少甚至亏损，普通股股东承受公司经营业绩带来的盈余或者亏损的结果。普通股股东获得盈余分配的顺序是在公司支付了债务、利息和优先股红利之后。

（3）剩余财产的分配权。当公司因破产或结业而进行财产清算时，在公司的债权人和优先股股东得到清偿之后，普通股股东才有权分配公司剩余财产。

（4）优先认股权。当公司增发新股时，普通股股东具有优先购买新发行股票的权利，即优先认股权，以维持其在公司的投资比例，保证其对企业的所有权不会稀释。当普通股股东不愿或无力参与时，可以放弃优先认股权或按照相关规定转让该权利。

优先股是公司发行的，在分配红利和剩余财产时比普通股具有优先权的股票。其主要特征有：

（1）优先股在发行时约定一个固定的红利收益率，先于普通股获得红利且不受公司经营状况影响。

（2）公司解散、破产清算时，优先股具有公司剩余财产分配的优先权。只有在公司债券清偿之后，优先股股东才有剩余财产分配权，但优先于普通股股东。

（3）不具有参与公司经营管理的权利。优先股股东一般没有选举权和被选举权，不参与公司重大经营决策的表决。

（4）不具有优先认股权。

股利一般又称为红利，是股份公司分配给股东的利润。股利形式可以是现金股利和股票股利。现金股利是指公司以现金形式发放的股利，是股利分配的最基本、最普遍的一种形式。公司以当期或累计可支配收益支付给股东。发放现金股利，一方面可以给予投资者实实在在的回报，增强投资者的信心；另一方面，持续稳定的现金股利能够保持公司经营稳定的良好形象。但发放现金股利需要公司有充足的现金资产，或能够在短期内筹集到大量现金。发放现金股利会减少公司股权权益和流动资产，降低公司的短期偿债能力和每股市价。股票股利是指公司以股票的形式向股东支付股利。从会计角度看，股票股利既没有改变每位股东的股权比例，也没有增加公司的资产总额，只不过是将资金从留存收益账户转移到其他股东权益账户，扩大了总股本，摊薄了每股收益。公司发放股票股利的动机主要在于，在公司利润和现金股利预期不变的情况下，股票股利的发放可以有效降低每股市价，将股票价格控制在公司认为合理的范围内。同时股票股利的发放还可以使股东分享公司的收益而无须分配现金，提高公司的变现能力，也可以将现金用于公司的投资项目，有利于公司的长期发展。

二、股票市场指数

股票市场指数，即股票指数，是由证券交易所或金融服务机构编制的表明股票市场价格水平变动的相对数。根据指数的升降变动，投资者可以判断出股票价格的变动趋势。

股票指数一般有四种功能：

（1）表征功能，即宏观地反映股票市场特定部分或者整体变动的趋势。股票指数综合多个股票变动，反映刻画股票市场的整体变动。此外，股票指数也是股市历史的真实记载，可用于追溯和研究资本市场的变化。

（2）投资功能。股票指数本身是被动式投资管理策略下的投资对象。

（3）评价功能。股票指数是衡量投资业绩的相对指标，特别是衡量机构投资者的重要业绩比较基准。

（4）风险控制工具。股票指数是开发许多金融衍生产品的基础，如股指期货等，这些金融衍生产品是投资者进行风险控制的工具。新型指数的不断出现为投资者提供更为丰富的风险控制工具。

股票市场指数主要有以下几种：

（1）价格加权平均指数：将指数中所包括的所有股票的价格进行算术平均。道琼斯工业平均指数就是按照这种方法计算得出的。

【例题 11-8】假设有 A、B 两只股票，基本信息如表 11-2 所示。假设由这两只股票构成的市场起初指数为 1 000 点，按照价格加权平均法计算，期末指数为多少？

表 11-2 股票价格指数信息

股票	期初价格（元）	期末价格（元）	股份（百万）	股票起初价值（百万元）	股票期末价值（百万元）
A	50	60	20	1 000	1 200
B	100	110	10	1 000	1 100
合计				2 000	2 300

解析：
期初价格平均值 =（50+100）÷2=75（元）
期末价格平均值 =（60+110）÷2=85（元）
期末市场价格指数 =1 000×（85÷75）≈1 133.33（点）

（2）市值加权平均指数：将某股票指数中各个股票的期末总市值与期初总市值进行比较，以反映该指数价值整体变化状况，而不仅仅是个股价格的变化。

【例题 11-9】假设期初总市值为 2 亿美元，期末总市值为 2.3 亿美元，如果期初股票价格指数为 1 000 点，那么期末股票价格指数为多少？

解析：期末股票价格指数 =1 000×（2.3÷2）=1 150（点）

（3）等权重指数：是用指数中各个股票的价格变化率的算术平均值来测量。

【例题 11-10】假设 A、B、C 三只股票的价格变化率分别为 110%、95% 和 120%。期初价格指数为 1000 点，那么按等权重指数算法，期末价格指数为多少？

股票价格的平均变化率 =（110%+95%+120%）÷3≈108.333%
期末股票市场价格指数 =1 000×108.333%=1 083.33（点）

（4）价值线指数：用指数中各个股票的价格变化率的几何平均值来测度。

例题 11-10 若按照价值线指数计算，期末股票价格指数为多少？

股票价格的平均变化率 =（110%+95%+120%）$^{\frac{1}{3}}$≈107.837%
期末股票市场价格指数 =1 000×107.837%=1 078.37（点）

三、股票定价

进行股票投资时需要判断股票是否具有投资价值，这就要求对股票的内在价值有所把握。有多种方法可以发现股票的内在价值，进行股票定价。

（一）红利贴现模型

现值模型认为，任何投资的内在价值都是投资者自拥有该项资产起预期在将来可获得的所有现金流的现值之和。用 V_0 表示投资资产的当前价值：

$$V_0 = \frac{CF_1}{1+r_1} + \frac{CF_2}{(1+r_2)^2} + \frac{CF_3}{(1+r_3)^3} + \cdots = \sum_{t=1}^{\infty} \frac{CF_t}{(1+r_t)^t} \quad (11\text{-}11)$$

式中，CF_t 表示资产在时间 t 的预期现金流；r_t 是时间 t 的现金流在一定风险水平下的贴现率。

要得到一项资产的内在价值，必须要知道两个因素：一是该资产未来各个时期的现金流，二是与各个时期现金流相对应的贴现率。投资实践中，一般各个时期的贴现率是不同的，为了简化分析，在估算时通常假设各期贴现率相等。计算得到资产内在价值后，通过比较资产的内在价值和市场价格，就可以判断该资产是被低估还是高估。已知该项资产现在的市场价格为 P_0，若 $V_0 > P_0$，表示资产价值被低估；反之若 $V_0 < P_0$，表示资产价值被高估。

按照现值模型，股票的价值应等于股票持有者预期得到的所有现金流的现值之和。投资购买股票预期能获得的现金流有两种：持股期间公司派发的红利和持股期末预期的股票价格。因为股票投资不能退股，理论上股票的当前价值等于持股无限期的红利现值之和。以这种方法进行股票定价的模型即红利贴现模型（Dividend Discount Models，简称 DDM）。

假定投资者要求的必要收益率或贴现率为 k，第 t 期末的股票价格为 P_t，每期红利为 D_t，那么股票的内在价值可以表示为

$$V_0 = \sum_{t=1}^{\infty} \frac{D_t}{(1+k)^t} \quad (11\text{-}12)$$

通过比较股票的内在价值与市场价格来判断股票是低估还是高估。若 $V_0 > P_0$，表示该股票价值被低估；反之，若 $V_0 < P_0$，表示股票价值被高估，从而指导投资决策。若用股票的当前价格 P_0 替换内在价值 V_0，就可以计算投资者实际可能获得的收益率 r。

$$P_0 = \sum_{t=1}^{\infty} \frac{D_t}{(1+r)^t} \quad (11\text{-}13)$$

求解得出 r。比较 r 和 k，若 $r > k$，说明股票价值被低估；若 $r < k$，说明股票价值被高估。

使用上述红利贴现模型必须预测持有股票未来所有的红利。普通股不同于债券，没有约定收益率和固定期限，事实上预测未来无限期的红利几乎是不可能的，为简化问题可以假设红利零增长。

（二）零增长红利贴现模型

假设某只股票未来每年支付的红利相等，即 $D_1 = D_2 = \cdots = D_\infty$，则该股票的内在价值为

$$V_0 = \sum_{t=1}^{\infty} \frac{D_t}{(1+k)^t} = D_1 \times \sum_{t=1}^{\infty} \frac{1}{(1+k)^t} = \frac{D_1}{k} \quad (11\text{-}14)$$

各年红利相等，红利增长率为零，该模型即零增长红利贴现模型。假设股票当前市场价格为 P_0，若 $V_0 > P_0$，表示该股票价值被低估；反之若 $V_0 < P_0$，表示股票被高估。如果用股票的当前价格 P_0 替换内在价值 V_0，就可以计算投资者实际可能获得的收益率 r。

$$P_0 = \sum_{t=1}^{\infty} \frac{D_t}{(1+r)^t} = D_1 \times \sum_{t=1}^{\infty} \frac{1}{(1+r)^t} = \frac{D_1}{r} \quad (11\text{-}15)$$

$$r = \frac{D_1}{P_0} \quad (11\text{-}16)$$

同理，若 $r>k$，说明股票价值被低估；若 $r<k$，说明股票价值被高估。

【例题 11-11】 假如股票 A 的当前价格为 5 元/股，该股票当前支付的红利为 0.5 元/股，预计该股票在今后各年支付与此相等的红利。假定必要收益率为 8%，请问股票 A 当前的内在价值是多少？该股票是被低估了还是高估了？你若投资该股票能获得的收益率是多少？

解析：已知 $D_1=D_2=\cdots=D_\infty=D_0=0.5$ 元/股，$k=8\%$，$P_0=5$ 元/股。

根据零增长红利贴现模型，股票 A 的内在价值为

$$V_0 = \frac{D_1}{k} = \frac{0.5}{8\%} = 6.25 \text{（元/股）}$$

很明显，$V_0>P_0$，该股票价值被低估了。

$$r = \frac{D_1}{P_0} = \frac{0.5}{5} = 10\%$$

投资该股票可能获得的收益率为 10%。$r>k$，因此也可以判断出股票价值被低估。

零增长红利贴现模型比较适用于确定优先股的内在价值，因为优先股通常按照固定数目支付红利，且其发放也没有固定期限。

对于普通股股票来说，零增长红利贴现模型假设股票红利永远不变，这一假设并不太合理，因而计算股票内在价值时也不够准确。为更符合一般的情况，我们可以假定红利按照一个固定的比率增长。

（三）固定增长红利贴现模型

假定股票红利以一个固定比率 g 增长，那么后一期的红利是前一期红利的 $(1+g)$ 倍：

$$D_t = D_{t-1} \times (1+g) = D_1(1+g)^{t-1} \tag{11-17}$$

各期红利的现值之和为

$$V_0 = \sum_{t=1}^{\infty} \frac{D_1(1+g)^{t-1}}{(1+k)^t} = D_1 \times \sum_{t=1}^{\infty} \frac{(1+g)^{t-1}}{(1+k)^t} = \frac{D_1}{k-g} \tag{11-18}$$

这就是固定增长红利贴现模型。假设该股票现在的市场价格为 P_0，若 $V_0>P_0$，表示该股票价值被低估；若 $V_0<P_0$，表示股票被高估。当 $g=0$ 时，公司的各期红利相等，上述公式简化为零增长红利贴现模型，即零增长红利贴现模型是固定增长红利贴现模型的一个特例。需要说明，模型中有一个暗含的假设条件，即贴现率要大于红利增长率，否则模型失效。如果用股票的当前价格 P_0 替换内在价值 V_0，就可以计算投资者实际可能获得的收益率 r。

$$P_0 = \sum_{t=1}^{\infty} \frac{D_1(1+g)^{t-1}}{(1+r)^t} = D_1 \times \sum_{t=1}^{\infty} \frac{D_1(1+g)^{t-1}}{(1+r)^t} = \frac{D_1}{r-g} \tag{11-19}$$

$$r = \frac{D_1}{P_0} + g \tag{11-20}$$

同理，比较 r 和 k，若 $r>k$，说明股票价值被低估；若 $r<k$，说明股票价值被高估。

【例题 11-12】 假设你以当前 7.55 元/股的价格购买了股票 A，当前股票 A 支付的红利为 0.5 元/股，预计股票 A 在今后各年的红利保持 3% 的增长率，你的必要收益率为 10%。那么对你来说股票 A 的当前价值是多少？股票 A 被低估还是高估了？你若投资该股票能够

获得的实际收益率是多少?

解析:已知,D_0=0.5元/股,$D_t = D_1(1+g)^{t-1}$,g=3%,k=10%,P_0=7.55元/股,根据固定增长红利贴现模型,股票A的内在价值为:

$$V_0 = \frac{D_1}{k-g} = \frac{0.5 \times (1+3\%)}{10\% - 3\%} \approx 7.36 \text{(元/股)}$$

显然 $V_0 < P_0$,股票A实际上被高估了。你的实际收益率:

$$r = \frac{D_1}{P_0} + g = \frac{0.5 \times (1+3\%)}{7.55} + 3\% \approx 9.82\%$$

因为 $r<k$,所以也能判断股票A是被高估了。

(四)比率分析

在股票投资实践中,应用最为广泛方便的是比率分析法。通过将股票的合理价格折算成公司某些财务指标的倍数,如公司每股收益、每股净资产、每股现金流或每股销售收入等,从而比较直观方便地判断公司股票价值,指导投资决策。

1. 市盈率

市盈率(price/earning ratio,P/E Ratio)是指股票的市场价格与公司每股收益的比率,其经济含义是:按照公司当前的经营状况,投资者需要多少年才能收回自己的投资。例如,22倍的市盈率就意味着投资者需要22年才能收回投资。

公司的盈利能力是判断股票是否具有投资价值的决定因素,每股收益是公司盈利能力的良好反映指标。市盈率计算简单、易于理解,是对公司估值或股票投资中判断股票价格和价值的常用指标。但是当公司处于亏损状态,每股收益为负值时,该比率就失去意义;同时公司收益中可能存在非经常性的收益波动,可能会对比率产生影响从而扭曲公司的内在价值;公司可能采用不同的会计方法来操纵每股收益,也会对投资者产生误导性的结果。

在投资分析中通常用到两种市盈率:一是当前市盈率,它是股票市价与过去4个季度或者过去12个月每股收益的比率;二是预期市盈率,是股票市价与公司未来4个季度或12个月预期每股收益的比率。

【例题11-13】假设股票A在2016年1月5日的价格为30元,其盈利状况如表11-3所示。

表11-3 股票A的盈利情况　　　　　　　　　　单位:元/股

	第1季度	第2季度	第3季度	第4季度
2015年	0.3	0.4	0.3	0.5
2016年(预期)	0.4	0.5	0.6	0.5

解析:

股票A的当前市盈率=当前价格/过去4个季度的每股收益=30/(0.3+0.4+0.3+0.5)=20

股票A的预期市盈率=当前价格/未来4个季度的预期每股收益=30/(0.4+0.5+0.6+0.5)=15

在计算市盈率时需要考虑如下几个因素的影响:①非经常性损益。这部分损益是预期以后不会再发生的,因此计算每股收益时需要予以剔除,以更正确反映公司的盈利能力。

②周期性的影响。有些行业的周期性和季节性很强，在市场处于底部时每股收益较低，市盈率较高，而市场处于高峰时每股收益较高，市盈率较低。因此在计算市盈率时应注意消除周期性的影响，以得出较为稳定的企业盈利状况。③会计政策的不同。为了保证不同公司间市盈率具有可比性，需要对采用不同会计政策形成的差异进行调整消除。④可能存在的稀释效应。在公司拥有员工股票期权、可转换债券、优先股以及认股权证时，需要计算稀释的每股收益，消除可能存在的稀释效应。

2. 市净率

市净率（price/book value ratio，P/BV Ratio），是指股票市价与公司权益的每股账面净资产的比率。

市净率经常用来对公司的市场价值进行比较。一方面，账面价值提供了一个相对稳定和直观的度量，可以作为一个基准来对市场价格进行分析；另一方面，对于盈利为负的股票，无法采用市盈率来进行估计，可以使用市净率来进行估值判断。一般地，当公司的市净率低于行业平均市净率时，认为该公司的价值被低估了，反之，高于行业平均市净率时，认为该公司的价值被高估了。

3. 价格与销售收入比率

价格与销售收入比率（price/sales ratio，P/S Ratio），是股票价格与每股销售收入的比率。该比率弥补了市盈率指标的不足。当一个公司没有盈利时，无法使用市盈率作出判断，而 P/S 指标在公司处于亏损状态时仍可以使用。P/S 比率低意味着市场对公司评价较低，股票市场并没有对其较高的每股销售收入给予足够重视，往往意味着公司的价值被低估，股票价格有上涨的潜力。

4. 价格与每股现金流比率

价格与每股现金流比率（price/cash flow ratio，P/CF Ratio），即股票市价与每股现金流的比率。其本质与市盈率定价相似，区别在于通过现金流定价强调的是现金流的增长而不是盈利增长。

四、股票分析

股票分析主要包括基本面分析和技术分析两种方法。基本面分析着重于对一般经济情况以及各个公司的经营管理状况、行业发展动态等因素进行分析，以此来研究股票的价值及其未来发展空间。基本面分析包括宏观经济分析、行业分析和公司层面分析三个层次。技术分析则是通过图表或技术指标的记录，研究市场过去及现在的行为反应，以推测股票在短期内价格的变动趋势，把握具体购买的时机。

（一）基本面分析

1. 宏观经济分析

股票市场与宏观经济密切相关，宏观经济分析对股票投资非常重要。宏观经济变动是股票市场系统风险的主要来源，对股市的影响波及面广、波动幅度大、持续时间长。宏观经济分析要考虑经济周期、国民经济发展情况、消费者信心指数等多项指标来分析宏观经济，预测行业的未来走势。

（1）经济周期。经济总是处于上下往复波动之中。宏观经济周期处于复苏、繁荣、衰退和萧条四个不同的阶段时，股票市场表现也不同。在经济复苏阶段，经济逐渐走出谷底，股票市场在开始时依然低迷，但随着经济复苏的明朗，投资者预期转好，公司利润增加，而此时物价和利率仍处于较低水平。随着投资者不断增加股票投资，股票价格开始回升，初步形成底部反转之势。在经济不断好转的刺激下，投资者的认同感不断增强，推动证券价格不断走高，完成对底部反转趋势的确认。在经济繁荣阶段，市场需求旺盛，企业投资扩张，企业利润明显增加。虽然此时物价和市场利率也有一定程度的提高，但是生产的发展和利润的增加幅度大于物价和利率上涨的幅度。大多数投资者认同经济繁荣的趋势，投资股票市场热情高涨，股票价格大幅上涨，整个经济和证券市场呈现繁荣景象。在经济衰退阶段，由于繁荣阶段的过度扩张，社会总供给开始超过总需求，经济增长减速，存货增加，银根开始紧缩，利率提高，物价上涨，公司经营成本提高，市场竞争日趋激烈，经营业绩开始出现停滞甚至下滑。投资者开始抛售手中的股票，当越来越多的投资者加入抛出股票的行列时，股价形成不断向下的趋势。在经济萧条阶段，经济下滑至谷底，市场需求不足，公司经营情况不佳，且由于预期未来经济状况不佳，公司业绩短期难以得到改善，大部分投资者都已离场观望。

（2）国内生产总值。国内生产总值持续增长是股市稳步上升的重要宏观基础。在分析国内生产总值时，需要剔除通货膨胀的影响，使用国内生产总值的实际增长率。国内生产总值变动是反映经济周期变化的主要指标，其对股票市场的影响与经济周期接近。

（3）消费者信心指数。消费者信心指数是描述消费者对当前经济的满意程度和预期经济走势的指标。在宏观经济趋好、物价稳定时，消费者信心指数会上升，人们投资购买股票的积极性也会提高，股票市场的繁荣会进一步强化消费者对经济良好走势的预期。而当通货膨胀加剧、宏观经济条件恶化时则会打击消费者信心，使他们降低对未来经济的预期，抛出手中股票，股票价格节节下跌，会进一步导致消费者信心指数的下降。

（4）物价指数。物价指数反映了经济中通货膨胀的程度，对股票价格走势的影响比较复杂，既有刺激股票价格上涨的作用，也有抑制股票价格的作用。一般地，在适度通货膨胀下，股票具有一定的保值功能，适度的通货膨胀还可以增加支付能力的有效需求，从而刺激生产发展和证券投资活跃；但当通货膨胀到一定限度就会损害经济发展，严重的通货膨胀加速货币贬值，打击人们对经济前景的信心，经济主管当局会通过提高利率等方式抑制通货膨胀，许多投资者可能选择退出投资，导致股票市场下跌。同时，通货膨胀使得企业原材物料成本增加，利率提高会增加资金成本，使企业盈利能力下降，破产企业增多，经济形势进一步恶化，加剧股票市场的不景气状况。

（5）货币政策与财政政策。货币政策和财政政策是政府干预经济的重要手段，不同性质、不同类型的政策手段对股票市场价格变动有着不同的影响。货币政策对股票市场的影响是通过影响投资者和上市公司来实现的。宽松的货币政策为企业发展提供充足的资金，扩大社会总需求，刺激生产发展，提高上市公司业绩，增加居民收入，投资者参与度提升，证券市场价格上升；反之，紧缩的货币政策使企业经营成本上升，资金紧张且资金成本高企，社会总需求不足，企业经营业绩下滑，居民收入下降，消费者信心下降，证券市场也随之下跌。财政政策是通过改变财政收入和财政支出来影响宏观经济活动水平的经济政策。实行扩张性的财政政策，将增加财政支出，减少财政收入，增加社会总需求，使得企业订单增加，收入上升，居民收入增加，从而促进股票市场的繁荣；反之，若实行紧缩性的财政政策，将减少财政支出，增加财政收入，减少社会总需求，使过热的经济受到抑制，从而使得公司业绩下滑，居民收入减少，股票市场受到抑制出现下跌。

2. 行业分析

行业分析是对公司所处行业状况进行分析，在股票投资中有非常重要的作用。行业的景气状况及未来发展趋势在相当程度上决定了行业内企业的获利能力和未来增长潜力。在投资中进行行业分析将提供详尽的行业投资背景，有助于投资者确定行业投资重点，帮助投资者选择投资企业和确定持股时间。行业发展与宏观经济周期密切相关。不同行业对经济周期的敏感度不同，有些行业对宏观经济周期更为敏感，当发生经济周期的波动和阶段转换时会较早和较大程度受到影响和冲击，而有些行业则抗周期能力较强，受经济周期波动影响较小。

除了与整体宏观经济周期有关外，行业自身也具有生命周期特征。行业生命周期是指从行业的产生到消失所经历的全过程。行业生命周期分析是纵向的分析，对一个行业现在所处阶段和未来发展趋势作出分析和判断。在行业发展的不同阶段，投资的风险、收益和策略都应有所不同。

行业竞争结构分析。进一步的行业分析是行业内的竞争结构分析。企业均面临同行业其他公司的竞争，因此进行股票投资需要进行行业竞争结构分析，以判断目标投资对象的行业竞争结构状况是处于优势还是劣势，有无进入威胁、替代威胁，公司在供应链上下游的议价能力，以及行业内的竞争激烈程度等。在进行行业分析时，还应考虑国家的宏观产业政策。国家的产业政策对行业发展前景往往有着重大影响。

3. 公司层面分析

当完成了宏观经济分析和行业分析之后，需要对具体投资标的，即目标公司的基本情况展开细致的分析。公司层面分析主要包括财务比率分析、现金流分析等。比率分析将财务数据与公司基本经营因素尽可能细致地联系起来，以供评判公司的投资价值。常用的包括短期偿债能力比率、长期偿债能力比率、盈利能力比率、经营效率比率、现金流分析等多个方面。

（二）技术分析

股票技术分析包括三个基本假设：一是市场行为涵盖一切信息。这是进行技术分析的基础，认为影响股票价格的每一种因素都在市场行为中充分反映，任何一种对股票有影响的因素最终都必然体现在股票价格的变动上。技术分析通过分析股票市场行为来预测未来，只注重对影响股票价格变化的因素对股票市场行为的影响效果的分析，而不关心影响股票价格因素的具体内容。二是股票价格沿趋势变动。这是进行技术分析最根本最核心的假设，认为股票市场作为一种经济现象，必然遵循一定的规律。在技术分析中，股票价格是交易双方供求关系的平衡点，这一动态平衡不断被打破又不断再平衡的过程就形成了股票价格的变化。三是股票市场历史会重演。这一假设是从人的心理因素方面进行考虑的。该假设认为人的天性是相对稳定的，在类似的情况下会产生类似的反应，因此研究过去市场转折点所呈现的现象将有助于判断主要的行情转折点。

价格与交易量是进行技术分析的两大基本要素，是一切技术分析方法的研究对象，借以分析、预测股票的未来价格走势，选择适当的交易时机，为投资决策服务。有非常多的技术交易理论，如道氏股价波动理论、波浪理论等，具体的技术方法包括K线分析法、切线分析法、形态分析法、指标分析法、波浪分析法等。

第三节 基金投资

证券投资基金是一种利益共享、风险共担的集合投资方式，它通过发行基金单位，集中投资者手中的资金，由基金托管人托管，由基金管理人管理和运用资金，以获得投资收益和资本增值。不同国家和地区对此有不同的称谓，美国称为"共同基金"或"互惠基金"（mutual funds），英国和我国香港地区称为"单位信托基金"，日本和我国台湾地区称为"证券投资信托基金"。

一、基金的特征

基金一般具有如下特征：

（1）组合投资。基金将资产按比例分别投资到各种证券上，通过适当的分散和组合降低投资风险。基金通过把中小资本汇集成较大规模资本，可以降低平均交易成本并且通过投资组合有效地分散风险。中小投资者通过基金多样化的投资组合可以享受摊低投资成本、分散投资风险的好处。

（2）专家管理。基金经理人都是由专职证券分析和有丰富投资经验的专业人士组成的专业投资管理机构，拥有必备的专业知识和丰富的信息来源及投资管理经验，能够在充分分散风险的情况下，使用最先进的证券投资组合技术谋取最大投资收益。中小投资者资金规模小、时间不充分、缺乏专业知识和投资经验，通过基金投资则可以规避上述缺点，获得专家管理的好处。

（3）共同投资。基金投资的一个重要特征是集中中小投资者分散的资金，共同投资。通常基金公司设定的基金单位购买门槛都比较低，可以最大限度吸引中小投资者。共同投资还可以分担管理费用和投资成本。

（4）可选择性强。基金的种类、风格、投资方式策略等非常丰富多样，有利于投资者根据自身风险偏好和承受能力选择适合自己的基金类型。

（5）较好的流动性。基金的买卖非常简便，特别是开放式基金，交易对方就是基金公司，购买和赎回均非常简便，基金公司必须按照约定接受投资者买入或者赎回的申请，对投资者来说非常方便，风险低，流动性好。

二、基金的分类

（一）公司型基金和契约型基金

根据组织形态不同，投资基金分为公司型和契约型基金。公司型基金按照《中华人民共和国公司法》组成，本身就是一个独立公司法人；契约型基金是指基金发起人依据与基金管理人、基金托管人订立的基金契约，发行基金单位而组建的投资基金，这种基金通常以发行基金单位的方式向投资大众筹集资金。

（二）开放型基金和封闭型基金

根据基金单位变现方式不同，投资基金分为开放型基金和封闭型基金。开放型基金是一种基金单位总数可以增减变动，由投资者按照基金报价向基金发行人申购或者赎回的基金。封闭型基金是实现确定发行总额，在封闭期内基金单位总数不变，投资者一旦投资，不能够直接赎回卖还给基金发行人，而是通过证券交易商与其他基金投资人完成买卖交易。我国最早的投资基金采取封闭型基金方式，后来转化成开放型投资基金，更方便中小投资者自由购买和赎回基金，但对基金管理者的能力要求较高。

（三）保本型、成长型和平衡型基金

根据基金的风险与收益目标的不同，投资基金可以分为保本型、成长型和平衡型基金。保本型基金是以追求投资的保本为目的，通常基金投资于现金类、固定收益类投资对象，以保证投资本金不受损失为投资目标。成长型基金则是追求长期的增长作为投资目标，因此主要投资于成长性公司的股票，这种公司的股票价格预期其上涨速度和幅度会快于一般传统类的公司股票。平衡型基金则既考虑当期支付收入又追求未来长期成长，因此构建平衡型投资组合，通常投资于提供稳健收益的债券与提供长期增值的普通股股票构成的投资组合。

（四）股票基金、债券基金、货币市场基金和指数基金

根据投资对象不同，投资基金可以分为：①股票基金，以股票为投资对象的投资基金，追求资本成长，收益高风险也大，风险主要来自股票价格的波动。②货币市场基金，投资于各类货币市场工具的基金，如大额定期存单、银行承兑汇票、商业票据、短期国债等。由于货币市场工具期限短、风险低，因此该种基金的收益相对比较稳定。③债券基金，以债券为投资对象的基金，债券的特征是收益稳定风险低，一般情况下回报率较为稳定。④指数基金，投资于某种市场指数，是一种使投资者能获取与市场平均收益率接近的投资回报而设立的功能上接近或等于某种证券市场指数的基金。该类基金的收益随当期的某种价格指数上下波动，始终保持当期的市场平均收益水平，比较适合追求稳健的投资者。

（五）私募基金和公募基金

按照资金的募集方式不同，投资基金可以分为私募基金和公募基金。公募基金是指以公开方式向社会上不确定的公众投资者募集资金而设立的基金，而私募基金是指通过非公开方式面向少数机构投资者和特定少数个人投资者募集资金而设立的基金，其销售和赎回都是非公开的、私下与投资者协商进行的。因此对私募和公募基金的监管存在较大不同，对公募基金的监管更严格，信息公开披露等要求更高。

除以上分类外，还有基于投资货币种类而分的美元基金、日元基金等，基于发起和投资区域不同区分的在岸基金、离岸基金等。

三、基金投资策略

投资者在选择投资基金产品时应考虑自身的具体情况，包括收入水平、资金实力、风险承受能力、个人投资偏好，明确对投资收益的期望和投资目的。基于对自身需求的充分了解，选择确定一种基金类型，比如保本基金、成长基金或者平衡型基金。之后要考虑目标投资基金的基本情况，包括：①基金管理公司和基金经理。有良好信誉、经营稳定的基金管理公司和经验丰富、职业操守良好的基金经理经考察可以作为选择对象。②过往业绩和风险。虽然过去业绩不代表将来业绩，但过往业绩往往可以体现出基金管理研究团队的实力，可以在一定程度上作为基金业绩的预测参考。需要注意，对基金业绩的考量必须与

其风险结合起来，可以使用基金业绩评价中的特雷诺业绩指数、夏普业绩指数和詹森业绩指数三个风险调整后的指标辅助判断。③费用。基金投资的费用主要包括申/认购费、赎回费、管理费和托管费等，这些费用是投资成本，且通常是前端扣除，对有限的资本金的影响不容忽视，投资基金应当关注成本费用。

平均成本法（dollar cost average），即国内熟知的基金定投。这种投资策略将固定数目的资金按照相同的时间间隔投入一种投资基金，能够起到平均投资成本的作用。通过这种方法可以帮助平滑短期市场可能遭遇的波动，而不必费心寻找恰当的进入时间。平均成本法的好处是，当基金价格下跌时，相同数目的投资将购买到更多的基金份额，而当价格上升时，购买到的基金份额会少些。假设基金价格上下波动，这种方法就能拉低平均成本。

【例题 11-14】平均成本法投资实例（见表 11-4）

表 11-4　平均成本法投资实例

投资日	价格（港元）	购买到的单位	总投资（港元）	
1月10日	100	10.000	1 000	
2月10日	98	10.204	1 000	
3月10日	97	10.309	1 000	此例中，尽管价格下降了1%，投资者仍然通过平均成本获得了收益
4月10日	99	10.101	1 000	
总计		40.614	4 000	
期末价格：99 港元				
投资成本：4 000 港元				
期末投资组合的价值：99×40.614=4 020.786（港元）				
计算平均价格的公式如下： 平均价格 = 投资总额 / 购买到的份额数 =4 000/40.614 ≈ 98.488（港元）				

如表 11-4 所示，虽然投资期内投资标的价格下跌了，但是通过平均成本法，投资者拉低了平均成本，仍然避免了亏损，获得了收益。

【本章知识要点】

（1）贴现债券的三种收益率：贴现收益率、有效年利率、等价收益率。

（2）债券的基本要素包括面值、息票率、到期日，与市场利率一起共同影响债券价格。在其他因素不变时，债券面值越大，债券价格越高；息票率越高，债券价格越高；市场利率越高，债券价格越低。偿还期对债券价格的影响还有赖于债券息票率与市场利率相对大小的关系。

（3）债券投资主要面临五种风险：利率风险、购买力风险、信用风险、流动性风险和赎回风险。债券评级的作用一是方便投资者进行债券投资决策，二是降低高信誉发行人的筹资成本。

（4）不同种类债券的定价原理及公式。债券收益率。

（5）股票市场指数的变动与计算。

（6）股票定价原理与模型。股票定价的比率分析方法。

（7）股票分析与股票投资。

（8）证券投资基金的特征与分类。基金投资策略。

（9）用平均成本法投资基金。

【本章专题案例】

公募基金积极申报"新基建"主题基金

新型基础设施建设（以下简称"新基建"），指以5G、人工智能、工业互联网、物联网为代表的新型基础设施，本质上是信息数字化的基础设施。2018年12月，中央经济工作会议在北京举行，会议重新定义了基础设施建设，把5G、人工智能、工业互联网、物联网定义为"新型基础设施建设"。随后"加强新一代信息基础设施建设"被列入2019年政府工作报告。2020年3月，中共中央政治局常务委员会召开会议，明确提出加快5G网络、数据中心等新型基础设施建设进度。

当前"新基建"已成为继"科技"概念之后，基金公司布局的又一热点。数据显示，截至2020年4月14日，2020年以来申报"新基建"概念基金的总数已达21只，仅4月以来就有5只"新基建"概念基金上报，且产品类型从之前的指数型扩展到主动股票型和混合型。近期新基建相关板块持续回调，对于新基建的投资，多位基金经理认为，从科技创新的逻辑和政策定力看，新基建长期发展依然可期，需找到利润变化轨迹持续时间足够长的子行业，看好5G等细分领域。

从产品类型看，博时基金和银华基金分别上报了一只"中证基建交易型开放式指数基金"；长盛基金上报一只"新基建主题股票型基金"，这只基金也成为首只"新基建"概念的主动股票型基金。浙商基金和中融基金则分别申报了一只混合型基金。在此之前，各家基金公司上报的产品均为指数型产品，"新基建"股票型和混合型基金的申报也使得"新基建"概念基金的产品类型逐渐齐备。

业内人士表示，主动/被动基金各有优势，指数型产品可以让投资者分享"新基建"这一投资主题的长期投资价值，同时降低个股投资风险；而主动型基金在深入挖掘个股方面更有优势，可发挥的空间更大。

银华内需精选基金经理表示，"新基建"其实主要针对5G建设和数据中心、云计算中心等建设。对于新基建的投资，需要找到利润变化轨迹持续时间足够长的子行业，而不仅仅是一两年的订单或利润的变化。看好光通信行业，因为它的周期至少包含了5G建设和建设基本完成后的数据中心建设，持续周期相对比较长，能够给予相对较高估值并能中长期持有。

在近期新基建相关板块持续回调的背景下，诺德基金认为，从中长期科技创新的逻辑及政策定力看，5G、数据中心建设等产业投入或可能因为新冠肺炎疫情延迟，但大概率不会迟到；同时，代表中国未来经济持续向纵深发展的科技成长性行业，如计算机软件及有技术含量的先进制造业，短期可能受制于投资者风险偏好的下行，疫情下相关公司的盈利情况令人担忧，但是长期发展依然可期。

思考与讨论：

1. "新基建"是我国经济发展新的战略方向。请分析"新基建"作为国家经济政策，如何对投资市场产生影响？

2. 利用所学知识分析上述案例中主动和被动类型基金的特征。

【本章思考题】

1. 请说明债券市场的构成和种类。

2. 请说明债券价格与息票率和市场利率的关系

3. 请解释市场收益率是如何影响债券价格的？如果不知道市场收益率，能否给债券定价？为什么？

4. 在其他因素保持不变时，如果到期收益率变化1%，下列哪种债券的价格变化最大？

A. 5年到期，息票率5%   B. 5年到期，息票率15%

C. 15年到期，息票率5%   D. 15年到期，息票率15%

5. 某面值为1 000元的债券，5年期，到期收益率为10%，每年付息1次。如果息票率为7%，那么该债券当前的内在价值多少？

6. 某平价债券还有5年到期，息票率为7%，每半年付息一次，面值1 000元，当前销售价值为960元，请问该债券的到期收益率是多少？

7. 普通股与优先股的区别是什么？

8. 写出以下几种股票定价模型的公式：红利贴现模型、零增长红利贴现模型、固定增长红利贴现模型。

9. 请解释公司市盈率和市净率的概念，并说明如何应用于股票投资决策中。

10. 如果某公司每年红利维持2.10元/股不变，无风险收益率为7%，该公司股票的风险溢价为4%，那么该公司每股价值是多少？

11. 某公司当前红利为1.5元/股，下一年年末为2元/股，此后预期股利增长率维持5%不变。如果该公司股票的必要回报率为12%，请问该公司股票价值是多少？

12. 某公司预期将分配7元/股的红利，预计红利增长率为15%，该公司股票的贝塔值（β）为3。如果无风险收益率为6%，预期市场收益率为14%，请计算该公司股票的内在价值。

13. 请说明基金投资平均成本法的原理及应用。

第十二章 社会保障基金的投资策略、投资工具与投资时机选择

【本章学习目标】
- 理解社会保障基金投资基于安全垫的保本投资策略
- 理解全球市场兴衰的规律特征
- 理解经济周期中行业兴替的规律特征
- 理解如何选择企业层面优质的投资标的

社会保障基金是社会保障事业健康发展的物质基础,其安全稳定和保值增值,关系到千家万户的福祉,因此要通过科学严谨的投资运营模式设计,实现社会保障基金的稳定增长。本书前面章节介绍了投资知识和基本投资方法工具,利用投资组合管理理论和无风险投资配置方法,可以帮助社会保障基金投资有效地量化管理其增值能力、风险性和流动性需求,对社会保障基金投资的风险和收益进行及时监控。

对于社会保障基金的量化管理,可以采用投资组合理论和多市场投资配置管理办法。在资产的风险配置上,采用无风险投资与风险资产组合配置的模式进行资产种类匹配管理。因为社会保障基金社会影响的广泛性和重要性,以及其较大的资金规模、较高的风险控制要求等特征,其投资管理应当更具有宏观性。社会保障基金投资于风险类资产应当从全球、行业和微观企业的多层次视角把握投资规律,合理分配投资区域和选择投资标的。

第一节 社会保障基金的投资策略

社会保障基金投资需要考虑资产配置的平衡,合理控制投资风险。根据不同社会保障项目基金特征合理配置资产,达成投资管理目标。基于前述资本市场投资的基本原则与方法,社会保障基金投资中一般需要平衡考虑保本投资策略与风险类投资成长策略的合理组合。

一、保本投资的保本策略

保本投资策略的核心是运用投资组合保险策略进行社会保障基金投资操作。国际上比较流行的投资策略主要有对冲保险策略和固定比例投资组合保险策略(constant proportion portfolio insurance,CPPI)。对冲保险策略主要是依赖金融衍生产品,如股票期权和股指期权、股指期货等,利用虚拟期权交易,用少量的保险金额来进行风险对冲,实现投资组合价值的保本和增值。对冲保险策略可以通过同一品种的期货和期权进行对冲,也可以通过跨品种跨市场具有相关性的投资标的进行对冲,具有很大的灵活性,可以实现复杂的对冲组合,用以规避意外事件对基金投资价值的冲击。理论上大类的投资都需要对冲组合进行保险,对于没有进行对冲操作的投资种类,也应该建立紧急事件下的对冲预案。当市

场出现影响价格变动的重大事件时，市场上交易往往会非常拥挤，流动性变差，无法通过投资头寸的调整来减小损失，这时可以根据预案进行相关品类的对冲操作，可以减小损失，甚至可以达到盈利的效果。

固定比例投资组合保险策略（CPPI）是一种基本的保本投资策略，技术要求较对冲操作低，是比较主流的保本投资策略。CPPI通过比较投资组合现时净值与投资组合价值底线，从而动态调整投资组合中风险资产与保本资产的比例，以兼顾保本和增值目标的保本投资策略。CPPI策略的投资步骤包括以下三步：

第一步，根据投资组合期末最低目标（基金的本金）和合理的折现率设定当前应持有的保本资产价值，即投资组合的价值底线。

第二步，计算投资组合现时净值超过价值底线的数额。该值称为"安全垫"，是风险投资（如股票、大宗商品投资）可承受的最高损失限额。

第三步，按"安全垫"的一定倍数确定风险资产投资的比例，并将其余资产投资于保本资产（如债券投资），从而在确保实现保本目标的同时，实现投资组合的增值。

风险资产的投资额通常可用下式确定：

风险资产投资额 = 放大倍数 ×（投资组合现时净值 - 价值底线）
            = 放大倍数 × 安全垫

风险资产投资比例 = 风险资产投资额 ÷ 基金净值 ×100%

如果"安全垫"不放大，将投资组合现时净值高于价值底线的资产完全用于风险资产投资，即使风险资产投资完全亏损，基金也可以实现到期保本。因此，可以适当放大"安全垫"的倍数，提高风险资产投资比例，以增加基金收益。例如，将投资于债券的投资收益的2倍投资于股票，也就是把"安全垫"放大1倍，那么如果股票亏损的幅度在50%以内，基金仍能实现保本目标。"安全垫"放大倍数的增加，尽管能提高基金的收益，但投资风险也会同步增大；但放大倍数过小，则使基金收益不足。基金管理人员必须在风险资产和保本资产之间做出平衡，确定适当的"安全垫"放大倍数，以力求既能保证基金本金的安全，又能尽量创造更高的收益。在放大倍数一定的情况下，随着"安全垫"价值的上升，风险资产的投资比例将随之上升，一旦投资组合现时净值向下接近价值底线，系统将自动降低风险资产的投资比例[①]。

二、风险性投资可选择的风险产品

（一）股票

与货币投资工具和固定收益类的债券相比，股票具有更高的风险，但也具有更高的预期收益。投资股票一般会根据公司基本面，如所处行业、公司财务状况、产品的市场竞争力、盈利预期等方面的信息对股票价格高低的合理性进行判断。

根据股票风格不同，通常可以将股票分为价值型股票和成长型股票。价值型股票通常是指收益稳定、价值被低估、安全性较高的股票，其市盈率和市净率通常比较低。成长型股票通常是指收益增长速度快，未来发展潜力较大的股票，其市盈率和市净率通常较高。投资股票，是在更大的风险暴露下追求更高的投资收益率，因此，对股票市场的专业分析

---

① 中国证券业协会. 证券投资基金 [M]. 北京：中国财政经济出版社，2011：46.

能力和操作能力决定了股票投资的风险与收益。

我国目前已经进行市场化投资运营的社会保障基金有全国社保基金、基本养老保险基金、企业年金基金、职业年金基金等，通过选择市场上的专业投资管理人进行投资管理，来实施专业化投资，投资领域的专门人才将为社会保障基金的高效投资运营提供支撑。

（二）股权投资

股权投资也属于实业投资范畴。通过投资取得被投资单位的股份，以获取较大的经济利益。可以是投资于准备上市、未上市公司的股票，也可以将货币资金、无形资产和其他实物资产直接投资于企业，以分享企业成长所带来的利润。

我国社会保障基金可以通过与中央企业的联系和合作，加大对中央企业的投资力度，在中央企业改制、上市、重组或再融资时，社保基金可以作为战略投资者入股。2015年颁布的《基本养老保险基金投资管理办法》中，明确基本养老保险基金可以有不超过基金资产总额20%比例的资金用于投资重点企业和重点项目，就是提供的实业投资机会。对于有国家信用背书的重点企业和项目，投资的稳健性是比较理想的。此外，社会保障基金还可以股权投资基金的形式，选择一些具有优良投资回报历史、管理团队优秀、具有较好发展前景的实业项目进行投资，或者对其他股权投资基金已经储备的优质项目进行跟投，以期相应股权在资本市场变现时取得理想的高投资回报。

（三）不动产投资

有些国家将社保基金投资于不动产，直接进行商业性楼盘和酒店投资，这种类型的资产流动性较差，一般不以直接买卖赚取差价为目的，可以以租金收益和保值增值为投资目的。不动产价格变化本身受到货币政策的巨大影响，因此需要在以货币周期和利率变化为产业兴替分析基础的投资分析方法下，进行明智的不动产投资。

（四）贵金属和大宗商品

贵金属和大宗商品的投资市场，在经济周期的各个阶段里有很大的波动性，因此大宗商品及其相关资产的配置难度高、风险大，对投资技巧要求也很高。贵金属与大宗商品可以在资产配置时对冲不确定因素，对资产组合起到风险分散的作用。同时，贵金属和大宗商品走势往往反映全球经济波动与趋势变化，对于宏观把握全球经济格局具有重要作用。

第二节 投资市场、投资工具和投资时机的选择

在我国社会保障基金中，全国社保基金是主权基金，有必要进行全球范围的资产配置以分散区域风险。而我国资本市场的逐渐开放也必然使得各项社会保障基金的投资运作都需要考虑来自全球资本市场的影响和冲击。因此，从全球视野角度考虑投资市场、投资工具和投资时机的选择非常必要。

资产的价格变动规律可以从货币现象出发进行分析。基于货币发行来判断市场兴衰和产业交替具有相当高的准确性，同时根据货币发行所处的通胀和收缩的阶段性，也可以得出行业兴替的预判，从而从容在全球范围选择投资市场。通过在世界范围内选择货币、债券、股票等资产进行投资配置，利用世界整体经济周期的规模大、周期长、趋势明显、绝

对波动大等特征规律来获得投资的超额收益；选择确定投资市场之后，再根据经济周期特点，依据行业兴盛周期选择相应的投资大类；如果是针对股票的投资，可以在此基础上，选择行业内的优势企业作为投资标的，获得择股超额收益。因此，对全国社保基金等国家主权基金或者致力于在全球范围配置资产的社会保障基金，其投资策略和投资工具的选择需要从全球市场兴衰的预判与选择、行业兴衰的预判与选择、企业层面投资标的的选择等几个层次分别展开。

一、全球市场兴衰的预判与选择：货币通胀和收缩周期

国际货币的发行规模、使用便捷度与国际结算规模等均影响一国在国际金融资本市场中的地位。根据货币发行规模与国际结算规模，美元和欧元是世界上影响最大的货币，根据国际货币基金组织公布的数据，在 2015 年国际货币基金组织特别提款权（special drawing right, SDR）修改以前，2014 年一季度末世界已分配外汇储备中，美元占比 60.9%，欧元占比 24.5%，日元占比 4.0%，英镑占比 3.9%，加元占比 1.9%，澳元占比 1.7%，瑞郎占比 0.3%，其他货币占比 2.8%。中国虽然结算规模占世界第三，但是中国的货币发行受到美元外汇占款的重要影响。2015 年 11 月，国际货币基金组织批准人民币进入"SDR 货币篮子"，成为全球第三大货币，自 2016 年 10 月 1 日起实施该政策，人民币被认为是可自由使用的货币，成为真正的"世界货币"，对全球金融市场和我国资本市场产生深远影响。特别提款权是国际货币基金组织于 1969 年创设的一种用于补充成员国官方储备的国际储备资产。迄今为止，国际货币基金组织向成员国分配了 2 042 亿特别提款权（大约相当于 2 910 亿美元）。在布雷顿森林固定汇率体系下，特别提款权作为补充性国际储备资产而创设。1973 年布雷顿森林体系崩溃，主要货币转向浮动汇率制度，减少了对特别提款权作为全球储备资产的依赖。尽管如此，特别提款权分配可以在提供流动性和补充成员国官方储备方面发挥作用。全球金融危机期间，国际货币基金组织向成员国 2019 年的分配总额达 1 826 亿特别提款权就是一个例子。特别提款权既不是货币，也不是对基金组织的债权，而是对基金组织成员国可自由使用货币的潜在求偿权。特别提款权可以与这些货币进行兑换。表 12-1 比较了 SDR 修改前后 SDR 货币篮子里的货币种类与所占比例。人民币虽然在结算规模上已经是世界第三大货币，也进入了 SDR 货币篮子，但是占比仍然不大。因此，在进行国际资本市场投资时，分析美元和欧元的发行战略以及当前趋势仍然是重要的，可以在很大程度上掌握全球各大交易市场的走向，并根据中国政府所能采取的对策，判断国内资本市场的趋势。

表 12-1　国际货币基金组织 2015 年确定的 SDR 货币种类和权重

2011 年修改 SDR 占比		2015 年 SDR 修改以后	
货币种类	权重（%）	货币种类	权重（%）
美元	41.9	美元	41.73
欧元	37.4	欧元	30.93
日元	9.4	人民币	8.33
英镑	11.3	日元	8.09
		英镑	10.92

资料来源：国际货币基金组织官网：https://www.imf.org/external/chinese/index.htm。

（一）美元周期对国际经济的影响

1. 美元的通胀与紧缩周期对国际资本市场有重要影响

美国是借款"依赖型"体制，政府赤字财政、国民超前消费、银行金融支持是这种体制的核心内容。在借款"依赖型"体制下，美国长期国际贸易逆差和经常账户逆差能够维持，必须以美元不间断地循环周转运动为前提保证。而这必然要依赖其他国家的商品出口换取美元，其他国家又用换取的美元通过购买美国债券投资于美国，于是美元回流至美国，如此循环往复，美元便实现了其循环周转运动，这就是所谓的美元循环周转机制。美元循环周转机制包括在世界范围的美元发行（或出售美国债券）、美元流通和金融自由化三个相互联系的环节。美元在世界范围内发行，使之具有了"美元本位制"功能和"世界基础货币"地位；美元在世界范围的流通得以利用美元纸币剥夺其他国家的真实资源或财富，其他国家的货币则处在劣势地位，于是就产生了"美元殖民地"和"劣势货币"；金融自由化是维持美元循环周转机制运行的方式，是美国解决巨大贸易逆差和对外债务膨胀的基本手段。

自布雷顿森林体系建立以来，当美元实现了在世界范围发行以后，这些发行在世界范围的美元就突破了国家界限。在国际贸易、资金融通和国际支付方面，美元成为主要的国际货币，并作为世界金融领域的价值标准和最终支付手段，因而世界经济中的货币体制就是"美元本位制"；在货币政策方面，美元成为"世界基础货币"，美元利率和汇率的变动左右着其他国家货币利率和汇率的变动，其他国家的货币政策因此受制于美联储。

基于"美元本位制"，美国经济总是能够左右逢源。当其经济形势良好时，利率上升，美国债券的收益率就高，而其他国家将更多地购买或持有美国债券，美国将回笼的美元用于消费和投资。20世纪90年代，美国的"新经济"时期出现了123个月的经济增长。当美国经济不景气时，美国货币政策转向宽松，美国债券的收益率就低，其他国家持有的美国债券的价值将缩水，美国便将经济不景气的后果转嫁给了其他国家。同时美国宽松货币的大量流出也将造成各国资产市场的繁荣和市场投资兴旺，同时对大宗商品的价格产生持续的趋势性影响[①]。

在全球范围选择资本市场进行投资时，需要综合考虑美国的经济周期和货币政策。特别在选择美国国债、原材料、大宗商品和国内资本市场等标的时，必须掌握美国货币市场变动对这些市场所带来的影响，准确选择时机与市场方向，才能规避风险，获得超额收益。

2. 美元对国际大宗商品具有定价权

现在是布雷顿森林体系解体后的后布雷顿体系时代，虽然不少其他货币在不同的时期都曾尝试对美元的中心和主导地位发起挑战，事实上国际货币也正呈现出多元化的趋势，但是美元的地位并未从根基上动摇。现在美元依然作为国际贸易中普遍使用的价值尺度、结算工具和储藏手段，各国的外汇储备依然以美元为主体，而国际贸易企业也需要持有美元来应对进出口的需求，美元依然是当今国际货币体系中的通货。当前国际贸易中绝大多数的大宗商品交易和国际贸易都以美元为支付手段，没有美元无法在国际上买入想要的东西，而美元的背后就是这些以美元为代表的国际大宗商品，如产品、服务、资产等，是国家真正的财富。美元之所以能成为世界本位货币，其背后的大宗商品定价权是重要原因。在世界的舞台上美元代表着世界性的财富，虽然美元等于黄金的时代已经过去，但是现在

[①] 刘秀光. 剖析国际货币体系中的美元循环与周转机制 [J]. 学术问题研究（综合版），2009（1）：6-11.

美元用对大宗商品的定价权牢牢地把握住了世界发展的命脉资源,虽然美国本土对于这些资源的生产供给量很少,但是对于其定价却有着难以撼动的地位和作用。

因此大宗商品的价格随着美元的发行周期进行波动,相关的产业兴衰受美元发行周期的影响。当美元进入宽松周期时,美债价格已经进入高位,而这时大宗商品价格将会开始上涨周期,相关行业也会进入景气周期,比如石油价格上涨时,相应的风电和太阳能行业就会变得兴旺起来。

对于社会保障基金的投资来说,利用美元的发行周期作为投资决策周期能够在总体上把握大部分市场的价格波动。

3. 美元指数与经济危机同步

20世纪70年代中叶以来,美元指数同比上涨的高峰期与多次金融危机重合,比如20世纪90年代亚洲与俄罗斯的金融危机、21世纪初互联网泡沫破灭和土耳其金融危机、2008年的全球金融危机等。而美元指数明显下跌正碰上美联储少数几次收紧货币。从1944年布雷顿森林体系确立美元霸权至今,美元主宰全球经济已70余年。凭借"美元—石油美元—商品美元"的三角关系,美国牢牢地将全球供需和分工维系在美元体系上,位于经济金字塔的顶端。

因此,美国的经济周期和美元周期,对全球经济有着重大影响,这种影响渗透在各个产业层面中。即使中国的金融环境具有相对的封闭性,也不能隔绝此类影响,且我国正在寻求更为开放的资本市场和融入全球的金融体系。在社会保障基金的投资过程中,既要针对美元指数的变化周期进行恰当的战略布局,对冲美国经济周期对中国经济繁荣周期的影响,同时也要关注可能的经济危机风险,利用对市场变化的预判来规避风险,把握投资机会。

(二)欧元周期对国际经济的影响

虽然拥有雄厚经济实力和发达的科技文化实体作为支撑,欧元和日元一样,对国际资本市场的影响处于次一级的地位。对于欧元和日元的研究,一方面是可以根据它们之间政策的呼应互动来验证关于美元周期变化节点的预测结论,另一方面,也对在欧元区或者是日元区内、其自身所能影响到的本区域资本市场的变化进行预判,来判断对于这些地区的投资是不是有恰当的收益预期。

单就欧元来说,许多主流经济学家预测,在欧洲主权债务危机的重压下,欧元区迟早会走向解体。但是现实情况是,欧元在德国主导下,虽然一直承受各种危机和压力,但是却获得越来越大的权力。一些经济学家批评欧元区的制度缺陷,甚至预测欧元崩溃的主要逻辑就是,欧元区没有统一的财政政策来应对外部的非对称性冲击。但是在应对债务危机的过程中,欧元区实际上建立了一种财政转移支付的机制。2008年美国次贷危机后,2009年欧洲出现债务危机,纵观此次欧债危机应对政策的演变脉络:从最初的"各顾各"到向危机国家借款,从建立救助机制到签订财政契约,从欧洲央行长期再融资操作到无限购债政策的推出。这些政策的实质就是转移支付,把富裕地区的资金转移支付到缺乏资金的地区,这恰恰是统一财政政策的核心。如果从这个视角理解的话,欧元之所以没有解体,就是因为欧洲的领导人实质上在不断地加强财政转移支付政策的力度,而作为这一财政转移支付机制的最大出资国,德国的作用是决定性的[①]。

① 赵柯.德国的"欧元保卫战"——国际货币权力的维护与扩张[J].欧洲研究,2013(1):64-86.

发展中国家的债务多是外币债务，一旦出现债务危机，国家的财政部和中央银行只能向国际机构和发达国家求助，因为这些发展中国家在短期内无法创造出偿还债务所需要的外国货币。20世纪80年代的墨西哥债务危机和20世纪90年代的东南亚金融危机都是如此，这些危机中的国家债务大多是以美元计价和结算的。而2009年的欧债危机不同，他们的债务以本币也就是欧元计价和结算，而创造欧元的权力是掌握在欧洲人自己手上的，只要他们愿意和达成共识，加紧印制出一批欧元还债是不成问题的，这样一来风险也就大大降低了。这是发达国家债务危机与发展中国家债务危机的一个根本区别，前者自己掌握解决危机的钥匙，而后者解决危机的钥匙在别人手里。欧元本来有很多先天不足，缺乏统一强大的中央集权对各国的财政政策进行有力的管理，因此欧元不断遭遇各种危机。但是德国在欧元发展过程中获益丰厚，欧元的贬值和在欧洲的一体化强化了德国的出口和制造业优势，增加了德国的国家实力，同时德国依靠危机，迫使其他国家不断让渡出国家权力来加强欧元权力，从而进一步加强德国的国家利益。从近期来看，欧元相对美元仍然是一个次一级影响力的货币，欧元区将会花费更多精力来整合内部。因此欧元区的投资机会，应集中在具有强大竞争力的地区和部门，特别是德国制造业，在欧元区的变化中获得了持久的支持与竞争优势。欧元区的变化不光主导自身资本市场变化，还对国内的产业和资本市场中的相关联部分产生持续的影响，一方面是欧元区的进口需求会影响到国内一些行业的景气变化，另一方面也对需要欧洲技术装备产品支持的企业发展产生重大影响。

社会保障基金投资配置海外资产时，除美元资产外，选择欧元区进行资产配置，投资于制造业相关的机会，也是可以考虑的资产配置策略。

二、行业兴衰的预判与选择：经济周期中行业兴替的规律

经济周期运行以及货币政策周期的不同阶段，对行业产生直接和间接影响。行业的兴替有其内在规律，在进行投资时需要予以把握。利用大的经济周期变化来选择投资市场和进入时机，同时根据行业兴替规律来选择相应的目标行业进行投资，能够提高社会保障基金投资的准确性和效率。

（一）美林投资时钟和景气轮动现象

美林投资时钟理论由美林证券在2004年提出，是一种将经济周期与资产和行业轮动联系起来的投资方法，用于帮助投资者识别经济中的重要拐点。正确把握经济周期的轮换对投资有重要意义，因此至今美林投资时钟仍然是投资界经典的经济周期分析工具。美林证券使用美国市场超过三十年的资产和行业回报率数据对投资时钟的合理性进行了验证。

美林投资时钟根据经济增长和通胀情况将经济周期划分为不同的阶段，分别为衰退、复苏、繁荣和滞胀四个阶段。在不同的经济周期阶段，不同金融资产的表现也会出现显著差异，每个阶段都会有某种金融资产的表现优于其他金融资产。

（1）衰退阶段：经济增长乏力，失业率持续增加，超额生产能力和下跌的大宗商品价格驱使通胀率更低。企业盈利微弱并且实际收益率下降。各国政府为了维持宏观经济稳定通常开始改变货币政策对市场进行干涉，中央银行削减短期利率以刺激经济恢复到可持续增长的路径，进而导致货币资产收益率曲线急剧下行，此时债券是最好的投资选择。而在股票中，金融股是较好的选择。经济衰退阶段的投资产品收益率排序：债券 > 现金 > 股票 / 大宗商品。

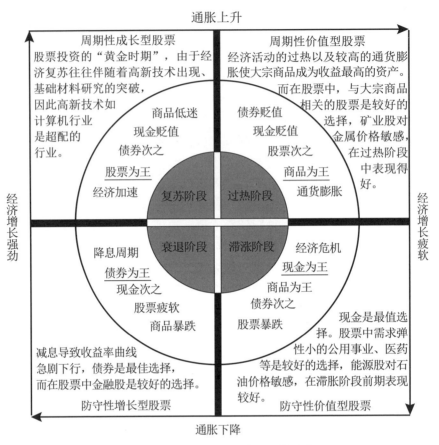

图 12-1 美林时钟：经济景气轮动①

（2）复苏阶段：在政府各项经济政策的作用下，经济趋势开始转变，经济增长逐渐恢复，GDP 增长率提升。同时，通胀率继续下降，因为空置的生产能力还未耗尽，周期性的生产能力扩充也变得强劲。企业盈利大幅上升、债券的收益率仍处于低位，但中央银行仍保持宽松政策。这个阶段是股权投资者的"黄金时期"。股票是最佳选择。经济复苏阶段的投资品收益排序：股票 > 债券 > 现金 > 大宗商品。

（3）繁荣阶段：也叫过热阶段，企业生产能力增长减慢，开始面临产能约束，通胀抬头。通货膨胀不断上升，为了抑制过高的物价，各国央行开始提高利率，以求将经济拉回到可持续的增长路径上来，此时 GDP 增长率仍高企。债券的表现差，收益率曲线上行并变得平缓。股票的投资回报率取决于强劲的利润增长与估值评级不断下降的权衡比较，此时大宗商品是最好的投资选择。繁荣时期的投资品收益排序：大宗商品 > 股票 > 现金 / 债券。

（4）滞胀阶段：经济增长率开始降低，但是通货膨胀仍然在持续上升。由于实体经济一蹶不振，企业为了维持利润而提高商品价格，并导致工资螺旋上升，直到失业率大幅上升才能打破这个僵局。只有等通胀过了顶峰，中央银行才能有所作为，这就限制了债券市场的回暖步伐。此时，企业盈利恶化，股票市场表现差。这个阶段现金是最好的选择。

---

① Trevor Greetham, Micheal Hartnett. The Investment Clock[R]. NY: Merrill Lynch, 2007.

经济滞涨时期的投资品收益排序：现金＞商品／债券＞股票。

美林投资时钟对立位置的资产类别和行业板块可以用来做配对交易。例如，如果在经济过热阶段，应该做多大宗商品和工业股，位于对立面的是衰退阶段，所以我们应该同时做空债券和金融股。

（二）结合各国实际应用美林时钟进行投资

作为一种经典的金融投资理论，美林投资时钟的理论框架是建立在理性预期、风险回避、效用最大化以及相机抉择等理性人假设的基础之上的。美林投资时钟理论对行业兴替的预测模型在投资中得到广泛应用。在实际投资过程中，美林时钟理论会根据不同的国际环境而对投资决策产生不同的影响。

1. 对处于不同经济周期的国家的产业表现产生影响

中国资本市场多次与美林投资时钟不一致，其中原因是受到外部环境影响，改变了行业繁荣与衰退周期的运行。世界各大经济体的经济周期并不一致，各个国家的产业结构也各不相同，当我们在面对不同经济体处于投资周期的不同阶段时，也就是各个经济体存在投资时差的时候，投资时钟的冲突会对不同产业的繁荣周期产生相应的影响。

随着全球各经济体联系越来越紧密，各经济体相互影响越来越大。当各经济体的经济处于繁荣周期时，会争夺全球资源；当经济体处于衰退周期时，会向外溢出或者有意识转嫁危机。经济体之间以快打慢，以强凌弱，强者越强，弱者越弱，是国际经济局势的常态。经济基础决定政治结构，而军事是政治的延续，因此在经济周期转换的时期，往往也伴随着地缘热点事件出现，以配合经济转换的步骤。

中国资本市场与美林投资周期理论的不一致现象，与欧美经济周期转换造成的影响有很大的关联，可以看作是全球经济波动的影响效应。在根据经济周期进行投资决策时，必须考虑到相关行业受到的国际经济周期性发展的影响，提前预判行业的兴衰周期。在行业进入衰退的低谷时，即使企业报表显示企业经营和盈利情况较差，也可以提前反周期进入；当行业进入繁荣期顶点时，可以及时进行资产配置转移，调整选择更有价值的投资品种。

2. 各国央行的货币政策会影响到各个行业的经营表现

央行的货币政策往往根据整体经济情况和国际经济环境做出调整，货币政策的变化会直接影响到不同行业的企业盈利能力，使企业的兴衰随着货币发行周期而波动。因此，仅关注由行业中企业报表体现出来的市场价值和增长潜力，还不足以实现安全的投资空间，还要把企业的表现放在货币发行与经济周期引发的行业兴替的宏观背景下考察。当行业处于繁荣周期时，即使财务报表上价值表现优异，也不能成为持续持有的理由，而在行业衰退周期中，即使企业财报表现不佳，但是如果预期整个行业即将进入繁荣周期，那么这时就是低价买入的好时机。

在通货膨胀周期中，也存在一种利润从中下游向上游流动、再回流中下游的现象，可称为通胀周期下的"行业景气轮动"。通胀影响利润在各行业间的重新分配和结构调整。随着通胀周期的周而复始，利润在行业间的流动遵循着明确的方向性特征，行业景气呈现出规律性的轮番波动，即"行业轮动"与"投资时钟"。一般而言，在经济衰退和通缩阶段，由于生产成本的下降，利润从上游行业回流中下游行业，成本下降和供给端收缩的中下游行业景气相对较高；在经济周期复苏和通胀初期阶段，下游行业景气相对较高；在经济周期过热和通胀高企阶段，上游行业景气相对较高；如果在总需求没有明显增加的情况下发生通胀，利润会向上游流动，行业景气分化；在经济复苏初期，需求回暖但物价水平上涨不明显，这一阶段经常是下游行业景气的黄金时期。对于从上而下的成本推动型通胀，利润向上游流动；对于从下而上的需求拉动型通胀，利润会流向需求旺盛的行业或瓶颈行业，下游行业同样有可能受益。

在大宗商品熊市周期下，随着通缩加重，钢铁、有色冶炼、电力、交通运输、石油加工、交运设备制造、电子、专用设备制造等中下游行业受益于成本下降，行业景气将明显提升；而石油、燃气、铁矿石等上游行业景气明显下降。未来如果大宗商品熊市触底反弹，行业景气轮动的顺序将发生反转，上游周期性行业景气将会改善。

3. 根据行业轮动进行投资的原则

行业轮动的现象是由经济周期引起的，而在政府主动干预经济的背景下，行业轮动规律更多受到央行货币发行政策周期性变化的影响。在判断行业轮动周期时，需要首先考虑美元政策的变化方向，然后参考欧元与日元的变化对相关行业的影响，最后结合本国央行所可能采取的政策措施，提前预判各个行业的兴衰周期，为投资决策进行支持，在行业兴起之前就进入布局，在衰退之前撤出，这样才能获取安全稳定的投资收益。

（1）其他国家通过投资和消费两个方面对中国经济产生影响。中国是制造业出口大国，因此中国制造业繁荣周期和其他国家的消费周期具有一致性。根据各国央行针对不同经济周期所采用的货币政策，会造成中国面临输入性通胀和输入性通缩的投资环境，打乱中国的经济周期。

（2）世界各大经济体及货币规模。2014年12月，人民币代替加元和澳元，成为全球第五大支付货币，占比2.17%。全球支付货币前五名排序是：美元、欧元、英镑、日元和人民币。美日欧在政治和军事上是同盟关系，在经济上既有竞争又有合作，在货币政策上常常具有战略协同性，在人民币离岸市场快速增量的情况下，带来这样一种风险：为人民币在岸和离岸市场提供了更大的套利规模空间，加大了国际市场货币供应量波动对中国经济货币政策的冲击能力，对中国经济产生更大的影响。

央行货币政策通过对投资和消费的影响，直接影响到不同行业的兴衰，如果某些企业对此没有清醒的意识，就可能会在宏观经济形势变化下，由于错误的决策，造成严重亏损，甚至倒闭，这对基金投资活动来说是必须考虑的因素。

（3）重视预期对投资活动的影响。市场预期的形成可以通过几个途径实现：各国的货币政策和汇率变化形成投资预期；舆论报道引导预期形成；世界地缘政治关系变化造成直接投资风险和投资预期变动。若预期发生重大变化则会影响实体经济的资金储备和流出。我国在2015年8月实施人民币一次性主动贬值，就是对市场对人民币贬值预期的积极回应，对国际资本市场产生了较大影响，对遏制在贬值预期下外汇储备的流出具有重要作用。

三、企业层面投资标的的选择：基本面投资分析方法

股票与股权投资需要从企业的价值分析出发，结合经济周期中不同阶段的行业表现，对企业的长期价值进行准确估值，并对照当前企业在资本市场上的价格表现，做出投资决策。

价值投资理论是当今世界投资界采取的主流投资方法之一。价值投资理论是1934年

由本杰明·格雷厄姆与戴维·多德在他们合写的被誉为"投资圣经"的《证券分析》（Security Analysis）一书中首次提出。价值投资理论主张投资者的注意力不要放在股票市场行情变化上，而要放在股票背后的企业身上。之后，沃伦·巴菲特、格伦·格林伯格、彼得·林奇等投资家又进一步发展了价值投资理论，将企业的成长性纳入价值投资的思维，并且运用理论指导投资实践，取得了丰厚的投资收益。巴菲特曾以最为精炼的语言表达价值投资："一看一家公司未来5～10年的发展，二是价格要合适，三是公司要信得过。"价值投资理论认为：①市场是非完全有效的，至少某些时候是无效的。价值投资理论认为将所有投资者都假设为理性投资者是错误的，正因为市场的非有效性，才会经常给价值投资者提供以低于其内在价值的价格买入证券的机会，也才会提供卖出证券的价格高于其内在价值的机会。②奉行积极的投资策略。与证券市场并非是有效的市场理论假设相对应的是，价值投资理论就是要寻找被市场低估的证券，因此主张采取积极的投资策略。③把风险定义为公司经营业绩与预测发生较大的偏离。价值投资理论认为，股价波动是难以准确预测的，尽管股价长期来说具有向价值回归的趋势，但如何回归、何时回归是不确定的。因此价值投资把风险定义为公司经营业绩与预测发生较大的偏离，其把重点放在公司业绩的研究上，将公司定价与留有足够的安全边际作为风险控制的重要手段。

社会保障基金投资追求长期安全的成长收益，所以在投资时需要考察价格和价值之间的关系，当由于市场价格波动，造成价格低于标的价值的时候，是加大配置该类资产的时机。准确判断投资对象的价值是价值投资的关键。以股票投资为例，考察企业的价值应注重以下方面：

（一）公司可信性调查

投资不可信的企业会造成投资的必然损失。公司的可信性与否主要表现在以下方面：①公司管理层的信托诚信，公司管理层能否做到对股东负责。如果公司的管理层不能严格尽责地管理公司，保全公司的财产，存在信息不对称，股东必然会遭受损失。②公司文化是否缺失，各个层面的员工是否利用职权牟取私利，若是，则必然会造成公司利润流失、团队腐败、竞争力下降、创新能力消失，在市场竞争中被淘汰。③企业是否缺乏社会责任，是否会引发严重社会性事件，是否会被社会抛弃。若是行业性的社会责任缺失，那么整个行业都会被社会质疑，造成行业整体性的衰退。由于信息不对称，评价可信性可以通过外部调查来进行。

（二）财务报表分析

财务会计本身就是一个经济信息系统，它通过其信息载体——财务报告向外界定期披露会计信息，满足不同信息使用者的需求。对于一般信息需求者而言，通过财务报表的专业分析方法是其获取决策相关信息的重要来源。具体地说，财务报表使用者主要包括投资者、债权人、经营者、供销商、中介机构、雇员与工会、国家税务机关等。通过分析财务报表，可获得企业短期偿还债务能力、长期偿还债务能力、资产管理能力、企业盈利能力、现金流量能力和企业成长性能力等方面的信息，进而对企业财务状况、经营成果和现金流量等方面作出较为正确的判断，最终做出有利于自己的决策。投资者分析财务报表非常重要，要能够对企业的各方面做出正确评判，其中最重要的莫过于有关企业未来盈利能力持续性方面的评价①。在进行企业盈利能力持续性信息价值挖掘时，更多的是凭借经验判断持续性较强的财务指标，并结合以前各期的财务指标才可以做出"合理"的企业发展趋势的判断。首先，从本期财务报表中找出影响盈利持续性的关键因素。粗略地讲，从利润表中可知，主营业务利润和主营业务利润率是支持净利润持续最为关键的因素，营业利润和营业利润率次之。其次，企业盈利之所以具有持续性，是因为前期和本期投入的长期资产，长期资产的价值是逐次、分期实现的，其实现结果就体现在利润表中。因此，长期资产的稳定性是衡量盈利持续性的一个重要因素，以长期资产基础构建的财务指标也是企业盈利能力持续性的关键因素。最后，形成企业盈利能力的持续性也离不开企业经营的稳健性和企业现金流量的持续性。

（三）产业周期与经济周期分析在企业层面投资上的应用

企业盈利情况受产业周期和经济周期的影响。对于周期性行业，可以根据行业特点分析进行投资决策，而对于具有跨越经济周期防御能力的产业，即防御性产业，可以根据经济周期与货币周期，通过对市场价格波动规律的把握进行投资。周期性行业是指和国内或国际经济波动相关性较强的行业，其中典型的周期性行业包括大宗原材料（如钢铁、煤炭等）、工程机械、船舶等。周期性行业的特征就是产品价格呈周期性波动。把企业的周期性分为行业的周期性和公司的周期性更为合理。行业的周期性就是经济周期，特征应该是产品的无差别性和品牌相对弱化等；公司竞争力主要体现在成本控制和产能变化与经济周期或行业周期的契合上，因此公司的周期性应该体现产能与经济周期的契合程度，公司处于产能高速扩张阶段还是处于萎缩阶段，产品结构是否符合本周期的需求等。如果这两个周期都能契合，那么这样的公司会高速发展。汽车、钢铁、房地产、有色金属、石油化工等是典型的周期性行业，其他周期性行业还包括电力、煤炭、机械、造船、水泥、原料药产业。还有一些产业被称为防御性产业，这些产业的产品需求相对稳定，受经济周期和衰退阶段的影响小。在经济衰退时，防御性产业甚至会有实际增加，例如，食品业、公用事业、教育行业和医药行业等属于防御性产业。

我国典型的周期性行业包括钢铁、有色金属、化工等基础大宗原材料行业，水泥等建筑材料行业，工程机械、机床、重型卡车、装备制造等资本集约性领域。当经济高速增长时，市场对这些行业的产品的需求也高涨，这些行业所在公司的业绩改善会非常明显，其股票受到投资者追捧；而当景气低迷时，固定资产投资下降，对这些行业的产品的需求减弱，业绩和股价就会迅速回落。此外，还有一些非必需的消费品行业也具有鲜明的周期性特征，如轿车、高档白酒、高档服装、奢侈品、航空、酒店等，因为一旦人们收入增长放缓或者对预期收入的不确定性增强，都会直接减少对这类非必需商品的消费需求。金融服务业（保险除外）由于与工商业和居民消费密切相关，也有显著的周期性特征。

上述这些周期性行业企业构成股票市场的主体，其业绩和股价因经济周期的变化而起落。因此，投资周期性行业股票的关键就是对于时机的准确把握，如果在周期触底反转前介入，就会获得最为丰厚的投资回报，但如果在错误的时点和位置，如周期到达顶端时买入，则会遭遇严重的损失，可能需要忍受5年、甚至10年的漫长等待，才能迎来下一轮周期的复苏和高涨。

---

① 胡文献，刘金雄. 企业持续性盈利理论体系构建研究 [J]. 财会通讯，2010（4）：118-119.

货币政策对股市的影响是决定性的，利率是把握周期性股票入市时机最核心的因素。当利率水平低位运行或持续下降时，周期性的股票会表现得越来越好，因为低利率和低资金成本可以刺激经济的增长，鼓励各行各业扩大生产和需求。当利率水平逐渐抬高时，周期性行业因为资金成本上升就失去了扩张的意愿和能力，周期性行业的股票会表现得越来越差。当央行刚刚开始减息的时候，通常还不是介入周期性股票的最佳时机，此时是经济景气最低迷之际，有些积重难返之势。开始的几次减息还见不到效果，周期性股票还会维持一段时间跌势，只有在连续多次减息刺激后，周期性行业和股票才会重新焕发活力。同理，当央行刚刚开始加息的时候，投资者也不必急于离场，周期性行业和股票还会继续风光一时，只有在利率水平不断上升接近前期高点时，周期性行业才会明显感到压力，这时才是投资者开始考虑转向的时候。

需要特别注意，财务报表和市盈率对于投资周期性股票往往会有误导作用，低市盈率的周期性股票并不代表其具有投资价值，相反，高市盈率也不一定是估值过高。以钢铁股为例，在景气低迷阶段，其市盈率只能保持在个位数上，最低可以达到5倍以下，如果投资者将其与市场平均市盈率水平对比，认为"便宜"后买入，则可能要面对的是漫长的等待，会错过其他投资机会，甚至还将遭遇进一步亏损；而在景气高涨期，如果看到市盈率不断走高而不敢买入，就会错过上涨行情。相对于市盈率，市净率由于对利润波动不敏感，可以更好地反映业绩波动明显的周期性股票的投资价值，尤其对于那些资本密集型的重工行业更是如此。当股价低于净资产，即市净率低于1时，通常可以放心买入，不论是行业还是股价都有随时复苏的极大可能。

在整个经济周期里，不同行业的周期表现有所差异。当经济在低谷出现拐点，刚刚开始复苏时，石化、建筑施工、水泥、造纸等基础行业会最先受益，股价上涨也会提前启动；在随后的复苏增长阶段，机械设备、周期性电子产品等资本密集型行业和相关的零部件行业会表现优异，投资者可以调仓买入相关股票；在经济景气的最高峰，商业一片繁荣，这时的市场主角就是非必需消费品，如轿车、高档服装、奢侈品、消费类电子产品和旅游等行业，换入这类股票可以享受到最后的经济周期盛宴。

所以，在一轮经济周期里，配置不同阶段受益最多的行业股票，可以让投资回报最大化。同时，在挑选那些即将迎来行业复苏的股票时，对这些公司财务报表进行基本面分析，可以帮助找到表现最好的投资对象。那些资产负债表健康、相对现金宽裕的公司，在行业复苏初期会有更强的扩张能力，股价表现通常也会更为抢眼。

四、大宗商品的基本面分析

大宗商品（bulk stock）是指可进入流通领域但非零售环节、具有商品属性、用于工农业生产与消费使用的大批量买卖的物质商品。在金融投资市场，大宗商品指同质化、可交易、被广泛作为工业基础原材料的商品，如原油、有色金属、钢铁、农产品、铁矿石、煤炭等，主要包括三个类别，即能源商品、基础原材料和农副产品。

大宗商品可以设计为期货、期权作为金融衍生工具来交易，可以更好地实现价格发现和规避风险。由于大宗商品多是工业基础，处于最上游，因此反映其供需状况的期货及现货价格变动会直接影响到整个经济体系。例如，铜价上涨将提高电子、建筑和电力行业的生产成本，石油价格上涨则会导致化工产品价格上涨并带动其他能源如煤炭和替代能源的价格提升。投资者，特别是机构投资者应当密切关注大宗商品的供求和价格变动。

关注大宗商品的变化，可以帮助对相关行业的繁荣周期进行预判。分析大宗商品的价格变化，往往会从供应、需求和生产成本等方面出发。但是本质上大宗商品价格的变化是受到货币政策周期影响的，因此在预判大宗商品的投资机会及其相关产业的投资机会时，需要关注货币政策的影响因素，美欧货币政策以及中国央行的政策趋势，都是重要的决策因素。

综上分析，社会保障基金的投资策略，首先是采用投资组合的方法分散投资风险，其次是基于对全球经济大势的把握，选择全球范围内最有利于实现投资目标的投资市场和投资时机，根据经济周期变动来选择行业，最后以对企业层面的具体基本面分析来选择具体的投资标的和合适的投资工具。在社会保障基金的投资周期中，以美欧货币政策对各类产业和资产价格的变动为重点，分析各类资产的价格变动趋势，结合国内货币政策的影响，合理选择投资品类和投资时机。在此基础上，对投资标的进行基本面分析，抓住投资机会，获取高额投资收益。

【本章知识要点】

（1）社会保障基金投资策略应考虑保本类投资与风险类投资的合理比例安排。采用对冲保险策略和固定比例组合保险策略有利于制定科学且动态调整的投资比例结构。固定比例投资组合保险策略（CPPI）通过对投资安全垫的设定和安全垫放大倍数，来动态调整投资组合中的保本与风险类投资的比例关系。股权、不动产、贵金属和大宗商品等均可在符合国家法律法规政策规定的前提下考虑合理投资。

（2）在全球经济一体化、国际金融一体化的背景下，应站在全球市场兴衰的角度研究选择最适合的全球范围投资区域，研究把握经济周期中行业兴替规律，从而在经济周期的不同阶段中寻找最有潜力的成长型或者抗风险型的行业进行投资，并基于对行业内企业层面信息的分析，找到最优质的投资标的。像全国社会保障基金这种国家战略储备基金，非常需要具备宏观国际视野来考察制定投资策略。

【本章专题案例】

加拿大养老金基金的投资策略

加拿大对养老金投资实施审慎监管，政府文件和相关法规并未对加拿大养老基金投资委员会（CPPIB）的投资范围和比例做出限制性规定。CPPIB 根据长期风险水平和最低收益要求构建参考组合，选择国内外的多类资产构建战略组合进行分散化投资。过去的 20 多年里，CPPIB 的投资范围不断扩大，从最初仅投资加拿大联邦以及各省发行的债券，逐渐扩大到全球股票、政府债券、私募股权、私募债权、房地产、基础设施、自然资源、知识产权等。1999 年，CPPIB 开始投资公开市场股票；2001 年，CPPIB 开始投资私募股权；2002 年，CPPIB 把投资范围扩大到了房地产；2004 年，CPPIB 开始投资基础设施；2009 年，CPPIB 开始对私募债权进行投资，将固定收益类债券的投资范围扩大到了外国政府债券；2010 年，CPPIB 开始在知识产权领域进行投资；2013 年，CPPIB 开始投资自然资源。目前 CPPIB 是国际大型养老基金中投资范围最广的基金之一，其投资的资产种类如表 12-2 所示。

表 12-2 CPPIB 投资的资产种类

公开市场投资	实物资产投资	私募投资
发达和发展中市场的权益类资产、发达和发展中市场的债券、住宅地产抵押贷款支持证券、保险证券、战略倾斜组合、货币、商品、期货、在交易所或场外交易的衍生品等	基础建设类资产、核心商业地产、非核心商业地产和商业地产开发、私募房屋贷款、自然资源等	私募股权、所有权权益、私募债权、证券和贷款、知识产权等

在投资范围和投资比例方面，CPPIB 具有以下特征：①另类资产的配置比例不断上升。CPPIB 一直强调应利用其投资期限长、规模大、短期流动性限制少、资产确定性高等优势，加大对另类资产的配置。从 2002 年开始配置另类资产，CPPIB 持续稳定地加大对另类资产的投资，2018 年配置比例高达 47.7%。②固收类资产的配置比例不断下降。CPPIB 对于固收类资产的配置比例从 2001 年的 86% 显著下降到 2018 年的 19.1%。CPPIB 不断减配固收类资产主要有两方面原因：一是为了达到基金的长期投资目标，不断加大基金的长期风险偏好，因此增加了对风险类资产、另类资产的配置；二是预估低利率的市场环境可能会长期持续，因此固收类资产的长期收益率显著低于其他类型的资产。③受金融危机影响，权益类资产的配置比例先升后降，近些年稳定在 35% 左右。CPPIB 对于权益类资产的配置大体经历了三个阶段：2001—2007 年，权益类资产的配置比例从 14% 显著上升到 57.8%；2008 年金融危机后降低到 2016 年的 31.6%；之后上调了基金的长期风险水平，对权益类的配置比例略微上升，稳定在 35% 左右。

思考与讨论：
请利用本章所学知识分析加拿大养老金投资策略及其历史变化。

【本章思考题】

1. 请说明固定比例投资组合保险策略（CPPI）的内涵与操作步骤。
2. 请说明风险性投资可选择的风险产品的种类及特征。
3. 请说明为什么国际货币发行是影响全球市场兴衰的重要因素。
4. 请解释说明美林投资时钟理论及其如何应用于制定投资策略。
5. 在经济的不同周期中，如何合理利用市盈率和市净率等企业层面分析工具，避免作出错误投资决策？

第十三章 我国社会保障基金的投资管理

【本章学习目标】

- 运用投资篇相关知识，对我国社会保障基金投资运营实际展开分析
- 了解全国社保基金的投资运营规则与投资的风险收益特征
- 了解社会保险基金的投资运营规则与投资的风险收益特征
- 了解住房公积金的投资运营规则与投资的风险收益特征
- 了解企业年金基金的投资运营规则与投资的风险收益特征

本书前文系统梳理了社会保障基金管理的政策和投资所需的知识内容。本章将应用相关知识，对我国社会保障基金管理的投资实践展开分析。每一项投资，基于其投资目标和受益人风险偏好特征差异，需要设定对应的投资管理策略。我国各项社会保障基金服务于不同的社会保障项目，应对不同的社会风险。这些风险的性质、周期等均存在差异，需要分别分析其投资运营规则、投资收益与风险特征，从而全面深刻把握社会保障基金管理的内涵。

第一节 全国社保基金投资管理

一、投资运营规则及收益率分析

根据《全国社会保障基金投资管理暂行办法》[①]的规定，社保基金投资于银行存款和国债的比例不得低于50%。其中，银行存款的比例不得低于10%。但在一家银行的存款不得高于社保基金银行存款总额的50%；投资于企业债、金融债的比例不得高于10%；投资于证券投资基金、股票投资的比例不得高于40%。为实现专业化管理，引入专业投资管理人进行专业化投资。但限定单个投资管理人管理的社保基金资产不得超过年度社保基金委托资产总值的20%。同时，该投资管理人管理的社保基金资产投资于一家企业所发行的证券或单只证券投资基金，不得超过该企业所发行证券或该基金份额的5%，也不得超过其管理的社保基金资产总值的10%。基于这样的投资基本原则，采用投资的预期收益率模型进行计算：

$$E(R_i) = p_1 R_1 + p_2 R_2 + \cdots + p_n R_n = \sum_{i=1}^{n} p_i R_i \quad (13\text{-}1)$$

式中，$E(R_i)$ 为社会保障基金投资组合的期望收益率，R_i 为投资某项资产的收益率，p_i 为该项资产的投资占比。$0 \leq p_i \leq 1$，$\sum p_i = 1$。

根据模型可以计算得出以该投资比例为上限的投资组合的预期收益和对应风险。下面对全国社保基金投资组合的各投资对象收益率分别进行计算分析。

[①] 财政部、劳动和社会保障部2001年第12号令。

（一）银行存款收益率

以银行一年期定期存款为基准，计算我国自 2000 年以来的银行存款平均收益率。2000—2019 年，为配合宏观经济变化，央行对存款利率进行了 27 次调整。为配合利率市场化改革，自 2014 年 11 月 22 日起，下调金融机构人民币存贷款基准利率，扩大金融机构存款利率浮动区间，人民银行不再公布人民币五年期定期存款基准利率。银行历年存款利率如表 13-1 所示。2000—2019 年银行一年期定期存款平均利率为 2.82%。

表 13-1　金融机构人民币存款基准利率

调整时间	活期存款(%)	定期存款（%）					
		三个月	半年	一年	二年	三年	五年
1999.06.10	0.99	1.98	2.16	2.25	2.43	2.70	2.88
2002.02.21	0.72	1.71	1.89	1.98	2.25	2.52	2.79
2004.10.29	0.72	1.71	2.07	2.25	2.70	3.24	3.60
2006.08.19	0.72	1.80	2.25	2.52	3.06	3.69	4.14
2007.03.18	0.72	1.98	2.43	2.79	3.33	3.96	4.41
2007.05.19	0.72	2.07	2.61	3.06	3.69	4.41	4.95
2007.07.21	0.81	2.34	2.88	3.33	3.96	4.68	5.22
2007.08.22	0.81	2.61	3.15	3.6	4.23	4.95	5.49
2007.09.15	0.81	2.88	3.42	3.87	4.50	5.22	5.76
2007.12.21	0.72	3.33	3.78	4.14	4.68	5.40	5.85
2008.10.09	0.72	3.15	3.51	3.87	4.41	5.13	5.58
2008.10.30	0.72	2.88	3.24	3.6	4.14	4.77	5.13
2008.11.27	0.36	1.98	2.25	2.52	3.06	3.60	3.87
2008.12.23	0.36	1.71	1.98	2.25	2.79	3.33	3.60
2010.10.20	0.36	1.91	2.20	2.5	3.25	3.85	4.20
2010.12.26	0.36	2.25	2.50	2.75	3.55	4.15	4.55
2011.02.09	0.40	2.60	2.80	3.00	3.90	4.50	5.00
2011.04.06	0.50	2.85	3.05	3.25	4.15	4.75	5.25
2011.07.07	0.50	3.10	3.30	3.50	4.40	5.00	5.50
2012.06.08	0.40	2.85	3.05	3.25	4.10	4.65	5.10
2012.07.06	0.35	2.60	2.80	3.00	3.75	4.25	4.75
2014.11.22①	0.35	2.35	2.55	2.75	3.35	4.00	—
2015.03.01	0.35	2.10	2.30	2.50	3.10	3.75	—
2015.05.11	0.35	1.85	2.05	2.25	2.85	3.50	—
2015.06.28	0.35	1.60	1.80	2.00	2.60	3.25	—
2015.08.26	0.35	1.35	1.55	1.75	2.35	3.00	—
2015.10.24	0.35	1.10	1.30	1.50	2.10	2.75	—

注：①自 2014 年 11 月 22 日起，中国人民银行不再公布金融机构人民币五年期定期存款基准利率。
数据来源：中国人民银行。

（二）国债、金融债和企业债收益率[①]

在 2008 年 2 月至 2020 年 1 月的观察期内，我国国债平均年收益率为 3.32%。就金融债来说，根据中央国债登记公司提供的收益率曲线数据，观察期（2008 年 7 月至 2020 年 3 月）内，政策性金融债平均年收益率为 4.0%，十年期金融债收益率约为 4.21%，而相同期限的到期国债收益率为 3.52%（2020 年 3 月数据），其长期收益相比国债已无明显优势。AAA 级别企业债在观察期（2006 年 3 月至 2020 年 3 月）内平均年收益率为 4.62%，其中十年期企业债收益率为 4.92%。经测算，企业债和金融债综合年回报率为 4.31%。

（三）股票及股票投资基金收益率

为了研究股票和股票投资基金的投资回报率，相关文献采用 WIND 数据 1990—2010 年这二十年数据进行实证分析，得出结论[②]：20 年来，A 股股票累计年均投资回报率达到 12%～19%，其中流通股年均回报率为 14%，并且回报率水平与投资持有期长短呈现明显正相关关系，持有期越长，平均回报率越高。根据上证综指 1992—2018 年的年末收盘指数计算流通股收益率（见表 13-2），上海证券交易所开盘交易以来年均收益率为 12.12%，波动幅度较大。

表 13-2　上证综指历年变动

年　份	最　高	最　低	收　盘	年收益率（%）
1992	1 429.01	292.76	780.39	6.84
1993	1 558.95	750.46	833.80	−22.30
1994	1 052.94	325.89	647.87	−14.29
1995	926.41	524.43	555.29	65.14
1996	1 258.69	512.83	917.02	30.22
1997	1 510.18	870.18	1 194.10	−3.97
1998	1 422.98	1 043.02	1 146.70	19.18
1999	1 756.18	1 047.83	1 366.58	51.73
2000	2 125.72	1 361.21	2 073.48	−20.62
2001	2 245.44	1 514.86	1 645.97	−17.52
2002	1 748.89	1 339.20	1 357.65	10.27
2003	1 649.60	1 307.40	1 497.04	−15.40
2004	1 783.01	1 529.43	1 266.50	−8.33
2005	1 328.53	998.23	1 161.06	130.43
2006	2 698.90	1 161.91	2 675.47	96.66
2007	6 124.04	2 541.53	5 261.56	−65.39
2008	5 522.78	1 664.93	1 820.81	79.98

[①] 数据来源：CEIC 中国经济数据库. 中国证券登记结算公司 [DB-OL]. (2020-03-30). https://insights.ceicdata.com/Untitled-insight/views.

[②] 许林, 李湧. A 股存在投资价值吗？——来自 1990—2010 年 A 股投资回报率的实证 [J]. 投资研究, 2012（10）: 155-160.

续表

年 份	最 高	最 低	收 盘	年收益率（%）
2009	3 478.01	1 844.09	3 277.14	−14.31
2010	3 306.75	2 319.74	2 808.08	−21.68
2011	3 067.46	2 134.02	2 199.42	3.17
2012	2 478.38	1 949.46	2 269.13	−6.75
2013	2 444.80	1 849.65	2 115.98	52.87
2014	3 239.36	1 974.38	3 234.68	9.41
2015	5 178.19	2 850.71	3 539.18	−12.31
2016	3 538.69	2 638.30	3 103.64	6.56
2017	3 450.50	3 016.53	3 307.17	−24.59
2018	3 587.03	2 449.20	2 493.90	6.84
年均收益率				12.12
风险标准差				42.85

数据来源：《上海证券交易所统计年鉴2019》。

鉴于全国社保基金是国家的长期战略储备，因此我们采用13%作为股票投资长期回报率。

根据前述《全国社会保障基金投资管理暂行办法》（以下简称《办法》）的规定，及上述对各类投资的收益率估计，可以大致估算出按照《办法》要求的范围进行投资的市场平均收益率水平。

$$E(R_i) = p_1 R_1 + p_2 R_2 + \cdots + p_n R_n = \sum_{i=1}^{n} p_i R_i$$

即

$$R = r_d \times 10\% + r_t \times 40\% + r_b \times 10\% + r_s \times 40\%$$

其中，r_d为银行存款年利率，取值2.82%；r_t为国债年投资回报率，取值3.32%；r_b为金融债企业债综合年回报率，取值4.31%；r_s为股票长期年平均投资回报率，取值13%。

计算得7.24%，即依据《办法》规定的比例和范围能获得的市场平均收益水平[①]。而根据全国社保基金理事会历年年度报告，全国社保基金成立至2018年，年均回报率为8.36%，高于市场均衡收益水平。

二、风险特征

在全国社保基金投资的资本市场工具中，银行定期存款、国债、金融债、企业债等均是固定收益类投资，是以低风险和较低收益为特征的，因此风险不大。其中，投资于股票及股票投资基金的年均投资回报率为13%。采用"收益率方差测算模型"计算A股及全国社保基金的投资风险。

---

① 该综合回报率仅为大概估算值，并非考虑综合风险、持有期等因素的精确计算，仅用于对比参考。

$$\sigma^2 = \sum_{i=1}^{n} p_i \left[R_i - E(R_i) \right]^2 \quad (13\text{-}2)$$

其中，p_i 为出现该种回报率的概率；R_i 为实际收益率；$E(R_i)$ 为预期收益率；$\left[R_i - E(R_i) \right]^2$ 表示真实收益率偏离预期收益率的距离的平方，衡量真实收益率的波动程度。

根据 1992—2018 年 A 股累计 26 年投资收益的历年数据（见表 13-2），可以计算得出 A 股在 26 年间样本风险标准差为 42.85%。

全国社保基金投资于包括低风险的固定收益类产品和较高风险的股票及股票投资基金，计算其综合风险水平。表 13-3 是全国社保基金成立至 2018 年的投资情况汇总①。

表 13-3 全国社保基金投资情况及收益

年 份	资产总额（亿元）	投资收益率（%）	通货膨胀率（%）
2001	805	1.73	0.70
2002	1 242	2.59	-0.80
2003	1 325	3.56	1.20
2004	1 711	2.61	3.90
2005	2 118	4.16	1.80
2006	2 828	29.01	1.50
2007	5 162	43.19	4.80
2008	5 624	-6.79	5.90
2009	7 766	16.12	-0.70
2010	8 567	4.23	3.30
2011	8 688.2	0.84	5.40
2012	10 753.57	7.01	2.60
2013	12 415.64	6.20	2.60
2014	15 356.39	11.69	2.00
2015	19 138.21	15.19	1.40
2016	20 423.28	1.73	2.00
2017	22 231.24	9.68	1.60
2018	22 353.78	-2.28	2.10
年均收益率		8.36	
风险标准差		11.49	

数据来源：全国社保基金理事会历年年度报告。

对 2001 年全国社保基金成立至 2018 年的全国社保基金投资情况进行分析，其间年均收益率为 8.36%，其风险用样本总体标准差来测算，为 11.49%。综合了银行定期存款、

① 2019 年以后受新冠肺炎疫情影响，市场波动较大，暂不考虑。

国债企业债等低风险固定收益类产品投资的全国社保基金,其投资的收益与风险水平如表 13-4 所示。

表 13-4　全国社保基金与股票投资的风险水平和收益比较　　　　　　　　　/ %

	年均收益率	风险水平（标准差）
A 股成立至 2018 年	13.00	42.85
全国社保基金成立至 2018 年	8.36	11.49

全国社保基金取得了 8.36% 的年均收益率,风险水平是 11.49%;A 股的年均收益率为 13%,风险水平为 42.85%。与 A 股相比,全国社保基金在较低的风险水平下取得了良好的投资回报,虽然比股票整体收益率低,但风险明显小,以变异系数来衡量单位收益率所承担的风险,A 股承担的风险是社保基金的 2.4 倍。显然,全国社保基金的风险收益匹配较单一 A 股股票投资更为稳健,符合我国社保基金的性质定位。同时,我国有意识拓宽全国社保基金投资范围,开放优质国家级项目投资权限,并许可进行监管下的信托贷款项目,投资收益更高更稳健,对改善全国社保基金的投资收益有重要作用。

我国资本市场主要投资类型的风险和收益情况如表 13-5 所示。

表 13-5　我国资本市场主要投资类型的风险和收益情况　　　　　　　　　　/ %

投 资 类 型	综合投资收益率	风险标准差	变异系数
一年期银行存款	2.82	0.68	0.24
五年期国债	3.22	0.51	0.16
债券类综合①	4.31	0.68	0.18
股票类	13.00	42.85	3.30

注：① 包括企业债和金融债。

近年来,全国社保基金理事会正在积极进行战略战术资产配置的改革,努力使投资收益水平在风险可控的范围内获得提高。全国社保基金理事会提出社保基金投资的战术资产配置计划,各大类资产的目标投资比例为：固定收益产品 42%,境内股票 28%,境外股票 7%,实业投资 22%,现金及等价物 1%。固定收益产品投资做好二级产品配置,根据债券市场的变化,在资产配置整体框架下制定并执行债券投资策略;加强信用风险管理体系建设,在成熟情况下增设新的信用产品组合。股票投资强调在维持现有投资比例的基础上,提高投资管理的精细化程度。重点是优化投资结构,处理好委托投资和直接投资、转持股票投资和直接指数化投资之间的关系。在实业投资方面,继续选择优质项目,加强投后管理,优化结构,防范风险,提高收益。调整和改善直接股权投资结构;对已经投资的股权投资基金跟踪监督,同时选择新的基金及时投资;顺应扩大境外投资的趋势,稳健扩大投资规模,完善境外委托投资方式,逐步拓宽境外投资渠道①。2007 年,中华人民共和国财政部批准全国社保基金可以经批准投资于国家级重点投资项目如大型国企改制、国家重点改革

---

① 戴相龙. 全国社保基金理事会三届三次会议 [EB/OL].（2010-03-15）.http://www.ssf.gov.cn/zyjh/gzbg/201205/t20120529_5240.html.

试点项目等，同意投资于有银行担保的信托贷款项目①。2014 年发布并经 2016 年修订的《全国社会保障基金信托贷款投资管理暂行办法》②允许全国社保基金进行信托贷款投资，从而进一步扩大了社保基金的投资范围和种类。

第二节 社会保险基金投资管理

一、基本养老保险基金

（一）基本养老保险基金投资运营规则

《国务院关于完善企业职工基本养老保险制度的决定》（国发〔2005〕38 号）和《国务院关于建立统一的企业职工基本养老保险制度的决定》（国发〔1997〕26 号）规定：基本养老保险基金要纳入财政专户，实行"收支两条线"管理，严禁挤占挪用。基金结余额，除预留相当于 2 个月的支付费用外，应全部购买国家债券和存入专户，严格禁止投入其他金融和经营性事业。如此严格的投资管理规定，其初衷是保证基本养老保险基金的安全，避免受到投资领域波动的影响而产生损失。然而，我国银行存款利率长期低于通货膨胀率。这意味着按照法规规定的方式和途径，基本养老保险基金的投资是事实上的贬值。同时需要注意，通货膨胀是以上年为基期的复利效应，而银行存款利息则是按年按单利给付。因此，通货膨胀的复利效应加大了对养老保险基金的贬值影响力度，削弱了银行存款的保值能力。而我国对国债实行管制利率，在高通货膨胀时期国债投资没有保值补贴，故国债投资收益率也偏低，因此我国养老保险基金的实际收益率基本上与通货膨胀率持平，远低于工资上涨率，基金保值、增值显然无从实现。

2015 年 8 月，国务院颁布《基本养老保险基金投资管理办法》③，明确基本养老保险基金可以投资入市，提高长期回报水平。根据该管理办法，基本养老保险基金投资限于境内，可以投资国家重大工程建设项目、国有重点企业改制、上市、符合规定的股权投资等。具体投资对象的投资比例规定是：

（1）投资于银行活期存款，一年期以内定期存款、债券及债券回购、货币市场基金等的比例不得低于养老基金资产净值的 5%。

（2）投资于一年期以上的银行定期、协议存款、存单、各种债券、债券基金等固定收益类产品的比例，合计不得高于养老基金资产净值的 135%，其中，债券正回购的资金余额不得高于 40%。

（3）投资于股票、股票基金、混合基金、股票型养老金产品等权益类的比例，合计不得高于基金资产净值的 30%。

（4）投资于国家重大项目和重点企业股权的比例，合计不得高于养老基金资产净值的 20%。该办法明确规定养老基金不得用于向他人贷款和提供担保，不得直接投资于权证，当由于市场涨跌、资金划拨等原因出现被动投资比例超标时，应在规定的交易日内完成投

---

① 财政部劳动保障部《关于调整全国社保基金投资范围审批方式的通知》（财金〔2007〕37 号）.
② 《全国社会保障基金信托贷款投资管理暂行办法（2016 年修订版）》（社保基金厅发〔2016〕97 号）.
③ 《国务院关于印发〈基本养老保险基金投资管理办法〉的通知》（国发〔2015〕48 号）.

资比例调整。养老保险基金资产参与股指期货、国债期货交易只能以套期保值为目的并满足监管规定的要求。

（二）基本养老保险基金的投资收益与风险水平

《基本养老保险基金投资管理办法》出台以后，各地积极筹备基本养老保险基金入市投资，很多省份或基本养老保险统筹地养老保险基金主管部门选择委托全国社保基金理事会进行投资管理。根据全国社保基金理事会报告，2017年年末基本养老保险基金资产总额为3 155.19亿元，投资收益率5.23%。2018年，进一步扩大基金受托管理规模，优化基金资产配置，提高投资决策效率，加强基金投资运营管理。至2018年年末，全国有17个省（区、市）委托全国社保基金理事会投资管理基本养老保险基金，委托期均为5年；2018年年末，全国基本养老保险基金资产总额7 032.82亿元，是2017年年末规模的2.23倍，2018年投资收益率2.56%。根据最新数据，2020年年末基本养老保险基金资产总额1.40万亿元，2020年投资收益率10.95%，自2016年年底受托运营以来年均投资收益率6.89%。

由于基本养老保险基金自2017年才开始正式入市投资，到目前运营时间尚不足以评判其风险波动程度，可以参考全国社保基金的历年收益率和风险波动水平。

二、基本医疗保险基金

（一）基本医疗保险的投资运营规则

尽管也有对基本医疗保险基金进行投资管理的呼声，但目前尚未展开实质性投资管理操作。一直以来，根据《国务院关于建立城镇职工基本医疗保险制度的决定》（国发〔1998〕44号）规定，基本医疗保险基金纳入财政专户管理，专款专用，不得挤占挪用，即我国对基本医疗保险基金的管理以保证其安全性为主，建立财政专户，资金必须存入四大国有银行或购买国债。财政专户内的资金，按照同期居民银行存款利率计息。基本医疗保险基金的银行计息办法为：当年筹集的部分，按活期存款利率计息；上年结转的基金本息，按3个月期整存整取银行存款利率计息；存入社会保障财政专户的沉淀资金，比照3年期零存整取储蓄存款利率计息，并不低于该档次利率水平。个人账户的本金和利息归个人所有，可以结转使用和继承。

（二）基本医疗保险的风险收益水平

根据上述法规规定的医疗保险基金投资管理方式和途径，医疗保险基金只能购买国债或者存入财政专户，因此医疗保险基金面临着巨大的贬值风险。基本医疗保险基金的设立原则是"当年收支平衡可略有盈亏"，也就是说，医疗保险基金不以追求长期高回报为目的，而是以在当年内最大限度地满足职工的医疗保障需要为方向。因此，过多的基金结余只能说明医疗保险基金运行不良，没能发挥应有的医疗保障作用。截至2019年年底，全国基本医疗保险基金年末累计结存结余2.69万亿元，其中：职工基本医疗保险统筹基金1.36万亿元，职工个人账户基金0.83万亿元，城乡居民基本医疗保险基金结存0.51万亿元。2020年年底包含生育保险基金累计结余3.15万亿元。如此巨大规模的医疗保险基金结余，说明我们的医疗保障基金运行效率还有待进一步提高。但是，对于这笔历年沉淀下来的巨额基金，目前只能存入财政专户，所能取得的收益率水平为3年期零存整取的利率水平。根据2015年10月24日央行最新调整利率，1年期零存整取利率仅为1.5%。我们以前面计算的 2000—2019 年银行 1 年期定期存款平均利率 2.82% 为基准，估测 3.15 万亿元医疗保险基金的投资回报水平，考虑通货膨胀和管理消耗，取得的收益率水平约为 1% ～ 2%。明显的，这样的回报率水平无法抵抗长期通胀的影响。

基本医疗保险强调统筹基金和个人账户要划定各自的支付范围，分别核算，不得互相挤占，因此在医疗保险的管理中尚未出现严重的个人账户基金被挪用以至空账的现象，这为我们积极尝试拓宽沉淀基金投资方式有正面的作用。

综上所述，我国基本医疗保险基金面临的主要风险也是通货膨胀的贬值风险，需要考虑其投资收益的期限匹配而设计合理的投资收益风险指导原则，以达到在满足基本医疗保险支付保障目标的前提下，对积累沉淀资金进行合理投资，以取得理想的回报水平。

三、失业保险基金

根据我国《失业保险条例》的规定，失业保险基金必须存入财政部门在国有商业银行开设的社会保障基金财政专户，实行"收支两条线"管理，由财政部门依法进行监督。存入银行和按照国家规定购买国债的失业保险基金，分别按照城乡居民同期存款利率和国债利息计息，失业保险基金的利息并入失业保险基金。失业保险基金专款专用，不得挪作他用，不得用于平衡财政收支。据此，我国失业保险基金的管理也是以银行存款和购买国债为主要形式的。

《失业保险条例》

截至 2020 年年底，失业保险基金结存 3 354 亿元，所能取得的收益率水平可参照医疗保险基金的分析，为 1% ～ 2%。这样的收益率水平显然无法令人满意。特别是我国经济在转轨过程中出现的下岗、失业和巨大的再就业服务需求，对失业保险基金的合理高效管理和保值增值都提出了要求。失业保险基金用于失业人员在失业期间的失业保险金、基本医疗支出以及促进再就业职业培训等的支出。然而我国失业保险基金大规模结余，结余金额的增长远远超过支出的增长。失业保险基金的大量结余，源于参保人群和失业人群的错位。社会保障领域专家郑秉文指出，目前失业保险制度的滚存余额基本是由机关事业单位的缴费沉淀而成。自 1999 年事业单位人员参加失业保险后，每年对失业保险基金的"贡献"平均在 200 亿元。因为我国的事业单位几乎是不失业的，这等于人为地给失业保险基金增加了一个隐形的财政转移支付机制。在现有待遇政策、计发公式和城镇登记失业率不变的情况下，失业保险基金将呈刚性增长趋势。然而，随着基金规模日益增长其投资管理渠道却极其有限。滞后的投资政策只允许基金存入银行和购买国债，且很多地方 80% 以上的资金为银行活期存款，基金贬值严重。

综上，因为法规规定的投资管理方式和渠道，失业保险基金投资的成本收益及风险承担情况与 2015 年以前的养老保险基金和现行的医疗保险基金类似，尽管收益率的波动不大，以标准差衡量的风险较小，但其面临的通货膨胀购买力贬损风险却是巨大的，应当引起高度重视。

2015 年，中央为减轻中小企业的税费负担，宣布降低企业失业保险缴费比例，从企业 2% 个人 1% 合计 3% 的比例，降低到企业和个人缴费合计 2%。具体企业和个人的负担比例各地根据实际情况加以确定。降低失业保险缴费比例的措施，其初衷是帮助中小企业减负，对缓解我国失业保险积累基金的刚性增长也将起到一定作用。

四、工伤保险基金

文件阅读
《工伤保险条例》

根据《工伤保险条例》的规定，工伤保险的设立是为了保障因工作遭受事故伤害或者患职业病的职工能够获得医疗救治和经济补偿，促进工伤预防和职业康复，分散用人单位的工伤风险。工伤保险费的缴纳根据以支定收、收支平衡的原则，确定缴费费率。基金存入社会保障基金财政专户，用于规定用途的支付。对存入财政专户的工伤保险结余基金，采用与基本养老保险相同的管理办法，用于购买国债或银行定期存款。因此，投资管理的成本收益、风险特征等均与市场化投资管理之前的基本养老保险基金和现行医疗保险基金类似。

但工伤保险基金的缴费费率和赔付使用受到工伤事故发生概率、政策变动等因素的影响。从历年工伤保险基金支出占上年度基金节余比例的变化看，当年度工伤保险基金支出占上年基金结余的比例呈上升趋势（见图13-1）。1994年为29.03%，2003年之前，除个别年份外基本稳定在30%左右。2004年后随事故发生频率提高而急剧上升，2008年一度提高到48.3%，2009年降到40.5%。2010年《工伤保险条例》修订，大幅度提升工伤保险保障范围和保障水平，出现支付占比显著升高的趋势特征，说明工伤保险支付水平有所提高。随着积累的政策效应释放完毕，工伤保险支付占比又出现下降。截至2020年年底，我国工伤保险基金累计结存1 449.3亿元。工伤保险是现代大工业时代集中生产的重要安全风险保障机制，因此为保证工伤保险基金能够充分应对可能发生的事故风险，除预留一定比例的储备金外，还应保证有足够的投资回报，特别是结余基金，应当积极筹划进行投资管理，提高资金管理回报率，以更好地实现基金保障功能。基于工伤保险基金特征，投资应注意合理的投资期限匹配，要保证在较短时间内的回报率水平，并关注流动性。

综上，工伤保险基金沉淀资金存入财政专户的部分，按照购买国债和银行定期存款的途径进行投资管理，风险收益特征难以满足现代社会保障基金高效运行的需要。由于工伤保险基金的结余与支出均大幅增加，对其投资管理的成本收益和风险特征有其独特的要求。

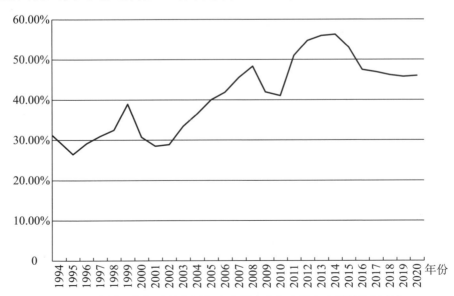

图13-1 我国工伤保险基金历年支出额占上年度结余金额的比例变化

数据来源：《中国劳动统计年鉴（2020）》。

五、生育保险基金

《企业职工生育保险试行办法》

根据《企业职工生育保险试行办法》（劳部发〔1994〕504号）文件的规定，生育保险根据"以支定收，收支基本平衡"的原则筹集资金，生育保险基金应存入社会保险经办机构在银行开设的生育保险基金专户。银行应按照城乡居民个人储蓄同期存款利率计息，所得利息转入生育保险基金。截至2018年年底，生育保险基金累计结存619.29亿元。根据前述历年银行存款利率变动分析，2001—2019年1年期定期存款年均利率为2.82%，扣除通货膨胀后的真实收益几乎为零，再扣除管理费用、手续费和其他支出，总体上生育保险基金同样面临着巨大的通货膨胀风险，遭受着购买力贬值的损失。生育保险基金用途明确单一，且多为年度内一次性支出，因此生育保险基金的筹集、使用与人口年龄和性别结构以及生育意愿的变化密切相关。2019年《国务院办公厅关于全面推进生育保险和职工基本医疗保险合并实施的意见》（国办发〔2019〕10号）明确将生育保险合并入医疗保险统一实施，生育保险基金并入职工基本医疗保险基金，相关基金管理规定与医疗保险基金一致，基金风险主要集中于不能通过积极的投资管理抵御通货膨胀从而遭遇基金贬值损失。

第三节　住房公积金基金投资管理

一、住房公积金的投资运营规则及独特特性

根据《住房公积金管理条例》的规定，住房公积金的管理实行住房公积金管理委员会决策、住房公积金管理中心运作、银行专户存储、财政监督的原则。其存、贷利率由中国人民银行提出，报国务院批准。住房公积金管理需要在保证住房公积金提取和贷款的前提下，经住房公积金管理委员会批准，可以将住房公积金用于购买国债。

住房公积金是国家建立的、明确指向住房消费的政策体系安排。其明显的政策性金融性质是住房公积金区别于其他社会保障基金的重要特征。住房公积金的基金特征可以从以下两点进行阐明：

（一）住房公积金的金融特性

住房公积金是国家为解决城镇居民住房问题而建立的带有明确政策性金融性质的制度安排。住房公积金像银行一样归集资金，按照较低的利息支付归集资金成本，再以较高的利率（低于商业银行贷款利率）放贷，支持职工买房。这样的制度设计就使得住房公积金具有银行一样的存贷利差，并且该利差是由国家规定的，有明显的保护意味。在政策利差的规定下，住房公积金自身具有较强的基金内在增值能力。表13-6是我国历年住房公积金存贷款利率调整数据。2012年7月6日，5年以上期限公积金贷款利率为4.50%，比商业贷款利率6.55%低2.05个百分点，因此通过公积金贷款买房对广大职工来说可以享受比商业贷款低得多的利率，可以在购房还贷的过程中节省大量利息成本，因而成为职工购房贷款的首选。尽管贷款利率远低于商业贷款，但由于当年缴存的给予活期存款利息，历年结转的给予3个月整存整取利息，公积金支付给归集资金的利息成本极低。因此，公积金的实际存贷差并不低。由表13-6可以看出，公积金历年存贷款利率利差为2%～4%，

与商业银行存贷款利差相当甚至略高。同时，由于住房公积金制度设计中已经将工作稳定、收入较高、信誉较好的职工筛选出来了，因此在贷款对象的风险审查和管理方面较之银行更容易，成本也更低。综合这些因素，住房公积金自身的金融性质决定了其具备良好的内在增值能力。

表 13-6　住房公积金历年存贷款利率调整表

调整时间	存款计息利息（%）		贷款利率（%）	
	活期	三个月	五年以内(含五年)	五年以上
1999 年 6 月 10 日	0.99	1.98	4.14	4.59
2002 年 2 月 21 日	0.72	1.71	3.60	4.05
2004 年 10 月 29 日	0.72	1.71	3.78	4.23
2005 年 3 月 17 日	0.72	1.71	3.96	4.41
2006 年 5 月 8 日	0.72	1.71	4.14	4.59
2006 年 8 月 19 日	0.72	1.80	4.32	4.77
2007 年 3 月 18 日	0.72	1.98	4.32	4.77
2007 年 5 月 19 日	0.72	2.07	4.41	4.86
2007 年 7 月 21 日	0.81	2.34	4.50	4.95
2007 年 8 月 22 日	0.81	2.61	4.59	5.04
2007 年 9 月 15 日	0.81	2.88	4.77	5.22
2007 年 12 月 21 日	0.72	3.33	4.77	5.22
2008 年 9 月 16 日	0.72	3.33	4.59	5.13
2008 年 10 月 9 日	0.72	3.15	4.32	4.86
2008 年 10 月 31 日	0.72	2.88	4.05	4.59
2008 年 11 月 27 日	0.36	1.98	3.51	4.05
2008 年 12 月 23 日	0.36	1.71	3.33	3.87
2010 年 10 月 20 日	0.36	1.91	3.50	4.05
2010 年 12 月 26 日	0.36	2.25	3.75	4.30
2011 年 2 月 9 日	0.40	2.60	4.00	4.50
2011 年 4 月 6 日	0.50	2.85	4.20	4.70
2011 年 7 月 7 日	0.50	3.10	4.45	4.90
2012 年 6 月 8 日	0.40	2.85	4.20	4.70
2012 年 7 月 6 日	0.50	3.10	4.00	4.50
2014 年 11 月 22 日	0.35	2.35	3.75	4.25
2015 年 3 月 1 日	0.35	2.10	3.50	4.00
2015 年 5 月 11 日	0.35	1.85	3.25	3.75
2015 年 6 月 28 日	0.35	1.60	3.00	3.50
2015 年 8 月 26 日至今	0.35	1.35	2.75	3.25

数据来源：根据历年住建部公告数据统计整理。

（二）住房公积金的社会保障基金特性

住房公积金同时也具有明显的社会保障基金特性，如基金归集来源于参加制度的广大职工，采用按月按比例由企业和职工分担基金筹集的做法等。这些特性表明住房公积金与其他社会保障基金一样，需要考虑长期收支平衡和未来基于人口结构变化而引起的基金收支变动影响。

住房公积金在实际运作中为避免风险，实施的贷款条件偏紧，使得各地住房公积金均有结余，再加上公积金本身带有的金融增值特性，使得结余基金持续不断增加。根据《全国住房公积金 2020 年年度报告》，我国住房公积金到 2020 年年底结余 7.3 万亿元，如此之巨的基金结余，必须想办法提升其投资回报水平。住房公积金的保值增值格外需要考虑，可以通过两个途径实现住房公积金结余基金的保值增值：在保证提取等流动性支出需要的前提下，尽可能多放贷。一方面可以通过降低公积金贷款门槛而支持更多职工解决住房困难，另一方面也是基金保持增值的必由之路。如果未能充分放贷而形成结余沉淀资金，则需要进行合理的投资管理，避免基金遭受与养老、医疗等其他社会保障基金类似的购买力损失风险。

二、住房公积金的投资收益与风险特征分析

住房公积金因为与其他社会保障基金不同的特性，其主要面临如下风险：

（一）购买力贬值风险

根据《住房公积金管理条例》的规定，住房公积金经批准可以购买国债。如前所述，我国 2000 年以来五年期国债票面平均收益率为 3.22%。用变异系数法求得住房公积金投资于国债的收益率变异系数为 0.16%。考虑手续费、管理费用以及通货膨胀因素后，其真实收益率将是非常低的。尽管数据上考量的风险系数很低，但在中长期通胀的经济环境下，低收益就意味着高损失。因此必须给予高度重视。

（二）住房公积金贷款的呆坏账风险

因为住房公积金的政策性金融特性，基金采取对外放贷的方法为职工购房提供资金支持，同时实现基金增值。但贷款本身存在呆账和坏账的风险。从各地的实际运行情况看，住房公积金运行大多处于良好状态，个人住房贷款的逾期率均低于控制标准，是优质业务，因此这部分风险按照正常金融风险控制即可。

（三）住房公积金管理机构的管理费用失控风险

住房公积金与其他各项社会保险费管理费用的列支渠道不同。根据《社会保险费征缴暂行条例》的规定，各级劳动保障部门所属社会保险经办机构不得从社会保险基金中提取任何费用，所需经费列入财政预算拨付。而根据《住房公积金管理条例》第三十条的规定，住房公积金管理中心的管理费用，由住房公积金管理中心按照规定的标准编制全年预算支出总额，报本级人民政府财政部门批准后，从住房公积金增值收益中上交本级财政，由本级财政拨付。也就是说，各级住房公积金管理中心的各项管理费用是由基金本身来负担的。

《社会保险费征缴暂行条例》

第四节 企业年金基金投资管理

一、企业年金基金的投资运营规则

我国企业年金于 2004 年建立，基金管理的运营规则由人力资源和社会保障部于 2004 年颁布实施的《企业年金基金管理试行办法》（23 号令）[①]规范。经过一段时间的市场实践，顺应更为宽松的市场投资环境的要求，人力资源和社会保障部会同原银监会、原保监会、证监会于 2011 年 1 月 11 日对原 23 号令进行了修订，颁布《企业年金基金管理办法》（11 号令）[②]，自 2011 年 5 月 1 日起施行（2015 年 5 月再次修订）。

根据"11 号令"第四十八条规定，企业年金基金投资管理必须遵循以下规则：

每个投资组合的企业年金基金财产应当由一个投资管理人管理，企业年金基金财产以投资组合为单位，按照公允价值计算应当符合下列规定：

（1）投资银行活期存款、中央银行票据、债券回购等流动性产品以及货币市场基金的比例，不得低于投资组合企业年金基金财产净值的 5%；清算备付金、证券清算款以及一级市场证券申购资金视为流动性资产；投资债券正回购的比例不得高于投资组合企业年金基金财产净值的 40%。

（2）投资银行定期存款、协议存款、国债、金融债、企业（公司）债、短期融资券、中期票据、万能保险产品等固定收益类产品以及可转换债（含分离交易可转换债）、债券基金、投资连结保险产品（股票投资比例不高于 30%）的比例，不得高于投资组合企业年金基金财产净值的 95%。

（3）投资股票等权益类产品以及股票基金、混合基金、投资连结保险产品（股票投资比例高于或者等于 30%）的比例，不得高于投资组合企业年金基金财产净值的 30%。其中，企业年金基金不得直接投资于权证，但因投资股票、分离交易可转换债等投资品种而衍生获得的权证，应当在权证上市交易之日起 10 个交易日内卖出。

将"11 号令"与原"23 号令"关于投资管理的规定做一对比（见表 13-7），发现 2011 年执行并经 2015 年修订的"11 号令"比"23 号令"有"紧""松"双向的明显变化：

（1）"紧"：准入门槛进一步提高。企业年金基金管理主体的注册资本金和净资产要求全面提高。对投资管理人进行了更为细致的分类并对应提高入门要求。明显的，这样的做法是为了使得企业年金基金的运营管理机构在资格条件和实力上更雄厚更可信，顺应我国企业年金市场启动以来机构多、企业少，机构热、市场冷的局面，同时也更有利于规范企业年金基金管理市场的运营和监管。但是，这样的做法也会带来另一方面的不利，会使得目前已经较为明显的大机构优势现象更为突出，甚至有可能发展成为寡头垄断而威胁到相对方——企业和职工的权益。

（2）"松"：2015 年修订版"11 号令"全面取消各市场主体的注册资本门槛限制，一方面，参与企业年金基金管理门槛降低，以业绩和市场说话；另一方面，也说明我国企业年金市场管理日趋成熟，这种限制性门槛的必要性已经不是很大，市场主体的参与约束明显放松。此外，最显著的管制放松体现在投资限制的放松方面。我国企业年金市场启动

[①] 《企业年金基金管理办法》，人力资源和社会保障部、银监会、证监会、保监会第 23 号令，2024.

[②] 《企业年金基金管理办法》，人力资源和社会保障部、银监会、证监会、保监会第 11 号令，2011.

表 13-7 《企业年金基金管理办法》与原 23 号令《企业年金基金管理试行办法》的比较

对比内容		2011 年 11 号令并经 2015 年修订	2004 年 23 号令	区　别
运营主体资格	受托人	2011年：注册资本不少于5亿元人民币，且在任何时候都维持不少于5亿元人民币的净资产；2015年修订：取消具体注册资本限制	注册资本不少于1亿元人民币，且在任何时候都维持不少于1.5亿元人民币的净资产	提高了受托人资格门槛
	账户管理人	2011年：注册资本不少于5亿元人民币，且在任何时候都维持不少于5亿元人民币的净资产；2015年修订：取消具体注册资本限制	注册资本不少于5000万元人民币	提高了账户管理人资格门槛
	托管人	2011年：注册资本不少于50亿元人民币，且在任何时候都维持不少于50亿元人民币的净资产；2015年修订：取消具体注册资本限制	净资产不少于50亿元人民币	增加了注册资本的要求
	投资管理人	2011年：具有证券资产管理业务的证券公司注册资本不少于10亿元人民币，且在任何时候都维持不少于10亿元人民币的净资产；养老金管理公司注册资本不少于5亿元人民币，且在任何时候都维持不少于5亿元人民币的净资产；信托公司注册资本不少于3亿元人民币，且在任何时候都维持不少于3亿元人民币的净资产；基金管理公司、保险资产管理公司或其他专业投资管理机构注册资本不少于1亿元人民币，证券资产管理公司不少于1亿元人民币，且在任何时候都维持不少于1亿元人民币的净资产；2015年修订：取消具体注册资本限制	综合类证券公司注册资本不少于10亿元人民币，且在任何时候都维持不少于10亿元人民币的净资产；基金管理公司、保险资产管理公司或其他专业投资管理机构注册资本不少于1亿元人民币，且在任何时候都维持不少于1亿元人民币的净资产	①分类更细；②将养老金管理公司单独列出，顺应我国市场实际；③对信托公司的注册资本和净资产要求提高；④基金、证券和其他投资机构的要求不变
投资规定	投资主体及计算依据	每个投资组合的企业年金基金财产应当由一个投资管理人管理，企业年金基金财产以投资组合为单位价值计算	无	①明确以投资组合为单位；②一个组合一个投资管理人；③投资组合是计算的依据
	现金及现金等价物	投资银行活期存款、中央银行票据、债券回购等流动性产品以及货币市场基金的比例，不得低于投资组合企业年金基金财产净值的5%；清算备付金、证券清算款视为流动性资产；投资申购资金视为流动性资产；投资组合投资一级市场申购资金视同现金；投资组合不得高于投资组合企业年金基金净资产的40%	投资银行活期存款、中央银行票据、短期债券回购等流动性产品及货币市场基金的比例，不低于基金净资产的20%	①幅度降低现金类资产的持有比例，放宽投资限；②明确将清算备付金和清算款等视为流动性资产；③增加证券正回购并限定比例上限

续表

对比内容		2011年11号令并经2015年修订	2004年23号令	区 别
投资规定	固定收益类	投资银行定期存款、协议存款、国债、金融债、企业（公司）债、短期融资券、中期票据、万能保险产品以及可转换债（含分离交易可转换债）、债券基金、投资连结保险产品（股票投资比例不高于30%）的比例，不得高于投资组合企业年金基金财产净值的95%	投资银行定期存款、协议存款、国债、金融债、企业债等固定收益类产品及可转换债、债券基金的比例，不高于基金净资产的50%。其中，投资国债的比例，不低于基金净资产的20%	①大幅度提高投资于固定收益类产品的上限比例，从原来的50%，提高到95%；②取消了对投资国债的比例的限制；③这是变化最大的一条，显示当局明确的放松投资管制的思路
	权益类	投资股票等权益类产品以及股票基金、混合基金、投资连结保险产品（股票投资比例高于或者等于30%）的比例，其中，不得高于投资组合企业年金基金财产净值的30%。企业年金基金不得直接投资于权证，但因投资股票、分离交易可转换债等投资品种而衍生获得的权证，应当在权证上市交易之日起10个交易日内卖出	投资股票等权益类产品及投资性保险产品、股票基金的比例，不高于基金净资产的30%。其中，投资股票的比例不高于基金净资产的20%	①在投资于权益类产品上，30%的比例没变；②取消了投资于股票的比例从原来的20%上限变为30%；③明确规定禁止投资于权证，对于特殊情况也做出说明
风险准备金		当合同终止时，如所管委托投资组合的企业年金基金财产净值低于当期委托投资资产的，投资管理人应当用风险准备金弥补该时点的当期委托投资资产亏损，直至该投资组合的企业年金基金风险准备金弥补完毕；如管理委托投资组合的企业年金基金当期委托投资资产没有发生投资亏损或者风险准备金补足后有剩余的，风险准备金划归投资管理人所有	无	①明确了风险准备金弥补亏损的时间点是合同终止，对比基准是当期委托投资资产；②明确准备金为投资责任边界。亏损超过准备金的，由基金承担；而有剩余的归投资管理人；③此条更加明确地表明了保护投资管理人利益的态度，对基金受益人的利益不利

资料来源：《企业年金基金管理办法》（11号令）和《企业年金基金管理试行办法》（23号令）。

以来,在原"23号令"的约束下,取得了不俗的投资业绩,特别是经历了2008年金融危机后,企业年金基金因为遵循了较为严格的投资比例限制,没有如其他投资品类一样遭受重创,历年加权收益率为7.70%(见表13-8)。

表13-8 历年全国企业年金基金投资管理情况表

年 份	投资组合数(个)	资产金额(亿元)	当年加权平均收益率(%)
2007	212	154.63	41.00
2008	588	974.90	−1.83
2009	1 049	1 591.02	7.78
2010	1 054	2 452.98	3.41
2011	1 882	3 325.48	−0.78
2012	2 210	4 451.62	5.68
2013	2 519	5 783.60	3.67
2014	2 740	7 402.86	9.30
2015	2 993	9 260.30	9.88
2016	3 207	10 756.22	3.03
2017	3 568	12 537.57	5.00
2018	3 929	14 502.21	3.01
2019	4 327	17 689.96	8.30
2020	4 633	22 149.57	10.31
年平均	—	—	7.70

注:年平均收益率为2007年以来历年收益率的几何平均。
资料来源:人力资源和社会保障部《全国企业年金基金业务数据摘要2020年度》。

但是,仔细分析投资收益率数据我们发现,除2007年我国股市"大牛市"取得41%的超高收益率之外,其他年份收益率一般。其中2008年和2011年收益率为负,分别为−1.83%和−0.78%。在较高的通胀经济背景和较低的实际收益率的双重压力下,放松投资限制,努力提高收益率水平是机构和企业职工的共同愿望。2011年"11号令"就是在这样的背景下对投资管制实施了放松。投资管制放松主要体现在:①对现金类投资的限制:从原来不低于基金资产净值的20%,降低低收益现金类资产的持有比例至不低于基金资产净值的5%;②对固定收益类投资比例的限制:从原来不高于基金资产净值的50%,放松到最高95%的比例,大幅度放松对于固定收益类产品的限制。同时,在新的《办法》中取消对原有国债持有比例不低于基金资产净值20%的限制;③对权益类投资的限制:投资于股票等权益类产品、投资性保险产品、股票基金的比例,不高于基金净资产的30%,这一比例限制在新"11号令"当中没变。但是新《办法》取消了之前"投资股票的比例不高于基金净资产的20%"的限制,使得事实上投资于股票的比例从20%上升至30%。尽管投资管制是放松的趋势,但"11号令"中投资限制的放松明显是比较谨慎的:固定收益类产品风险较低、收益可控,因此放松最大;权益类产品虽然预期收益率较高但风险同样较高，因此比例上没有多大的放松，只是取消了股票投资比例20%的限制。

由上面的分析可以看出，监管当局此次《企业年金基金管理办法》的修改传达出谨慎放松的明确意图。一方面通过收紧入口门槛确保参与主体的实力和信誉；另一方面谨慎放松投资管制，试探在风险可控前提下收益率的合理提高。

二、企业年金基金的投资收益及风险特征分析

根据"11号令"关于投资比例的规定，我们可以计算得出企业年金基金的投资收益率区间。

（一）对现金及现金等价物的投资

在现金及现金等价物的投资中，活期存款利率极低，仅为0.35%，是为应对流动性需要而准备的，本身不具有保值增值的特性，因此在投资组合收益率构成中可以忽略不计。定期存款利率2000—2019年一年期银行定期存款平均收益率为2.82%。货币市场基金投资于市场上的短期有价证券，一般是一年以内，平均期限120天。货币市场基金投资于短期货币工具如国库券、商业票据、银行定期存单、政府短期债券、企业债券等短期有价证券，主要考虑资金的流动性和安全性。因各基金公司的操作方法和水平相差较大，使得不同货币基金的收益率存在差异。从历年平均表现来看，收益率基本是在银行一年期存款收益率上下小幅波动，在较少的年份能够取得超过银行一年期定期存款的收益率水平。为了估计方便合理，我们采用一年期银行定期存款利率作为投资于货币市场基金的收益率水平。如前文计算，根据中国人民银行2000—2019年的历次利率调整数据得出一年期定期存款平均利率水平为2.82%。根据新"11号令"的规定，这部分收益率贡献最低占全部收益率的5%。从长期看，我国经济目前正遭遇新冠肺炎疫情的挑战，全球经济与国际市场也存在巨大不确定性，为刺激经济，减税、降息等措施会不断出台，短期内大幅度提高利率的可能性不大，估计会在较长时间内维持较低利率水平。因此，这部分现金类资产的收益率大概会保持如此水平。

我国银行存款利率水平由央行决定，波动是政策控制的，尽管2014年11月起为进一步促进利率市场化，中国人民银行不再公布金融机构人民币5年期定期存款基准利率，将决策权下放至各市场参与主体，但其他期限特别是1年期银行存款利率仍然执行央行基准利率，波动幅度小，风险极低。但为与其他种类投资具有风险度量的可比性，本书依据历年银行存款利率数据计算出其风险标准差为0.68%。

（二）对固定收益类资产的投资

固定收益类投资包括银行定期存款、协议存款、国债、金融债、企业（公司）债、短期融资券、中期票据、万能保险产品，以及可转债、债券基金、投资连结保险产品（股票投资比例不高于30%）。其中以银行5年期定期存款2000年以来的平均利率计算，银行定期存款平均收益率为4.65%，银行协议存款假设也取得相当的利息收入。如前分析和计算，国债年均收益率3.32%，记为r_1；金融债和企业债合并估算收益率为4.31%，记为r_2。根据《企业年金基金投资管理办法》，企业年金基金可以投资于债券基金等产品。根

据中证全债指数,债券基金五年平均年化收益率 4.93%[1],记为 r_3。

综合国债、企业债和金融债以及债券基金的投资受益率测算结果,我们可以估算出企业年金基金投资于固定收益类资产的综合平均年回报率为:

$$\sum_{i=1}^{3} r_i \times \frac{1}{3} = 4.19\%[2] \tag{13-3}$$

按"11 号令"中投资于固定收益类资产的比例最低不限最高不超过 95% 来计算,固定收益类产品在企业年金基金投资收益中的贡献率范围为 0~4%。

(三)对权益类资产的投资

权益类投资主要包括股票、股票基金、混合基金、投资连结保险产品(股票投资比例高于或者等于 30%)等。在我国资本市场特别是股票市场中,因为制度原因长期存在大起大落和投机严重等问题,权益类投资具有较大的风险。因此,我国监管机构对权益类投资的比例有明确限定:不高于企业年金基金资产净值的 30%。即便新的"11 号令"也没有突破该比例限定。根据股票市场二十年数据得出 A 股股票累计年均投资回报率达到 12%~19%,其中流通股年均回报率为 14%。本书前文已经总结计算得出股票市场成立以来权益类资产投资回报率大约为 13%。企业年金是长期稳定积累的基金,权益类投资会受到市场波动的影响,但从长期看,根据市场有效性理论,应当能够取得市场平均的投资回报。我们采用 14% 作为企业年金权益类资产投资的长期回报率。"11 号令"限定企业年金投资于权益类资产的比重不能超过 30%,因此,由权益类资产投资对企业年金基金的整体回报率贡献大约为 4.2%。

依据前述预期收益率模型,我们可以计算出不同投资组合架构下企业年金基金的综合投资回报率(见表 13-9)。

$$E(R_i) = p_1 R_1 + p_2 R_2 + \cdots + p_n R_n = \sum_{i=1}^{n} p_i R_i$$

表 13-9 企业年金基金的综合投资回报率

投资组合种类	综合投资回报率(%)
现金及现金等价物 100%	2.82
现金及现金等价物 5%;固定收益类 95%	4.12
现金及现金等价物 5%;固定收益类 65%;权益类 30%	7.06

如表 13-9 所示,在完全保守的投资组合下,全部资产均投资于现金及现金等价物,则投资收益率将仅为 2.82%;若采取固定收益类 95%、现金类 5% 的组合,也就是在不投资权益类产品的情况下,综合投资收益率可以达到 4.12%;若把"11 号令"的投资比例上限用足,权益类投资占 30%,现金类不低于 5%,于是固定收益类投资将占 65%,则综合投资受益率可以达到 7.07% 的水平。人力资源和社会保障部于 2020 年 3 月发布《全国企业年金基金业务数据摘要 2019 年度》,企业年金基金的综合年化几何平均收益率为 7.07%,

---

[1] 中证网 http://www.csindex.com.cn/zh-CN/indices/index-detail/H11001.

[2] 各基金投资机构会根据自己的投资策略选择极为不同的投资比例。这里为估算方便,我们采取三类投资资产等比例来进行计算。

与我们根据理论投资限制上限计算所得的结论极为接近。从长期看，这一投资回报率是可以接受的，在当前的通货膨胀水平下，能够实现企业年金基金的保值增值。但是我们需要了解，这里是基于政策限制而给出的以市场平均水平为基础的估计。在现实市场环境中，相同的投资组合架构，不同的投资管理人却会有巨大的收益率水平差异。我们希望企业年金投资管理人都能够取得超出市场平均水平的回报率，为企业年金基金所有人创造价值。

我国企业年金基金不同投资类型的风险分布如表 13-10 所示。

表 13-10　企业年金基金不同投资类型的风险分布

投资产品	风险标准差（%）
现金及现金等价物	0.68
固定收益类产品	0.68
权益类产品	42.85

因此，企业年金基金在现有政策规定的投资框架下，各投资组合的风险水平如表 13-11 表示。

表 13-11　企业年金基金各投资组合的风险水平

投资组合种类	风险标准差（%）
现金及现金等价物 100%	0.68
现金及等价物 5%；固定收益类 95%	0.68
现金及等价物 5%；固定收益类 65%；权益类 30%	13.33

根据"11 号令"企业年金投资的规定，企业年金基金可以 0.68% 的风险获得 2.82% 的投资回报，或者以 0.68% 的风险获得 4.12% 的平均回报，或者以 13.33% 的风险获得 7.07% 的平均回报。

从企业年金基金投资运营的实际情况看，截至 2019 年年底的年平均收益率为 7.07%，基本符合我们按照资产配置比例的法律规定进行测算的平均回报。从风险角度看，我国企业年金基金的历史收益率的风险标准差计算为 10.26%[①]。整体上说我国企业年金基金的投资运营在既定的投资资产配置安排下收益和风险比较良好，且相对可控、符合预期。

综上分析，凡引入市场化投资机制的社会保障基金，均取得了比较令人满意的投资回报，即便经历了 2008 年金融危机，整体上仍然能够跑赢通胀并获得增值；而尚未引入投资机制的基金，遵循政策规定仅仅购买国债或者银行定期存款，收益率水平极低，若考虑通货膨胀、管理成本等因素，甚至可能收益水平为负。这应当引起我们的高度关注，开始尝试为各项社会保障基金的巨额结余基金寻求合理的投资运营方式。

【本章知识要点】

运用投资基本知识和工具，如预期收益率模型、风险测算模型等分析我国各项社会

---

① 根据人力资源和社会保障部《全国企业年金基金业务数据摘要 2019 年度》数据计算。

保障基金的投资运营实际，把握每一种社会保障基金的投资运营规则和投资的风险收益特征。

【本章专题案例】

全国社会保障基金信托投资简况

根据《财政部、劳动保障部关于调整全国社保基金投资范围审批方式的通知》（财金〔2007〕37号），全国社会保障基金（以下简称"社保基金"）可以开展有银行担保的信托贷款项目投资。社保基金投资信托贷款项目，按成本计算，不得超过总资产的5%；单一项目的投资不得超过总资产的1%。

2007年至今，社保基金共开展了44个信托贷款项目的投资，涉及铁路、公路、保障房、电网、电力、机场、港口、地铁等多个领域，累计投资金额845.8亿元。借款人主要为承担城乡基础设施和保障房建设任务的中央、省、市大中型国有企业。

截至2014年6月末，社保基金信托贷款存量（按本金计算）为405.42亿元，共19个项目。其中，铁路贷款120亿元，保障房贷款160.42亿元，高速公路、道路等基础设施贷款125亿元。2011年以来，社保基金先后投资了10个省市的16个保障房项目和4个省市的高速公路、道路等基础设施项目。

2014年6月18日，《全国社会保障基金信托投资管理暂行办法》（以下简称《办法》）正式发布，进一步规范了项目来源、项目选择、投资决策等程序，为促进社保基金信托贷款投资业务的发展提供了制度保障。截至2014年6月末，社保基金信托投资法规上限约为600亿元，目前还有190多亿元的额度，将主要投资于国家重点支持的城乡基础设施建设、保障房建设以及国家鼓励发展的重点行业和领域。社保基金将会继续通过各大中型企业、省市地方政府有关部门、担保银行和信托公司等多渠道积极寻找信托投资项目，支持企业发展和地方建设，也希望符合条件的大中型企业、银行等向社保基金会股权资产部（实业投资部）书面发函，洽商信托贷款业务合作。

思考与讨论：

上述是全国社会保障基金理事会2014年发布的信托投资情况。请结合所学知识，对全国社保基金投资于信托贷款投资项目作出分析评价。

【本章思考题】

1. 根据全国社保基金理事会的报告，自成立以来直至2018年年底，全国社保基金年均回报率达到8.36%，高于按照《办法》规定的比例所能获得的一般市场收益率水平。请结合近年来相关政策的变化，分析可能的原因。

2. 住房公积金基金有哪些独特性？基于该特征，请问如何更有效地提高住房公积金的保障效率？

3. 请解释说明企业年金基金投资管理规定的变动历程。

第十四章 社会保障基金投资运营战略体系

【本章学习目标】
> 运用社会保障基金投资管理的相关知识，基于我国各项社会保障基金的风险收益特征，制定符合其保障目标与投资需要的投资风险收益匹配原则
> 深刻理解我国各项社会保障基金的风险收益分布特征和测算依据

各项社会保障基金首先应当保证该项社会保障项目的保障使命，如养老保险首先要满足退休职工养老金的按时足额发放，医疗保险基金需要首先完成职工医疗费用支付，而工伤保险、失业保险等均需要以满足职工的社会风险保障为前提。在社会保障使命顺利圆满完成的基础上，对于剩余沉淀下来并在短期内不需动用的积累基金，才能谈到投资运营管理的问题，这是我们讨论社会保障基金投资运营的前提。

既然各项社会保障基金需要首先满足本保障项目应有的风险保障支付义务，那么多余沉淀资金的投资运营管理必然要与其风险保障类型、出险概率和赔付特点紧密结合，从而制定出符合该社会保障项目的投资战略运营体系。

第一节 社会保障基金投资运营风险收益测量和匹配

一、全国社保基金

全国社保基金具有国家主权基金的性质，没有当期支付需要，是为应对我国未来人口老龄化高峰期的社会保障支付需要而进行的积累和储备，这部分基金无须考虑基于基金支付需要的风险收益周期匹配，在可能的条件下尽量追求稳健的高回报。因此，在投资运营中仅需从纯粹资本投资的角度进行资产配置，以达到在投资方面理想的风险和收益水平，而无需考虑基金支付约束。

本书前文已经分析，对比我国股票市场的平均年化收益率和对应的风险水平，全国社保基金的投资状况符合预期，风险波动较股票市场低，收益虽低于股票但承担风险大幅度降低，是比较理想的长期社会保障基金的风险收益状况。全国社保基金面向全球寻找最优投资管理人，并且资产配置也在全球范围进行。近二十年来，世界资本市场中亚太地区市场特别是新兴经济体的表现优于欧美等传统经济体，全国社保基金有部分面向全球的资产配置策略，但比例不高，从而在经历诸如2008年金融危机时，社保基金的投资收益并未遭受特别显著的负面影响，使得我国全国社保基金的投资和风险情况比其他主权养老基金表现更好，如表14-1所示。

表 14-1 OECD 国家养老金基金投资情况比较

国 别	2008—2018 年平均年收益率（%）	标 准 差	变 异 系 数
澳大利亚	5.5	7.12	1.30
奥地利	2.3	6.51	2.80
比利时	3.7	8.96	2.43
加拿大	5.9	5.54	0.93
智利	5.2	9.42	1.81
捷克	1.5	0.96	0.64
丹麦	5.3	4.08	0.77
爱沙尼亚	1.4	10.58	7.40
芬兰	5.4	3.00	0.55
德国	3.7	1.10	0.29
希腊	2.6	3.53	1.36
匈牙利	5.5	9.62	1.75
冰岛	5.7	5.42	0.95
以色列	5.5	8.91	1.63
意大利	2.6	3.03	1.15
日本	3.9	0.53	0.13
韩国	4.0	1.46	0.37
拉脱维亚	2.2	6.63	3.01
立陶宛	3.3	4.62	1.38
卢森堡	2.4	5.28	2.16
墨西哥	5.7	4.97	0.87
荷兰	5.7	8.39	1.48
新西兰	4.2	6.95	1.67
挪威	4.9	5.59	1.13
波兰	2.1	10.12	4.85
葡萄牙	2.0	6.22	3.15
斯洛伐克	1.1	2.27	2.01
斯洛文尼亚	5.3	3.05	0.58
西班牙	2.5	4.27	1.70
瑞典	5.9	3.02	0.51
瑞士	2.6	6.20	2.34
土耳其	9.9	7.41	0.75
英国	8.2	8.29	1.01
美国	2.1	10.52	5.00
中国全国社保基金（2001—2020 年）	9.02	11.08	1.23

数据来源：根据 *OECD pension at a glance 2019* 和全国社保基金理事会历年数据计算，http://www.oecd.org/publications/oecd-pensions-at-a-glance-19991363.htm.

对比 OECD 国家的养老金基金投资收益和风险情况，我国在更长的考察期内，取得的年均收益率居于各国前列（仅次于土耳其），收益波动程度也相对较高，用风险标准差来衡量为 11.08%，变异系数衡量取得单位收益需要承担的风险，对比 OECD 国家则居于较低水平。综合比较，我国社保基金以较小的变异系数取得了较高的平均收益率水平，投资收益和风险情况比较好。需要了解，全国社保基金主要投资于境内市场，一方面，我国资本市场得益于经济增长的红利表现相对较好；另一方面，我国资本市场相对较为封闭，对全球金融风险有一定免疫力，风险也能控制在一定程度，同时全国社保基金理事会作为政府直属机构，对政府决策和投资对象的核心信息了解相对较多，投资收益率高于全球资本市场以及国内资本市场是很合理的。但是，随着我国资本市场与全球市场的深入接轨融合，我国金融资本市场越来越难以独善其身，必然受到全球大的经济环境和金融市场波动的影响。我国近年来金融资本市场改革深入推进，如资本项目可兑换、人民币汇率市场化等，都使得我国的金融资本市场与全球大市场日益融合。不仅我国市场受到全球市场的影响，而且我国市场的表现也反过来影响全球市场。2015 年我国 A 股市场的大起大落正反映了这样的特点。国际大宗商品价格的暴跌影响我国商品市场和资本市场，而我国股票市场的大幅下挫也给全球市场带来恐慌，特别是我国 2015 年 8 月 11 日起连续 3 日的人民币汇率主动贬值，更是显示出对全球市场的重大影响。因此，我们不能再将我国金融资本市场与全球市场分离开来，而是要作为一个整体来考虑。基于此，笔者认为，全国社保基金未来境外投资比例进一步提高将是大势所趋，而境内市场或将难以再取得远高于国际平均水平的超高收益率。因此，预计全国社保基金投资收益率将与全球市场走向越发紧密，收益率或将有所下降。

基于以上数据和分析，全国社保基金作为长周期的国家战略储备基金，综合考虑长期较合理的收益率将维持在 5%～7%，变异系数为 1.0～2.0。

二、基本养老保险基金

基本养老保险基金因为极其重要和广泛的社会影响，历来为政府管理部门高度重视，也因为过于担心基金在投资运营中遭遇损失，而规定了极为保守的管理策略：购买国债和银行存款。本书已分析得出，国债和银行存款是波动很小的投资类型，与之相对应的就是低收益率水平。若扣除相关管理费用成本则实际收益更低。从 2010 年以后央行配合经济发展需要进行了若干次降息调整，2015 年 10 月份最新降息降准后的 1 年期银行存款利率仅为 1.5%，而与此同时受多次降息降准政策的影响，国债收益率亦波动走低。2019 年新冠肺炎疫情导致全世界范围经济受到重大影响，各国纷纷降低利率挽救刺激经济，我国也出台了一系列经济稳定和促进政策，帮助企业渡过难关。因此可以预计，以后"国债＋存款"的组合能够提供的收益水平将更低，必须认真考虑对我国巨额积累的基本养老保险基金进行科学合理的投资运营，以期能够实现保值增值。

2015 年 8 月 17 日，国务院发布《基本养老保险基金投资管理办法》（国发〔2015〕48 号）首次从国家层面明确提出入市投资管理，是解决我国多年来巨额积累基金长期贬值问题的重要转折。在此之前，我国曾经有养老金入市投资管理的积极尝试。2005 年我国补充养老保险基金——企业年金基金开始准备在金融资本市场进行投资运营，2007 年正式入市投资，到目前为止年化几何平均收益率为 7.70%，收益情况是令人满意的，即便中间经历了全球重大金融危机，仍然在 2007 年起的投资周期内取得了超过 7% 的收益率，跑赢了同期通货膨胀。《基本养老保险基金投资管理办法》参照《企业年金基金管理投资办法》制定出台，养老基金管理采取信托模式，对基金资产提供独立的安全保证，受托人、托管人、投资管理人均需按照法律规定承担信托责任，完成谨慎、勤勉的管理义务。在投资管理的规定方面，基本养老保险基金与企业年金基金的管理也较为相似。此外，根据《基本养老保险基金投资管理办法》，基本养老保险基金可以投资国家重大工程建设项目、国有重点企业改制、上市、符合规定的股权投资等优质项目，扩展了投资范围。基本养老保险基金和企业年金基金的投资管理规定比较如表 14-2 所示。

表 14-2　企业年金基金与基本养老保险基金投资管理规定比较

	企业年金基金	基本养老保险基金	相似及区别
现金及现金等价物	投资银行活期存款、中央银行票据、债券回购等流动性产品以及货币市场基金的比例，不得低于投资组合企业年金基金财产净值的5%；清算备付金、证券清算款以及一级市场证券申购资金视为流动性资产	投资银行活期存款，一年期以内(含一年)的定期存款，中央银行票据，剩余期限在一年期以内(含一年)的国债，债券回购，货币型养老金产品，货币市场基金的比例，合计不得低于养老保险基金资产净值的5%。清算备付金、证券清算款以及一级市场证券申购资金视为流动性资产	整体上现金及现金等价物投资比例最低5%。两者基本一致
固定收益类	投资银行定期存款、协议存款、国债、金融债、企业（公司）债、短期融资券、中期票据、万能保险产品等固定收益类产品以及可转换债（含分离交易可转换债）、债券基金、投资连结保险产品（股票投资比例不高于30%）的比例，不得高于投资组合企业年金基金财产净值的95%。投资债券正回购的比例不得高于投资组合企业年金基金财产净值的40%。	投资一年期以上的银行定期存款、协议存款、同业存单，剩余期限在一年期以上的国债，政策性、开发性银行债券，金融债，企业(公司)债，地方政府债券，可转换债(含分离交易可转换债)，短期融资券，中期票据，资产支持证券，固定收益型养老金产品，混合型养老金产品，债券基金的比例，合计不得高于养老基金资产净值的135%。其中，债券正回购的资金余额在每个交易日均不得高于养老基金资产净值的40%。	债券正回购余额的规定两者一致。基本养老保险基金关于固定收益类产品投资合计不超过135%
权益类	投资股票等权益类产品以及股票基金、混合基金、投资连结保险产品（股票投资比例高于或者等于30%）的比例，不得高于投资组合企业年金基金财产净值的30%。其中，企业年金基金不得直接投资于权证，但因投资股票、分离交易可转换债等投资品种而衍生获得的权证，应当在权证上市交易之日起10个交易日内卖出	投资股票、股票基金、混合基金、股票型养老金产品的比例，合计不得高于养老基金资产净值的30%。养老基金不得用于向他人贷款和提供担保，不得直接投资于权证，但因投资股票、分离交易可转换债等投资品种而衍生获得的权证，应当在权证上市交易之日起10个交易日内卖出	权益类产品的投资规定两者一致

续表

	企业年金基金	基本养老保险基金	相似及区别
国家重大项目和重点企业股权	—	通过适当方式参与投资国家重大工程和重大项目建设；投资国有重点企业改制、上市，养老基金可以进行股权投资。投资国家重大项目和重点企业股权的比例，合计不得高于养老基金资产净值的20%。可以套期保值为目的参与股指期货、国债期货交易	本项投资为基本养老保险基金特殊的规定

资料来源：《企业年金基金管理办法》《基本养老保险基金投资管理办法》。

从企业年金基金和基本养老保险基金的管理办法比较来看，两者在投资管理的规定方面具有极高的相似性。在现金及现金等价物上的投资最低为基金资产净值的5%；在债券等固定收益类产品方面的投资规定中，企业年金最高为95%，还规定债券正回购比例不超过基金资产净值的40%，而基本养老保险基金投资管理办法规定各类固定收益率产品投资总计不得超过基金资产净值的135%，这是将企业年金中分列的正回购投资40%的比例与正常的固定收益类投资合计在一起。也就是说，在固定收益类产品的投资规定方面两者也是基本一致的。权益类产品投资比例两者均规定不超过基金资产净值的30%，完全一致。此外，对基本养老保险基金开放国家级重点项目直接投资、股权投资，但是"投资国家重大项目和重点企业股权的比例，合计不得高于养老基金资产净值的20%"，并允许以套期保值为目的参与股指期货和国债期货交易。该项规定可以看作是给基本养老保险基金的特殊安排，国家级的重大项目和重点企业应当是收益率较高且稳定、风险较低的投资对象，将是对我国基本养老保险基金投资的重要倾斜和补充。通过分析可以看出，除投资于重大项目和重点企业一项外，基本养老保险基金与企业年金基金的投资管理办法规定基本上保持一致。同时，企业年金与基本养老保险基金都是养老基金，其面临的人口年龄结构变动、延迟退休等问题的影响是共同的。因此，我们可以基于企业年金基金的过往投资业绩表现和风险承担程度来估测基本养老保险基金的投资风险和收益水平。

本书前面章节的分析测算结果表明，我国企业年金基金按照法定的投资比例配置资产所可能取得的预期风险和收益水平如表14-3所示。

表14-3 企业年金基金按投资组合分类的预期风险和收益水平

投资组合种类	综合投资收益率（%）	风险标准差（%）	变异系数
现金及现金等价物100%	2.82	0.68	0.20
现金及现金等价物5%；固定收益类95%	4.12	0.68	0.86
现金及现金等价物5%；固定收益类65%；权益类30%	7.70	13.33	2.12
企业年金投资（2007—2020年）	7.70	9.91	1.29

需要考虑，我国基本养老保险是刚性支付性质的保障基金，其能够承担的风险较企业

年金和无支付压力的全国社保基金低一些,而且企业年金基金历年投资中存在异常值,如 2007 年 41% 的超高收益率。因此,应剔除异常值,综合考虑各种因素,参考企业年金基金的历史投资收益和风险情况,在采取相近的投资管理策略的前提下,可以认为基本养老保险基金的投资管理具有与企业年金基金相似的特征:投资周期长,以稳健为基金投资的重要原则,因此长期合理收益率将在 4%～6%,变异系数可能的区间为 1.5～2。

三、医疗保险基金

医疗保险基金的目的是满足职工医疗费用报销,根据国发〔1998〕44 号文件的规定,医疗保险基金存入四大国有银行或购买国债。我国截至 2020 年年底医疗保险基金累计结存 3.15 万亿元。如此巨量的积累资金规模均以极低的收益率存在,其医疗保健服务的购买力必然日益下降。

然而,医疗保险与养老保险长期正向积累直至退休时使用不同,医疗保险基金是在参保人发生疾病风险时给予医疗费用的补偿。由于疾病的突发性和不确定性,医疗保险基金应当做好随时给付的准备。因此我医疗保险基金虽然在提倡和探索实施省级统筹,但在实践操作中大多仍是采取地市级统筹,以方便资金的迅速归集和报销使用,而医疗保险基金的管理原则是当年收支平衡可略有盈亏,正是体现了我国基本医疗保险以最大限度满足职工就医保健需求的目的。

一方面,医疗保险基金因为要随时面对来自职工的医疗费用报销诉求,同时,我国人口结构变动的未来发展趋势是逐渐进入深度老龄化,高龄老人的绝对数和占比将不断提高,因此可以预计未来的医疗保险金支出会呈现上涨态势,极有可能动用结余资金,因此保证基金的流动性是首要原则。另一方面,因为其社会保险的性质,安全性是在投资管理中要着重考虑的原则。在保证流动性和安全性的前提下,结存基金的市场化投资运作追求稳健收益,以抵御通货膨胀的侵蚀。因此医疗保险基金投资运营的原则是流动性、安全性和收益性。具体投资管理的定位应当是投资流动性好、风险低且能够抵御通胀的投资策略选择。

前文已经分析测算出我国银行存款、债券以及股票收益率和各自的风险水平。根据资产组合投资收益率计算模型,测算各种不同组合的收益率和风险水平。因为医疗保险基金尚未出台投资办法,没有对资产配置提出明确的比例要求,我们将存款、债券和股票三个大类的投资类型进行不同比例的投资组合,根据投资组合理论寻找在风险较低前提下收益相对较高的投资组合类型,投资收益率水平至少应该能够跑赢通货膨胀。

$$ER = \sum_{i=1}^{n} p_i \times r_i \tag{14-1}$$

$$\sigma = \sum_{i=1}^{n} p_i \times \sigma_i \tag{14-2}$$

其中,$p_1+p_2+\cdots+p_n=1$。

经对存款、债券和股票的各种投资组合进行收益和风险的测算,发现存款 5%、债券[①] 95% 的投资比例的风险标准差为 0.66,可以取得平均 3.91% 的预期收益率,变异系

---

① 包含国债、金融债和企业债的债券综合。

数为0.17。考虑到企业债金融债的风险稍高，可能拉高风险标准差从而增加风险，若不投资企业债金融债而只投资于国债，2008—2020年我国5年期国债平均收益率3.22%，风险标准差为0.51%。经计算，存款5%和国债95%的投资组合风险标准差为0.53，取得的预期收益率为3.29%，变异系数为0.16。配置企业债和金融债风险程度上升不大，但取得的收益率3.91%比单纯配置国债3.29%的收益率高，因此可以考虑合理配置企业债和金融债。由于权益类产品如股票等风险标准差较大，对需要随时满足医疗费用支出需要的医疗保险基金存在较大的风险，因此可以考虑不配置权益类产品或者仅配置较低比例。

综上所述，我国医疗保险基金因为需要应对随时给付需求和未来给付支出增长预期的情况，投资于高流动性低风险的投资产品。以追求抵御通胀为目的的投资策略是符合医疗保险基金特点的，医疗保险基金的性质为短期基金，预期投资收益率在3.5%左右，变异系数为0.15～0.33。

四、失业保险基金

失业率是经济发展状况的"晴雨表"，当经济出现波动，失业率将直接得以体现。世界各国都通过失业保险为暂时遭遇失业风险的公民提供经济保障，同时也保证全社会的消费不受失业率的重大影响，为经济的平稳过渡提供重要的缓冲机制。因此，失业保险金的给付与经济波动密切相关。当经济下滑时，失业人口增多，需要更多的失业保险基金的支持，反之，失业保险基金则支出较少。我国失业保险存在特殊性。作为法定社会保险的一个项目，与养老、医疗等一起由工作单位统一参保。但由于我国社会保险最早只在国有企业中实施，后来逐渐扩展到外资企业、民营企业、乡镇企业和个体工商户等自由职业者，这种扩展目前还远未能到达全覆盖的程度，大量就业人员并未被纳入正规社会保险体系中来。这意味着参加失业保险的职工是在较为正规稳定的工作单位就业的，这同时也意味着较低的失业可能性，甚至有些工作岗位几乎全无失业之虞，如政府公务员、事业单位等。而大量在城镇非正规就业单位工作或者处于灵活就业状态的就业者，他们往往最需要失业保险保障，但却很可能根本没有参保。这样的需求错位导致我国失业保险基金结余不断增加，到2018年年底已经累计结存5 817亿元，随后受降费及新冠肺炎疫情冲击，基金收入下降，支出增加，发挥了特殊经济社会情况下的保障功能。截至2020年年底，我国失业保险基金仍然结余3 354亿元，发挥保障失业风险的功能和作用还可以进一步加强。表14-4表现了我国失业保险基金运作情况。我国领取失业保险金的人数远低于登记失业人数，自2010年起一直徘徊在20%左右，2017年只有22.63%的登记失业人数领取了失业保险金。这说明还有近78%约750万失业人口没有得到失业保险的保障。同年人均年领取金额14 464元，每月1 205元，只有当年社会平均工资6 193元的19.5%，待遇标准偏低且逐年下降，而基金收入和结余近年来迭创新高，平均年增长率达22.39%，部分年份甚至年增率超过30%（2004年30.04%，2005年37.86%，2007年36.13%，2008年46.46%，2011年32.28%）。从数据可以看出我国失业保险基金的运作尚未能够达到保险设立的根本目的，有待于加大保障力度，扩大保障范围，提高保障水平，以及大力发展促进就业的各项事业，开展职业就业培训和进行就业信息传播渠道建设等。总之，失业保险基金目前最主要的任务是提高保障水平，在此基础上对闲余资金进行投资管理。

表 14-4　我国失业保险基金运作情况

年份	参保人数（万人）	登记失业人数（万人）	领取失业保险金人数（万人）	领取人数占比（%）	全年发放失业保险金额（亿元）	人均当年领取金额（元）	基金收入（亿元）	基金支出（亿元）
1999	9 852	575	109	18.96	31.9	2927	125.2	91.6
2000	10 408	595	190	31.93	56.2	2958	160.4	123.4
2001	10 355	681	312	45.81	83.3	2670	187.3	156.6
2002	10 182	770	440	57.14	116.8	2655	215.6	186.6
2003	10 373	800	415	51.88	133.4	3214	249.5	199.8
2004	10 584	827	419	50.67	137.5	3282	290.8	211.3
2005	10 648	839	362	43.15	136.7	3776	340.3	206.9
2006	11 187	847	327	38.61	125.4	3835	402.4	198.0
2007	11 645	830	286	34.46	129.4	4524	471.7	217.7
2008	12 400	886	261	29.46	139.5	5345	585.1	253.5
2009	12 715	921	235	25.52	145.8	6204	580.4	366.8
2010	13 376	908	209	23.02	140.4	6718	649.8	423.3
2011	14 317	922	197	21.37	159.9	8117	923.1	432.8
2012	15 225	917	204	22.25	181.3	8887	1 138.9	450.6
2013	16 417	926	197	21.27	203.2	10315	1 288.9	531.6
2014	17 043	952	207	21.74	233.3	11271	1 379.8	614.7
2015	17 326	966	227	23.50	269.8	11885	1 367.8	736.4
2016	18 089	982	230	23.42	309.4	13452	1 228.9	976.1
2017	18 748	972	220	22.63	318.2	14464	1 112.6	893.8
2018	19 644	974	223	22.90	338.8	15192	1 171.1	915.3
2019	20 543	945	228	24.13	381.1	16716	1 284.2	1 333.2
2020	21 690	1 160	270	23.28	487.9	18072	951.5	2103

资料来源：《中国劳动统计年鉴2018》；2018—2020年数据来自历年《人力资源和社会保障事业发展统计公报》。

由于我国失业保险的运行现实使得失业保险基金的支付压力比养老保险基金和医疗保险基金小，因此对于积存基金的投资应当尽可能追求较高收益。但考虑就业促进工作需要一定的周期来完成，从我国的再就业工程实践看，一般以三年为一个周期，失业保险基金投资应以三年为周期追求收益最大化。设定风险和收益原则如下：

（1）风险水平不应高于全国社保基金，变异系数应小于2。

（2）三年期投资收益最高。

根据前文主要投资工具的风险和收益特征，测算不同投资组合的风险和收益，其中存款20%、债券60%、股票20%的投资组合的预期收益率最高，为6.77%，风险系数较低为1.81。其中存款用于应对失业保险基金扩大支付面之后的及时所需；债券中，国债以安全稳健为主，企业债和金融债为提升收益水平，股票投资比例低一些，以避免中短期股票市场的大幅波动。

五、工伤保险基金

工伤保险基金主要用于支付职业伤害、因职业病而发生的医疗救治费用、工伤职业康复费用、工伤预防费用、经济补偿费用以及促进安全生产和工伤预防的各项费用。工伤保险赔付与工伤事故发生概率、职业伤害和职业病发生频率，以及政策变动等因素密切相关。我国于2011年开始实施新《工伤保险条例》，扩大了工伤保险及工伤认定范围、提高给付标准等一系列提高职工工伤保险待遇水平的措施，必然带来工伤保险基金支付增加。本书第十三章图13-1显示了我国历年工伤保险基金支出占上年基金结余的比例不断升高，1994年为30.4%，在2002年以前基本稳定在30%左右。2004年以后由于事故发生率高，基金支付占比开始急剧升高，2008年一度达到48.3%的比例，之后在2009年和2010年两年略有下降。2011年修订的《工伤保险条例》大幅度提高工伤保险适用范围和待遇水平，从而又掀起第二次支付高潮，当年支出占比比上年高出10个百分点，达到51.02%。2012年和2013年工伤保险基金支出占上年基金结余比重分别为54.71%和55.93%，2014年达到56.26%的峰值后出现下降。2020年工伤保险基金支出占上年结余基金的46%。

2011年新修订的《工伤保险条例》第十三条规定，"工伤保险基金应当留有一定比例的储备金，用于统筹地区重大事故的工伤保险待遇支付。"部分省份如新疆等地按上年度工伤保险基金决算数的10%提取。就以此作为参考全国标准。

为保障工伤保险基金的稳定不致因基金正常支出而无法为继，需要较为有力的基金投资管理以取得良好的投资收益。根据工伤保险基金的特点，其投资必须保证本期工伤保险基金在扣除10%的储备金后，基金投资回报不少于上期工伤保险基金结余的一半。即

$$0.9M_t(1+p) \geq 0.5M_{t-1} \quad (14\text{-}3)$$

其中，M_t为t年工伤保险基金本期结余金额；p为投资收益率。

根据统计数据，2000年以来工伤保险基金结余平均以年24%的比例增加，即

$$M_t = (1+24\%) \times M_{t-1} \quad (14\text{-}4)$$

由式（14-4）计算可得，$p \geq -55.2\%$。即每年投资亏损最差不能超过55.2%，且风险系数不高于全国社保基金。这是工伤保险基金生存的底线。因此工伤保险基金投资收益和风险测算存在两个约束条件：

（1）$p \geq -55.2\%$。

（2）变异系数 < 2。

基于（1）（2）两个约束条件，对以存款、债券和股票三个大类按不同比例构成的不同投资组合的预期风险和收益进行测算，得出当债券投资比例75%，股票投资比例25%时的风险收益匹配最为理想。平均预期收益率可以达到7.86%，风险标准差为15.6%，变异系数为1.99。因为控制了股票投资比例，所以基金达到其风险极限的可能性极低，能够在较长时间内保持基金的增长。

综上所述，工伤保险基金投资运营策略为可承受风险强度下尽可能高的投资回报。工伤保险基金投资运营的收益率在7%左右，变异系数在2左右是合理的。

六、生育保险基金

2019 年国务院办公厅发布《关于全面推进生育保险和职工基本医疗保险合并实施的意见》（国办发〔2019〕10 号），已明确生育保险基金合并入医疗保险基金，统一征收统一管理。在此不再单独阐述其投资运营，可参考医疗保险基金的分析。

七、住房公积金基金

前文已经分析出住房公积金具有准金融性质，因其稳定筹资和放贷收息的运作机制，使得住房公积金基金具备内在增值能力，增值回报取决于公积金贷款利息和对公积金存款支付的利息差。根据历年住房公积金贷款利率数据，公积金平均存贷利息差为 2.17%，即公积金的内在收益。公积金贷款利率与中央银行利率调整密切相关，并由住房和城乡建设部公布，属于行政指导，因此波动幅度很小，标准差只有 0.49%，变异系数为 0.11。由于参与住房公积金计划、为职工缴纳住房公积金的单位多是经济效益好、具备经济负担能力的企事业单位，住房公积金的筹集机制已经决定了大多数参与职工是优质客户，违约风险低，因此住房公积金可以取得的存贷差收益是低风险的平均年收益水平。

根据住房和城乡建设部《全国住房公积金 2020 年年度报告》，2020 年当年全国缴存住房公积金基金 2.62 万亿元，比上年增长 10.55%，截至 2020 年年末，全国缴存总额达 19.60 万亿元，缴存总额扣除提取总额后的缴存余额为 7.30 万亿元。发放个人住房贷款总额 11.10 万亿元，个人住房贷款余额 6.23 万亿元，保障性住房建设试点项目贷款余额 5.61 亿元，国债余额 11.24 亿元；缴存余额扣除个人住房贷款余额、保障性住房建设试点项目贷款余额和国债余额后的结余资金为 10 711.02 亿元。住房公积金缴存总额和缴存余额均逐年增长，如图 14-1 所示。

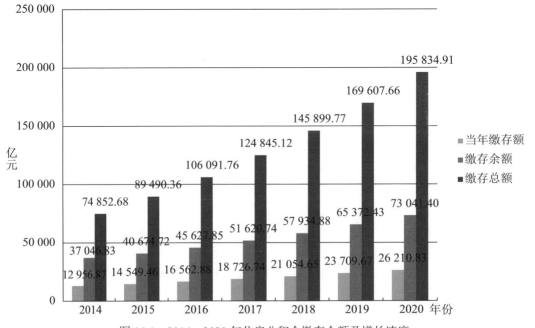

图 14-1　2014—2020 年住房公积金缴存金额及增长速度

资料来源：住房和城乡建设部历年《全国住房公积金年度报告》。

住房公积金基金用于职工购房贷款、支出保障性住房建设和购买国债，去向分布如表 14-5 所示。

表 14-5　住房公积金基金去向分布

住房公积金基金	金额（亿元）	占比（%）
缴存余额	73 041.40	100.00
个人住房贷款余额	62 313.53	85.31
保障性住房	5.61	0.01
购买国债	11.24	0.02
缴存余额结余	10 711.02	14.66

数据来源：住房和城乡建设部 2020 年《全国住房公积金年度报告》。

其中，职工以购房贷款形式提取的这部分住房公积金资金 6.23 万亿能够产生年均约 2.17% 的期望收益；保障性住房建设和购买国债占缴存余额的比例极低，合计仅为 0.03%，而结余资金 10 711.02 亿元没有明确投资管理安排。非常有必要对规模过万亿的住房公积金结存资金进行合理的投资管理。

住房公积金建立之初衷是帮助有住房需求的职工购买或者建修自住住房。在目前我国广大职工由于高房价而面临的住房困难的现实下，大范围扩大住房公积金适用范围，提高贷款支持比例，让更多有购盖房需求的职工能够满足住房需要，这应当是住房公积金基金作为社会保障基金的首要任务。而且，因为住房公积金贷款可以回收利息，因此本身对公积金具有内在增值的功能，亦符合住房公积金基金建立之目的。在保证贷款和提取的前提下，有必要对沉淀资金进行管理。

住房公积金配合职工的购房需要。购房和换房决定是非常个人化的，但一般来说，工作缴费 10 年后购房、购房后 10 年换房是相对比较常见也合理的购、换房频率。因此，对于住房公积金沉淀资金，我们以 10 年为周期制定投资策略。由于住房公积金基金属于优质现金流，放贷出去的资金会产生每月的正向还款现金流。并且因为存在贷款申请审核等一系列手续，使得该基金的支付具有预测性和计划性，发生大规模突发性支出的可能性较小。基金能够承受的风险水平较高。鉴于此，住房公积金基金的投资策略应当在"（1）风险不高于全国社保基金，（2）尽可能追求高收益"这两个约束条件下予以考虑。经测算，投资组合中，投资国债 70%，投资股票 30%，能够在可接受的风险程度下（变异系数为 2.10）取得较好的投资收益率（6.90%）。综上所述，住房公积金基金的投资收益率大约为 7%，风险变异系数为 2 左右是比较符合基金特点的。

八、企业年金基金

我国法规明确规定了企业年金基金的投资策略：投资于现金及现金等价物不低于 5%，投资于股票等权益类产品不高于 30%，投资于债券等固定收益类不超过 95%。从预期收益最大化的角度，用足权益类资产额度，则投资组合将是：现金 5%，债券 65%，股票 30%。2007 年至今，企业年金基金的投资运作成果良好，平均年收益率达到 7.70%，标准差为 9.91%，变异系数为 1.29，是风险收益情况相当良好的社会保障基金类型。因此，对于已经有政策明确规定的企业年金基金，执行现有投资策略是最好的选择。

第二节 社会保障基金投资运营战略体系构建

基于前述分析,可以构建我国社会保障基金投资运营的体系架构,见表 14-6。

表 14-6 我国社会保障基金投资运营体系架构

基 金 类 型	期 限 特 征	平均期望收益率	平均风险程度（变异系数）	投 资 策 略
全国社保基金	长期	5%～7%	1.5～2.5	面向国际市场,长期投资,参考主权养老基金
养老保险基金	长期	4%～6%	1.5～2	指数化投资,在长期取得稳健回报,获得增值;现金5%,债券65%,股票30%
医疗保险基金	短期	3.5%～3.8%	0.3 左右	一是风险最小,二是收益率高于通货膨胀率;存款5%,国债95%
失业保险基金	中期,一般以3年为周期	6% 左右	1.8～2	一是风险不高于全国社保基金,二是3年期投资收益率最大;存款20%,国债60%,股票20%
工伤保险基金	中期	7% 左右	2 左右	一是亏损不超过55.2%,二是变异系数小于2;债券75%,股票25%
住房公积金基金	中长期 10 年	7%	2 左右	风险不高于全国社保基金;尽可能追求高收益;国债70%,股票30%
企业年金基金	长期	7%～8%	1.45	按照法规规定的投资策略

基于该体系架构,我们能够比较清晰地了解各项社会保障基金的特点,各自的风险收益特征,投资策略约束以及周期性等。有助于我们按照合理的投资策略对积累基金展开恰当的资产配置,以期配合该项社会保障基金的保障使命,达到最佳基金使用效率。

各项社会保障基金风险收益分布如图 14-2 所示。

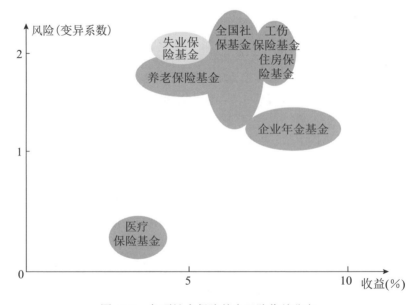

图 14-2 各项社会保障基金风险收益分布

由图 14-2 给出的各项社会保障基金风险收益分布来看，医疗保险基金能够承担的风险最低，收益也相应最低，但对结余基金的投资要以对抗通货膨胀为目标。因此位于我们分布坐标系的左下角。生育保险基金已并入医疗保险基金，不再单列管理。全国社保基金因为暂时无支付压力，并可以进行全球资产配置，因此承担的风险跨度较大，收益率水平也因此而区间较大，但整体上将会向全球主权养老基金的平均收益率靠拢。失业保险基金和养老保险基金在收益水平上比较接近，但养老保险基金因为投资法规规定的投资品类的多样化和比例分配，其收益率的期望区间较大。因为制度设计引起缴费与领取人群的权利义务错倒问题，失业保险基金若不进行改革，基金结余还将继续增加。其投资能够承担的风险程度略高于养老保险基金。工伤保险基金和住房公积金基金都以全国社保基金的风险承受程度为标准，但是可以追求更高一些的投资回报。对比其他社会保障基金，企业年金基金是承担风险较低而收益水平较高的一类社会保障基金。这是基于企业年金基金投资运营的历史数据得出的，可以作为其他社会保障基金投资运营的参考和借鉴。

【本章知识要点】

（1）全国社保基金是国家的长期战略储备基金，无短期支付压力，因此可以承担较高风险，在合理风险控制下追求尽可能高的收益回报。

（2）基本养老保险基金首先需要应对刚性支付需要，能够承担的风险有限。因此首先应该保证支付需要，在此基础上控制合理风险程度，寻求结余基金的良好投资回报。

（3）医疗保险基金以应对当期支付为主要目标，宜进行基于短期的稳健投资安排，以对抗通货膨胀为主要投资目标。

（4）失业保险基金存在错位现象，在制度层面理顺之前，基金结余还将高速增长。这部分基金从促进就业角度安排合理周期的投资管理。

（5）工伤结合其风险特征，在考虑留有充足后备基金应对可能出现的支付需要后给予投资管理安排。

（6）住房公积金应当降低使用门槛，帮助更多职工满足居住需要。

（7）企业年金基金的市场化投资已相对成熟，可进一步执行良好的市场化投资管理策略。

（8）我国八项社会保障基金各自有不同的风险特征，经过测算可以构建我国梯次性分布的投资运营战略体系架构。

【本章专题案例】

英国失业保险制度

1911 年，英国颁布第一部社会保障法律《国民保险法》，这部法律开创了世界强制性保险制度的先河，标志着英国从此建立起了全新的失业保障法律制度，这部法律不仅为失业者提供失业救济，而且为失业者解决就业问题，表明英国的失业保险制度发生了根本的转变。随后，英国失业保险制度发生了多次变革，经历世界性经济危机和两次世界大战，失业保险制度的内容体系在此期间经历了不断完善和发展，至

1946年，英国在先前颁布的法律基础上，颁布了另一部社会保障法律《国民保险法》，标志着英国"福利国家"社会保障体系的形成。英国现行的失业保险制度是在1995年颁布的《失业保险法》的基础上，对失业保险的覆盖范围、缴费基数、缴费率方面进行进一步调整，使英国失业保险法律制度更加趋于完善。特别是将一些自由职业者和缴纳减额社会保险的已婚妇女等一些群体包含在内，再一次扩大参保对象的覆盖范围，将不同职业不同身份的劳动者通通纳入失业保险制度中。英国不断扩大失业保险覆盖范围，目前覆盖率已高达86%，远高于我国的失业保险覆盖范围。

为缓解失业问题，英国实施失业救济与就业促进"双管齐下"的方式，采取了以下措施：第一，在一定程度上降低失业救济金的发放金额，减少直接救济支出，重点开展就业培训计划，提高劳动者生存技能，解决失业问题，实现失业人员再就业目标。鼓励年轻失业者积极寻找工作。第二，实施劳动福利计划，激励失业者再就业。法律规定，领取失业保险救济的青年失业者必须从事政府为其提供的工作。如果失业者拒绝政府提供的工作，他领取的失业救济金将被减少将近一半。用这种方式，一方面节省了失业保险基金的开支，另一方面激发失业人群的就业积极性，促进其实现再就业。

思考与讨论：
1. 利用所学知识对英国失业保险制度展开评述。
2. 英国失业保险制度对我国有什么启示？

【本章思考题】
1. 相比 OECD 国家对养老金投资情况，我国全国社会保障基金的投资表现如何？
2. 基本养老保险基金与企业年金基金的投资管理规定非常接近，那么它们遵循完全一样的投资风险收益原则吗？为什么？
3. 医疗保险基金和生育保险基金合并后，如何进一步提高基金的投资管理效率？
4. 我国失业保险基金和工伤保险基金当前最首要的任务是什么？
5. 如何更有效提高住房公积金基金的使用效率？

IV 监管篇

第十五章 社会保障基金投资管理市场主体关系

【本章学习目标】
> 理解社会保障基金投资管理中存在的委托代理风险
> 理解控制逆向选择风险的理论模型
> 理解控制道德风险的理论模型
> 理解企业年金运营主体之间可能存在寻租行为及其防范

我国社会保障基金管理引入市场化投资理念,对结余沉淀资金进行积极管理,以争取在一定程度风险控制下取得良好的投资回报,从而对抗长期通货膨胀的侵蚀。社会保障基金的投资管理涉及多个市场主体的参与,流程复杂、专业性强且有严格的风险管控要求,对社会保障基金的监管提出了更高的要求。

根据市场参与主体的角色和利益诉求,设计各方激励相容的机制合约,最终指向基金受益人利益的投资管理,是从运行机理上保证各市场参与主体为了社会保障参保人利益而行动的内在动力机制。我国的全国社保基金,由全国社保基金理事会负责寻找、委托和监管具体的专业投资管理市场主体;企业年金基金,由各企业选择委托包括受托人在内的专业市场机构进行投资管理;基本养老保险基金自 2015 年开始进行市场化投资管理,目前以委托全国社保基金代管的方式为主运行。由于全国社保基金属于国家战略储备基金,暂时不涉及职工个人的权益攸关,其运行与信息披露范围有限,而企业年金基金作为市场化程度最高的基金,与每一位参与计划的企业和职工的利益息息相关,市场信息披露范围相对较大较为全面。因此,本章以企业年金基金的市场运作管理为研究对象,剖析社会保障基金投资管理市场主体之间的博弈关系,设计形成最有利于参保职工利益的内在激励机制。

第一节 企业年金运行中的双层委托代理关系

根据我国《企业年金办法》和《企业年金基金管理办法》规定的企业年金基本架构,我国企业年金运行中存在着双层委托代理关系,如图 15-1 所示。

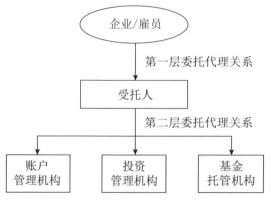

图 15-1 我国企业年金的双层委托代理关系

委托代理关系的存在，其根源在于企业年金中的投资管理、账户管理、基金托管等职责归于不同的主体负责，存在着专业分工。按照我国现行法律法规对企业年金运行模式和有关当事主体的责任、权利、义务的界定，企业年金当事主体之间主要表现为双层委托代理关系：委托人，即作为企业年金资产最终所有者的企业和雇员，与受托人即企业年金理事会或法人受托机构之间的第一层委托代理关系；受托人即企业年金理事会或法人受托机构，与企业年金基金管理服务提供方，包括账户管理机构、基金托管机构和投资管理机构之间的第二层委托代理关系。

企业年金是由企业和雇员出资建立的，雇员在离职或退休以前，仅对自己出资的部分拥有所有权，企业对其出资的资金部分拥有所有权。雇员离职时，企业出资部分依具体设定的归属权益比例归属雇员所有。归属权益，是指职工在企业工作符合企业年金方案规定的归属条件时，确定该职工企业年金个人账户中应当取得的企业缴费及投资收益权益，比如，为了实现企业年金维系人才的作用，可以设置企业缴费及投资收益以每年递增20%的比例归属职工。雇员退休时，按照企业年金计划计算出其应享有的年金权益，包括个人出资及其投资收益积累的部分，以及企业缴费及收益中应归属的年金权益。因此，企业年金积累资金的最终所有者是企业和雇员。为了保证企业自有资产与年金基金资产不出现混合管理进而发生企业挪用年金资产的问题，同时年金基金管理专业化分工可以减轻企业的管理负担，提高管理效率和投资回报率，企业和雇员会将企业年金基金资产委托给符合要求的专业管理机构——受托人管理。依照政策规定，受托人是指受托管理企业年金基金的符合国家规定的法人受托机构，或者企业年金理事会。企业年金理事会或法人受托机构将年金基金财产与年金发起企业的财产分离开来，实行独立管理，它是负责企业年金基金管理运营的最终责任主体，对企业和职工承担最终的法律责任，由此形成第一层委托代理关系。

企业年金理事会和法人受托机构作为企业年金基金财产的受托人，具备管理和处分企业年金基金财产的权力也承担最终责任，但是这并不意味着企业年金基金受托人具备管理和处分企业年金基金财产的资格和能力。在企业年金基金受托人不具备法律法规规定的资格和行为能力的前提下，企业年金基金受托人必须将企业年金基金的账户管理、托管和投资管理职能"外包"，即委托给具备法律地位和专业能力的第三方机构，受托人可将投资管理、账户管理、基金托管全部再行委托给专门的金融机构，也可采用部分委托的形式。按照现行规定，受托机构必须将基金托管职能委托于其他法人金融机构，而《中华人民共和国证券投资基金法》规定，托管人只能由依法设立并取得基金托管资格的商业银行担任。企业年金理事会不具备法人资格，必须将投资管理、账户管理、基金托管职能全部委托给其他法人金融机构。对于法人受托机构，年金基金的投资管理与账户管理视其能力可对外委托，也可自行管理。因此根据我国企业年金市场运行实际，存在如下几类企业年金基金管理模式：

第一类是企业年金理事会作为受托人，将账户管理、托管、投资管理的职责完全拆分出去，交由其他机构承担。

第二类是法人受托机构作为企业年金基金受托人，将账户管理、托管、投资管理的职责完全拆分出去，交由其他机构负责。

第三类是法人受托机构作为企业年金基金受托人和账户管理人将托管和投资管理的职

责交由其他机构负责。

第四类是法人受托机构同时履行企业年金基金受托人和投资管理人的职责，而将基金托管和账户管理的职责交由其他机构负责。

第五类是法人受托机构同时履行企业年金基金受托人、账户管理人、投资管理人的职责，而仅将基金托管职责交给银行等其他机构负责。

根据法规规定，即使法人受托机构将其投资与账户管理职能保留在本单位内履行，按规定也必定是分属于不同部门，并委托给不同的投资经理和账户管理人，即存在内部委托代理问题。如果说，企业年金理事会将部分年金职责委托给其他机构，是企业年金第二层委托代理关系的显性化，那么，法人受托机构对账户和投资管理职责的纵向整合及其内部职责的分工则可视为委托代理关系的隐性化。

第二节　企业年金基金投资管理的委托代理风险

一、逆向选择风险

逆向选择风险是指在建立委托-代理关系之前，代理人已经掌握某些委托人不了解的信息，代理人有可能利用这些对委托人不利的信息签订对自己有利的合同，而委托人由于信息劣势处于对自己不利的选择位置上。此外，由于委托人无法准确地衡量代理人的工作成果与其付出的努力之间的联系，从而无法准确地衡量代理人的素质和能力。因此，为降低错误选择代理人的成本，委托人往往会选择报价较低的代理人，而优秀的代理人往往由于自身成本的原因无法成为现实的代理人，这样就造成某种劣质代理人充斥市场的现象，最后导致越是劣质的潜在代理人，越容易成为现实的代理人，最终导致"劣币驱逐良币"。

二、道德风险

道德风险是指委托人和代理人签订契约且契约合同生效后，代理人为了实现自己的目标，利用信息上的优势而采取不被委托人察觉的"隐藏行动"使委托人利益受损而自己不用承担责任的行为。道德风险产生的原因主要是私人信息的存在，在产生道德风险的委托-代理关系中，委托人在合同实施过程中，对代理人的任何一个决策都进行完全监督在实践中是不可能的，或者是可能但因为成本太大而没有必要。这样便会产生信息不对称，委托人一般只能观测到结果，而不能直接观测到代理人的行动。当委托人的利益取决于代理人的行动时，代理人在其自身利益最大化的同时会产生损害委托人的"隐藏行动"，这最终将导致契约履行的低效率。

三、企业年金基金投资管理中委托代理风险产生的原因

（一）主观原因

企业年金基金管理中的委托代理关系引致风险问题的主观原因在于企业年金参与各方的利益目标不一致，企业年金代理人主观上存在着做出不利于委托人利益的行为选择的倾向。企业和雇员作为第一层委托代理关系中的委托人，他们的利益目标与代理人的利益目

标并不一致。企业的目标在于追求股东利益最大化。企业建立企业年金计划，是为了吸引人才、留住人才，起到激励雇员的作用。企业不可能超出其经济实力所允许的范围而为雇员的养老提供保障，建立企业年金计划必然要预先进行成本收益核算分析，并以企业的利益最大化为前提。雇员参加企业年金计划，是为自身能够在退休之时得到一份公共养老金之外的企业退休金，使晚年生活更加宽裕。企业和雇员将企业年金委托给其他机构代为实行专业化管理，则是为了企业年金资产保值增值，实现其价值的最大化。

根据"理性人"假设，法人受托机构作为具有独立利益的经济人，其最终目标是追求自身货币收入和非货币收入的最大化。由于企业年金的具体运作由受托人、投资管理人、账户管理人、基金托管人等负责，使得各受托方有机会从自身利益出发做出行动选择，而这些行动选择不一定符合企业年金委托人的利益。如果受托各方在基金运作中的行为选择更多考虑的是自己的利益，而忽视年金委托人的利益，就会产生利益冲突的结果。企业、雇员为追求企业年金资产收益最大化，要求年金理事会或者法人受托机构发挥知识和信息优势，将年金基金交由经过选择的适格投资人管理。在现行《办法》下，受托人提取的管理费不高于受托管理企业年金基金财产净值的 0.2%；账户管理人的管理费按每户每月不超过 5 元的限额收取；托管人提取的托管费不高于托管企业年金基金财产净值的 0.2%；投资管理人提取的管理费不高于投资管理企业年金基金财产净值的 1.2%。可见，基金受托人、托管人、投资管理人和账户管理人是按基金总资产值的固定比例提取基金管理费的，收益的实现又取决于企业年金基金财产净值的增长和基金总体规模的扩大两种方式。提高企业年金基金财产净值的诉求与企业年金的最终委托人，即企业和雇员的目标一致，能产生符合双方利益的最佳结果，但这需要管理人付出更多的时间和精力。出于追求安逸的目的，企业年金基金管理人，可能会采取一些非常规手段提高基金的净值。如市场主体各方串谋利用基金的资金优势去操纵市场价格。表面上，基金净值得到了提高，但基金承受的风险也急剧增加，而这些风险却最终要由企业年金委托人，即企业和雇员承担。这显然不符合委托人的利益，会产生利益冲突。

综上所述，为追求自身的利益，企业年金受托各方极有可能选择有利于自己但不利于企业年金委托人的行动，使得企业年金委托代理风险的产生具备了主观条件。

（二）客观原因

由于各方利益目标不一致，企业年金委托代理关系主观上存在着代理人做出不利于委托人利益的行为选择的倾向，但倾向并不代表就一定能做出这类行为选择，还需制度中存在的一些环境因素配合才能导致委托代理风险的发生。

1. 信息非对称

信息非对称是指某些参与人拥有但另一些参与人不拥有信息。例如：照相机与汽车的卖者一般比买者更了解产品的性能；药品的卖者比买者更了解药品的功效；劳动力的卖者比买者更了解劳动力的生产能力等。信息的非对称性按时间可划为两类：信息非对称发生在当事人签约之前称事前信息非对称，信息非对称发生在当事人签约之后称事后信息非对称。

在企业年金的双层委托代理关系中，就委托人即企业及其雇员而言，由于欠缺专业知识和经验，在选择法人受托机构时，什么样的金融机构最能胜任企业年金的管理运营是不确定的;当选择出金融机构作为法人受托机构并再由其选定投资管理人、账户管理人和托管人以后,对于各方代理人的工作表现和工作业绩,委托人也难以做出准确的判断。与之相反,作为企业年金代理人的金融机构则对年金基金的运营状况、自身工作努力程度和金融市场政策与信息的掌握上都具有绝对优势。

2. 不完全契约

不完全契约是相对于完全契约而言的,所谓完全契约是指契约在最大可能的程度上明确规定未来所有状态下契约所有各方的责任与权利,将来各方都不需要再对契约进行修正或重新协商。而不完全契约则是指契约中包含缺口和遗漏,可能不会提及某些情况下各方的责任,或者对某些情况下的责任只做出粗略或模棱两可的规定。现实中的企业年金管理契约也是如此,契约各方制定和执行的契约往往是关系契约,即不是对责任和权利的详细计划达成协议,而是对总的目标、广泛适用的原则、偶然事件出现时的决策程序和准则及解决争议的机制达成协议。因此契约往往只是一个框架性的合同,从宽泛的角度去约束各当事人的权利和义务(科斯,1994)。

造成企业年金委托代理契约不完全的原因来自两个方面:

(1)契约双方的有限理性。由于受信息传递、认知能力、计算能力等条件的限制,契约各方在复杂多变的不确定的实际环境中,其行为的理性是有限的,很难对长期内可能发生的各种情况都做出全面的计划安排,签订契约时条款的遗漏将不可避免。

(2)第三者无法验证。契约条款中的一些内容是第三者无法验证的,即这些内容对于契约双方都是清楚并明确规定的,但对于其他局外人则是无法体验和观察到的,所以在出现纠纷时,第三者很难确定哪一方违约并按规定执行处罚。

3. 剩余控制权与剩余索取权不匹配

剩余索取权是相对于合同收益权而言的,指的是对收入在扣除所有固定的合同支付(如原材料成本、固定工资、利息等)的余额("利润")的要求权。剩余索取者也即风险承担者,因为剩余是不确定的、没有保证的,在固定合同索取被支付之前,剩余索取者是什么也得不到的。剩余控制权指的是在契约中没有特别规定的活动的决策权。至少从奈特开始,经济学家就认识到,效率最大化要求剩余索取权的安排和控制权的安排应该对应(刘昌平,2006)。

企业年金基金的剩余索取权是指企业年金基金契约一方对企业年金基金投资收益的占有权和承担投资风险的义务,剩余控制权是指企业年金基金契约一方拥有的对企业年金基金资产的实际运作权。企业年金基金的剩余控制权是一种稀缺资源,即同样的剩余控制权在不同的人手中具有不同的价值。企业年金基金投资管理人身处投资市场第一线,能掌握及时、全面的市场信息。相比较委托人即企业和雇员而言,企业年金基金投资管理人对市场的洞察力和判断力方面体现出其独有的优势。因此从追求生产效率的角度来讲,控制权应当配置给那些拥有信息优势并有较高专业和决策能力的一方,即企业年金基金投资管理人。企业年金基金管理人同时拥有两种权力是最有效率的,但这样就失去成立企业年金基金的意义。所以只有把企业年金基金的剩余索取权分配给企业年金委托人,这样就形成企业年金基金投资管理人掌握剩余控制权,企业年金基金委托人拥有剩余索取权的代理制度。在实际掌握企业年金基金资产控制权,又无须承担后果的情况下,企业年金投资人就有机会在投资决策中追求自身利益,使企业年金委托人的利益受到侵害。

第三节 控制逆向选择风险

逆向选择风险的理论模型主要有两种：一种是信号传递模型；另一种是信息甄别模型。在信号传递模型中，代理人可以通过一定的方式向委托人传递出某种信号，而委托人正是根据特定的信号来选择代理人。最简单的信息传递模型便是企业雇主选择雇员的情况，雇员知道自己的能力水平而雇主不知道。为了显示自己的能力，雇员选择以受教育的水平向雇主发出能显示自己能力高低的信号，而雇主正是根据教育水平这个信号来决定是否录用该雇员以及录用后的薪酬水平。与之相对应，信息甄别模型是委托人向代理人提供多种不同的契约供选择，代理人根据自己的类型选择一个最适合自己的契约，并根据契约来选择自己的行动。最常见的信息甄别模型便是保险公司与投保人的关系，投保人知道自己的风险，而保险公司不清楚。保险公司可针对不同类型的潜在投保人制定不同的保险合同，投保人根据自己的风险特征选择最合适自己的保险合同。本节以企业年金基金管理中的核心环节——投资管理为例来构建和分析控制逆向选择的模型。

我国企业年金基金管理政策规定中，从2004年《企业年金基金管理试行办法》到2011年《企业年金基金管理办法》，均对参与企业年金基金管理的市场主体规定注册资本的具体要求，以此作为传递的信号，受托人可以根据这些信号来选择合适的代理人。我国满足对应要求资格的各类市场主体数量众多。此外，2015年《企业年金基金管理办法》修订取消了各市场参与主体的具体注册资本限制规定，客观上，对于委托人如企业和职工来说，选择好的企业年金基金管理人面临较高的搜寻成本。以受托人作为委托人和投资管理人作为代理人为例，投资管理人的实际能力只有自己最清楚，当然他们可以通过发布业绩报告或者公布基金经理教育程度来获得受托人的青睐，但是这种方式往往带有欺骗性，如良好的业绩可能是经济基本面造成而非投资组合造成。因此，以代理人为出发点的信号传递模型不足以降低逆向选择风险。

因此，只能采取以委托人为中心的信息甄别模型才可能避免逆向选择风险。企业年金基金受托人可以采用一种类似暗箱操作的方法，即根据实际情况设计出多个不同的合同（合同之间独立但不相关）来供投资管理人选择。投资管理人根据自己的类型来选择最适合自己的合同。而企业年金基金受托人就可以根据投资管理人所选择的合同来大致判断投资管理人的类型、行为和动机。这是通过信息甄选模型来解决企年金基金投资管理中逆向选择问题的主要思路。

按照逆向选择隐匿信息的有效甄别模型，结合企业年金基金投资管理的特殊性，从理论上分析如何设计不同的契约以分离出能力不同的投资管理人。为分析方便，这里仅仅考虑一种委托代理关系即受托人和投资管理人之间的关系，其他主体之间关系与之类似。

假设1： 市场上的投资管理人有两种类型：能力高的和能力低的，分别用 θ_1 和 θ_2 表示；投资管理人知道自己的类型，受托人不知道。

假设2： 受托人和投资管理人的收益索取比率分别为 δ 和 $\bar{\delta}=1-\delta$；总收益为 $\pi=\pi(a,\theta,\varepsilon)$，其中 a 为投资管理人的努力程度，θ 为投资管理人的类型，ε 为市场风险等随机因素。

假设3：投资管理人的努力成本为 $c = c(a)$，是努力程度的增函数，为实现同一收益 π，能力高的投资管理人所需成本小于能力低的投资管理人，即 $c_1 < c_2$。

假设4：不存在道德风险，即投资管理人都会努力工作，投资管理人只考虑是否接受受托人的合同（解决道德风险的约束条件后文详述）。

在理想的情况下，一般是高质量的服务会收取较高的费用，如果用在企业年金基金投资管理中，能力高的投资管理人会收取较高投资收益费率 $\bar{\delta}_1$，能力低的投资管理人会收取较低的投资收益费率 $\bar{\delta}_2$，从而企业受托人可以对不同能力的投资管理人支付不同的费用。但是，在现实中这种状况并不存在，因为信息的不对称性，能力低的投资管理人也可能会要求较高的投资收益索取权。这时，如果仅仅根据投资收益索取权来判断投资人的类型就可能会产生误判。

在委托代理理论的信息甄别模型中，委托人会先行采取行动。这里我们假设会出现低能力的投资管理人要求更高的剩余分配权的现实，企业年金基金受托人考虑，在给予投资管理人剩余分配权的同时，要求其必须接受某一要价成本 $k = f(\bar{\delta})$，即当投资管理人在不能实现合同规定的平均收益 π^* 时的惩罚约束，这样便可以解决上述问题。这一成本 k 可以是对投资管理人的罚金、对投资管理人的投资能力评级（因为企业年金基金的特殊性，以及受托人在企业年金基金管理中的核心地位会导致该评级对投资管理人的声誉造成较大影响）。

由于投资管理人对自己的能力类型清楚，投资管理人需要权衡与他的要价相对应的 π^* 的实现可能性以及不能实现时的惩罚 k。由于能力的差异，对于实现同样的 π^*，能力高的投资管理人所需成本 c_1 相对较小，因此实现的可能性较大，遭到惩罚的可能性就会变小，能力低的则相反。

如果受托人给各个投资管理人提供不同的 $(\bar{\delta}_1, k_1)$、$(\bar{\delta}_2, k_2)$，不同能力的投资管理人会根据自身情况进行考虑，要使甄别模型有效，必须满足下列条件：

（1）$\pi_1 \geq \pi_1^* > \pi_2 \geq \pi_2^*$

（2）$\bar{\delta}_1 \pi_1 > c_1, \bar{\delta}_2 \pi_2 > c_2$

（3）$c_2 + k_1 > \bar{\delta}_1 \pi_2$

条件（1）表示：受托人要求高能力的投资管理人承诺的最低收益要大于低能力的投资管理人，并且在投资管理人努力工作的条件下，低能力的投资管理人一般是不可能完成高能力所承诺的最低收益的；同时，对不同类型的投资管理人，均可以找到自己能够实现的最低收益的契约。

条件（2）表示，每种类型的投资管理人选择最合适的契约时，所得收益均大于其努力工作的成本。

条件（3）表示，如果低能力的投资管理人选择配备给高能力投资管理人的合约，成本要大于所获收益。因为低能力的投资管理人一般会完成不了最低收益要求，因此必然要面临惩罚 k_1。

在满足上述条件的前提下，$(\bar{\delta}_1, k_1)$、$(\bar{\delta}_2, k_2)$ 可以实现分离均衡：即理性的低能力的投资管理人必然只会选择合同 $(\bar{\delta}_2, k_2)$，高能力的投资管理人也只会选择合同 $(\bar{\delta}_1, k_1)$。这样就使受托人避免了逆向选择风险。

在实际投资管理中，$(\bar{\delta}_1,k_1)$、$(\bar{\delta}_2,k_2)$ 和 (π_1^*,π_2^*) 的具体数值是很难确定的，受托人需要做大量市场调查，而受托人并不是最终的委托人，因此合同的确立可以由企业和职工委托给专业的咨询公司协助完成。但不管怎样，信号甄别模型可以很好地缓解逆向选择风险，而这种甄别模型也可以应用到委托人与账户管理人、委托人和托管人，以及企业职工和受托人之间。

第四节　控制道德风险

第三节对事前委托人如何设计合同以避免逆向选择风险进行了模型构建和分析，是基于代理人努力工作的前提下的，但这在实际生活中并不现实。在实际委托代理关系中，存在大量代理人出于自身利益或者闲暇而不努力工作的情况，即获得代理资格后的道德风险。我国国有企业经常遇到的经营管理问题中企业管理者的道德风险是其中之一。本节对企业年金基金管理中如何解决事后代理人道德风险问题做出分析。延续前面的模型，加入新的变量和假设条件。同样，以受托人和投资管理人为例。

企业年金基金进行投资的目的是保值增值，考虑到企业年金作为企业员工年老后"养命钱"的特殊性，投资中首要的目的是基金的保值，即要保证基金的安全性，确保参保员工老有所养；其次，在安全性的基础上，谋求最大的收益，使得企业员工老年生活水平得到提高。从中不难看出，在企业年金基金投资过程中，企业年金基金受托人所关注的首先是企业年金基金投资中的风险，其次是基金投资的收益率。这说明，对作为委托人的企业年金基金受托人来说，决定其利益水平的主要因素是基金的投资安全性与投资的收益率。而作为代理人的投资管理人，在进行代理投资时一旦做出某种投资选择，既可以影响安全性，又可以影响收益率。

根据相关规定，在我国企业年金基金投资过程中，投资管理人应定期向受托人提交投资管理报告，并且需保存企业年金基金资产会计凭证、会计账簿、年度财务会计报告和投资记录等资料。从中我们可知，对于投资管理人的具体投资行为，作为委托人的企业年金基金受托人可以观测，而对于投资管理人做出某项具体投资行为的依据，由于企业年金基金受托人在投资方面的知识及信息劣势，较难获取有关信息。此时，便存在不可观测行动，从而有可能导致隐藏信息的道德风险。具体表现为，投资管理人可能不顾风险，一味追求较高的投资收益，使得企业年金基金面临较大的风险，最终损害了企业年金基金受托人即委托人的利益。

当把企业和职工作为投资管理委托代理关系的委托人，而把所有市场主体，包括受托人、账户管理人、托管人和投资管理人作为一个整体代理人，根据隐藏信息的道德风险模型来研究如何激励代理人，以使其能做出对企业年金受益人效用最大的行动选择。

假设 1：总收益为 $\pi=\pi(a,\varepsilon)$，为努力程度和市场风险等随机因素综合造成的，π 的密度函数是 $f(a,\varepsilon)$。

假设 2：代理人收益为 $s(\pi)$，即激励合同，效用函数为 $u[s(\pi)]$，委托人效用函数为 $v[\pi-s(\pi)]$。

假设 3：代理人努力程度 $a \in A$，努力成本为 $c(a)$。这里的 a 不仅衡量了代理人勤奋程度，更衡量了代理人的职业道德：不违规、不寻租等。

委托代理问题就是如何选择努力程度 a 和激励合同 $s(\pi)$ 使双方期望效用均最大，同时避免道德风险。则

委托人期望效用为 $\int v[\pi - s(\pi)] f(a,\varepsilon) \mathrm{d}(\pi)$；

代理人期望效用为 $\int u[s(\pi) - c(a)] f(a,\varepsilon) \mathrm{d}(\pi)$。

满足条件：

(1) $\max_{s^*(\pi),\, a^*} \int v[\pi - s(\pi)] f(a,\varepsilon) \mathrm{d}(\pi)$；

(2) $\int u[s(\pi) - c(a^*)] f(a^*,\varepsilon) \mathrm{d}(\pi) \geq \bar{u}$；

(3) $\int u[s(\pi) - c(a^*)] f(a^*,\varepsilon) \mathrm{d}(\pi) \geq \int u[s(\pi) - c(a)] f(a,\varepsilon) \mathrm{d}(\pi)$，其中 $\forall a \in A$。

条件（1）表示委托人期望效用最大化。

条件（2）是参与约束条件，即代理人能够获得的效用大于其保留效用。

条件（3）是激励相容条件，即代理人以最优努力程度 a^* 完成工作获得的效用高于其采用其他任何努力程度所能获得的效用水平。

具体说来，根据条件（3），给定每一个 $s(\pi)$，代理人均有一个最优努力程度与之相对应，这样便形成了努力程度关于激励合同的函数，代入条件（1），委托人便能求出 $s^*(\pi)$，在保证代理人最大效用的前提下，保证自己的效用最大化。一般情况下，条件（2）参与约束条件均能满足。这样我们就能够通过该模型很好地解决道德风险问题。

在实际运用中，有几点需要注意：

第一，企业年金的委托人代理人均是法人机构，它们的效用函数一般是风险和收益率的反映，因此也是具有风险规避性质的，所以不能用线性函数表示，可以通过调查统计了解它们的风险规避系数，从而大概把握它们的效用函数。经济学上一般用 $u = -\mathrm{e}^{-\rho x}$ 表示效用函数，其中 ρ 是绝对风险规避程度。

第二，对不同代理人而言，激励合同的形式是不同的。根据我国法律规定，受托人提取的管理费不高于受托管理企业年金基金财产净值的 0.2%；账户管理人的管理费按每户每月不超过 5 元的限额，由设立企业年金计划的企业另行缴纳；托管人提取的托管费不高于托管企业年金基金财产净值的 0.2%；投资管理人提取的管理费不高于投资管理企业年金基金财产净值的 1.2%。因此除账户管理人外，其他代理人收益函数均为年金基金净值的线性函数。所以根据本模型，$s(\pi) = r + \beta \pi$，即激励合同应该是固定费用和提成费用的综合形式，其中

$$r \leq 5, \beta \leq 0.016$$

第三，努力程度很难量化，因此努力成本也很难量化，我们可以用一些替代变量来反映，如企业年金管理部门规模、员工工资情况、员工学历配备情况、代理人信誉等，这些都可以从侧面反映出这些代理机构对企业年金的管理重视程度，即努力程度。

第四，由于企业年金收益率不仅受代理人努力程度影响，还受市场风险等随机因素影响，因此 $\pi = \pi(a,\varepsilon)$，对于 ε 的分布函数，可以采用正态分布，对它的衡量和预测非常关键，因为它直接影响总收益。给定某个代理机构，ε 就是系统性风险，对不同的代理机构，还

受不同代理机构运作效率的影响。

据此做出如下假设：

假设1： $\pi = \pi(a,\varepsilon) = f(a) + \varepsilon = k\ln a + \varepsilon$，其中 $\varepsilon \sim N(0,\sigma^2)$；即总收益是努力因素与随机因素的和，$f(a) = k\ln a$ 表示随着努力程度提高，努力因素也提高，但是速度变慢，这符合经济意义；k 为代理人的努力程度和总收益的相关系数，每个代理人均不同。

假设2： $s(\pi) = r + \beta\pi$，r 为固定费用，β 为提成费率，$\beta = 0$ 表示代理人不用承担任何风险，$\beta = 1$ 表示代理人要承担所有风险。

假设3： 代理人努力成本 $c(a) = ba^2/2$，b 表示成本系数，每个代理人均不同。平方形式意味着随着努力程度加大，成本增加速率也会提高，这也符合经济意义。

假设4： 为简单起见，假设委托人和代理人具有不变绝对风险规避特征。代理人效用函数为 $u = -e^{-\rho_1 x}$，委托人效用函数为 $v = -e^{-\rho_2 x}$，ρ_1、ρ_2 表示绝对风险规避系数。

这样，代理人的收益为 $w_1 = s(\pi) - c(a) = r + \beta(k\ln a + \varepsilon) - \frac{1}{2}ba^2$，确定性等价收入为 $CE_1 = r + \beta k\ln a - \frac{1}{2}\rho_1\beta^2\sigma^2 - \frac{1}{2}ba^2$。（推倒证明见附录1）

一般意义上，代理人的参与约束条件均可以满足，这里仅考虑代理人的激励相容条件，即求 a^*，使

$$\max\left(r + \beta k\ln a - \frac{1}{2}\rho_1\beta^2\sigma^2 - \frac{1}{2}ba^2\right)$$

根据一阶条件得到最优努力水平 $a^* = \sqrt{\frac{\beta k}{b}}$。

对委托人而言，收益为 $w_2 = \pi - s(\pi) = -r + (1-\beta)(k\ln a + \varepsilon)$，确定性等价收入为 $CE_2 = -r + (1-\beta)k\ln a - \frac{1}{2}\rho_2(1-\beta)^2\sigma^2$。（推倒证明见附录2）

委托人的目的是选择 (r^*,β^*) 使

$$\max\left(-r + (1-\beta)k\ln a - \frac{1}{2}\rho_2(1-\beta)^2\sigma^2\right)$$

$$\text{s.t.} \quad a = \sqrt{\frac{\beta k}{b}}$$

即根据

$$-k\ln\left(\frac{\beta k}{b}\right) + \frac{1-\beta}{2\beta}k + \rho_2(1-\beta)\sigma^2 = 0$$

求出 $\beta^* = \beta(k,\rho_2,b,\sigma^2)$。

通过道德风险模型的设计和求解，我们得到三个重要结论：

第一，尽管委托人和代理人之间存在目标利益不一致的情况，但我们可以通过激励合同的制定达到双赢的目的，即在保证委托人利益最大化的前提下，代理人也达到了利益最大化；另外，这一双赢模式可以扩展到其他年金参与主体之间，所以，只要合同设计恰当，中国的企业年金市场是可以良性发展的。

第二，最后计算得出 $\beta^* = \beta(k,\rho_2,b,\sigma^2)$，用计算机模拟知道 $\beta^* > 0$，这说明了满足双

赢局面的有效合同必须保证委托人和代理人风险共担，即企业年金基金必须给代理人即受托人、账户管理人、投资管理人以及托管人一定的分成比率，而不能提仅供固定的管理费，这也从理论上证明了目前我国现行《办法》规定给投资管理人1.2%的管理费具有一定的合理性。

第三，理论模型提示我们，代理人通过一定的分成比率 β 获得收益（当收益 π 为正时），也需要承担相应的风险（当收益 π 为负时）。这是激励代理人采取对委托人有利行为的关键。但目前我国企业年金基金的相关法律仅规定了投资管理人从当期收取的管理费中提取20%作为企业年金基金投资管理风险准备金，专项用于弥补委托投资资产亏损，直至风险准备金弥补完毕。但若不足以弥补亏损的部分，则投资管理人不承担责任，即现行政策事实上没有对投资管理人的严重亏损行为设置相应的惩罚机制，不利于代理人尽最大努力服务于企业年金基金的保值增值。

第五节　控制基金运营主体的寻租行为

企业年金基金管理涉及多个市场主体，各市场主体基于自身利益会选择最有利于自己的管理合同。我们通过避免逆向选择风险模型，解决了搜寻成本过高的问题，通过激励合同的设计，减少道德风险。由于企业年金基金运营中各市场主体间亦存在相互合作与监督的关系，共同服务于委托人，因此他们之间可能会出于利益而发生代理人之间的寻租行为，这是企业年金基金运营中需要考虑的重要问题之一，需要设计合理的监管模式进行有效监管。

受托人在企业年金市场价值链中处于核心位置，对基金财产的安全运营负全责。根据《企业年金基金管理办法》的规定，受托人委托投资管理人进行基金投资、委托托管人进行资产托管。由于托管人和投资管理人都是受托人的代理人，托管人负有对投资管理人的监督责任，托管人有可能尽职地履行自己的职责，也有可能和投资管理人共谋发生寻租行为，共同损害受益人的合法权益。由于账户管理人与投资管理人关系不太密切，与托管人的职责就是核对企业年金基金账户财产的变动情况，因此为简化分析本节对账户管理人不加以讨论，不会影响结论。

受托人代表企业和职工监管投资管理人和托管人。如果投资管理人和托管人之间发生寻租行为产生了合作博弈关系，最大的受害者是受托人和企业年金基金的受益人。为了减少企业年金基金在投资管理过程中托管人和投资管理人之间寻租行为的发生，受托人就必须采取一定的措施，防止代理人共谋产生寻租行为，使自己和受益人的利益被损害的程度减少到最小，这就构成了企业年金基金受托人、托管人和投资管理人三者之间的博弈关系。在这个三方博弈过程中，托管人和投资管理人可供选择的有两种策略，即寻租或不寻租。针对托管人和投资管理人的选择，监管方受托人的可供选择的策略相应为监督和不监督，而监督的结果是查出寻租或未查出寻租，一旦查出寻租，将对托管人和投资管理人的行为处以适当的惩罚。在构建各主体的支付矩阵时，一般假定各行为主体的支付大小是一个相对值，即托管人和投资管理人之间都严格履行合同到他们存在寻租行为时各行为主体支付的变动值，严格履行合同时各方的支付值都为0（假定此时受托人的策略为不监督）。

模型的假设条件：

（1）博弈参与方由受托人、托管人和投资管理人三方组成。受托人和其他二者之间是非合作博弈关系，它以一定的概率 δ 对寻租活动进行监督和管理。

（2）受托人对托管人和投资管理人进行监督，监督成功的概率为 γ；η 为托管人和投资管理人进行寻租活动的概率。

（3）如果投资管理人在与托管人寻租的情况下可以得到超额利润 P，投资管理人向托管人提供 $R(R<P)$ 的租金，则受托人或企业年金基金受益人的损失就是 mP $(m>1)$，其中 m 为因寻租行为带来的受托人损失扩大系数。C 为受托人对寻租活动的监督成本。

（4）托管人与投资管理人进行寻租活动，而受托人不监督的情况下，托管人、投资管理人和受托人三方得益分别是：$R, P-R, -mP$。

（5）托管人与投资管理人进行寻租活动，而受托人进行监督但不成功的情况下，托管人、投资管理人和受托人的三方得益分别是：$R, P-R, -mP-C$。

（6）托管人与投资管理人进行寻租活动，受托人进行成功监督的情况下，受托人对托管人的寻租收益予以没收并处以 $f_1 R$ 的惩罚；对投资管理人的寻租收益予以没收并处以 $f_2(P-R)$ 的惩罚，严重时受托人可以更换托管人和投资管理人。其中 f_1、f_2 是受托人对托管人和投资管理人的惩罚系数，在此处简化为线性函数。此时三者的支付收益分别为 $-f_1 R, -f_2(P-R), f_1 R + f_2(P-R) - C$。

（7）托管人与投资管理人不进行寻租活动，受托人也不监督，则各方的支付收益分别为 0，0，0。

（8）托管人与投资管理人不进行寻租活动，受托人进行监督，则各方的支付收益分别为 0，0，$-C$。

三者博弈的支付函数矩阵如图 15-2 所示。

		受托人		不监督$(1-\delta)$
		监督(δ)		
		成功(γ)	不成功$(1-\gamma)$	
托管人和投资管理人	寻租(η)	$-f_1 R$ $-f_2(P-R)$ $f_1 R + f_2(P-R) - C$	R $P-R$ $-mP-C$	R $P-R$ $-mP$
	不寻租$(1-\eta)$	0 0 $-C$	0 0 $-C$	0 0 0

图 15-2 受托人与托管人、投资管理人三方博弈的支付函数矩阵

模型求解：

（1）当托管人与投资管理人寻租概率为 η 时，受托人监督和不监督的期望收益分别为

$$E_1 = \eta\{[f_1 R + f_2(P-R) - C]\gamma + (-mP - C)(1-\gamma)\} + (1-\eta)[-C\gamma - C(1-\gamma)]$$

$$E_2 = \eta(-mP) + (1-\eta) \times 0 = -\eta mP$$

当 $E_1 = E_2$ 时，得到托管人与投资管理人之间进行寻租活动的最佳概率，即

$$\eta^* = \frac{C}{f_1 R \gamma + f_2(P-R)\gamma + mP\gamma}$$

（2）当受托人对托管人和投资管理人以概率 δ 实施监督时，托管人寻租和不寻租的收益分别为

$$E_3 = \delta[-f_1 R\gamma + R(1-\gamma)] + (1-\delta)R$$
$$E_4 = 0$$

当 $E_3 = E_4$ 时，得到受托人监督的最佳概率为

$$\delta^* = \frac{1}{\gamma(1+f_1)}$$

（3）当受托人对托管人和投资管理人以概率 δ 监督时，投资管理人寻租和不寻租的收益分别为

$$E_5 = \delta[-f_2(P-R)\gamma + (P-R)(1-\gamma)] + (1-\delta)(P-R)$$
$$E_6 = 0$$

当 $E_5 = E_6$ 时，得到受托人监督的最佳概率为

$$\delta^{**} = \frac{1}{\gamma(1+f_2)}$$

所以必须满足 $\delta^* = \delta^{**}$，即 $f_1 = f_2 = f$。

综上，三方博弈混合策略纳什均衡解为

$$(\eta^*, \delta^*) = \left\{ \frac{C}{(f+m)P\gamma}, \frac{1}{\gamma(1+f)} \right\}$$

模型分析：

（1）在三方博弈模型中，通过混合策略纳什均衡解可以知道，托管人和投资管理人将选择 η^* 的概率进行寻租活动并取得额外的收益。若双方寻租概率 $\eta > \eta^*$，则受托人最优选择是加强对两者的监督；若 $\eta < \eta^*$，受托人将不加强监督。

同时，由于寻租活动与否的概率 η^* 由变量 C, γ, P, f, m 组成，在这几个变量中，P, m 是受托人对寻租行为进行监督管理过程中不能控制的，因此，受托人只有通过影响 C, γ, f 来降低寻租概率，如提高惩罚系数 f，减少监督成本 C 或者提高监督成功的概率 γ。

（2）从受托人的角度看，监督概率 $\delta^* = \frac{1}{\gamma(1+f)}$，若 $\delta < \delta^*$，托管人将与投资管理人进行寻租活动，若 $\delta > \delta^*$，托管人和投资管理人将会尽心尽职。提高惩罚系数和成功率有助于降低监督概率，减少监督成本。

（3）在现实生活中，提高惩罚系数比较容易，但是提高监督成功概率以及减少监督成本 C 只能靠加强管理来实现。

（4）上述模型监管人为受托人，寻租双方分别为托管人和投资管理人，该模型可以扩展到政府作为监管人，受托人以及账户管理人、托管人和投资管理人之间的寻租关系。

模型结论：

通过上述模型的分析，我们可以得出如下两个结论：

第一，尽管托管人和投资管理人之间有合谋（相互寻租）的可能性，但是我们发现它们合谋的概率是可以预知的，$\eta^* = \dfrac{c}{(f+m)P\gamma}$，这为受托人控制风险提供了政策依据，比如通过提高惩罚力度f以及加强管理提高风险控制部门运营效率γ等，均可以降低它们合谋的概率。

第二，同理，对受托人而言，我们证明，并不是监督越严越好，均衡值为$\delta^* = \dfrac{1}{\gamma(1+f)}$，同样受惩罚力度$f$和监管成功概率$\gamma$的影响。监管方可据此制定合理的监管策略。

第六节　企业年金基金投资管理市场主体的模式整合

我国企业年金补充养老保险计划自 2004 年推出以来，基金积累规模日益增大，市场主体的参与日益成熟和理性。在制度推出之初，由于企业年金计划以企业为单位设立，各企业自主选择受托人、投资管理人、基金托管人、账户管理人等市场主体，出现了一家企业面对多个市场主体，同时一个市场主体面对多家企业的复杂局面，在运营流程的顺畅程度、运营效率等方面均面临一些障碍和问题。经过一段时间的磨合与发展，市场自然形成了几种整合模式：

一是"3+1 模式"，即根据政策规定，基金托管人与投资管理人不能为同一人，则基金托管人单独成立，而受托人、投资管理人和账户管理人由一个实体机构承担，按照法律规定的安全运营规则完成投资管理职能；二是"2+2 模式"，由于作为基金托管人的商业银行天然具有强大的账户管理系统，因此其同时承担账户管理人角色是很自然且有效率的做法，因此市场上出现了一批基金托管人兼任账户管理人的情况，而受托人和投资管理人职责由一个实体机构承担。此外，尽管并不多见，但也存在受托人兼任基金托管人，投资管理人兼任账户管理人的情况。上述市场价值链的纵向整合策略有利于提高市场运行效率。

由于企业年金制度是以企业为基础设立计划，而计划设立、运行和管理的成本对很多中小企业来说很不经济，因此随着市场的进一步发展和推进，出现了市场机构推出的集合信托计划，即由市场机构建立的企业年金计划，建立统一的规则，由中小企业选择加入。这样众多中小企业的企业年金计划可以在一个集合信托计划中实现，从而分担管理运营成本，规避了原计划设计不利于中小企业的弊端。目前已有长江养老保险股份有限公司、中国人寿养老保险股份有限公司、泰康养老保险股份有限公司等市场机构建立了企业年金集合信托计划，满足广大中小企业为员工建立企业年金的需求。在不同的模式整合中，最有效率的模式会逐渐浮现，顺应企业年金基金投资管理的市场化运营需要。

【本章知识要点】

（1）我国企业年金基金投资管理运行中存在双层委托代理关系。

（2）逆向选择风险的存在会导致优质代理人难以获得代理身份，最终导致"劣币驱逐良币"。道德风险会导致代理人出于自身利益最大化而损害委托人利益，导致契约履行效率低。

（3）委托代理风险产生的原因，既有主观原因，即各方主体利益目标不一致，各方均从自身利益最大化角度考虑采取行动，从而出现行为选择与策略方向的差异甚至冲突；也有信息非对称、不完全契约、剩余控制权与剩余索取权不匹配等的客观原因。

（4）信号传递模型和信息甄别模型有利于防止和控制逆向选择风险。信息甄别模型在一系列假设前提下，设置激励合同，能够达成分离均衡，实现不同类型的代理人各自只会选择自己类型的激励合同，从而避免逆向选择风险。

（5）通过构建激励相容的模型组，可以使代理人在满足自身利益最大化的前提下满足委托人利益最大化的目标，从而达成均衡，避免道德风险。

（6）通过设计合理的监管与惩罚措施，也能够避免和控制多个市场主体代理人之间的寻租行为。

【本章专题案例】

安然与安达信事件

2001年年底，美国安然公司突然宣布破产，遍布全球的安然21 000名员工成为最大的受害者，他们投资于该公司股票的养老储蓄金全部泡汤。安然公司的破产使人们开始重新审视堪称典范的美国的养老金计划。

为安然公司连续出具长达16年审计报告的安达信公司，也因此而惨遭闭户。一个是世界上最大的能源龙头企业之一，一个是世界五大会计师事务所之一，相继倒闭。

"一个审计师不但要在实质上保持独立，而且要在形式上也保持独立"，这是安达信对其每个新员工都会培训的一课，但是安达信管理层忘了这基本的一点。在安然事件中，安达信扮演了一个极不光彩的角色，在销毁安然审计证据的同时，也最终"销毁"了安达信的百年信誉。

据悉，安达信会计师事务所涉嫌纵容违规操作，安然公司虚报利润近6亿美元。由于利益冲突的原因，安达信没有指出安然在会计财务上的违规操作和造假行径。2001年10月，安然重新公布了1997年至2000年的财务报表，结果累积利润比原先减少5.91亿美元，而债务却增加6.38亿美元。安达信解释称，这是因为安然在股权交易过程中将公司发行股权换取了应收票据。这些应收票据在公司的账本上记录为资产，发行的股票则被记录为股东权益。按照会计原理，在没有收到现金前不能记作权益的增加。安达信在事件初期企图大事化小，因此只承认在审计不列入安然财务报表的合伙经营项目时犯了错误，没发现安然将债务放到有关合作伙伴的账目上，从而掩盖了财务亏损和虚报盈利。然而，随着对案件调查的深入，安达信所扮演的不光彩角色被逐步抖了出来。据报道，安达信对安然弄虚作假的做法早已心中有数。

正是在安达信"失职"的情况下,安然公司可以将数亿美元债务隐藏在财务报表外,同时将不应记作收入的款项记作收入,以这种造假方式虚报公司盈利。安然公司与安达信公司之间非比寻常的"情感",使得他们共同寻租,损害了投资人的利益,最终也引火烧身,安然公司最终破产倒闭,两万余名职工的养老金付诸东流;而安达信公司也关门倒闭,结束了其执业生涯。

思考与讨论:
请运用本章知识分析安然与安达信公司破产事件,并思考如何防范类似事件发生?

【本章思考题】

1. 什么是委托代理风险?
2. 企业年金基金投资管理中委托代理风险产生的原因是什么?
3. 什么是剩余索取权和剩余控制权?
4. 如何控制企业年金基金投资管理中的逆向选择风险?
5. 如何控制企业年金基金投资管理中的道德风险?
6. 如何防范企业年金基金投资管理中各主体之间可能的寻租行为?

本章附录 1:

代理人的收益为 $w_1 = s(\pi) - c(a) = r + \beta(k\ln a + \varepsilon) - \frac{1}{2}ba^2$,确定性等价收入为 $CE_1 = r + \beta k \ln a - \frac{1}{2}\rho_1 \beta^2 \sigma^2 - \frac{1}{2}ba^2$。

证明:

根据概率论,若 $x \sim N(\mu, \sigma^2)$,则 $E(e^{tx}) = e^{\mu t + \frac{t^2}{2}\sigma^2}$,所以

$$E\left(e^{-\rho_1 w_1}\right)$$

$$= E\left(e^{-\rho_1\left[r+\beta(k\ln a+\varepsilon)-\frac{1}{2}ba^2\right]}\right)$$

$$= e^{-\rho_1(r+\beta k\ln a - \frac{1}{2}ba^2)} E\left(e^{-\rho_1\varepsilon}\right)$$

$$= e^{-\rho_1(r+\beta k\ln a - \frac{1}{2}ba^2)} e^{\frac{\rho_1^2\beta^2\sigma^2}{2}}$$

$$= e^{-\rho_1(r+\beta k\ln a - \frac{1}{2}ba^2 - \frac{\rho_1\beta^2\sigma^2}{2})}$$

因为 $u(w_1) = -e^{-\rho_1 w_1}$,所以 $CE_1 = r + \beta k \ln a - \frac{1}{2}ba^2 - \frac{\rho_1\beta^2\sigma^2}{2}$。

本章附录 2：

委托人的收益为 $w_2 = \pi - s(\pi) = -r + (1-\beta)(k\ln a + \varepsilon)$，确定性等价收入为 $CE_2 = -r + (1-\beta)k\ln a - \frac{1}{2}\rho_2(1-\beta)^2\sigma^2$。

证明：

$$\begin{aligned}
E\left(e^{-\rho_2 w_2}\right) &= E\left(e^{-\rho_2[-r+(1-\beta)(k\ln a+\varepsilon)]}\right) \\
&= e^{-\rho_2[-r+(1-\beta)k\ln a]} E\left(e^{-\rho_2(1-\beta)\varepsilon}\right) \\
&= e^{-\rho_2[-r+(1-\beta)k\ln a]} e^{\frac{\rho_2^2(1-\beta)^2\sigma^2}{2}} \\
&= e^{-\rho_2\left[-r+(1-\beta)k\ln a - \frac{\rho_2(1-\beta)^2\sigma^2}{2}\right]}
\end{aligned}$$

因为 $v(w_2) = -e^{-\rho_2 w_2}$，所以 $CE_2 = -r + (1-\beta)k\ln a - \frac{\rho_2(1-\beta)^2\sigma^2}{2}$。

第十六章 社会保障基金投资运营市场监管的模式与选择

【本章学习目标】
- 了解两种社会保障基金监管模式的特点：严格限量监管和审慎监管模式
- 理解我国社会保障基金监管采取严格准入限制模式的背景和必要性
- 理解理论上严格准入监管模式会造成部分福利损失
- 了解国际养老金基金监管的主流放松趋势
- 理解我国宜采取的监管模式特征

社会保障基金的投资运营涉及多方主体，运营关系复杂，必须有合理到位的监管体系，才能有效防范基金管理漏洞和不合理风险的发生。

2008年由美国次贷危机导致波及全球的金融海啸，引发人们对传统的金融分类监管机制的深刻审视，并对基于"经济实质相同的金融功能"实施统合规制的功能性监管展开了深入探讨。金融危机带给世界人民的伤害提醒人们，严密的金融监管、周全的风险管控对金融安全和金融消费群体的利益保护至关重要。

第一节 社会保障基金投资管理监管的两种基本模式

一般来说，根据运营机构准入和资产配置限制的差异，社会保障基金市场（主要是养老金市场）的监管可以分成两种模式。

一、严格限量监管模式

严格限量监管模式往往会设定准入门槛，且预先设定各类资产的配置比例。其主要特点是政府监管部门发布专业投资机构的资格认定标准，社会保障基金的运营机构最终从符合资格条件的机构中选择合乎要求的专业投资机构。这种模式对基金运营机构的公司组建、系统建立、标准设定、人员选择等方面进行全面监管，即对从事基金运营的机构专设特殊准入标准，把符合资格条件的对象限定在一定范围内。欧洲大陆国家、智利等拉美国家以及新加坡等都采用了这种方式。采用严格准入限制模式的优势主要在于：一方面，该模式可以降低社会保障基金如养老金受托人选择运营机构的风险，因为通过政府严格的运营机构资格和条件限制，仅有少数符合标准的机构有资格从事社会保障基金（养老金）投资管理业务，从而降低了受托人选择运营机构的风险；另一方面，采用这种模式的国家，一般对基金资产配置的投资组合予以比例限制，有助于保证基金投资运作趋向安全稳健。但这种模式的缺点在于：一方面，严格限制意味着政府对商业行为的干预，不符合市场公平竞争原则，可能导致行业垄断；另一方面，由于机构数量过少，缺乏必要的竞争机制，不利于提高投资管理效率。

二、审慎监管模式

审慎监管模式是指由政府立法、制定政策,对养老金专业投资机构的准入资格仅做一个基本条件要求,而不对基金资产的配置做明确安排,但要求投资管理人的任何一个投资行为都要像一个"审慎人"对待自己的资产一样,考虑各种风险因素,作出同样谨慎的投资决策。主要有以下特点:一是强调基金管理者对基金持有人的诚信义务以及基金管理的透明度,打击欺诈行为,保护基金持有人的利益;二是要求对基金资产进行多样化的组合,避免风险过于集中;三是限制基金管理者进行自营业务;四是鼓励竞争。在这种监督模式下,基金投资运营不受许可证管理,监管机构较少干预基金日常活动,主要依靠独立审计、精算师等中介组织对基金运营进行监管。这种模式适合金融体制较为完善、资本市场和各类中介组织比较发达、基金管理机构发展程度成熟、相关法律比较健全的国家,如美国、英国、澳大利亚等。这种模式下政府坚持总的审慎原则,在投资行为细节和其他方面则给予养老基金充分的自由。

严格限量和审慎监管两种模式的差别主要体现在以下两个方面:一是实行严格限量监管的国家比实行审慎监管的国家多一层政府制定的准入条件限制和资格认定标准环节。而在审慎监管国家,运营机构不受许可证管理就可进入养老金市场参与经营和管理。二是实行严格限量监管的国家比实行审慎监管国家可供挑选的机构范围更狭小,数量上更少。

第二节　我国社会保障基金监管模式

我国社会保障基金监管采取的是严格准入限制模式。目前主要有三类社会保障基金明确可以采取市场化投资运营:2001 年成立的全国社保基金、2004 年建立的企业年金基金和 2015 年养老保险并轨建立的职业年金,以及 2015 年批准可以市场化投资的基本养老保险基金。其中全国社保基金是国家战略储备基金,其基金管理机构采取竞争性选拔方式,具体选择条件和标准并未对外界公布。基本养老保险基金由各统筹地政府(通常是省级政府)委托全国社保基金理事会与全国社保基金一起进行投资管理。第二支柱补充养老保险的企业年金和职业年金基金是市场化程度较好、信息披露较为完备的社会保障基金。根据相关的政策法规,企业/职业年金基金明确采取严格准入的限制的模式。

(1)法规规定了比较明确的资格条件。《企业年金基金管理办法》(以下简称《办法》)[①] 规定了各类机构资格准入的基本条件。相比 2004 年的"23 号令",此次"11 号令"的相关修订取消了经营主体注册资本和净资产的要求,但仍然有注册、从业资格人数限定、风控和过往信用业绩等的规定。同时,参与企业年金基金投资管理的主体资格必须经过相关政府部门的批准和授予,是鲜明的准入限制模式。但是我们也看到,新修订的"11 号令"已经取消了注册资本和净资产的要求,显示出逐渐放松管制的尝试。

(2)法规规定了年金运营机构的收费标准。受托人提取的管理费不高于受托管理企

---

① 人社部、银监会、原证监会、原保监会,2011 年第 11 号令。

业年金基金财产净值的 0.2%；账户管理人的管理费按每户每月不超过 5 元的限额另外收取；托管人提取的托管费不高于托管企业年金基金财产净值的 0.2%；投资管理人提取的管理费不高于管理企业年金基金财产净值的 1.2%。

（3）法规规定了基金管理公司的投资方向和比例。《办法》规定，企业年金基金财产的投资范围，限于银行存款、国债和其他具有良好流动性的金融产品，包括短期债券回购、信用等级在投资级以上的金融债和企业债、可转换债、投资性保险产品、证券投资基金、股票等。

企业年金基金财产的投资，按市场价计算应当符合下列规定：①投资银行活期存款、中央银行票据、短期债券回购等流动性产品及货币市场基金的比例，不低于基金净资产的 5%。相比较 "23 号令" 20% 的比例限制有所降低；②投资银行定期存款、协议存款、国债、金融债、企业债等固定收益类产品及可转换债、债券基金的比例，不高于基金净资产的 95%。该项规定大幅提高了投资固定收益类产品的比例限制，从原来的 50% 提高到 95%，并取消了投资国债比例不低于 20% 的限制；③投资股票等权益类产品及投资性保险产品、股票基金的比例，不高于基金净资产的 30%。新的《办法》中取消了投资股票比例不高于 20% 的限制。

（4）规定了严格的审批办法和程序。为适应严格准入的年金监管模式，我国引入了专家评审制度，来决定哪些机构具备年金基金管理资格。尽管监管机构不直接参与评审，但可推荐评审专家。《企业年金基金机构资格认定专家评审规则》规定了评审专家的产生步骤：第一步，社会保障行政主管部门邀请行业协会、金融监管部门或行政管理部门推荐评审专家，鼓励个人自愿报名；第二步，审核推荐或报名专家的专业能力和职业声誉；第三步，社会保障行政主管部门会同有关部门和机构，按照择优原则确定评审专家，建立专家库，并在行政主管部门网站上公示。其中还规定了评审专家库的人员构成等信息。

第三节 严格准入监管模式的市场效应分析

有效率的监管模式要实现两个目标：一是选择合格并且最优的进入者，二是防止垄断和恶性竞争。

第一个目标可以通过两个层次的筛选实现：首先，筛选合格的进入者；其次，从合格者中选择最优者。它意味着获得经营许可证的机构不仅是符合监管机构制定的申请条件的，而且还是合格者中最具有竞争力的。《企业年金基金管理办法》规定了申请条件，评审专家决定谁最具竞争力。由于存在信息不对称，评审专家不可能对众多的申请机构逐一准确打分，加上评审专家存在寻租的可能性，严格准入的年金监管模式在满足第一个目标上存在缺陷。

第二个目标是保证年金市场的供求平衡。由于我国企业年金普及率并不高，市场容量有限，而取得经营牌照的机构数量相对较多。采用审批制可以避免各机构恶性竞争。但同时，这种监管模式很容易造成寡头垄断局面，即拥有牌照的机构共同瓜分年金市场的局面。图 16-1 表示严格准入模式下的企业年金市场供给情况。

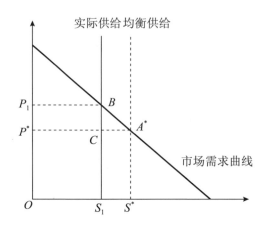

图 16-1 严格准入模式下的企业年金市场供给情况

在严格准入限制模式下，短期内，供给曲线是垂直的，因为市场不能自由进入和退出，因此不论价格多高，供给均不变；建立年金计划的企业数量即需求曲线是价格的反函数，若 A^* 是市场上对年金产品的潜在需求，若要达到潜在供求平衡，应该发放 S^* 个牌照，但由于严格准入限制，评审专家以及监管方倾向于发放 $S_1 < S^*$ 个牌照。这样实际均衡点就由 A^* 转移到 B，另外，价格也由 P^* 上升到 P_1。因此，在现行监管模式下，将会存在有潜在年金需求的企业得不到年金管理服务，消费者剩余减少三角形 A^*BC 的面积；而有幸得到年金管理服务的企业却因为为每单位服务多付出了 P_1-P^* 的价格而损失了消费者剩余矩形 P_1BCP^* 的面积。综上，严格准入限制模式让消费者共损失了 $P_1BA^*P^*$ 的面积。

若市场上有 n 家拥有年金经营牌照的机构，他们管理的年金规模共有 Y 元，$Y = y_1 + y_2 + \cdots + y_n$，$y_i$ 为第 i 家经营机构的年金规模。市场的反需求函数为 $p = a - bY$，其中 b 为单位资产的投资管理费率。这个模型是古诺模型的推广形式，我们的目的是求出这 n 家机构相互博弈后的均衡年金规模。这里有两个简化：

（1）假设市场上只有一种类型的年金投资品种，如股票型基金。因此当市场均衡时，只存在一种市场费率（价格）。如果存在多种投资品种，如还存在债券型基金，则我们只需要求出债券型基金的均衡市场费率。

（2）投资管理公司的管理成本忽略不计。管理成本主要是福利费和工资成本，随着管理的年金规模的增长，平均成本呈下降趋势。忽略不计有两个理由：一是理论上成本相比投资管理人的收益较小，因此收益最大化与利润最大化可看作是等价的；二是实证上看，我国年金市场总金额并不是很大，拥有牌照的机构的首要目标是抢占市场份额，成本因素目前考虑并不多。

综上，对每个投资管理人而言，就是要选择最优的 y_i^*，使

$$\max(py_i) = \max\left[a - b(y_1 + y_2 + \cdots + y_n)\right] y_i \tag{16-1}$$

根据一阶条件条件，可求得

$$y_i^* = \frac{a - b(y_1 + y_2 + \cdots + y_n)}{2b}$$

求极限可得

$$Y^* = \frac{na}{(n+1)b}$$

代入 $p = a - bY$，可求得

$$p^* = \frac{a}{n+1}$$

根据推导结果我们可得到如下两个结论：

第一，企业年金牌照发放越多，最优的年金服务提供越多，因为 $Y^* = \frac{na}{(n+1)b}$ 是 n 的增函数。

在我国目前监管模式下，年金市场实行严格准入制。以投资管理人为例，$n = 22$[①]，相比我国未来企业年金市场的巨大潜力，n 小于有进入需求的投资管理人数量，设为 n^*。这样根据 $Y^* = \frac{na}{(n+1)b}$ 的函数性质，严格限制监管下的均衡供给 $Y^* = \frac{na}{(n+1)b}$ 要小于潜在年金服务的供给规模 $\frac{n^* a}{(n^*+1)b}$。因此，一方面，严格审批制可以降低年金投资风险，规范年金市场；另一方面，随着经济全球化以及我国养老金市场的发展，供给不足的矛盾会表现得越来越明显。

第二，牌照发放越多，企业年金管理费率越低，因为 $p^* = \frac{a}{n+1}$ 是 n 的减函数。同样，根据 $p^* = \frac{a}{n+1}$ 的函数性质，$n^* > n = 22$ 意味着在准入制下，年金市场的均衡费率 $p^* = \frac{a}{n+1}$ 高于潜在牌照都得到满足的费率 $\frac{a}{n^*+1}$。因此，如果继续实行牌照审批制，并且投资管理人都以自身收益为目标，那么均衡管理费率必将高于市场潜在最优管理费率，企业职工利益势必受到损失。

长期来看，赚钱是每个市场主体的最终目标，$Y^* = \frac{na}{(n+1)b}$ 正是年金市场成熟后，根据市场的供求而决定的规模。

综上，我们得出了理论上实行严格监管模式下养老金市场的两大缺陷：供给不足以及管理费率过高，两者均是由垄断造成的，不仅会造成供方（投资管理人）的不平等（被排除在牌照外的机构得不到年金管理费收入），而且还会损害消费者的利益（支付过高的费率）。需要说明的是，我国目前采取的并非市场化定价机制，由行政手段制定价格上限，加之我国养老金市场机制尚不健全、市场需求被包括制度因素、经济因素等在内的多种因素压制，且由于基本社保的缴费压力沉重，多数企业无力举办企业年金计划。举办企业年金计划的大多为具备经济实力、效益好的大型企业，受到市场机构的追捧，而中小企业由于有限的经济实力和企业年金计划高昂的设立与运维成本，往往不愿意建立企业年金计划，或者即便建立，缴费规模也不大。为满足市场需求，提高管理效率，不少养老金管理机构推出面向中小企业的集合信托计划，这是市场应对需求的自然演化。

---

① 根据 2022 年人力资源和社会保障部最新更新的企业年金基金管理机构名单。

第四节 不同监管模式的养老金运营情况比较

世界各国（地区）在养老金基金管理的监管方面根据各自情况选择合适的模式。从世界各国（地区）两种不同模式的养老金投资实践效果来看，采取审慎监管模式的国家（地区）的投资收益高于采取严格限量监管模式的国家（地区），同时风险水平也相对较低。早期的文献显示，1980—1995 年，采取审慎监管模式的 OECD 国家的平均真实收益率为 7.8%，风险为 9.5%，而采用严格限制监管模式的国家平均真实收益率为 5.8%，风险为 11.4%（见表 16-1）。

表 16-1　1980—1995 年 OECD 国家养老金投资组合的收益评估

	名义收益率（%）(1980—1995年)	标准差(1980—1995年)	真实收益率（%）(1980—1995年)	标准差(1980—1995年)	真实收益率（%）(1970—1995年)	标准差(1970—1995年)
英国	15.8	8.7	9.8	9.7	5.9	12.8
美国	13.2	9.2	8.4	10.9	4.5	11.8
德国	9.7	7.0	6.7	6.9	6.0	5.9
日本	8.9	9.1	6.9	9.4	4.4	10.2
加拿大	12.4	10.0	7.5	10.6	4.8	10.0
新西兰	9.2	6.3	6.3	6.7	4.6	6.0
瑞典	11.5	15.2	4.9	15.9	2.0	13.1
平均	11.5	9.4	7.2	10.0	4.6	10.0
审慎监管	11.9	8.7	7.8	9.5	4.8	10.2
严格限量监管	10.6	11.1	5.8	11.4	4.0	9.5

资料来源：Davis E.P.，Steil B. Institutional Investors[M]. MIT Press，2000.

各国的监管模式选择并非一成不变，而是随着国际国内经济和资本市场发展有所调整。部分采取严格限量监管的国家开始逐渐放松管制，引入更多的投资管理灵活性。即使是遵循"审慎人"规则的国家如美国和英国，其养老金进入股票市场的比例也是渐进的（见表 16-2）。各国养老金投资发展的历史也表明，随着一国资本市场的深化、基金规模的壮大及监管者水平的提高，各国一般会逐步从严格限量监管模式向审慎监管模式过渡，同时放松对投资工具和比例的限制，这也推动了养老金的投资工具呈现多元化的趋势。

表 16-2　部分国家养老金的股票投资比例　　　　　　　　　/%

	1970 年	1975 年	1980 年	1985 年	1990 年	1995 年	1997 年
英国	45	46	46	58	63	68.7	72
美国	41	41	43	40	46	55.7	61
日本	10	—	10	27	36.0	52	
加拿大	30	40	25	31	29	46.9	55

续表

	1970 年	1975 年	1980 年	1985 年	1990 年	1995 年	1997 年
瑞士	3	25	9	—	16	14.2	18
荷兰	14	13	7	15	20	26.4	36

资料来源：Davis E.P., Pension Funds. Retirement-Income Sedurity and Capital Markets: An International Perspective [M]. Oxford: Oxford University Press，1995.

根据 OECD 最新养老金报告，多数 OECD 国家在 2008—2018 年的考察期内，其养老金基金资产逐渐增加了配置在股票投资上的比例（见表 16-3）。

表 16-3 2008—2018 年部分 OECD 国家养老金计划资产配置比例

	养老金资产投资于股票的比例（%）										
	2008 年	2009 年	2010 年	2011 年	2012 年	2013 年	2014 年	2015 年	2016 年	2017 年	2018 年
奥地利	21.2	26.1	31.6	26.0	29.5	34.4	32.6	30.1	33.4	41.4	43.1
比利时	32.8	34.5	37.7	34.8	37.3	39.0	42.3	41.6	42.6	47.3	49.1
加拿大	31.8	33.9	33.8	30.9	31.2	31.7	30.1	28.3	28.9	30.5	28.7
智利	36.6	41.5	48.2	40.4	41.6	42.1	40.3	39.6	33.6	40.8	38.8
丹麦	17.1	17.4	23.6	20.2	19.9	21.5	19.6	22.3	21.9	25.6	25.2
德国	5.6	5.8	4.7	3.2	3.6	4.4	4.5	5.0	5.8	6.2	5.4
希腊	4.9	5.9	3.0	0.5	2.5	2.6	4.4	—	7.4	11.4	11.9
意大利	11.2	15.5	16.7	15.3	17.0	19.2	19.7	19.5	19.3	20.1	18.2
日本	12.8	13.8	13.3	10.7	11.3	12.7	10.6	10.8	9.6	10.4	8.1
挪威	22.5	31.0	34.3	29.0	32.3	35.5	36.0	35.4	35.7	36.9	35.8
波兰	21.5	30.2	36.3	30.7	34.8	41.5	81.9	82.3	82.8	85.2	84.9
西班牙	9.1	11.1	11.3	9.2	9.1	9.3	9.3	9.7	11.1	13.2	13.1
瑞典	—	14.5	14.7	14.0	13.5	14.5	14.5	13.8	15.3	13.9	13.9
瑞士	21.5	26.6	27.6	26.0	27.8	29.2	29.5	29.7	30.3	31.1	28.1
土耳其	8.0	9.6	12.0	—	16.1	14.0	13.5	14.2	11.9	13.1	13.8
英国	24.7	24.4	22.0	17.9	17.3	16.4	16.0	13.7	13.0	11.7	9.0
美国	26.3	27.9	28.6	28.0	28.9	31.1	31.0	31.1	31.4	32.8	30.7
	养老金资产投资于债券的比例（%）										
	2008 年	2009 年	2010 年	2011 年	2012 年	2013 年	2014 年	2015 年	2016 年	2017 年	2018 年
奥地利	49.0	53.4	48.9	52.0	52.1	48.1	47.8	46.4	45.7	44.4	45.4
比利时	42.3	40.8	42.8	46.0	45.9	42.0	45.0	43.8	44.8	41.7	41.1
加拿大	37.4	35.2	35.5	38.8	37.1	34.6	35.6	34.8	33.6	31.7	31.7

续表

	养老金资产投资于债券的比例（%）										
	2008年	2009年	2010年	2011年	2012年	2013年	2014年	2015年	2016年	2017年	2018年
智利	58.7	47.5	48.8	57.7	56.7	56.7	58.7	59.2	65.6	58.4	60.6
丹麦	53.1	56.6	46.8	42.8	40.7	36.1	33.9	32.8	31.1	29.9	30.9
德国	47.1	48.2	46.3	48.7	51.4	51.5	53.4	52.5	52.4	52.0	49.9
希腊	58.9	52.2	48.2	52.4	37.1	32.5	60.2	—	61.4	58.7	54.7
意大利	44.5	46.2	46.6	47.5	48.0	48.0	48.7	49.7	47.5	45.0	45.1
日本	37.5	36.6	36.8	38.5	36.4	34.3	33.3	32.5	32.4	30.4	31.6
挪威	66.0	59.1	57.0	62.3	59.0	57.2	56.7	56.5	55.4	54.2	56.2
波兰	74.9	66.5	59.4	62.4	55.8	51.8	9.5	10.4	9.7	7.4	7.7
西班牙	51.7	56.4	53.6	57.6	55.7	56.7	56.0	53.2	50.6	45.5	45.2
瑞典	—	27.0	24.6	29.7	27.9	23.5	21.7	18.7	17.3	14.5	16.1
瑞士	40.8	37.8	36.5	37.3	35.2	33.6	34.1	32.7	31.9	30.6	31.3
土耳其	70.1	70.0	58.6	—	58.4	69.0	63.3	58.4	54.1	50.5	54.5
英国	23.2	22.3	20.3	21.7	22.1	22.3	24.2	25.0	26.5	28.1	30.2
美国	28.0	25.9	25.5	26.7	26.2	23.2	23.5	23.9	23.4	21.7	24.5

资料来源：OECD pension at a glance 2019，www.oecd.org/daf/pensions/gps.

根据表16-3，OECD国家中多数在考察期内明显增加了配置在股票上的资产比例。奥地利从2008年的21.2%增至2018年的43.1%，比利时从32.8%增至49.1%，希腊从4.9%增至11.9%，意大利、西班牙、瑞典、瑞士、土耳其等国家均呈现显著放松趋势，波兰甚至从2008年的21.5%大幅度增至2018年的84.9%。部分始终遵循严格限量监管模式的国家比较稳定，如德国基本维持在5%左右的股票投资比例，但债券投资比例有所上升。部分国家在经历经济波动后出现股票投资比例下降趋势，如英国在股票投资比例显著下降的同时，债券投资比例明显上升，从2008年的23.2%提高至2018年的30.2%。

智利作为全球养老金改革的样板国家，其监管模式的变革遵循了从严格限量监管逐步放宽管制并向"审慎人"规则方向发展的变化轨迹。智利的养老金基金建立于1981年，起初限于资本市场落后和养老金规模较小，智利实行了严格的投资限制，养老金的投资范围仅限于政府债券、定期储蓄和非常有限的私人债券和股票，并对不同类别的资产设置最高上限：政府债券的投资限额是100%，抵押证券的投资限额是80%，定期存款的投资限额是70%。随着智利资本市场在深度和广度上的拓展，养老金监管水平的提高及各方参与者经验的积累，严格限制的规则也逐渐放宽：1992年对投资于外国证券解禁，股票的限制比例从30%提高到70%，外国证券的投资比例从9%提高到12%，相应的固定受益证券的投资比例则减少了，对证券化资产的投资限制也从70%降至1998年的50%。与此相适应，智利养老金投资组合也呈现多元化趋势。在养老金建立的前五年，全部都投资于固定收益证券。截至1990年，只有11%的养老金投资于股票，到1995年增长到30%，而海外投资的比例也上升到6%。

我国香港地区的强积金基金管理也经历了投资比重从较为保守谨慎到更为放松激进的过程。根据香港强积金局官方统计数据，整理得到2008年和2019年各类型基金的投资比重（表16-4）。相比2008年，2019年保守型低收益的基金类型的投资占比下降，如保守基金、货币市场基金、保证基金等；而权益类投资的投资占比显著上升，净资产配置于股票基金的占比从2008年的24%大幅度提升至2019年的40%，统计数据显示香港强基金监管表现出投资限制方面的逐渐宽松。

表16-4 我国香港强积金投资类型比例变化

基金类型	投资特点	2008年比例（%）	2019年比例（%）
保守基金	每一个强积金必须提供保本基金。投资于平均期90日的银行存款及短期优质债券，投资回报高于港币活期储蓄利率，方可以扣除行政费。特点是低行政费与低风险	16	11
货币市场基金	短期有息证券，利用庞大的资本赚取较高的利息	1	<0.5
保证基金	提供某种程度的回报保证，通常要缴付保证费用，有附带条件	12	8
债券基金	以赚取利息为主，债券发行者多数为政府、公共机构和大型企业	2	4
混合资产基金	投资于股票和债券市场，不同基金的命名略有不同，其中的股票和债券比重亦有不同	45	36
股票基金	全数或主要投资于股票市场，以资产增值为目标，回报率高，风险也较高	24	40

资料来源：香港强积金局《强制性公积金计划统计摘要2019》。

上述分析表明，各国（地区）的基金监管模式各有侧重，但总体上都在根据世界经济发展和本国实际进行相应的调整，整体上呈现出对投资比例限制方面的放松趋势。因此审慎监管和严格限量监管并不是一成不变，各国（地区）的选择也并非非此即彼，而是根据各国（地区）经济情势予以修正调整，严格限量监管的国家（地区）可能逐渐放松管制，提高资本市场投资比例，而审慎监管的国家（地区）也可能基于实际情况降低风险。对严格限量监管和审慎监管的理解应当具有灵活性和辩证性。

第五节　严格限量为主、审慎监管为辅的混合监管模式

我国社会保障基金成立较晚，肩负着老百姓社会风险防范的重要使命。同时，中国资本市场也尚处于发展阶段，我国社会保障基金投资管理适合采用哪种监管模式呢？

实行审慎监管相当于开放了社会保障基金管理市场，根据微观经济学理论，处于接近完全竞争中的市场能够实现帕累托效率，可以避免供给不足以及价格过高的现象。但是，社会保障基金投资监管模式的选择取决于一个国家的政治、法律和行政传统，取决于与社会保障基金相关的各个不同的社会和政治因素的相互作用。从发达国家养老基金投资监管模式来看，由于其经济发达，金融体制和监管体系较为完善，资本市场和各类

中介组织发育充分，相关法律较为健全，为"审慎人"规则确保基金安全提供了良好的外部环境。我国处于社会保障基金投资管理初期，投资管理人和监管层经验的欠缺、资本市场的高波动性、投资管理人自我监管和治理结构的不完善、法律方面的障碍、资本账户的管制以及"审慎人"规则要求的高透明度信息披露等限制条件，决定了我国暂时不宜采用完全的审慎监管模式，而应制定较为严格详尽的投资限制，这也是目前我国企业年金监管采取严格准入限制模式的现实合理之处。但我国关于企业年金基金投资管理的限制也呈现明显放松趋势，2011年新颁布的"11号令"比2005年的"23号令"在投资方面有明显放松，可以看作我国从严格限量监管到审慎监管渐进尝试的开端。2015年《基本养老保险投资管理办法》出台，参照企业年金基金管理办法实施管理，也属于严格限量监管的范畴。

我国正经历经济社会的各项改革，面临各种严峻的社会和经济挑战，特别是影响深远的人口老龄化趋势，对我国社会保障基金管理提出了新的要求。我国的社会保障基金管理市场建设，一方面应把"养命钱"的安全性摆在首位，坚持严格限制准入模式的基础地位；另一方面，应在安全性的基础上重视收益率，提高养老基金的回报水平。因此，我们不能单纯固守一种监管模式，而是应该借鉴国外发达国家的实践经验，结合我国社会保障基金管理的实际情况，采取以严格限量为主，审慎监管为辅的混合监管模式，在如下方面对现有监管模式进行改进：

（1）完善风险承担机制，实现风险与收益的对等。以企业年金为例，我国《企业年金基金管理办法》（以下简称《办法》）对于投资管理人收取的管理费中，需提取20%作为风险准备金，专项用于弥补基金亏损。但是《办法》规定风险准备金弥补亏损直至用尽，并没有规定企业年金投资管理人以自有资金承担清偿责任。这实际上锁定了投资管理人的风险，同时将企业年金基金暴露于较大的风险中。这是一条明显保护投资管理人利益的规定。投资管理人对企业年金基金的投资收益负有直接责任，并且其是否尽到审慎勤勉的义务将直接影响投资效果。为了鼓励投资管理人努力工作同时避免消极行为，应当让投资管理人在获得投资收益的同时也承担相应亏损的风险，否则将出现"赚钱我有份，亏钱我无损"的现象，必然损害企业年金基金的利益。

（2）进一步放松社会保障基金的投资限制。根据2011年《企业年金基金管理办法》，企业年金投资规定有所放松：降低流动性产品及货币市场产品的限制比例，大幅提高固定收益类产品的投资比例至95%。尽管投资于权益类产品的比例没有太大变化，但取消了股票20%的限制，上限可至30%。这次政策的调整已经明显地表现出逐步放松投资限制的政策尝试。但总体上，我国对企业年金基金的投资限制还是比较严格的，一方面，我国与其他国家相比投资工具偏少；另一方面，投资组合中对收益较高的权益类资产的投资比例限制还是没有松动。因为《办法》没有规定最低收益率，投资管理人为了保证基金安全，很可能将基金主要投资于银行存款和国债，这样就降低了企业年金的投资收益率，进而损害了受益人的利益，在遇到通货膨胀时，受益人的损失将更加严重。因此，目前逐步放松投资比例管制的做法值得坚持，根据市场发展的实际情况，逐步放宽投资限制，增加投资选择范围，同时提高投资股票和股票基金等的比例，允许企业年金投资于海外和固定资产，逐步走向审慎监管的模式。

（3）设立相对收益率担保机制。相对担保就是设置一个相对于某一基准指数的收益率，这个指数可以是所有养老基金的平均收益率，也可以是政府债券的收益率或银行利率。监管部门建立相对收益率担保的目的是为了平衡职工之间的养老基金投资收益率差异，防止因投资管理人的管理不善或违法行为而承担过度市场风险。当投资管理人的投资绩效较差且不能满足担保要求时，投资管理人必须承担担保的成本。在设定收益率担保方面，智利、阿根廷、波兰等国家都有较为成功的经验。这几个国家都规定基金管理人对投资收益与风险共担的原则，提取的储备基金不足以支付亏损时，必须用自有资产支付，如果仍不足以支付，基金管理人宣布破产，用政府基金弥补缺口。这样的机制才能让投资管理人尽最大努力提升投资收益，避免发生亏损。

（4）对外资机构有条件地开放市场。有条件地引入外资机构参与市场，可以采用公开竞标方式获取牌照。对年金管理机构实行审批制，一方面是有利于降低受托人选择专业投资机构的风险，有利于控制基金投资风险，最大限度地保证年金的合规发展和广大受益人的利益；另一方面是为了避免恶性竞争，保护国内金融机构。外资金融机构进入我国养老金市场，可以促进内资经营机构提升自身竞争实力，引入国际先进的社会保障基金经营理念、技术和方法，改善内资公司在社会保障基金经营管理中的风险控制和收益匹配；同时，外资投资管理经营机构的进入，可以促进我国社会保障基金市场的多元化与高效率，促进我国市场的发育和成熟，最终令社会保障参与职工受益。

综上，我国目前以养老金为代表的社会保障基金管理市场尚不具备实施完全审慎监管模式的条件，还应当以严格准入监管为主，但我们必须清醒地认识到严格准入监管模式的局限性及未来发展的趋势，主动而积极地创造条件逐渐放松各方面管制，最终实现投资收益较为理想而同时风险较小的审慎监管模式。

【本章知识要点】

（1）严格限量监管和审慎监管模式是国际上两种主流的社会保障基金监管模式。前者通过政府的严格许可证管理，设定进入标准，将能够参与基金投资的主体限定在一定范围内，并对投资比例限制做出规定；后者仅规定一般性要求而对市场参与主体的数量、投资比例等均不做明确限定，但要求承担审慎人职责。

（2）我国社会保障基金监管包括全国社会保障基金、企业/职业年金基金和基本养老保险基金，均采取严格准入限制监管模式。

（3）严格准入限制监管模式会造成市场的福利损失。

（4）国际上，采取审慎监管模式的国家比采取严格准入限制监管模式的国家基金投资收益更高且风险相对较小。无论采取哪种监管模式，各国均表现出逐渐放松管制的整体趋势。

（5）我国国情适合采用以严格准入监管为主，以审慎监管为辅的混合监管模式。

【本章专题案例】

万亿企业年金基金管理机构"选秀"，哪些机构有资格申请?

2018年5月，中华人民共和国人力资源社会保障部发布《关于企业年金基金管理机构资格有关事项的通告》，对部分已获得企业年金基金管理资格的金融机构开展资格调整申请的受理工作。通告主要内容如下：

关于企业年金基金管理机构资格有关事项的通告

人社部函〔2018〕48号

根据《中华人民共和国行政许可法》《国务院对确需保留的行政审批项目设定行政许可的决定》（国务院令第412号）及《企业年金基金管理机构资格认定暂行办法》（人力资源和社会保障部令第24号，以下简称"24号令"），按照国务院关于完善行政审批项目受理工作的有关要求，结合企业年金基金市场实际情况，决定对部分已获得企业年金基金管理资格的金融机构开展资格调整申请的受理工作，现就有关事项通告如下：

一、关于申请的受理范围

一是经原保监会批准新成立的养老保险公司：集团范围内已获得部分企业年金基金管理资格、近几年经营稳健且业绩良好的，可申请集团内部资格转移和新增部分资格。二是具有企业年金基金账户管理资格的商业银行：近几年经营稳健且业绩良好的，可申请增加受托管理资格。

此次调整资格，受托不超过3个，账户管理不超过2个，投资管理不超过2个。

二、关于申请的条件

此次资格调整仍按"24号令"的相关规定进行，并实行专家评审。拟提出申请的机构（以下简称"申请人"）应符合"24号令"中相关资格所应具备的条件要求。同时，下列条件将作为重要参考条件：

（一）申请法人受托机构资格的申请人

（1）最近3年的净资产水平。

（2）最近3年的平均净利润水平（申请人因新成立尚无相关业务数据的，采用所在集团公司数据，下同）。

（3）最近3年的平均主营业务收入水平。

（4）经营金融业务或者管理金融机构的业绩、财务状况和社会信誉，现有其他企业年金基金管理业务开展情况、业绩等综合表现。

（5）设立专门的受托管理部门、风险控制部门的情况。

（6）企业年金基金受托管理平台建设情况，是否满足年金运营、资产管理、投资监督、信息披露等业务需求，与账户管理人、托管人、投资管理人等管理人系统对接的能力，数据安全和运营保障能力，以及灾难备份体系和应急保障机制建立情况。

（7）董事、监事、高级管理人员所具备的任职条件，部门负责人管理年金的经验及兼职情况，专职运营管理和专职受托资产管理人员数量，核心成员的大类资产配置管理经验。

（8）最近3年受到相关监管部门处罚或立案调查的情况。

（二）申请账户管理人资格的申请人

（1）最近3年的净资产水平。

（2）最近3年的平均净利润水平。

（3）最近3年的平均主营业务收入水平。

（4）现有其他企业年金基金管理业务开展情况、业绩等综合表现。

......

（三）申请投资管理人资格的申请人

（1）净资产水平。

（2）现有其他企业年金基金管理业务开展情况、业绩等综合表现。

（3）设立独立的交易部门、专门的交易场所的情况以及交易制度建立情况。

（4）设立专门养老类资金投资部门的情况、投研专职人员数量、投研负责人和拟任投资经理的平均投资管理年限及其养老型资管产品投资管理经验。

......

此次资格调整，主要是解决目前年金市场上存在的一些突出矛盾。下一步，为了贯彻国务院关于完善行政许可工作的一系列要求，将稳步推进企业年金基金管理资格常规受理工作。各有关单位和机构，如有意见建议，可及时与我部联系。

思考与讨论：

请根据案例内容，分析我国企业年金基金投资管理的监管模式的特点。

【本章思考题】

1. 比较严格限量监管和审慎监管模式。
2. 为什么严格准入监管模式下企业年金服务会减少而价格会提高？请对其市场效应进行经济学理论的分析。
3. 世界各国的养老金基金投资比例限制经历了怎样的变迁过程？
4. 我国适合采取完全审慎监管模式吗？为什么？

第十七章 社会保障基金监管政策与监管实务

【本章学习目标】
- 深刻理解对社会保障基金进行监管的重要意义
- 掌握社会保障基金监管体系的构成
- 了解社会保障基金的监管内容
- 了解社会保障基金的监管方式与监管流程

社会保障基金监管是社会保障基金管理的重要内容,是社会保障基金顺畅运行、规避各类风险,提高基金运行效率,促进社会保障基金安全、稳健、顺畅运行的必要保障。本书主张社会保障基金监管是涵盖法律、制度、市场、经办、运行等社会保障基金管理全部环节和内容的全面监管,是渗透在社会保障基金管理全过程的一项系统工程。

第一节 社会保障基金监管的重要意义

社会保障制度是现代社会生产方式下,帮助公民抵御各种社会风险的制度安排,对应的社会保障基金是当风险发生时为民众提供帮助的重要物质基础,可以说是老百姓的"养命钱",基金安全的重要性不言而喻。而社会化的制度运行,以及大规模积累基金的管理,却面临着各种各样的风险。

一是基金遭遇行政权力滥用干预,被非法违规挤占挪用的风险。我国社会保障基金管理运行历史上出现多次社会保障基金如养老保险基金被地方政府或政府部门挤占挪用的事件,导致基金安全性遭遇来自管理制度内部的严峻威胁,因此必须对社会保障基金管理相关的行政权力加以约束和限制,在制度上阻断因权力滥用造成基金安全损害的风险。我国采取"收支两条线"制度可以在一定程度上保证基金的收缴与支付相互分离,财政与审计实施监督,避免行政权力滥用导致基金被挤占挪用的风险。

二是社会保障基金在经办管理过程中的风险,如逃缴、漏缴、拖欠、截留社会保障缴费,是否按时足额缴纳,支付环节有无按时足额支付、冒领、骗保,基金结余管理是否符合财务规定,有无违规操作等。经办过程中的各种跑、冒、滴、漏风险将会损害社会保障基金运行的公平正义基础,威胁基金的长期稳健运行。因此,需要通过内外部的监管措施来防范经办风险,维护基金安全。

三是社会保障基金投资运营管理中的风险。投资管理本身是高风险活动,社会保障基金管理机构必须尽到完全的审慎义务,以社会保障基金受益人的利益为根本目标来安排投资策略,实施投资活动。若投资管理人的管理原则出现偏差,就会利用委托代理的信息优势而为自己牟利,损害基金权益。因此需要社会保障基金监管从原则、流程、机制等方面实施监管,促使基金管理机构充分尽到审慎人义务,发挥投资专业优势开展投资活动,促进社会保障基金的安全稳健与保值增值。

四是其他外部风险。社会保障基金作为长期积累滚存的大笔基金,除了上述内部风险之外，还面临着一系列外部风险。如通货膨胀导致的购买力风险，资本市场波动风险，国际经济和政治局势导致的系统性风险等。这些外部风险是难以通过制度安排和投资策略的调整而规避的，但却是社会保障基金真实面临的风险。我们只能通过监管强化内功，增强社会保障基金的抗风险能力。

上述社会保障基金管理中面临的各类风险，需要我们在法律、政策、体制、机制、管理等方面全面加强监管，避免人为因素造成的基金损失，为基金安全保驾护航。

第二节 社会保障基金的监管体系

社会保障基金的监管体系是指对社会保障基金管理起到监督、督促、审查、违规行为矫正和惩罚等职能和作用的所有立法机构、政府机构、社会组织、制度规范、流程原则等构成的监督体系的总称。主要包括以下四个方面：

一、法律政策层面的监管

法律、法规、政策，是社会保障基金得以建立、运行和维持的根本依据。

（1）立法监管。立法监管是国家立法机关根据我国根本性法律和法规，指导和约束社会保障基金管理相关的主体实施一系列符合法律的行为。我国国家立法机关是全国人民代表大会及其常务委员会，根据社会发展需要提请制定并通过全国范围法律。我国与社会保障基金管理有关的法律主要有《中华人民共和国劳动法》《中华人民共和国保险法》《中华人民共和国证券法》《中华人民共和国信托法》等，从不同角度对社会保障基金管理涉及的法律关系进行约定和调整，对相关行为实施监督，对违法行为进行惩罚。

（2）国家政策、行政法规层面的监管，是我国法律体系的第二个层次。行政法规是国务院为领导和管理国家各项行政工作，根据宪法和法律，按照法定程序制定的有关行使行政权力、履行行政职责的规范性文件的总称。行政法规的制定主体是国务院，行政法规根据宪法和法律的授权制定，必须经过法定程序。行政法规一般以条例、办法、实施细则、规定等形式组成。发布行政法规需要国务院总理签署国务院令。行政法规的效力仅次于宪法和法律，高于部门规章和地方性法规。我国与社会保障基金管理有关的行政法规主要包括《全国社会保障基金条例》《社会保险费征缴暂行条例》等，对社会保障基金管理进行一般性覆盖全国范围相关行政事务的法规规定。

（3）部门规章。部门规章是国务院所属各部、委员会根据法律和行政法规制定的规范性文件，是在本部门的权限范围内制定和发布的调整本部门职责范围内的行政管理关系的规范性文件。因国务院所属部委职责不同、数量较多，因此部门规章也是数量众多。社会保障基金管理相关的部门规章主要是由人力资源社会保障部等社会保障行政主管部门，以及与基金管理有关的财政部、审计署、证监会、银保监会等部门制定。如《全国社会保障基金投资管理暂行办法》《企业年金管理办法》《企业年金基金管理办法》《基本养老保险基金投资管理办法》《国务院关于企业职工基本养老保险制度的决定》等，就相关社会保障基金的运行和管理提出比较具体的规定。

（4）规范性文件。规范性文件是法律范畴以外的其他具有约束力的非立法性文件，各级政府、政府部门、团体、组织，在各自职能与管辖权范围内制定的约束性文件。规范性文件的制定主体和种类都非常多，是我国社会各个方面约束性文件规定的重要组成。与社会保障基金管理有关的规范性文件非常多，且随着我国社会发展需要不断进行修正调整和改革。较高层级的规范性文件是党中央、国务院发布的文件，如《国务院关于建立统一的企业职工基本养老保险制度的决定》《国务院关于建立城镇职工基本医疗保险制度的决定》《中共中央、国务院关于切实做好国有企业下岗职工基本生活保障和再就业工作的通知》《国务院办公厅关于印发机关事业单位职业年金办法的通知》等；之后是部委发布的规范性文件，如人力资源社会保障部、财政部、税务总局印发《关于阶段性减免企业社会保险费的通知》《失业保险金申领发放办法》、人力资源社会保障部办公厅印发《关于职工基本养老保险关系转移接续有关问题的补充通知》等。

法律政策层面，大到根本的政策目标与原则，细到具体社会保障基金运行管理的操作流程与规范，可以说是社会保障基金管理的依据。社会保障基金的建立、运行、管理与维护，都需要依据法律政策规定来执行实施，任何违背法律、违反政策规定的行为，都会受到对应的监督和惩罚。

二、政府主管部门、监管机构的监管

政府行政主管部门和专业监管部门是社会保障基金监管的直接主体，包括社会保障行政主管部门、金融证券行业主管部门、财政、审计机构等。

（1）各级社会保障行政主管部门是社会保障基金运行管理的直接主体。行政监督是按照行政管理权限和行政隶属关系而产生，并由行政机构对所属部门和下级政府部门实施的监督。中央和地方社会保障行政管理部门上级对下级对口行政管理部门和本级、下级基金经办机构实施行政监督。社保经办机构是法律法规授权的社会保障行政部门所属专门办理相应社会保障项目的工作机构，专门办理养老保险、医疗保险、失业保险、工伤保险等社会保险事务的专门工作机构。社保经办机构不属于社会保障部门的行政序列，但是政府派出的履行公共职能的专业机构，依照法律和法规规定实施社会保障基金的收缴、管理、支付、社会保险关系的记录、变更、转接等具体事务工作，运行和管理社会保险基金。各级社保经办机构隶属于本级社会保障行政主管部门，由本级行政部门实施监督，对下级社保经办机构具有业务指导和对接职能。

（2）财政部门对社会保障行政管理部门及其经办机构，以及对下级财政部门的社会保障基金监管职能的实施情况给予监督。财政资金是社会保障基金的重要来源，财政部门对社会保障管理部门遵守财经法纪和纪律以及财务会计制度情况进行监督。社会保障的相关经费预算和执行，要由财政部门进行监督控制。

（3）审计监督是由专职审计机构进行的专项监督。因为审计部门地位独立，与社会保障行政主管与业务部门没有业务联系和利益关系，因此具有地位超脱、监督内容全面深入、监督结果比较客观公正的特点。在社会保障基金监管体系中，审计监督占有重要地位。根据国务院有关规定，审计机关依照法律和法规，对社会保障基金的征缴、存储、拨付等行为以及财政专户的管理情况进行审计监督，对社会保障基金运行过程及结果进行定期审核检查。通过审计监督，及时清查各部门、各环节在基金运行中存在的问题，提出整改建议。

（4）金融监管部门的监管。我国金融监管部门包括银保监会和证监会，（2018年机构改革时，银监会和保监会合并为银行保险监督管理委员会，简称银保监会）。银保监会依法依规对全国银行业和保险业实行统一监督管理，维护银行业和保险业合法、稳健运行。在社会保障基金管理中，银保监会需要对参与社会保障基金投资管理的商业银行、保险公司的基金管理业务的合法合规性进行监督管理。证监会为国务院直属正部级事业单位，依照法律、法规和国务院授权，统一监督管理全国证券期货市场，维护证券期货市场秩序，包括监管证券期货经营机构、证券投资基金管理公司、投资咨询公司，以及审批基金托管业务等。参与社会保障基金管理的基金管理公司、投资管理公司及其相关基金管理业务均受证监会监督管理。

我国《企业年金基金管理办法》就是由人力资源社会保障部与证监会、原银监会、原保监会"一部三会"共同发布的行政法规，体现出多个政府行政主管机构协同监管的特点。

三、社会保障基金运行机制内的监管

为保证社会保障基金的安全、顺畅运营，对社会保障基金运行中的流程、机制等进行设计，构建"防火墙"，避免基金在运行中遭遇风险。

一是社会保障基金的"收支两条线"制度。通过基金收缴和支付发放经由财政专户分别进行，杜绝基金在征缴发放环节可能遭遇的风险，保障基金安全。二是社会保障基金管理的防火墙制度设计。根据《企业年金基金管理办法》的规定，企业年金基金的受托人与基金托管人、投资管理人与基金托管人不得为同一人，必须分别由不同的法人机构承担职责；同时，相关机构的管理人员不得相互兼任。对于具备资格的法人受托机构兼任投资管理人时，也必须建立风险控制制度，确保各项业务之间的独立性；承担企业年金基金管理业务的部门与本机构原有业务部门和业务应当严格分离，不能相互交叉和影响。三是基金管理机构的内部审计与会计核算制度。我国财务会计制度要求各基金管理经营机构应当开展内部审计和会计核算，提升内部管理水平和社会保障基金管理的合规性程度。内部审计和会计核算在安全风险发生之前或者发生之处及时解决，将大大降低基金安全风险发生概率和可能造成的损失程度。四是信息披露制度。我国社会保障基金管理的系列法律、法规、政策、规章等，对社会保障基金管理中的信息披露均有规定。全国社保基金是国家战略储备基金，根据规定定期披露基金信息。企业年金基金关系到广大参保企业和职工的切身利益，因此信息披露的规定更详细具体，包括年度报告、季度报告、重大事项信息披露等，均是在社会保障基金运行流程中设计的监管机制，时时维护社会保障基金的安全稳健运行。

四、社会中介机构、独立第三方的监管

资本市场成熟的国家通常有非常发达的社会中介组织、第三方咨询服务机构等，也行使监督管理职能，包行业协会、会计师事务所、律师事务所、精算师事务所、新闻媒体等。通常对于行业内企业，行业协会除了具有帮助促进等功能外，还有督促本行业企业合法合规经营，避免法律和经营风险的职能。良好的行业自律规范和职业操守，需要行业协会长期持续的努力。会计师事务所是现代经济运行中不可忽略的重要角色，它们担负着对企业财务状况的汇总、分析、报告，具有依据法律规定报告相应公司财务问题和提示财务风险的职责，甚至为此要承担连带责任。这使得会计师事务所对其所服务的企业或者机构具有业务层面的监督权，行使监督职责。精算师事务所、律师事务所等在各自业务领域内也行使一定的监督职能。新闻媒体是外部舆论监督的主体，对于可能发生的损害社会保障基金

权益的事件进行报道和曝光,将有助于从外部监督社会保障基金管理机构,提升管理水平,避免管理风险和丑闻事件;同时新闻媒体还是公众了解基金管理机构资质、过往业绩、经营能力水平等重要信息的渠道。因此,公平、透明、自由的新闻媒体环境将有利于对社会保障基金的监管。

第三节 社会保障基金的监管内容

一、社会保障基金管理的合法性与合规性

合法性监督是对社会保障基金各项规章制度、经营决策等是否符合国家法律法规和政策,包括地方各级政府及其经办机构相关政策实施的合法性审查。合规性监督着重于对具体经办机构、社会保障基金投资管理机构的内控制度、流程、手续等是否符合行政主管部门及监管部门的规定进行审查。

二、社会保障基金经办风险

社会保障基金经办包括基金征缴、基金支付、结余基金管理等具体的流程环节,社会保障基金的经办风险监管也依据各流程环节的特点展开。

(一)基金征缴的监管

基金筹集是社会保障基金管理的起点,是制度运行的基础环节。基金征缴涉及缴费单位和征缴经办机构两方面。

对缴费单位的监管,主要包括:缴费单位或个人是否按照规定缴纳社会保险费,是否少报瞒报参保职工人数,是否少报瞒报工资总额、少缴漏缴保险费,是否故意拖欠或者拒缴社会保险费,是否截留社会保险缴费等。

对征缴和经办机构的监管,主要包括:承担基金征缴责任的征缴机构是否按法律规定的项目和标准及时、足额征缴社会保险费,是否存在擅自提高或者降低社会保险费征缴比例、擅自减免相关缴费等行为;是否存在转移、隐瞒基金收入、私设"小金库"等问题;是否有挤占挪用基金的行为,是否及时足额归缴所收基金,是否存在少征基金等行为和情况;对于经办机构,则重点监督其是否及时办理参保、缴费相关手续,是否及时核对并汇总上报缴费数据,是否及时足额将收缴基金入户入账等行为。

我国《社会保险费征缴暂行条例》(以下简称《条例》)是有关基金征缴的法律规定,依据《条例》对征缴环节实施监督管理。

(二)基金支付的监管

社会保障基金支付是社会保障基金管理的后端环节,体现社会保障制度对参保人或者受益人的风险补偿或者帮助,是制度社会福利性的直接体现。基金支付环节实施的公正、高效、合理,是基金管理的内在要求。社会保障基金支付监管主要是监督社会保障经办机构是否按照规定的项目、范围和标准支出基金。

对经办机构的监管内容主要有:是否违反相关政策法规,是否依法足额及时支付社会保险金,有无拖欠、截留问题,社会保险金支付是否按规定的编制预算、计划,调剂金的

分配使用是否合法合规，是否遵照了合法的报批审核程序等，有无虚列支出、转移资金和挤占挪用等损害社会保障基金的问题，支付中是否存在多支付、重复支付，是否及时记录待遇发放与调整信息，经办机构经办控制是否健全，业务结算等环节是否存在衔接不畅导致的计算差错等支付过程中的具体行为。

对参保单位和个人的监管内容主要有：是否已经合法参保并符合支付领取条件，是否存在虚假工龄、虚假年龄、虚假身份等骗保现象，是否存在多报离退休人数或者死亡不报、冒领社会保险待遇的行为等。

（三）结余基金监管

结余基金是社会保障基金在支付当期应付保障支出后，留有的余额，包括历年结余滚存的基金。由于这笔规模巨大的基金面临安全管理的需要，相关部门对此进行相应的监管十分必要。

对结余基金的监管内容主要是：①监督各级政府、财政部门、经办机构和其他单位、个人有无挤占挪用基金、违规办理贷款抵押等行为；②是否按照法律法规的要求安排购买国债与合理存款期限安排，是否依规及时、足额拨入支出专户；③年度预决算制定和执行情况，有关会计账簿、凭证是否真实合法；④经办机构内控机制是否有效；是否发生不可抗拒的基金损失；⑤管理人员有无贪污、盗用、私分社会保障基金等严重违法违纪行为等。

三、社会保障基金投资运营风险

社会保障基金需要进行投资管理以对抗长期通货膨胀，获得基金的保值增值。在社会保障基金投资运营过程中存在一系列风险，需要给予科学合理的监督管理。

（一）社会保障基金投资管理运营机构的资格审定与准入

我国社会保障基金投资管理采取严格限量监管模式，对市场机构实施资格准入。社会保障基金主管政府部门对所有申请参与社会保障基金管理的市场机构，根据其资产规模、经营状况、诚信水平、历史业绩、内控机制等标准，优选资质过硬实力雄厚的市场机构，发放准入资格牌照，准许进入市场开展社会保障基金的投资管理业务。

（二）社会保障基金投资管理运营机构的规范退出

严格准入的限制模式必须匹配合理的市场化筛选机制，对于不符合基金管理要求，达不到基本投资管理目标的市场机构，按照合理的标准和程序，设计平稳规范退出市场的机制。这样才能保证市场中的基金管理机构都是有能力的、符合社会保障基金投资管理要求的机构，促使所有的市场机构尽全力争取良好的投资业绩，不偷懒不怠惰。可以设定一个业绩比较基准，以此作为评判市场机构运行状况的依据，对长期业绩低于该比较基准一定比例的基金管理经营机构，应规范退出，保持社会保障基金投资管理市场的活力。

（三）投资管理运营风险的实时动态监管

社会保障基金日常投资运营管理中需要根据投资战略实时做出投资决策，或者根据市场变动调整投资策略。为保证社会保障基金承受的风险在一定范围之内，通过设定投资管理的规范包括投资比例限定等，能够将社会保障基金的投资运营风险控制在一定水平，具体可以包括：

（1）投资流程与"防火墙"设计，防范基金在市场主体间流转时可能发生的操作层面的风险。

（2）投资比例组合监管，通过规定各不同风险类型投资对象的限定比例，来整体上把控投资管理风险。

如我国企业年金基金，规定投资于股票、股票基金等权益类资产的比例不超过基金资产净值的30%，而投资于现金类资产的比例不低于5%等，就是对社会保障基金投资的明确比例限定。我国企业年金基金也因为这样的比例限定，在2008年金融危机中，相比其他国家养老金资产大幅度缩水损失的巨大风险，我国企业年金基金损失不大，有效降低了基金投资的风险。投资比例限定监管应根据国家的经济发展、资本市场成熟度等情况实施动态调整，以适应变化，提高社会保障基金的投资收益。我国企业年金基金的比例限定就从2005年到2011年经历了比例限定的调整过程，显示出监管动态调整的灵活性。

（3）基金管理机构及经理人员的监管，包括机构经营的长期稳健性要求、业务独立性要求等，经理人员的职业操守要求，不得兼任的利益冲突要求等。

（四）第三方托管与相互监督机制

社会保障基金投资管理，规模巨大的积累基金必须采取第三方托管的方式，使得基金独立于委托人、投资管理人等利益相关主体，保证基金安全。第三方信托机制能够有效防范基金的重大安全风险，被世界各国所采用。此外，社会保障基金管理中不同职能的市场主体，相互之间构建既协同合作又监督制约的相互监督机制。比如我国《企业年金基金管理办法》明确规定，企业年金基金的受托人应当对企业年金基金管理进行监督，基金托管人应按照规定监督投资管理人的投资运作并报告监督情况，明确当托管人发现投资管理人的相关指令和操作违反规定或者合同约定的，应当立即报告托管人和监管部门，起到一线监督投资管理活动的功能作用。

（五）信息披露

现代金融资本市场中的投资活动受到市场信息的极大影响。充分、透明及时的信息，有助于投资者作出正确决策，有利于市场的良性竞争与优胜劣汰。我国《全国社会保障基金投资管理暂行办法》《企业年金基金投资管理办法》中均明确规定了相关信息披露的要求，对市场主体有关投资的重要活动，要求及时、全面披露，包括资产、收益、现金流量等财务状况，提交财务会计报告、投资管理报告、重要变更事项及时报告等。

第四节　社会保障基金的监管方式与流程

社会保障基金监管方式是指为履行基金监督职能、达到基金监管目标而采取的措施方法。在实施社会保障基金管理监管中，主要有两种监管方式：现场监管和非现场监管。

一、现场监管

现场监管是社会保障基金主管行政部门或者专业监督审计部门，定期或不定期派驻专业监督人员到被监督单位，对被监管单位管理社会保障基金的情况进行现场实地监督检查，包括审查其合法性、合规性、基金管理水平、经办风险的控制、运营风险防范、基金收益与风险水平等。根据需要进行全面或者专项现场监管。现场监管可以定期和不定期，可以全面也可以实施专项监管检查，对社会保障基金的运行实施有力有效的直接监管。

现场监管应当由两名以上监管人员共同进行。实施主体可以是政府监管机构，也可以是监管机构委托的下级监管机构或者独立社会中介机构。现场监管一般应预先告知被监管单位，被监管单位准备相关资料备查。社会保障基金现场监管的程序主要包括立项、准备、实施、报告和处理五个阶段。立项阶段即根据年度检查计划确定具体检查的对象、目的、内容，组成检查组；准备阶段即收集过去的检查报告和问题资料，分析问题，确定检查重点，研究检查方案，准备检查问卷，并向被检查单位发出检查通知；实施阶段即检查组进驻被监督基金管理机构，出示检查手续，听取报告，调取所需资料，检查会计凭证和报表，核实有关问题；报告阶段即现场检查结束后，检查组在规定的时间内向监管机构提交检查报告，提出检查事实，说明存在的问题，处理意见和依据等；处理阶段即检查报告经监管机构审核后，由社会保障行政主管部门或者政府监管部门对被监督检查单位存在的问题提出整改建议，对应当纠正和惩罚的行为依法作出检查处理决定并实施。

二、非现场监管

非现场监管是监管常态化的重要途径，对于弥补短时现场监管所不能够涵盖的方面有非常重要的作用。社会保障基金非现场监管的目的主要是，发现目前管理运行状况尚好，但在短期或者中期可能会出现问题的机构，密切关注，防患于未然；密切监督已经发现问题的机构，不断获得管理运营信息，掌握改进情况，防止进一步恶化；评估整个基金管理运营系统的动态，通过综合信息的研究，分析社会保障基金管理运营的轨迹和趋势，为制定切实、有效的基金政策和监督措施提供依据。

非现场监管通过提前设计的一系列报表，要求被监管单位定期报送。通过定期的数据汇总与持续跟踪，分析和掌握被监管机构社会保障基金管理的状况，及时掌握可能存在的风险，对于违规违法行为及时纠正。非现场监管的程序一般包括：一是根据监管计划和需要，确定提出定期报送的数据表格体系，明确内容、格式、范围、报送方式等，通知被监管单位；二是审核各单位定期报送数据，进行汇总分析；三是评估社会保障基金管理存在的问题，撰写监督分析报告，供监管主体参考。

【本章知识要点】

（1）社会保障基金管理面临各种风险，主要包括权力滥用、挤占挪用风险，经办管理风险，投资运营管理风险，外部市场风险等，需要实施监管以规避风险，促进社会保障基金的良性运行。

（2）社会保障基金的监管体系由四个方面构成：法律政策层面的监管，政府行政主管机构或专业机构的监管，社会保障基金运行机制的监管，社会中介机构、独立第三方的监管，这四个方面共同构成一个全面的监管体系。

（3）社会保障基金的监管内容主要包括合法性合规性、基金经办风险和投资运营管理风险，需要在每一个监管内容中，进行细致而全面的监管。

（4）社会保障基金的监管方式主要分为现场监管和非现场监管，共同构成一个平时常态化与短时集中化相结合的监管方式。

【本章思考题】
1. 为什么要对社会保障基金管理进行监管？
2. 社会保障基金监管的体系构成是怎样的？
3. 在社会保障基金投资运营的风险监管中，如何整体上控制社会保障基金投资的风险？
4. 现场监管与非现场监管的特点分别是什么？

参考文献

[1] Davis E.P., Pension Funds: Retirement-income Security, and Capital Markets: and International Perspective[M]. Oxford: Oxford University Press, 1995.

[2] H. Markowitz. Portfolio selection[J].The Journal of Finance，1952，7（1）：77-91.

[3] Hal. R. Varian. Microeconomic Analysis (3rd Edition)[M]. New York: Norton & Company, Inc., 1992.

[4] Trevor Greetham, Micheal Hartnett. The Investment Clock[R]. NY: Merrill Lynch, 2007.

[5] 巴曙松，华中炜. 企业年金投资监管模式比较及我国的路径选择[J]. 中国金融，2005（05）：53-55.

[6] 北京大学中国经济研究中心宏观组，梁东擎. 流动性的度量及其与资产价格的关系[J]. 金融研究，2008（09）：44-55.

[7] 邓大松，刘昌平. 论政府的养老基金监管职责[J]. 中国行政管理，2003（10）：47-51.

[8] 邓大松、刘昌平. 中国企业年金制度研究（第一版）[M]. 北京：人民出版社，2004.

[9] 工伤保险条例. 中华人民共和国国务院令第 586 号，2010-12-20.

[10] 国发〔1997〕26 号文件. 国务院关于建立统一的企业职工基本养老保险制度的决定.

[11] 国发〔1998〕44 号文件. 国务院关于建立城镇职工基本医疗保险制度的决定.

[12] 国发〔2005〕38 号文件. 国务院关于完善企业职工基本养老保险制度的决定.

[13] 哈尔·瓦里安. 微观经济学（高级教程）（第三版）[M]. 北京：经济科学出版社，1997

[14] 胡文献，刘金雄. 企业持续性盈利理论体系构建研究[J]. 财会通讯，2010（11）：118-119. DOI:10.16144/j.cnki.issn1002-8072.2010.11.057.

[14] 江世银. 预期与资本市场投资分析[J]. 金融研究，2004（07）：112-117.

[15] 柯原. 基于价值投资理论的最优证券投资组合探讨[J]. 亚太经济，2011（05）：36-40. DOI:10.16407/j.cnki.1000-6052.2011.05.006.

[16] 科斯. 论产权的制度结构[M]. 上海：上海三联书店，1994.

[17] 科斯. 企业的性质[M]. 上海：上海财经大学出版社，2000.

[18] 劳动和社会保障部、证监会、银监会、保监会第 23 号令. 企业年金基金管理试行办法. 2004

[19] 劳动和社会保障部第 20 号令. 企业年金试行办法. 2004

[20] 刘昌平，孙静. 供款基准制养老金计划的相对收益率担保研究——以智利、阿根廷、波兰为例[J]. 证券市场导报，2003（01）：28-31.

[21] 刘昌平. 风险态度与我国企业年金计划类型选择[J]. 金融管理与研究，2006（10）.

[22] 刘秀光. 剖析国际货币体系中的美元循环与周转机制[J]. 学术问题研究，2009（1）：6.

[23] 企业职工生育保险暂行办法. 劳部发 [1994]504 号.

[24] 全国社会保障基金投资管理暂行办法. 财政部、劳动和社会保障部. 2001 第 12 号令.

[25] 冉晓燕. 我国养老保险个人账户基金的有效投资分析[D]. 贵州大学，2008.

[26] 人力资源和社会保障部、银监会、证监会、保监会第 11 号令，2011 企业年金基金管理办法.

[27] 人力资源和社会保障部. 全国企业年金基金业务数据摘要 2014 年度. [EB/OL]http://www.mohrss.gov.cn/xxgk2020/fdzdgknr/qt/201503/t20150331_155345.html. 2015-03-31.

[28] 社会保险费征缴暂行条例. 中华人民共和国国务院令第 259 号.

[29] 失业保险条例，中华人民共和国国务院令第 258 号. 1999-1-22.

[30] 孙建勇. 企业年金管理指引 [M]. 北京：中国财政经济出版社，2004.

[31] 谢识予. 经济博弈论 [M]. 上海：复旦大学出版社，2002.

[32] 邢贻亮. 美元本位下大宗商品定价权的利益 [J]. 产业与科技论坛，2013，12（11）：12-14.

[33] 许林，李湧. A 股存在投资价值吗？——来自 1990—2010 年 A 股投资回报率的实证 [J]. 投资研究，2012，31（10）：155-160.

[34] 许凌艳. 金融统合监管法制研究：全球金融法制变革与中国的选择 [J]. 证券法苑，2010，2（01）：44-58. 15、Davis E.P. and Steil B., Institutional Investors[M]. MIT Press, 2001：86-109.

[35] 于海中. 我国企业年金的监管研究 [D]. 首都经济贸易大学，2005.

[36] 张维迎. 博弈论与信息经济学 [M]. 上海：上海人民出版社、上海三联书店，2004.

[37] 赵柯. 德国的"欧元保卫战"——国际货币权力的维护与扩张 [J]. 欧洲研究，2013，31（01）：64-86+157-158.

[38] 郑秉文. 国外社保基金入市苦果如何酿成，中国证券报. [EB/OL]http://www.china.com.cn/chinese/zhuanti/socinsure/358930.htm.

[39] 郑秉文. 中国养老金发展报告 [M]. 北京：经济管理出版社，2012.

[40] 中国证券业协会. 证券投资基金 [M]. 北京：中国财政经济出版社，2011.

[41] 中华人民共和国国务院令第 262 号. 住房公积金管理条例. 1999.

后　　记

本书初稿完成于2020年底。受新冠肺炎疫情影响，期间各种原因耽搁，也恰因这样难得的空档，书稿得以多轮次修改和校正，数据进行了更新，也容纳进了领域内最新的政策变化。然而，可以确定的是，社会保障基金管理，始终是一个重要又持续变化的公共政策主题。本书的探讨仅限于我国的制度现实和发展实践，而我国人口趋势特征和经济社会的快速发展，使得这一领域的探讨并无定论。相反，要因应国家、社会、人民之需要而不断地革故鼎新、守正创新。

首先，养老保障三大支柱的基金管理，面临着协同整合的内在需求。随着我国人口老龄化程度的不断深化，以人口代际支撑为核心机制的第一支柱基本养老保险难以维持全体国民的老年生活，需要第二和第三支柱的补充；而第二支柱和第三支柱也需要与第一支柱形成科学定位与协同发展。在个人养老责任不断增强的整体趋势下，三大支柱各自独立运行的个人账户，需要考虑整合，将个人养老基金权益打通，形成一个统一的个人养老金账户。若第一支柱个人账户由于制度历史与现实暂时无法整合，可先行打通整合第二和第三支柱，形成公民的个人养老金账户，汇聚包括单位和个人缴纳的养老基金，形成养老基金规模效应，同时避免制度流动性障碍，顺应现代经济中人力资本自由流动的需要。

其次，长期护理保险因为尚未形成全国统一的制度，各地尚在试点当中，因而本书并未进行详细讨论。但长期护理保险作为我国应对人口老龄化的重要社会保险制度的地位已经获得共识。未来形成全国性统一制度后，其基金管理和运行，将是社会保障基金管理的重要内容。

最后，美元影响力趋弱背景下社会保障基金国际化资产配置需要慎重考量。本书中对于国际化资产配置的讨论是基于过去几十年国际经济运行的轨迹特征。但是我们也需要清醒地看到，美元的全球影响力正在趋弱，全球的多边主义国际关系被广为接受。很多国家，如俄罗斯、伊朗、沙特阿拉伯等与美元脱钩，开始采用多元国际货币结算；而澳大利亚等国家亦开始接受人民币作为重要大宗商品的结算货币。因此，美元霸权主导的国际经济格局正在被打破，而新的趋势格局尚未形成。在这样的过渡时期，社会保障基金的全球资产配置须更为谨慎，包括谨慎合理配置美元资产和挖掘发现全球其他新兴增长区域的投资机会等。

本书关于社会保障基金管理的探讨，主要是基于管理者视角，即宏观政策角度上如何对基金进行科学、严谨和可持续性的管理。其中重要的投资管理，主要讨论了积累基金角度的投资资产配置，而并未纳入保险类产品的探讨。事实上，从居民家庭微观视角上，储蓄、理财、保险、基金等均是家庭保障规划要考虑的全面资产配置。比如商业保险，作为社会保险的重要补充，需要发挥其与社保相衔接的重要作用，共同为抵御家庭财务风险保驾护航。有关居民家庭微观视角的探讨，另著专述。

清华大学出版社编辑老师对本教材进行了多轮次的细致编辑，给予了很多有价值的建议。在此表示真诚的感谢！

感谢国家自然科学基金项目"推进养老金全国统筹的参与方行为激励与权益保障机制研究"（编号：72174064）、教育部人文社科规划基金项目"权益流动机制：职工基本养老保险全国统筹的实现路径研究"（项目批准号：19YJA630050），以及华东师范大学精品教材建设专项基金对本教材的支持！

限于所学所能，书中疏漏在所难免。诚恳请学界同仁、广大读者批评指正。必闻过则喜、殷勤改正！

2022 年 11 月 20 日
于华东师范大学丽娃河畔